BASTEI
LÜBBE

FILM- und FERNSEH-BÜCHER aus dem BASTEI-LÜBBE-Taschenbuchprogramm:

13 001 Feuerkind
13 006 Ghostbusters
13 007 Tag des Falken
13 008 Shining
13 026 Gandhi
13 035 Cujo
13 039 Zurück in die Zukunft
13 043 Trucks
13 054 Christine
13 060 Karate Kid
13 084 Top Gun
13 087 Ferris macht blau
13 088 Katzenauge
13 114 Die Jahreszeiten (Stand me by) Herbst & Winter
13 117 Das Geheimnis meines Erfolges
13 118 Lethal Weapon – Zwei stahlharte Profis
13 140 Predator
13 144 Robocop
13 167 Suspekt
13 188 Red Heat
13 189 Presidio
13 194 Angeklagt
13 219 Stirb langsam
13 220 Bastard
13 221 Der Bruch
13 239 Die Malteser des Falken
13 242 Ghostbusters II
13 243 Dead Bang
13 244 Karate Kid III
13 245 Straße ohne Wiederkehr
13 246 Abyss
13 248 Zurück in die Zukunft II
13 278 Erik der Wikinger
13 279 Rosamunde
13 280 Moon 44
13 282 Music Box
13 283 Pink Cadillac
13 284 Shocker
13 285 Die totale Erinnerung – Total Recall
13 304 Darkman
13 305 Geister-Daddy
13 307 Navy Seals
13 308 Und wieder 48 Stunden
13 309 Zurück in die Zukunft III
13 310 Robocop II
13 311 Dick Tracy
13 312 Flatliners
13 313 Turtles
13 314 Eine gefährliche Affäre
13 346 Geschichten aus der Schattenwelt
13 347 Zurück in die Vergangenheit
13 348 Der mit dem Wolf tanzt
13 349 Auf die harte Tour
13 378 Backdraft
13 380 Stone Cold
13 381 Wie verrückt & aus tiefstem Herzen
13 382 Terminator 2 Tag der Abrechnung
13 383 Im Auge des Sturms

Jim Garrison

WER ERSCHOSS JOHN F. KENNEDY?

Auf der Spur
der Mörder von Dallas

Das Buch zum Film

Ins Deutsche übertragen von
Uwe Anton

BASTEI
LÜBBE

BASTEI-LÜBBE-TASCHENBUCH
Band 13412

Erste Auflage: Januar 1992
Zweite Auflage: Februar 1992
Dritte Auflage: Februar 1992
Vierte Auflage: Februar 1992

Deutsche Lizenzausgabe 1992
Bastei-Verlag Gustav H. Lübbe GmbH & Co., Bergisch Gladbach
Originaltitel: On the Trail of the Assassins
Bearbeitung der Übersetzung: Heike Rosbach
Umschlaggestaltung: Quadro Grafik, Bensberg
Satz: Kremerdruck GmbH, Lindlar
Druck und Verarbeitung: Brodard & Taupin, La Flèche, Frankreich
Printed in France
ISBN 3-404-13412-5

INHALT

Dieses Buch ist den Kollegen gewidmet, die in den sechziger Jahren für die Bezirksstaatsanwaltschaft New Orleans gearbeitet haben: dem verstorbenen Frank Klein, Andrew »Moo Moo« Sciambra, James Alcock, Louis Ivon, D'Alton Williams, Alvin Oser und Numa Bertel.

Sie haben den Kampf, der Wahrheit ans Licht zu verhelfen, nie aufgegeben. Ihnen lief lediglich die Zeit davon.

EINFÜHRUNG

In dem vorliegenden Buch werden nicht – wie in vielen anderen Publikationen zu diesem Thema – die trockenen Fakten der Ermordung von Präsident John F. Kennedy aufgeführt und untersucht. Statt dessen schildere ich hier in chronologischer Abfolge, was ich bei dem Versuch erlebt habe, die Wahrheit über das Attentat herauszufinden und die dafür Verantwortlichen zur Rechenschaft zu ziehen. Ich schreibe nicht als Außenstehender, sondern als Beteiligter, Ankläger und Ermittler.

Zur Zeit des Attentats, am 22. November 1963, war ich Bezirksstaatsanwalt in New Orleans. Da der mutmaßliche Attentäter, Lee Harvey Oswald, im Sommer vor dem Anschlag in New Orleans gewohnt hat, bekam ich sofort mit dem Fall zu tun. Über drei Jahre später, im März 1967, erreichten meine Ermittlungen wegen Verschwörung zur Ermordung John F. Kennedys ihren Höhepunkt mit der Verhaftung Clay Shaws, der Direktor des International Trade Mart war und zur High Society von New Orleans zählte.

In den Monaten bis zu Shaws Prozeß im Jahre 1969 erklärte ich öffentlich, daß Angehörige der Geheimdienste der Vereinigten Staaten, darunter Shaw, verantwortlich für das Attentat seien und es ausgeführt hätten, um Präsident Kennedys Bemühungen, mit der Außenpolitik des kalten Krieges zu brechen, ein Ende zu setzen. Als das Schwurgericht meine Beweisführung akzeptierte, daß es eine Verschwörung gegeben hatte, wußte es noch nichts von Shaws Rolle als verdeckt arbeitender CIA-Agent. Von seinen Motiven nicht überzeugt, sprachen ihn die Geschworenen von der Anklage frei.

Die Geschichte revidiert so manche Urteile. Vor fünfundzwanzig Jahren akzeptierten die meisten Amerikaner bereitwillig die Behauptung der Regierung, das Attentat sei eine individuell motivierte Gewalttat gewesen. Ein einsamer junger Mann, den Kopf voll von marxistischen Flausen, dem Anschein nach von seiner Unfähigkeit frustriert, irgend etwas richtig zu machen, hatte sich hinter das Fensterbrett eines Lagerhauses gekauert und – in sechs Sekunden, die die Welt erzittern ließen – den Präsidenten der Vereinigten Staaten getötet.

Als diese Erklärung kurz nach dem Attentat bekanntgegeben wurde, war das Land zutiefst schockiert. Wir hatten plötzlich einen ganz besonderen politischen Führer verloren, dessen persönliche Eigenschaften – Frische, Jugend, Humor, Stil, Intelligenz, Herzlichkeit – uns wieder mit neuem Stolz auf das Amt des Präsidenten erfüllten. Das ganze Land trauerte, als wir die mittlerweile vertrauten Fernsehbilder von der Vereidigung Lyndon B. Johnsons als Präsident sahen, von dem ernsten Begräbnis, der trauernden Familie des Präsidenten, von Oswald, der vor laufenden Kameras im Keller eines Polizeireviers in Dallas von Jack Ruby erschossen wurde. Die trauernden und erzürnten Amerikaner forderten eine Antwort. Und wir erhielten eine. Die Polizei von Dallas schloß den Fall nach dem Tod des angeblichen Attentäters sofort ab und erklärte Lee Harvey Oswald ohne Prozeß für schuldig. Das FBI stimmte dem zu und legte den Fall ein paar Wochen später zu den Akten. Und die kurz nach dem Attentat einberufene Warren-Kommission bestätigte keine zehn Monate später offiziell die Ermittlungsergebnisse.

Doch die Zeit hat die offizielle Erklärung, der die meisten Amerikaner zunächst Glauben schenkten, widerlegt. Es tauchten zu viele Widersprüche, zu viele Zeugen, zu viele Fotos und Filme von der Szene, zu viele Skeptiker auf. Im Verlauf der Zeit wurden zahlreiche, bislang noch nicht vernommene Zeugen ausfindig gemacht. Man stellte fest, daß die Berichte der Ermittler falsch waren und andere Beweise manipuliert oder vernichtet worden waren. Selbst die Tatsache, daß die Bundesregierung die vorliegenden

Beweise fünfundsiebzig Jahre lang unter Verschluß halten wird[1], konnte nicht verhindern, daß unabhängige Journalisten und Rechercheure klaffende Lücken im Bericht der Warren-Kommission aufdeckten. 1967 akzeptierten zwei Drittel der Öffentlichkeit nicht die Behauptung, Lee Oswald sei der alleinige Attentäter.[2]

In den siebziger Jahren öffnete der neu eingeführte Freedom of Information Act, ein Gesetz, das die Informationsfreiheit des amerikanischen Bürgers garantieren soll, zahlreiche Türen. Material, das die Bundesbehörden in der Hoffnung, es würde für immer geheimgehalten werden, in ihren Aktenschränken vergraben hatten, wurde der Öffentlichkeit zugänglich. Seit dieser Zeit haben fähige Journalisten beträchtliche Forschungsarbeit geleistet. Viele Bücher haben bohrende Fragen über die offizielle Darstellung gestellt und neue, unangenehme Beweise vorgelegt. Dennoch blieben viele dieser Informationen der Mehrheit der Amerikaner unbekannt. Zum Beispiel:

Fünf Tage vor dem Attentat erhielt die FBI-Niederlassung in New Orleans ein Telex mit der Warnung, am Ende der Woche würde in Dallas ein Anschlag auf den Präsidenten erfolgen. Das FBI leitete diese Warnung weder an den Secret Service noch an andere Behörden weiter. Kurz nach dem Attentat wurde das Telex aus den Akten der FBI-Niederlassung in New Orleans entfernt.

Die große Mehrheit der Zeugen an der Dealey Plaza in Dallas hörte mehrere Gewehrschüsse, die von der vor Kennedys Wagen befindlichen Graskuppe kamen. Bei der anschließenden Verfolgungsjagd nahm die Polizei von Dallas drei Männer fest und führte sie mit Waffengewalt ab. Doch die zahlreichen Pressefotos ihrer Verhaftung wurden nie veröffentlicht, und es lassen sich weder ihre Fotos noch ihre Fingerabdrücke oder Namen in den Unterlagen finden.

Am Tag seiner Verhaftung wurde Lee Oswald einem Nitrattest unterzogen. Das Ergebnis erwies, daß er in den letzten vierundzwanzig Stunden keine Waffe abgefeuert hatte. Diese Tatsache wurde sowohl von der Bundesregierung als auch von der Polizei von Dallas zehn Monate lang unterschlagen.

Über fünf Jahre lang wurde der Attentatsfilm, den der Augenzeuge Abraham Zapruder aufnahm, der Öffentlichkeit verheimlicht und von der Zeitschrift *Life* in einem Tresor aufbewahrt. Der Film zeigt, wie Kennedy heftig zurückgeworfen wird – ein klarer Beweis dafür, daß er von vorne von einem Gewehrschuß getroffen wird.

Etwa eine Stunde vor der Ankunft von Kennedys Autokolonne wurde Jack Ruby, der Mann, der später Lee Oswald ermordete, beobachtet, wie er an der Graskuppe vorbeifuhr und einen Mann aussteigen ließ, der in einem Koffer ein Gewehr bei sich hatte. Die Aussage von Julia Ann Mercer, die den Vorgang beobachtete, wurde vom FBI dahingehend verändert, daß sie den Betreffenden nicht als Ruby identifizieren konnte. Diese betrügerische Manipulation wurde von der Bundesregierung nie erklärt oder auch nur bestritten.

Nachdem ein Militärarzt die Autopsie des Leichnams von Kennedy durchgeführt hatte, verschwand das Gehirn des Präsidenten. Das Gehirn, das auch nach fünfundzwanzig Jahren nicht aufgetaucht ist, wurde in Formalin eingelegt, um es zu härten. Anhand seiner Untersuchung hätte man feststellen können, aus welcher Richtung die Kopfschüsse erfolgten. Fotos und Röntgenbilder, die bei der Autopsie entstanden und ebenfalls Aufschluß über dieses Thema geben könnten, wurden der Warren-Kommission nie vorgelegt.

Der Pathologe, der Kennedys Autopsie im Bethesda Naval Hospital leitete, verbrannte die erste Ausfertigung seines Autopsieberichts zu Hause in seinem Kamin.

Obwohl diese Enthüllungen nicht allgemein verbreitet wurden, zwangen sie das House Select Committee on Assassinations[3] – den Ausschuß aus ausgewählten Mitgliedern des Repräsentantenhauses zur Untersuchung von Attentaten – zu weiteren Nachforschungen, die von 1976 bis 1979 durchgeführt wurden. Diese Untersuchung kam offiziell zu dem – mündlich publizierten – Ergebnis, daß es wahrscheinlich eine Verschwörung zur Ermordung Präsident Kennedys gegeben und mehr als ein Mann auf ihn geschossen hatte. Doch die Ermittlung hatte nur begrenzten Umfang, und es wurden keine weiteren Versuche unternommen, die Urheber des Attentats aufzudecken.

Dieses Buch nimmt die Verantwortung auf sich, der der Ausschuß des Repräsentantenhauses auswich. Basierend auf meinen Erfahrungen als Bezirksstaatsanwalt, der aktiv über das Attentat ermittelte, und auf den Nachforschungen, die ich seither ständig betrieben habe, liefere ich im letzten Kapitel historisch fundierte Mutmaßungen darüber, was wirklich geschehen ist – wer John F. Kennedy getötet hat, und warum. Ich behaupte jedoch nicht, alle Antworten zu dem Attentat zu kennen. Das kann niemand. Um die ganze Wahrheit aufzudecken, wäre eine offene, ehrliche Ermittlung der Bundesbehörden notwendig – doch die hat bislang nicht stattgefunden.

Ich muß gleich zu Beginn vorwegschicken, daß mich die Einzelheiten des Attentats – wer geschossen hat, aus welchem Gebäude, mit welcher Waffe und so weiter – nicht mehr vordringlich interessieren. Das Attentat war ein überaus wichtiges Ereignis. Doch meines Erachtens ist noch wichtiger, was danach geschah: die Bestätigung der offiziellen Darstellung, die ein absurdes Märchen ist, durch die Regierung und die Medien.

Unmittelbar nach dem Attentat haben die Bundesregierung und die wichtigen Medien Vogel Strauß gespielt – beide haben, abseits jeglicher Vernunft, den Kopf tief in den Sand gesteckt. Da sie die Auffassung vertraten, ein einzelner Mann habe das Attentat durchgeführt, weigerten sie sich, irgendwelche Fakten anzuerkennen, die diese Theorie widerlegten, und griffen jeden an, der eine andere Erklärung anbot.

Ihr Dilemma ist verständlich. Hätten die Regierung und die bedeutenden Medien eingeräumt, was praktisch jeder wußte (daß mit mehreren Waffen auf Kennedy geschossen worden war), hätte dies das Ende der geheiligten Legende bedeutet, das Attentat auf den Präsidenten sei rein zufällig erfolgt. Das Eingeständnis einer Verschwörung hätte unausweichlich zu der Frage geführt, warum sie zustande gekommen war. Dem wäre die Erkenntnis gefolgt, daß es in der Regierung starken Widerstand gegen die Bemühungen Präsident Kennedys gab, den kalten Krieg zu beenden. Zum Beispiel wäre sein Wunsch bekanntgeworden, sich aus Vietnam zurückzuziehen. Dementsprechend wäre auch die Rolle jener Menschen deutlicher geworden, die Amerika in einen neunjährigen Krieg in Vietnam hineinzogen.

Als ich versuchte, einige dieser überaus unangenehmen Zusammenhänge ans Licht zu bringen, fielen die Regierung der Vereinigten Staaten und die großen Medien über mich her. Sowohl vor als auch nach Clay Shaws Prozeß wurde ich von Regierungsbeamten und Massenmedien denunziert, weil ich angedeutet hatte, Mitglieder unserer eigenen Geheimdienste hätten sich zur Ermordung des Präsidenten verschworen. Ich wurde in der Presse als publicitysüchtiger Politiker, Scharlatan und Kommunist verleumdet. Die Bundesregierung erhob falsche Beschuldigungen der Bestechlichkeit gegen mich, als ich mitten im Wahlkampf zur Wiederwahl als Bezirksstaatsanwalt steckte. Obwohl meine Unschuld vor Gericht nachgewiesen wurde, verlor ich die Wahl knapp. Damit war der Regierung der Versuch geglückt, mich aus dem Amt zu entfernen.

Im feindseligen Klima jener Zeit war es unmöglich, meine Sicht der Geschehnisse mitzuteilen. Fast zwanzig Jahre später hat sich dies geändert. Wir haben den Vietnamkrieg, Watergate und die Iran/Contra-Affäre durchgemacht. Wir haben viel über unsere Geheimdienste und darüber erfahren, was sie in unserem Namen getan haben. Von der CIA durchgeführte Attentate sind nicht mehr unvorstellbar; sie sind eine bekannte historische Tatsache. Die Existenz geheimer Regierungsoperationen wird bei Kongreßanhörungen und im nationalen Fernsehen eingestanden. In dieser liberaleren Atmosphäre ist es für mich an der Zeit – um der Historie und der Zukunft willen –, die ganze Geschichte meiner Ermittlungen zu erzählen und der jüngeren Generation zu ermöglichen, sie zu bewerten.

Die Ermittlungen im Mordfall Kennedy und meine späteren Erfahrungen haben mein Leben und Denken für immer verändert. Dieses Buch beschäftigt sich eigentlich mit dem Prozeß dieser Veränderung – mit meiner zunehmenden Ernüchterung, meinem wachsenden Zorn und meinen sich ständig erweiternden Kenntnissen. Aufgrund meiner Rolle als prominenter Mitwirkender dieser historischen Ereignisse sind diese Erfahrungen nicht unbedingt typisch. Doch unser gesamtes Land nahm in unterschiedlichen Abstufungen an dieser Bewußtseinsveränderung teil. Ein Vierteljahrhundert später wird deutlich, daß das Attentat und die Vertuschung durch Regierung und Medien die Weichen für die Zukunft dieses Landes gestellt haben. Hier, an diesem Punkt, verlor das Amerika der Nachkriegszeit seine Unschuld, hier nahm die derzeitige Phase der Unzufriedenheit mit und des Mißtrauens gegenüber unserer Regierung und grundlegenden Institutionen ihren Anfang.

Ich hoffe, daß dieses Buch der jüngeren Generation helfen wird, die politische, soziale und geschichtliche Bedeutung des Attentats und der nachfolgenden Vertuschung besser zu verstehen. Heute müssen wir noch immer mit diesen Folgen leben – mit einem bedrohlichen kalten Krieg, der erst langsam zu Ende geht, mit einer betrügerischen Schattenregierung, einer fügsamen Presse, dem stets gegenwärtigen Zynismus und der Korruption. Nur wenn wir den kalten Krieg und unsere nationale Sicherheit in einem neuen Licht betrachten, können wir diese Epoche der Lügen seitens unserer gewählten und die verdeckten Operationen seitens unserer Schattenregierung, die den Fortbestand unserer Gesellschaft bedrohen, beenden. Unsere Beziehungen zur Sowjetunion und zu anderen ehemals kommunistischen Ländern müssen neu überdacht und in eine realistische Perspektive gerückt werden, die vorwärts ins nächste Jahrhundert blickt und nicht zurück in die fünfziger Jahre.

In der kurzen Amtszeit von drei Jahren hatte Präsident Kennedy bereits damit begonnen, unsere Einstellung zum kalten Krieg zu verändern. Ich glaube, daß seine aufgeklärtere, weniger polarisierte Sicht der Erde und der auf ihr lebenden Menschen zu seinem Tod geführt hat.

Doch diese Auffassung zeigt uns auch eine Möglichkeit, wie wir eine globale Katastrophe vermeiden können. Wenn wir heute, achtundzwanzig Jahre später, seinen tragischen Tod erneut untersuchen, sollten wir nicht sein fortdauerndes Erbe vergessen, das er so wortgewandt anläßlich einer Rede im Juni 1963 an der American University zusammengefaßt hat: »...und wenn wir unsere Differenzen nicht beilegen können, können wir zumindest dazu beitragen, daß die Welt in ihrer Vielgestaltigkeit sicherer wird. Denn letztendlich besteht unsere grundlegende Gemeinsamkeit darin, daß wir alle auf diesem kleinen Planeten leben. Wir atmen alle die gleiche Luft. Wir alle wollen, daß unsere Kinder auch in Zukunft überleben können. Und wir alle sind sterblich.«[4]

Kapitel 1
IN DER HEITEREN GELASSENHEIT DER UNWISSENHEIT

Ich arbeitete als Bezirksstaatsanwalt von New Orleans an meinem Schreibtisch im Gerichtsgebäude, als die Tür aufgerissen wurde und mein Assistent hereinstürmte. »Der Präsident ist erschossen worden!« rief er. Es war kurz nach halb eins am Freitag, dem 22. November 1963.

Heute, ein Vierteljahrhundert später, kann ich mich immer noch erinnern, wie geschockt und ungläubig ich auf diese Nachricht reagierte. Nachdem ich begriffen hatte, was Frank Klein gesagt hatte, klammerte ich mich an die Hoffnung, daß Kennedy vielleicht nur verwundet war und überleben würde.

Frank und ich fuhren zu Tortorich's auf der Royal Street, ein stilles, selten überfülltes Restaurant im French Quarter, in dem ein Fernsehgerät stand. Unterwegs erfuhren wir aus dem Autoradio, daß John F. Kennedy gestorben war. Die restliche Strecke legten wir in absolutem Schweigen zurück.

Im Restaurant starrten die Mittagsgäste ernst auf das Fernsehgerät, das hoch in einer Ecke des Raums angebracht war. Ich verspürte ein Gefühl der Unwirklichkeit, als ich endlose Berichte aus Dallas verfolgte. Die Gäste an den Tischen sprachen kaum. Ein Kellner kam, wir bestellten etwas. Als das Essen serviert wurde, stocherten wir darin herum, doch keiner von uns aß auch nur einen Bissen.

Die Informationen im Fernsehen waren wenig aussagekräftig. Obwohl sich der Secret Service, das FBI, die Polizei von Dallas und eine gewaltige Menschenmenge am Tatort in Dallas aufgehalten hatten, lieferten die betroffenen Stimmen der Reporter und Nachrichtensprecher fast zwei Stunden lang keine echten Fakten über die Identität des oder

der Schützen. Doch wir waren wie hypnotisiert von der Verwirrung, den ohne Unterlaß präsentierten, unbedeutenden Informationsbrocken und der Magie des Fernsehspektakels. Niemand verließ an diesem Nachmittag das Restaurant; wir waren zu betroffen vom Schicksal des Präsidenten. Geschäftsleute, die zum Mittagessen hierhergekommen waren, sagten ihre Verabredungen ab. Frank und ich meldeten uns telefonisch im Büro ab und kehrten vor den Fernseher zurück.

Dann, es war bereits später Nachmittag, wurde plötzlich die Verhaftung des vermeintlichen Attentäters bekanntgegeben. Etwa fünfzehn Beamte der Polizei von Dallas hatten ihn verhaftet, als er, ein beträchtliches Stück vom Tatort entfernt, in einem Kino gesessen hatte. Die Nachricht von der verspäteten Verhaftung schlug wie eine Bombe ein, und das lange Schweigen im Restaurant fand ein Ende. Man konnte spüren, wie plötzlich die Wut und der Haß auf diesen bislang unbekannten jungen Mann ausbrachen. Sein Name lautete Lee Harvey Oswald.

Während Frank Klein und ich bei Tortorich's wie gebannt vor dem Fernseher saßen, ereignete sich etwa zwölf Häuserblocks weiter, auf der anderen Seite der Canal Street, im Büro eines gewissen Guy Banister ein sehr ungewöhnlicher Zwischenfall. Zumindest war er für Banister, einen ehemaligen Special Agent, ungewöhnlich, der die Leitung der FBI-Niederlassung in Chicago innegehabt hatte, Deputy Superintendent der Polizei von New Orleans gewesen war und als ein Mann galt, der sein Leben lang beharrlich für Gesetz und Ordnung eingetreten war.

Ich kannte Banister ziemlich gut. Als er noch bei der Polizei gewesen war, hatten wir gelegentlich miteinander zu Mittag gegessen und Anekdoten aus unserer früheren Zeit beim FBI ausgetauscht. Er hatte eine gesunde Gesichtsfarbe, blaue Augen, die einen direkt musterten, war stets makellos gekleidet und trug immer eine kleine Rose im Knopfloch.

Obwohl Banister gelegentlich im International House einen Martini zu sich nahm, konnte niemand behaupten, daß er tagsüber jemals stark getrunken hätte. Er war ein enthaltsam lebender Mensch, der sich voll im Griff hatte. Doch an diesem langen Nachmittag mit den Fernsehberichten über das Attentat in Dallas unternahm der ehemalige FBI-Mann den ernsthaften Versuch, sich durch sämtliche Schnapsvorräte der Katzenjammer-Bar im 500er-Block der Camp Street zu trinken. Als die Sonne über dem nahegelegenen Mississippi unterging, kehrte er mit Jack Martin, der ihn bei der Tour begleitet hatte, in sein Büro zurück. Dort entspann sich ein heftiger Streit zwischen Banister und Martin, einem Schmarotzer, der oft in Banisters Büro herumhing und gelegentlich als Privatdetektiv arbeitete.

Zum ersten Wortgefecht kam es, nachdem Martin eine unbesonnene Bemerkung gemacht hatte. Während des Streits sagte er zu Banister, er habe gewisse ungewöhnliche Dinge nicht vergessen, die sich während des Sommers im Büro ereignet hätten. Daraufhin zog Banister seine .357er Magnum und schickte sich an, Martins Kopf mit ihr zu massieren.

Eine .357er Magnum ist keine normale Pistole. Da ihre Mündungsgeschwindigkeit hoch sein soll, ist sie außergewöhnlich schwer. Nach diesem kurzen Schlagabtausch war Martin innerhalb von ein oder zwei Minuten blutüberströmt, und ein Streifenwagen der Polizei fuhr ihn ins Charity Hospital an der Tulane Avenue.[1] Wie ein winziger Same, dessen Einpflanzung zu dieser Zeit unbemerkt blieb, sollte die ungewöhnliche und gewalttätige Handlung Guy Banisters letztendlich zur einzigen Verurteilung im Mordfall John F. Kennedy führen. Von dem Schmerz seiner Verletzungen und der Wut gereizt, vertraute Jack Martin etwa einen Tag später einem Freund den vagen Verdacht an, daß David Ferrie, ein Kollege Guy Banisters und Dauergast seines Büros, am Tag des Attentats nach Dallas gefahren war, um für die Männer, die in das Attentat verstrickt waren, als Fluchtfahrer zu fungieren.

Als Jack Martin am Freitag abend benommen im Krankenhaus saß, war es mit der Nachrichtenknappheit aus Dallas abrupt zu Ende. Die Bulletins jagten einander im Fernsehen. Am folgenden Tag war der Name Lee Harvey Oswald so oft in den Medien wiederholt worden, daß auf der ganzen Welt jeder wußte, von wem die Rede war. Sein Lebenslauf wurde fast ebensoschnell nachgeliefert, und es wurden immer mehr Einzelheiten über seinen Aufenthalt in New Orleans im Sommer vor dem Attentat bekannt. Obwohl ich zu dieser Zeit keinen Grund hatte, die offizielle Darstellung vom einsamen Attentäter in Zweifel zu ziehen, die die Medien so schnell präsentierten, durfte ich Lee Harvey Oswalds ungeklärte drei Monate in der Stadt nicht einfach ignorieren. Die Verbindung mit New Orleans, so peripher sie auch sein mochte, bedeutete auch, daß meine Behörde herausfinden mußte, inwiefern Oswald in unsere Gerichtsbarkeit fiel.

Ich berief sofort eine Sondersitzung mit einem halben Dutzend wichtiger Mitarbeiter meines Stabs ein. Am Sonntag nachmittag trafen sich die Senior District Attorneys (die mir direkt unterstellten Staatsanwälte) und Ermittler in meinem Büro. Solche Wochenendsitzungen waren stets dann fällig, wenn Spuren eines Verbrechens von nationaler Bedeutung nach New Orleans führten.

Als wir alle Bekannten Oswalds in der Stadt überprüften, stellten wir fest, daß der vermeintliche Attentäter im Sommer mit einem Mann namens David Ferrie gesehen worden war. Ich schickte meine Leute augenblicklich ans Telefon, damit sie klärten, ob es zwischen Oswald und Ferrie eine Beziehung gab.

Ich hatte David Ferrie einmal getroffen. Die Begegnung war beiläufig, aber unvergeßlich gewesen. Kurz nach meiner Wahl zum Bezirksstaatsanwalt hatte ich in der Nähe der Canal die Carondelet Street überquert. Als mir bewußt wurde, daß die an der Ampel wartenden Fahrzeuge jeden Augenblick losfahren würden, beschleunigte ich meine Schritte. Genau in diesem Moment hielt mich ein Mann an beiden Armen fest.

Das Gesicht, das mich grimmig angrinste, erinnerte mich an eine dämonische Halloween-Maske. Die Augenbrauen waren offensichtlich mit Bühnenschminke nachgezogen, und die eine saß beträchtlich höher als die andere. Eine zottige, rote, selbstgemachte Perücke saß schief auf seinem Kopf. Der Mann starrte mich an. Er hielt mich noch immer fest; der Verkehr brandete um uns herum, und ich konnte ihn unter dem Dröhnen der Hupen kaum verstehen.

Dann gratulierte er mir lautstark zu meinem Wahlsieg. Als ich mich endlich aus seinem Griff befreien konnte und einem Wagen auswich, rief er mir noch nach, er sei privater Ermittler. Unsere kurze Begegnung auf der Straße hatte irgendwann im Jahre 1962 stattgefunden.

Diese Erinnerung rührte andere auf. Mir fiel Ferries Ruf als Abenteurer und Pilot ein. Da ich im Zweiten Weltkrieg auch Flieger gewesen war, war mir die Legende im Gedächtnis haftengeblieben, er könne ein Flugzeug auf dem kleinsten Feld starten und landen. Weitere schwache Erinnerungen stellten sich ein – seine Beteiligung an der gescheiterten Invasion in der Schweinebucht 1961 auf Kuba, seine gegen Castro gerichteten Aktivitäten und seine zahlreichen Reden vor Veteranengruppen über Patriotismus und Antikommunismus. Der Name David Ferrie war in New Orleans gut bekannt.

Bald fand einer meiner Assistenten, Staatsanwalt Herman Kohlman, verblüffende Neuigkeiten heraus. Er hatte erfahren, daß Ferrie erst achtundvierzig Stunden zuvor überstürzt nach Texas gereist war – am Tag des Attentats. Die Quelle, die Kohlman als völlig zuverlässig bezeichnete, war der Mann, dem sich Jack Martin anvertraut hatte, nachdem Guy Banister ihm die Pistole über den Schädel gezogen hatte. Martin hatte dieser Quelle von seinem vagen Argwohn hinsichtlich Ferries plötzlicher Reise nach Texas berichtet.

Eine Routineüberprüfung unserer Akten ergab, daß gegen Ferrie einst Anzeige erstattet worden war und daß ein Polizeibericht über ihn vorlag. Die Anzeige, ein minderes

Delikt, war nicht weiterverfolgt worden, doch der Bericht enthielt Ferries derzeitige Adresse am Louisiana Avenue Parkway. Ich schickte Frank Klein und zwei Ermittler dorthin. In Ferries verkommenem Kaninchenloch von Wohnung fanden sie mehrere Armeegewehre, Munitionsmagazine, Militärfeldflaschen, ein Koppel und – an der Wand – eine große Landkarte von Kuba. Zur allgemeinen Verwirrung trugen noch zwei junge Männer bei, die auf Ferrie warteten. Sie sagten aus, Ferrie sei am frühen Freitag nachmittag mit dem Wagen nach Texas gefahren – etwa eine Stunde nach dem Attentat.

Ihre Zeitangabe wurde später von anderen Zeugen bestätigt, die Ferrie noch am Mittag des 22. November in New Orleans gesehen hatten.[2] Das bedeutete einerseits, daß Ferrie wahrscheinlich nicht den »Fluchtwagen« gefahren hatte, wie Jack Martin annahm, hieß andererseits aber auch nicht, daß er nichts mit dem Attentat zu tun hatte.

Ich ließ rund um die Uhr eine Wache in seiner Wohnung, die dort auf seine Rückkehr warten sollte. Am Montag morgen erschien Ferrie dort und wurde zum Verhör in mein Büro gebracht. Er war wie üblich angezogen, als habe man ihn im Laufschritt durch ein Kleiderlager der Heilsarmee gehetzt, und er wirkte genauso verwirrt wie damals, 1962, als ich ihm auf der Carondelet Street begegnet war. Er stritt ab, Lee Oswald gekannt zu haben, gestand jedoch ein, am frühen Freitag nachmittag nach Houston gefahren zu sein.

Bedenkt man sein übertriebenes Selbstvertrauen bei unserer letzten Begegnung, so machte er diesmal eindeutig einen unbehaglichen und nervösen Eindruck. Und je mehr er sagte, desto weniger hielt seine Geschichte stand. Als ich ihn zum Beispiel fragte, warum er eine Stunde nach dem Attentat aus New Orleans aufgebrochen sei, erwiderte er, er habe in Houston Schlittschuh fahren wollen. Als ich ihn dann fragte, warum er sich zum Schlittschuhfahren ausgerechnet eines der schwersten Gewitter der letzten Jahre ausgesucht habe, blieb er mir eine Antwort schuldig.

Später erfuhren wir auf der Eislaufbahn, daß er nie Schlittschuhe angezogen, sondern die gesamte Zeit in einer Telefonzelle verbracht hatte, in der er sowohl Anrufe empfing als auch tätigte. Zudem fanden wir später heraus, daß er von Houston nach Galveston weitergefahren war, wo er sich zufällig befand, als Jack Ruby dort an dem Abend anrief, bevor er Lee Oswald erschoß. Ich muß nicht eigens betonen, daß Ferrie diese Einzelheiten verschwieg, als ich ihn befragte.

Aus seinen Antworten wurde nicht ersichtlich, daß er direkt etwas mit dem Attentat zu tun hatte, doch ich entschloß mich, weitere Nachforschungen über diesen seltsamen Menschen und seine Vergnügungsreise durchzuführen. Ich wies meine Ermittler an, ihn zur Polizeiwache des Ersten Reviers zu bringen und ihn dort festzuhalten, bis er vom FBI verhört worden war.

Ich war überzeugt, daß das FBI in Sachen David Ferrie – und aller anderen, die auch nur entfernt mit der Ermordung des Präsidenten in Verbindung gebracht werden konnten – gründlich ermitteln würde. Diese Hoffnung war wahrscheinlich im Jahre 1963 typisch für die meisten Amerikaner. Doch in meinem Fall war sie wegen meines Hintergrunds besonders stark ausgeprägt: Mein Vater war Anwalt gewesen, genau wie sein Vater vor ihm. Daher empfand ich, durch Osmose oder Kulturübertragung, Respekt für das Gesetz.

Thomas Jefferson Garrison, mein Großvater väterlicherseits, war Leiter der Rechtsabteilung bei der Northwestern Railway mit Sitz in Chicago gewesen. Einer seiner Untergebenen – ein junger Anwalt namens Clarence Darrow – hatte meinem Großvater mit seiner Neigung, gegen einige starrköpfige Kritiker des Gesetzes zu rebellieren, beträchtliche Unannehmlichkeiten bereitet. Ich habe mir sagen lassen, daß Großvater Garrison sehr erleichtert war, als Darrow aus den Diensten der Eisenbahn ausschied, um den Sozialistenführer Eugene Debs zu vertreten. Wie bekannt ist, wurde Darrow einer der bekanntesten Strafverteidiger Amerikas. Obwohl ich meinen Großvater bewunderte, entwickelte ich ironischerweise eine hohe Meinung von Darrows einzigartigen Fähigkeiten als Strafverteidiger und seiner großen Leidenschaft für Gerechtigkeit. Aus diesem Grund (und vielleicht wegen seiner Beziehung zu meinem Großvater) wurde einer meiner Söhne auf den Namen Darrow getauft.

Mein Großvater mütterlicherseits, William Oliver Robinson, war ein sehr patriotischer Mann. Er kam aus einer vorherrschend irischen Familie und maß zwei Meter einundzwanzig. (Seine beiden Brüder waren jeweils zwei Meter dreizehn groß.) Er hatte keine Geduld mit Narren oder Menschen, die nicht der Ansicht waren, die Vereinigten Staaten von Amerika seien das beste Land der Welt. Als erfolgreicher Immobilienmakler und Kohlenhändler hielt er sich kerzengerade, trug einen prächtigen Jahrhundertwende-Schnurrbart und ging elegant gekleidet. Er ließ sich seine Anzüge von einem New Yorker Schneider anfertigen und zuschicken. (Damals gab es natürlich noch keine Spezialgeschäfte für besonders hochgewachsene Männer.)

Zu den führenden Geschäftsleuten von Knoxville, Iowa, und zweifellos zu den Honoratioren zählend, vertrat er die Stadt oft am Bahnhof, wenn wichtige Würdenträger im Überlandzug vorbeifuhren. Dabei trug er ein rotweißblaues Kostüm mit Zylinder, das Uncle Sam darstellen und den Patriotismus der Bürger Knoxvilles ausdrücken sollte. Ich habe ein Foto von ihm, auf dem er in seinem patriotischen Staat Präsident William Howard Taft begrüßt, der gerade aus dem Zug gestiegen ist.

Ich wurde mit diesem Knoxville-Patriotismus im Blut in New Orleans geboren. Dort wuchs ich auch auf, doch die prägenden Jahre meiner Jugend verbrachte ich beim Militär. Im Alter von neunzehn Jahren, ein Jahr vor dem Angriff auf Pearl Harbor, ging ich zur Army, wo es mir so gut gefiel, daß das Militär zu meiner Ersatzfamilie wurde. Nachdem ich 1942 zum Lieutenant der Feldartillerie befördert worden war, meldete ich mich freiwillig zur Pilotenausbildung. Nach der taktischen Flugausbildung in Leichtflugzeugen zur Observierung feindlicher Ziele in Fort Sill, Oklahoma, wurde ich nach Europa geschickt, wo ich in Frankreich und Deutschland Kampfeinsätze über den Frontlinien flog.

Wie die anderen Männer in meiner Einheit war auch ich hauptsächlich des Abenteuers wegen Beobachtungsflieger geworden. Doch ich flog auch, um die Regierung der Vereinigten Staaten bei ihrem Versuch zu unterstützen, die Nazis und das Böse, das sie repräsentierten, zu besiegen. Ich wurde mir dieser Tatsache nie so bewußt wie bei meiner Ankunft in Dachau, als ich einen Tag, nachdem die Infanterie mit Hilfe meiner Artillerie-Einheit das Konzentrationslager eingenommen hatte, die dürren, ausgehungerten Leichen der Insassen sah, die an den Mauern des Krematoriums mit den hohen, stark verrußten Ziegelschornsteinen aufgestapelt lagen.

Während meiner fünf Jahre in der Army im Zweiten Weltkrieg und weiterer achtzehn Jahre als Offizier der Feldartillerie der Nationalgarde wurde ich nie mit einer wie auch immer gearteten Täuschung konfrontiert. Für mich war die Army bedeutungsgleich mit der Regierung der Vereinigten Staaten. Ich sollte hinzufügen, daß ich noch in der Nationalgarde war und die Army noch mit der Regierung der Vereinigten Staaten gleichsetzte, als Präsident Kennedy ermordet wurde und ich David Ferrie verhaftete.

Nach meiner Rückkehr ins Zivilistendasein nach dem Zweiten Weltkrieg folgte ich der Familientradition und studierte Jura in Tulane. Ich erwarb sowohl den akademischen Grad des Bachelor of Laws als auch den des Master of Civil Laws (Magister). Kurz darauf ging ich zum FBI. Als Special Agent in Seattle und Tacoma beeindruckte mich die Kompetenz und Effizienz des Bundeskriminalamts. Doch es langweilte mich über alle Maßen, Klinken zu putzen und Erkundigungen über die Loyalität und die Bekannten von Personen einzuziehen, die sich um Jobs in Rüstungsbetrieben bewarben. Also entschloß ich mich, wieder in den Beruf des Juristen zurückzukehren.

Es war eher ein Zufall, daß ich die Stelle des Bezirksstaatsanwalts von New Orleans bekam. Als ich Ende der fünfziger, Anfang der sechziger Jahre in einer privaten

Kanzlei als Strafverteidiger tätig war, hatte Richard Dowling dieses Amt inne. Er war ein ausgezeichneter Anwalt für Staats- und Zivilrecht gewesen, doch seine Amtsführung als Strafverfolger ließ eine Menge zu wünschen übrig. Als ehemaliger Unterbezirksstaatsanwalt, ein Amt, das ich von 1954 bis 1958 ausgeübt hatte, beunruhigte mich der Zustand seiner Behörde stark. Als Dowling sich 1961 zur Wiederwahl stellte, kandidierte ich neben mehreren anderen gegen ihn.

Ich hatte keine Chance, die Wahl zu gewinnen. Doch ich war der Auffassung, meine Teilnahme an der Wahl könne einem der anderen Kandidaten helfen, die einen besseren Staatsanwalt abgeben würden. Während meines Wahlkampfs ging ich nicht unter das Volk, ich schüttelte keine Hände und klopfte den Menschen nicht auf den Rücken. Ich versuchte auch nicht, Wahlkampfkundgebungen für mich organisieren zu lassen. Ich ließ keine Handzettel verteilen, die zu meiner Unterstützung aufriefen. Ich vergewisserte mich auch nicht der Hilfe irgendwelcher politischer Organisationen. Ich sprach einfach im Fernsehen zu den Menschen. Und da ich, von einer Handvoll Freunden abgesehen, wirklich keine organisierte Unterstützung erhielt, legte ich stets Wert darauf, allein im Fernsehen aufzutreten, um meine Unabhängigkeit zu betonen und meinen Mangel an politischem Rückhalt in einen Vorteil umzumünzen.

Ich mußte zur Stichwahl gegen Dowling antreten, erhielt unerwartet Schützenhilfe von einer örtlichen Zeitung und führte den Wahlkampf in der zweiten Runde genau wie in der ersten.

Zu meiner Überraschung – und zum Erstaunen vieler anderer – wurde ich gewählt und am 3. März 1962 in das Amt des Bezirksstaatsanwalts eingeführt. Es war das erste Mal in der Geschichte von New Orleans, daß ein Staatsbeamter ohne die Unterstützung einer politischen Vereinigung gewählt worden war.

Dementsprechend bescherte ich der Stadt eine nagelneue und tatsächlich unabhängige Behörde. Von Anfang an wählte ich meine Staatsanwälte, die Assistant District Attorneys, unter den besten Absolventen der benachbarten Jura-Fakultäten und den besten jungen Strafverteidigern der Stadt aus. Kein Beamter meines Stabs wurde aus politischen Gründen ernannt. Deshalb konnten wir ohne Rücksicht auf irgendwelche außenstehenden Personen oder Organisationen operieren.

Als John F. Kennedy ermordet wurde, war ich dreiundvierzig Jahre alt und seit eindreiviertel Jahren Bezirksstaatsanwalt. Ich war ein altmodischer Patriot, ein Produkt meiner Familie, meiner beim Militär gemachten Erfahrungen und meiner jahrelangen Praxis als Anwalt. Ich konnte mir damals nicht vorstellen, daß die Regierung die Bürger unseres Landes je täuschen würde. Infolgedessen nahm ich einfach hin, daß das FBI David Ferrie überraschend schnell freiließ und damit andeutete, man habe ihm keinerlei Verbindung mit dem Attentat nachweisen können.[3] Ich setzte voraus, daß das Bureau Ferries Reise gründlich überprüft hatte und sie nicht für wichtig hielt. Es wurmte mich etwas, daß der Special Agent, der die Zweigstelle in New Orleans leitete, unaufgefordert die Erklärung abgab, Ferries Verhaftung sei nicht vom FBI ausgegangen, sondern von der Staatsanwaltschaft. Es war noch nie vorgekommen, daß ein Vollstreckungsbeamter einen derartigen Kommentar über einen anderen geäußert hatte.

Ich hätte eine solche Erklärung von Ferries Anwalt erwartet, aber kaum von einem anderen Regierungsbeamten. Ich war davon ausgegangen, daß die Bundesregierung und ich auf derselben Seite standen. Doch ich ignorierte den Kommentar und widmete meine Aufmerksamkeit wieder der Strafverfolgung von Einbrüchen, Raubüberfällen und anderen Verbrechen in New Orleans.

Kapitel 2
DAS ERWACHEN

Fast drei Jahre verstrichen.

Es waren Jahre großer Befriedigung für mich. Wir hatten eine idyllische Behörde in eine erstklassige Staatsanwaltschaft verwandelt. Wir hatten drei Jahre lang keinen einzigen Mordprozeß mehr verloren – und es sollten noch weitere acht Jahre vergehen, bis wir den ersten verloren. An die Stelle der rosa gestrichenen Wände und grünen Rohre der Büroräume waren Nußbaumverkleidungen getreten. Ich nahm regelmäßig an den Versammlungen der National District Attorneys' Association (Vereinigung der amerikanischen Bezirksstaatsanwälte) an so interessanten Orten wie Phoenix, Las Vegas oder Los Angeles teil. Von Ausnahmefällen abgesehen konnte ich mir einmal pro Woche freinehmen und in Restaurants wie Brennan's, Moran's oder Antoine's speisen.

Mittlerweile war unser Militär tief in den Krieg in Südostasien verstrickt. Wie die meisten Amerikaner ging ich davon aus, die Regierung habe unsere Truppen dorthin beordert, um Südvietnam die Demokratie zu bringen. Und wie die meisten Amerikaner glaubte ich, daß die Regierung das Attentat auf Präsident Kennedy vollständig aufgeklärt habe und es sich tatsächlich um die individuell motivierte Tat eines Einzelgängers gehandelt hatte. Mir kam gewiß nicht in den Sinn, daß es zwischen dem Mord an Präsident Kennedy und der darauffolgenden Entsendung einer halben Million Soldaten nach Vietnam einen Zusammenhang geben könnte.

Natürlich war ich mir einiger seltsamer Ungereimtheiten des Attentats bewußt. Es war allgemein bekannt, daß die meisten Menschen aus der Menge an der Dealey Plaza meinten, sie hätten gehört – ja, sogar gesehen –, daß auf dem Grashügel[1] vor dem Präsidenten Schüsse gefallen seien. Einige von ihnen waren den Hügel hinaufgelaufen, waren über den Holzzaun geklettert und bis zu dem dahinterliegenden Rangierbahnhof gerannt, wo sie von Männern zurückgeschickt wurden, die sich als Agenten des Secret Service auswiesen.

Es läßt sich nicht bestreiten, daß es bei den Sicherheitsvorkehrungen für den Präsidenten beträchtliche Nachlässigkeiten gegeben hat. Die Schutzkuppel war von seiner Limousine entfernt worden[2], und jeder kannte die Fotos, die die zahlreichen weit geöffneten Fenster mit Blick auf die Dealey Plaza zeigten. Doch ich ging davon aus, daß sich jedwede Ermittlung zuerst in diese Punkte verbissen hätte. Das FBI hatte diese Aspekte untersucht, und als sei dies noch nicht genug, hatte sich auch die Warren-Kommission zehn Monate lang intensiv damit befaßt.[3]

Daß diese beiden gewichtigen Körperschaften übereinstimmend zu der Schlußfolgerung gelangt waren, alle Schüsse seien von einem einzigen Mann hinter dem Präsidenten abgegeben worden, überzeugte mich, daß es sich bei den angeblichen Geschehnissen vor dem Präsidenten auf dem Grashügel und dem dahinter gelegenen Rangierbahnhof um bloße Spekulationen handelte.

So sah ich die Dinge Ende des Jahres 1966. Ich war glücklich verheiratet, Vater dreier Kinder (zwei weitere sollten noch kommen) und hatte einen tollen Job. Ich war völlig zufrieden mit dem Verlauf, den mein Leben nahm, und der Welt um mich herum. In der Rückschau wäre die Feststellung vielleicht angemessen, daß ich von der Welt, in der ich lebte, ruhiggestellt wurde.

Eines Tages in jenem Herbst unterhielt ich mich dann zufällig mit Russell Long, einem Senator aus Louisiana. Wir kamen auf das Attentat an Kennedy zu sprechen. Bis zum heutigen Tag erinnere ich mich an seine Worte: »Die Burschen von der Warren-Kommission haben völlig falschgelegen«, sagte er geradeheraus, wie es seine Art ist. »Es ist unmöglich, daß Jack Kennedy auf diese Weise von einem einzigen Mann erschossen wurde.«

Ich war überrascht, dies von einem der intelligentesten Mitglieder des Senats zu hören, von einem Mann, den ich persönlich kannte und sehr respektierte. Zum erstenmal wurde ich gewahr, daß in diesen hohen Kreisen Zweifel an der gültigen Version des Attentats kursierten. Die Entschiedenheit in Senator Longs Worten erregte meine Neugier. Ich bestellte augenblicklich den gesamten Satz der von der Warren-Kommission herausgegebenen Bände – die Anhörungen, die Beweismittel und den Kommissionsbericht.

Während ich darauf wartete, daß die Bücher eintrafen, forschte ich in der Bibliothek nach, wie die Warren-Kommission zustande gekommen war. Fünf Tage nach dem Attentat hatte der Kongreßabgeordnete Charles Goodell aus New York vorgeschlagen, ein gemeinsamer Ausschuß von jeweils sieben Abgeordneten und Senatoren solle eine Untersuchung durchführen. Zwei Tage später, bevor der Kongreß auf Goodells Vorschlag reagieren konnte, erklärte Präsident Lyndon B. Johnson, er habe bereits einen Ermittlungsausschuß gebildet und sieben Mitglieder bestimmt. Um die mögliche Kritik zu vermeiden, er habe dem Kongreß die Untersuchung aus den Händen genommen, berief er je zwei Abgeordnete beider Kammern in den Ausschuß.

Ich verschaffte mir biographische Informationen über die von Präsident Johnson ausgewählten Kommissionsmitglieder. Augenscheinlich handelte es sich bei allen um leidlich wichtige Männer, die dem Geheimdienst oder dem Militär gegenüber positiv eingestellt waren. Allen Dulles war neun Jahre lang Direktor der CIA gewesen. Kongreßabgeordneter Gerald Ford wurde von *Newsweek* als »der beste Freund der CIA im Kongreß« bezeichnet. Senator Richard Russell saß dem Streitkräfte-Ausschuß des Senats vor und auch dessen Geheimdienst-Unterausschuß. John J. McCloy war gegen Ende des Zweiten Weltkrieges stellvertretender Kriegsminister und Hochkommissar im besetzten Deutschland gewesen. Zur Zeit seiner Berufung in die Warren-Kommission galt er allgemein als wichtigste inoffizielle Kapazität der amerikanischen Außenpolitik.[4] Zu dieser Zeit stellte ich die Zusammensetzung der Kommission nicht in Frage. Auch hatte ich keinen Grund, die Ehrlichkeit oder Integrität dieser respektierten Politiker zu bezweifeln.

Als die sechsundzwanzig Bände der Warren-Kommission eintrafen, vertiefte ich mich einige Wochen lang in die Aussagen und Beweisstücke, meist abends und an den Wochenenden. Sie entsprachen zwar nicht meiner Vorstellung von anregender Lektüre, doch ich las sie aus dem gleichen Grund, aus dem ich – im Jahr 1963 – Ermittlungen zu David Ferries zeitlich seltsam übereinstimmender Reise nach Texas durchgeführt hatte. Lee Oswald hatte den Sommer vor dem Attentat in New Orleans verbracht. Das fiel in meinen Zuständigkeitsbereich als Staatsanwalt.

In Anbetracht des erhabenen Rufs der Kommissionsmitglieder und der Qualität und Zahl der Mitarbeiter, die ihnen zur Verfügung gestanden hatten, rechnete ich damit, eine gründliche und professionelle Ermittlung vorzufinden. Nichts dergleichen war der Fall. Die Masse der Informationen war ungeordnet und wirr. Die Kommission hatte kein hinlängliches Beweismittelverzeichnis beigefügt (wenngleich später eines von Sylvia Meagher erstellt wurde[5], einer prominenten Kritikerin der offiziellen Attentatsversion). Die zahlreichen vielversprechenden Spuren, die nie verfolgt wurden, stellten eine Beleidigung meiner Berufsauffassung als Staatsanwalt dar. Und am schlimmsten war vielleicht, daß die Schlußfolgerungen des Berichts offenbar auf einer selektiven Beweisauswahl beruhten und glaubwürdige Aussagen Dutzender Zeugen buchstäblich ignorierten.

Die Kommission kam zum Beispiel zu dem Schluß, der Mord an Kennedy sei von einem Mann begangen worden, der den Präsidenten von hinten erschossen habe. Das war nicht nur der entscheidende Punkt der offiziellen Darstellung; es war etwas Unantastbares.

Doch ich stellte bei der Lektüre schon früh fest, daß die Aussagen zahlreicher Zeugen an der Dealey Plaza die offizielle Version nicht stützten. Stellen Sie sich die Szene an der Dealey Plaza vor.[6] Die Wagenkolonne, die gerade von der Houston Street links abgebogen war, fuhr in westlicher Richtung über die Elm Street. Als der Präsident getroffen wurde, befand sich das Texas School Book Depository, ein Auslieferungslager für Schulbücher, aus dem Oswald der Warren-Kommission zufolge alle Schüsse abgegeben hatte, ein gutes Stück rechts hinter ihm. Ein Stück rechts vor ihm lag der Grashügel mit dem Holzlattenzaun, eine niedrige Umzäunung. An den Lattenzaun drängten sich einige kleine Bäume. Ebenfalls rechts vor ihm, aber in geringerer Entfernung, befand sich eine Arkade aus Beton. All dies lag auf einer Terrasse hoch über dem grasbedeckten Hügel, der die Elm Street überblickte.

Eine Reihe von Zeugen erinnerte sich lebhaft daran, zu der Zeit, als die Schüsse fielen, seltsame Aktivitäten auf dem Grashügel beobachtet zu haben. Eine Stunde vor dem Attentat fuhr zum Beispiel Julia Ann Mercer[7], eine Angestellte der Firma Automat Distributors, an dem Grashügel neben der Elm Street vorbei. Sie blieb in einem Verkehrsstau stecken und mußte neben einem Kleinlaster anhalten, der halb auf dem Bürgersteig parkte. Sie sah, daß ein junger Mann mit einem Gewehr in einem Koffer ausstieg und den steilen Hügel hinaufging. Wie ich später herausfand, meldete sie diese beunruhigende Beobachtung einen Tag später sowohl der FBI-Zweigstelle Dallas als auch dem Sheriff.[8] Doch seltsamerweise wurde Julia Ann Mercer nie vom Stab der Kommission befragt.

Lee Bowers, der Weichensteller des Rangierbahnhofs, hatte in seinem Glasturm fünf Meter über dem Bahnhof einen Logenblick auf den Grashügel. Seiner Aussage zufolge[9] beobachtete er ein paar Minuten, bevor die Schüsse fielen, daß zwei ihm unbekannte Männer hinter dem Lattenzaun auf dem Hügel standen und der sich nähernden Wagenkolonne entgegenblickten. Zuvor hatte er gesehen, wie ein ihm unbekannter Mann auf dem Rangierbahnhof hinter dem Hügel in einem Wagen umherfuhr. Der Mann schien in ein Mikrofon zu sprechen, das er in der Hand hielt.

In einer eidesstattlichen Erklärung sagte J.C. Price[10], ein

Dachdecker aus Dallas, vor dem Sheriff aus, er habe gesehen, daß nach den Schüssen »ein Mann auf die Personenwaggons zulief, die auf dem Rangiergleis standen. [...] Er hielt etwas in der Hand. Ich bin mir nicht sicher, aber es könnte ein Kopfhörer gewesen sein.«

Einige Zeugen hörten – im Gegensatz zum Abschlußbericht der Warren-Kommission – nicht nur, wie vom Lattenzaun aus Schüsse fielen, sie entdeckten auch, daß zwischen den Bäumen Rauch von Gewehrschüssen aufstieg. Wie J.C. Price hatte eine noch größere Zahl den Eindruck, nach den Schüssen seien Männer von dem Hügel auf den dahinterliegenden Rangierbahnhof gelaufen. Joseph Smith[11], ein Polizist, der mit einem Motorrad neben dem Wagen des Präsidenten fuhr, lief den Hügel zu dem Zaun hinauf.

S.M. Holland, Stellwerkleiter bei der Union Terminal Railroad, beschrieb die Schüsse folgendermaßen[12]: »Ich hörte einen dritten Knall und zählte vier Schüsse, und [...] in dieser Baumgruppe gab es einen Knall, einen Schuß, ich weiß nicht, ob es ein Schuß war. Das kann ich nicht sagen. Und eine Rauchwolke erhob sich, vielleicht zwei bis zweieinhalb Meter hoch, direkt über den Bäumen. [...] Ich habe nicht den geringsten Zweifel, daß ich eine Rauchwolke zwischen den Bäumen habe aufsteigen sehen. [...] Ich habe die Rauchwolke ganz bestimmt gesehen und unter den Bäumen einen Knall gehört...«

O.V. Campbell, der Geschäftsführer des Schulbuch-Auslieferungslagers, sagte aus, die Schüsse seien »von der Grasfläche dort hinten«[13] gekommen, wobei er in die Richtung deutete, in die die Wagenkolonne fuhr, nachdem sie das Auslieferungslager passiert hatte. Er sagte: »Ich habe Schüsse gehört, die von einer Stelle abgegeben wurden, die in der Nähe der Eisenbahngleise lag.«[14]

James Tague, Autoverkäufer aus Dallas, der – möglicherweise von einer verirrten Kugel – im Gesicht verletzt wurde, sagte: »Mein erster Eindruck war, daß dort oben bei dem Monument, oder wie man es auch nennen soll..., daß dort jemand ein Feuerwerk zündete ... und die Polizei dort hinauflief.«[15]

Billy Lovelady, ein Angestellter des Auslieferungslagers, der auf der Treppe des Gebäudes ein Butterbrot aß, erinnerte sich, daß die Schüsse »direkt von da hinten [gekommen sind], von dem kleinen Betonding auf dem Hügel ... zwischen der Unterführung und dem Gebäude rechts auf dem Hügel«[16].

Abraham Zapruder, der berühmt wurde, weil er das Attentat zufällig filmte, stand auf einer Betonplatte neben dem Grashügel und hatte den Rücken an den Lattenzaun gelehnt. Er beschrieb, daß die Polizisten an ihm vorbei zu dem Gelände hinter dem Hügel liefen.[17] Auf die Frage, woher die Schüsse gekommen seien, fügte er hinzu: »Ich dachte auch, sie seien von hinter mir gekommen.«

Forrest Sorrells, der Leiter der örtlichen Secret-Service-Zweigstelle, fuhr in der Autokolonne ganz vorn. Er sagte aus, als er die Schüsse gehört habe, »etwas zu laut für ein Feuerwerk«, habe er »zu dem Terrassenteil dort [gesehen], weil es so klang, als seien sie von da hinten und da oben abgefeuert worden«[18].

William Newman, ein technischer Zeichner aus Dallas, hatte die Parade mit seiner Familie auf dem Bürgersteig am Fuß des Grashügels beobachtet, ein kurzes Stück vor dem Lattenzaun. Newman sagte[19]: »Wir standen am Rand des Bürgersteigs und schauten auf den Wagen, der auf uns zukam, und plötzlich gab es einen Knall, anscheinend einen Schuß. Der Präsident fuhr in seinem Sitz hoch, und es sah aus, als sei ein Feuerwerk losgegangen. Ich dachte, er hätte es gemerkt. Es war einfach wie eine Explosion, und er stand auf. Mittlerweile war er direkt vor uns, und ich sah ihn direkt an, als er in die Schläfe getroffen wurde. [...] Da es den Anschein hatte, daß wir uns voll in der Schußlinie befanden, warfen wir uns dann aufs Gras. [...] Ich dachte, der Schuß sei aus dem Garten direkt hinter mir gekommen. [...] Ich erinnere mich nicht, zum Texas School Book Depository gesehen zu haben. Ich habe zum Garten zurückgeschaut.«

L.C. Smith, ein Angestellter des Sheriffs, war auf der Main Street, als er die Schüsse hörte, und lief »so schnell ich konnte zur Elm Street, direkt links von der Houston«[20]. Dort stieß er auf eine Frau, die ihm mitteilte, »der Präsident sei in den Kopf geschossen worden, und die Schüsse kämen von dem Zaun auf der rechten Seite der Elm Street«, womit sie den Lattenzaun vor dem Grashügel meinte.

Malcolm Summers, Besitzer einer Druckerei und Werbeagentur in Dallas, erinnerte sich an den Augenblick, als die Schüsse aufhörten[21]: »Dann liefen alle Leute zu der Terrasse hoch. Alle liefen einfach zu den Eisenbahngleisen, und ich wußte, daß sie dort jemanden aufgespürt hatten.«

Eine Frau, Jean Hill, verfolgte sogar einen der Männer. Sie gestand ein, nicht gewußt zu haben, was sie mit ihm hätte machen sollen, falls sie ihn eingeholt hätte. Sie sagte aus, sie habe gesehen, wie der Mann »zu den Eisenbahngleisen links von uns« ging.[22]

Laut Jean Hills Schilderung war der Rangierbahnhof – rechts oberhalb der Stelle, wo der Präsident getroffen worden war – eindeutig das Ziel der Männer, die vom Tatort wegrannten. Ich wandte mich wieder der Aussage des Weichenstellers Lee Bowers zu[23] und las seine Antworten zu Fragen über die Ereignisse nach dem Attentat, die ihm Joseph A. Ball, der Rechtsanwalt der Warren-Kommission, gestellt hatte.

»MR. BALL: Kamen danach ziemlich viele Leute zu dieser erhöhten Stelle am Turm?

MR. BOWERS: Eine große Anzahl Leute kam (aus) mehr als einer Richtung. Eine Gruppe lief an der Ecke Elm Street und Houston zusammen, die Elm Street entlang und auf den Hügel, und andere – eine andere große Gruppe – liefen um die dreieckige Fläche zwischen der Houston und Elm und dann über die Elm und den Hang hinauf. Einige von ihnen bis ganz nach oben. *Viele von ihnen, darunter natürlich auch zwischen fünfzig und hundert Polizisten, die nach höchstens fünf Minuten dort eintrafen.*

MR. BALL: An die Stelle rund um Ihren Turm?

MR. BOWERS: Genau. Ich riegelte das Gebiet ab und hielt die Züge an, bis sie durchsucht werden konnten, *und in wenigstens einen Zug stiegen ein paar Fahrgäste ein.*

MR. BALL: Darüber haben wir schon gesprochen, bevor Ihre Aussage aufgenommen wurde, nicht wahr?

MR. BOWERS: Ja.

MR. BALL: Fällt Ihnen sonst noch etwas ein, wonach ich Sie nicht gefragt habe?

MR. BOWERS: Nein, sonst nichts.«

[Hervorhebungen vom Verfasser]

Jeder gute Anwalt hätte sich normalerweise in die Tatsache verbissen, daß wenigstens einer der Züge auf dem Rangierbahnhof angehalten werden mußte, damit »Fahrgäste« einsteigen konnten. Doch wie mir auffiel, wechselte der unbeeindruckte Rechtsberater der Kommission schnell das Thema, um jedes weitere Gespräch über die Unbekannten, die auf dem Rangierbahnhof einen Zug bestiegen, zu unterbinden.

Ein ähnliches Manöver fiel mir auf, als Sergeant D.V. Harkness, der Beamte, der die Aufgabe hatte, die abfahrenden Züge zu durchsuchen, auf Fragen des Rechtsberaters der Warren-Kommission, David Belin, antwortete[24]:

»MR. HARKNESS: Ich ging wieder nach vorn, und Inspector Sawyer [...] half mir, zuerst die Menge zurückzudrängen. Dann schickte Inspector Sawyer mich zu einigen Güterwaggons, *die aus dem Rangierbahnhof ausfuhren, und beauftragte mich, runterzugehen und alle Güterzüge zu durchsuchen, die den Bahnhof verließen.*

MR. BELIN: Was haben Sie dann getan?

MR. HARKNESS: Na ja, wir kamen zu einem langen Güterzug, der dort stand, und wir *holten einige Leute heraus und brachten sie zur Wache.*

MR. BELIN: Sie meinen, einige Fahrgäste?

MR. HARKNESS: Tramps und Hobos.

MR. BELIN: Die auf dem Güterwagen waren?

MR. HARKNESS: Ja, Sir.

MR. BELIN: Was haben Sie dann getan?

MR. HARKNESS: Das war mein ganzer Auftrag, weil *sie zwei lange Güterzüge filzten, die gerade abfuhren.* Meines Wissens waren mehrere Beamte damit beschäftigt.

MR. BELIN: *Wissen Sie, ob irgend jemand irgendwie verdächtige Leute dort auf dem Güterbahnhof gefunden hat?*

MR. HARKNESS: *Ja, Sir. Wir haben einige Leute verhaftet. Ich buchtete selbst einige ein.*

MR. BELIN: *Waren das die Leute, die Sie als Hobos oder Tramps bezeichnet haben?*

MR. HARKNESS: *Ja, Sir.*

MR. BELIN: *Wurden diese Leute verhört?*

MR. HARKNESS: *Ja, Sir. Sie wurden zur Wache gebracht und verhört.*

MR. BELIN: Wurden irgendwelche Waffen gefunden?

MR. HARKNESS: Meines Wissens nicht.

MR. BELIN: *Ich möchte noch einmal auf diesen Amos Euins zurückkommen.* Erinnern Sie sich, was er zu Ihnen gesagt hat und was Sie zu ihm gesagt haben, als Sie sich das erste Mal begegneten?«

[Hervorhebungen vom Verfasser]

Diesen Themenwechsel fand ich bemerkenswert. Da erfuhr Rechtsanwalt Belin gerade von mehreren Fremden, die die Gegend, in der der Präsident gerade ermordet worden war, mit einem abfahrenden Zug verließen, doch statt mehr als nur ein paar beiläufige Folgefragen zu stellen, wechselt er das Thema. Amos Euins, ein weiterer Zeuge, hatte nicht das geringste mit den Aktivitäten auf dem Grashügel und dem interessanten Zufall zu tun, daß ausgerechnet in diesem Augenblick Züge abfuhren. Belin fragte Sergeant Harkness nicht nach weiteren Einzelheiten über die Verhafteten, auch nicht danach, wer sie »zur Wache abgeführt und verhört« hatte. Weder im Büro des Sheriffs noch im Polizeipräsidium von Dallas gibt es irgendwelche Unterlagen über diese Verhaftungen und Verhöre. Auch wurden ihre Namen, soweit ich feststellen konnte, in keinem der sechsundzwanzig Bände der Warren-Kommission erwähnt.

Außerdem wurde nie die ebenso interessante Spur verfolgt, daß sich in der Nähe des Rangierbahnhofs Männer aufgehalten hatten, die sich als Agenten des Secret Service ausgaben.

Joe M. Smith, Verkehrspolizist an der Kreuzung Elm Street und Houston Street, erfuhr von einer Frau[25], daß die Schüsse »aus den Büschen« gekommen waren, verließ seinen Posten und lief den Hügel hinter dem Lattenzaun hinauf. Er antwortete auf Fragen des Rechtsberaters Wesley J. Liebeler von der Warren-Kommission[26]:

»MR. SMITH: Als wir dort ankamen, war ein Deputy Sheriff bei mir, und ich glaube, ein Mann vom Secret Service... Ich kam mir schrecklich lächerlich vor, aber nach den Schüssen und dieser Frau zog ich meine Pistole aus dem Halfter und dachte, es ist lächerlich, ich weiß nicht, nach wem ich suche. Gerade als ich sie wieder wegstecken wollte, zeigte er mir, daß er ein Agent vom Secret Service war.

MR. LIEBELER: Haben Sie diesen Mann angesprochen?

MR. SMITH: Na ja, er sah mich mit meiner Pistole kommen und zeigte mir sofort, wer er war.

MR. LIEBELER: Erinnern Sie sich an seinen Namen?

MR. SMITH: Nein, Sir, das nicht...«

Doch dem Bericht der Warren-Kommission zufolge waren alle Agenten des Secret Service, die die Parade begleitet hatten, mit ihr zum Krankenhaus gefahren.[27] Den Unterlagen des Secret Service ist zu entnehmen, daß sich – abgesehen von denen, die mit der Wagenkolonne durchfuhren, was in Minutenschnelle geschah – kein einziger seiner Agenten am Tatort befand. Das bedeutete entweder, daß der Secret Service log oder sich irrte, oder daß der Mann, den Officer Smith ansprach, kein Agent des Secret Service war.

Sergeant Harkness sagte weiterhin aus[28], daß, als er hinter dem Auslieferungslager eintraf (noch vor seiner Durchsuchung des Rangierbahnhofs), »sich dort einige Secret-Service-Agenten befanden. Ihre Ausweise bekam ich nicht zu sehen. Sie sagten mir, sie seien Agenten des Secret Service.« Für Harkness wurde es daher deutlich, daß sich nicht nur einer, sondern mehrere Menschen, die behaupteten, dem Secret Service anzugehören, auf einem Gelände aufhielten, in dem angeblich kein einziger Agent eingesetzt war.

Diese Ungereimtheit wurde nicht nur von Officer Smith und Sergeant Harkness bezeugt. Ich fand heraus, daß Jean Hill, die einen vom Tatort fliehenden Mann verfolgte, auf dem Parkplatz hinter dem Zaun des Hügels aufgehalten wurde.[29] Der Mann, der Zivilkleidung trug, hielt ihr seinen Secret-Service-Ausweis hin. Nach dieser Unterbrechung war der Flüchtige verschwunden.

Trotz dieser Anzeichen, daß sich entweder mehrere Männer fälschlicherweise als Secret-Service-Agenten ausgegeben hatten beziehungsweise der Secret Service keine Ahnung hatte, wo seine Agenten wirklich gewesen waren, ließen die Warren-Kommission und ihr Stab die Sache einfach fallen.

Bei der Lektüre des Berichts kam ich zu der Erkenntnis, daß nicht nur die Warren-Kommission und ihr Stab die Ermittlungen unorthodox betrieben hatten. Die Polizei von Dallas, die den Fall in ihren Unterlagen höchst zügig abschloß, führte ebenfalls eine höchst unsystematische Untersuchung durch. Zum Beispiel wurde Lee Harvey Oswald nach seiner Verhaftung verhört, als er sich im Gewahrsam von Captain Will Fritz befand, dem Leiter der Mordkommission von Dallas. Als Staatsanwalt weiß ich, daß auch bei geringeren Kapitalverbrechen solche Verhöre routinemäßig aufgezeichnet werden. Doch dem Warren-Bericht zufolge wurde der vermeintliche Mörder des Präsidenten der Vereinigten Staaten insgesamt zwölf Stunden lang verhört, ohne daß dabei ein Tonband lief oder ein Stenograph mitschrieb.[30] Es war auch kein Anwalt anwesend. Das Fehlen jeglicher Unterlagen über Oswalds Verhör enthüllte eine Mißachtung grundlegender verfassungsmäßiger Rechte, die mir völlig fremd war. Mir wurde klar, daß es sich dabei nicht nur um Nachlässigkeit handelte.[31] Ein Polizeibeamter mit dreißigjähriger Berufserfahrung wie Captain Fritz mußte doch wissen, daß alles, was Oswald unter diesen Umständen sagte, beim nachfolgenden Prozeß nicht zugelassen werden würde.

Bei meiner Lektüre überraschte es mich auch, wie schnell das FBI seine Untersuchung abgeschlossen hatte und innerhalb weniger Wochen zu der Schlußfolgerung gelangt war, Lee Oswald sei ein Einzeltäter. Bei diesen zahlreichen, nicht ausgeführten Routinetätigkeiten, auf die ich in den Zeugenaussagen und Beweismitteln der Warren-Kommission stieß, schien mir ein so schneller Abschluß des Falles unbegreiflich.

Je länger ich las, desto deutlicher begriff ich, daß sämtliche offiziellen Regierungsuntersuchungen des Attentats systematisch alle Beweise ignoriert hatten, die zu einer anderen Schlußfolgerung als der hätten führen können, Lee Oswald sei ein Einzeltäter. Zuerst wußte ich nicht, was ich davon halten sollte, also las ich weiter. Eines Freitagabends begutachtete ich die Zeugenaussage des Lieutenant Colonel Allison G. Folsom jr.[32], der aus Oswalds Militärakte vorlas. Er führte aus, Oswald habe in der Marinebasis El Toro in Kalifornien eine Russischprüfung abgelegt; kurz darauf war er, worüber die Medien natürlich lautstark berichtet hatten, in die Sowjetunion übergelaufen.

Eine *Russischprüfung*! Ich stellte die Ohren auf.

In all meinen Jahren im Militärdienst während des Zweiten Weltkrieges – und danach – hatte ich nie eine Prüfung in russischer Sprache abgelegt. Colonel Folsoms weitere Aussage, Oswald habe bei der Prüfung schlecht abgeschnitten und von allen russischen Worten kaum mehr als die Hälfte richtig übersetzt, erinnerte mich an den Witz über den Mann, der sagt, sein Hund sei nicht besonders intelligent, da er ihn nur bei zwei von fünf Schachspielen schlagen könne. Ich hätte kein einziges russisches Wort übersetzen können. 1959, als Oswald die Prüfung ablegte, war ich Stabsoffizier in einem Bataillon der Nationalgarde, das aus Hunderten von Soldaten bestand. Von keinem war je verlangt worden, seine Russischkenntnisse unter Beweis zu stellen. An diesem Abend im Jahre 1966, an dem ich Colonel Folsoms Aussage las, stand ich noch im Militärdienst – mittlerweile als Major – und konnte mich nicht daran erinnern, daß man *je* von einem einzigen Soldaten gefordert hatte, seine Russischkenntnisse zu beweisen.

Soldaten werden normalerweise ebensowenig in Russisch wie in Philosophie, Kunst oder Musik unterrichtet – nicht, wenn sie wirklich den Streitkräften angehören, denen sie zugeteilt sind. Die Zeugen der Regierung führten aus, daß Oswald bei den Marines der Luftabwehr zugeteilt worden war. Ein Soldat, der wirklich bei der Luftabwehr Dienst tat, hätte Russisch ebenso gut einsetzen können wie eine Katze einen Schlafanzug.

Ich las an diesem Abend nicht weiter. Ich mußte erst einmal das erste Anzeichen dafür verdauen, daß Lee Oswald – zumindest im Jahr 1959 – für den Nachrichtendienst ausgebildet worden war. Wie jeder mit militärischem Background wußte ich, daß die nachrichtendienstlichen Tätigkeiten der Marine vom Office of Naval Intelligence (ONI) gesteuert wurden. Mit der Frage im Kopf, welche mögliche Verbindung es zwischen dem ONI und Lee Harvey Oswald geben könne, ging ich zu Bett. Ich schlief in dieser Nacht nicht viel.

Am nächsten Morgen fuhr ich in jenen heruntergekommenen, schäbigen Teil der Innenstadt, in dem die Camp Street liegt.[33] Ich war einige Wochen zuvor bei der Lektüre der Beweismittel der Warren-Kommission auf diese Adresse gestoßen. Der Absender Camp Street 544 stand handgestempelt auf einem der Flugblätter, die Oswald im Sommer 1963 auf den Straßen von New Orleans verteilt hatte. Oswald war mehrmals bei solchen Flugblattaktionen beobachtet worden. Bei einer derartigen Gelegenheit am 9. August war er auf der Canal Street in ein Handgemenge mit mehreren Exilkubanern geraten und verhaftet worden. Die Warren-Kommission hatte aus diesem und anderen Beweisen geschlossen, Oswald sei ein engagierter und aktiver, wenn auch auf einsamem Posten stehender Kommunist gewesen, der sich dem Fair Play for Cuba Committee angeschlossen hatte, das Fidel Castro unterstützte.

Aufgrund mehrerer Ungereimtheiten hatte mich diese geschliffene Erklärung nie ganz überzeugt. Ich wußte zum Beispiel, daß Oswald den Stempel mit dem Absender Camp Street 544 nur bei seinen Flugblättern vom 9. August verwendet hatte. Auf den Pamphleten, die er später verteilte, tauchte er nie wieder auf. Und jetzt wollte ich mir das Haus einmal selbst ansehen.

Schräg gegenüber des Lafayette Square befand sich der Eingang 544 Camp Street in einem kleinen, mausgrauen Gebäude, bei dessen Fassade es sich um eine offensichtlich mißlungene Granitstein-Imitation handelte. Das bescheidene Gebilde hieß, wie ich später herausfand, nach seinem jetzigen Besitzer »Newman Building«. Der Eingang 544 Camp führte eine Treppe zum ersten Stock hinauf.

Mir kam das Gebäude irgendwie bekannt vor, und ich brauchte einen Augenblick, bis ich mein Gedächtnis aufgefrischt hatte. Dann bog ich um die Ecke, an dem Haus vorbei, das früher einmal Mancusos kleines Restaurant beherbergt hatte. Ich ging ein paar Schritte über die Lafayette Street zum anderen Eingang des Gebäudes. Dort fand ich mich vor der Tür wieder, die 1963 Eingang zu dem im ersten Stock gelegenen Büro des Privatdetektivs Guy Banister war. An der Tür des Hauses 531 Lafayette Street hatte sich damals ein Schild mit der Aufschrift »Guy Banister Associates, Inc. Investigators« befunden. Also führten beide Eingänge – 544 Camp und 531 Lafayette – in ein und dasselbe Haus. Und seltsamerweise war der Name Guy Banister wieder aufgetaucht, der schon vor drei Jahren eine Rolle gespielt hatte.

Banister war 1964 – etwa neun Monate nach dem Attentat – gestorben, doch nun begriff ich, warum der Absender »544 Camp Street« nur auf einem einzigen Flugblatt Oswalds aufgetaucht war. Jemand – wahrscheinlich Banister oder einer seiner Geschäftspartner – hatte Oswald davon abgehalten, die Adresse auf einem späteren Flugblatt nochmals zu verwenden. Kein Wunder – Guy Banister war wahrscheinlich kaum begeistert davon, daß der junge Ex-Marine seine Adresse auf Pro-Castro-Literatur stempelte.

Obwohl Banister zu dieser Zeit nicht mehr beim FBI war, teilte er die Auffassungen J. Edgar Hoovers. Ich wußte, daß er stark in alle möglichen antikommunistischen Unternehmungen verwickelt gewesen war. Ein junger Anwalt, mit dem ich oft im New Orleans Chess Club Schach spielte, hatte mir erzählt, daß Banister ihn als Collegestudenten angeheuert hatte, um auf dem Campus radikale oder auch nur liberale Organisationen ausfindig zu machen, sich in sie einzuschleichen und sie zu unterwandern. Des weiteren wußte ich, daß Banister ein führendes Mitglied der Anti-Communist League of the Caribbean (Antikommunistische Liga der Karibik) war. Ich hatte von einem seiner Partner in der Organisation, einem Anwalt namens Maurice Gatlin, der zur gleichen Zeit wie ich in dem Apartmenthaus Claiborne Towers gewohnt hatte, von dieser äußerst rechtsstehenden Gruppe gehört.

Da ich nun wußte, daß Guy Banisters Büro das Hauptquartier war, von dem aus Oswald gearbeitet hatte, wurden mir einige Dinge klar, die ich über den »marxistisch orientierten« Flugblattverteiler erfahren hatte. Wenn Oswald zum Beispiel seine Pro-Castro-Flugblätter verteilte, ging er regelmäßig zu einem der örtlichen Arbeitsämter und heuerte Männer an, die ihm dabei helfen sollten. Dies fand ich heraus, als mir auffiel, daß auf einem Foto in einer Lokalzeitung, das Oswald mit einigen Männern bei einer solchen Aktion zeigte, ein Mann abgebildet war, der wie der Sohn eines Artillerieoffiziers aussah, der mit mir in der Nationalgarde gedient hatte. Ich rief Charles Steele an und erfuhr, daß es sich tatsächlich um seinen Sohn Charles jr. handelte. Wir sprachen mit dem jungen Steele[34] und stellten fest, daß Oswald ihm und den anderen für das Verteilen der Flugblätter zwei Dollar pro Stunde bezahlt hatte. Oswald hatte ihnen gesagt, sie müßten sie so lange unters Volk bringen, bis die Pressefotografen wieder weg seien; danach könnten sie gehen. Diese Rekrutierungsmethode war für eine echt marxistische Gruppe höchst ungewöhnlich. Die meisten dieser Gruppen hatten genug Mitglieder, um Flugblätter zu verteilen, aber kaum Geld. Oswalds Fair Play for Cuba Committee andererseits schien bis auf ihn selbst kein weiteres Mitglied zu haben – doch genug Geld, um Arbeitslose anzuheuern.

Das war der erste Hinweis, daß es sich bei Lee Oswald keineswegs um einen »Kommunisten« oder »Marxisten« gehandelt hatte. Viel wahrscheinlicher erschien mir nun, da ich das Haus 544 Camp Street gesehen hatte, daß Guy Banister – oder jemand in seinen Diensten – Oswald als Agent provocateur benutzt hatte. Zu welchem Zweck und in wessen Auftrag blieb ein Geheimnis.

Falls Oswald in diesem Sommer unter Banister gearbeitet hatte, würde dies einige andere Ungereimtheiten erklären, die ich bei meiner Lektüre entdeckt hatte. Dem Bericht der Warren-Kommission zufolge verlangte Oswald, als er am 9. August auf der Canal Street verhaftet und auf die Wache gebracht wurde, augenblicklich einen FBI-Agenten zu sprechen.[35] Oswald wurde von den anderen Verhafteten abgesondert und in ein Hinterzimmer geführt, in dem er mit Special Agent John Quigley von der örtlichen FBI-Niederlassung sprach. Später verbrannte Agent Quigley seine Gesprächsnotizen. Das verstößt gegen die übliche FBI-Prozedur.[36] Normalerweise werden solche Notizen zusammen mit dem Bericht über den Vorfall zu den Akten gegeben. Diese Sonderbehandlung für einen kommunistischen Schreihals kam mir unerklärlich vor – es sei denn, Oswald hatte in Wirklichkeit mit Guy Banister zusammengearbeitet, einem ehemaligen hochrangigen FBI-Beamten, der dies leicht hätte arrangieren können.[37]

Etwa eine Woche nachdem Oswald auf der Canal Street verhaftet worden war, arrangierte jemand seine Teilnahme an einer Rundfunkdebatte des Senders WDSU.[38] Das Thema lautete im Prinzip: Kapitalismus kontra Kommunismus. Oswald vertrat die linke Position und bezeichnete sich in der auf Tonband aufgezeichneten Sendung pflichtgemäß als Marxist. Nach dem Attentat auf Kennedy und kaum eine Woche, nachdem Oswald seinerseits ermordet worden war, wurden Kopien des Bandes als eindeutiger Beweis an Mitglieder des Repräsentantenhauses geschickt, daß ein Kommunist den Präsidenten getötet hatte.

Könnte es Banister oder einer seiner Kollegen gewesen sein, so fragte ich mich, der die Debatte arrangiert und aufgezeichnet hat? Falls Oswald in diesem Sommer in Banisters Auftrag gearbeitet hatte, war klar, daß weder seine Flugblätter noch sein Auftritt im Radio jemanden zum Kommunismus bekehren sollten. Sie sollten vielmehr nur eines bewerkstelligen: in der Öffentlichkeit ein deutlich sichtbares Profil Lee Harvey Oswalds als Kommunist zu schaffen.

Ich wandte mich von Banisters altem Büro ab und sah über die Lafayette Street, in der sich das U.S. Post Office Building erhob. Das Gebäude nahm einen ganzen Häuserblock ein und wirkte im Gegensatz zu der verfallenen, mitgenommenen Umgebung majestätisch und zeitlos. Es beherbergte die New Orleanssche Niederlassung des Secret Service. Wie mir nun einfiel, befand sich in einer der oberen Etagen auch das Office of Naval Intelligence, jene Organisation, die mir am Abend zuvor im Zusammenhang mit Oswalds Ausbildung beim Marinenachrichtendienst aufgefallen war. War es nur ein Zufall, fragte ich mich, daß Guy Banister, der seine Laufbahn im Zweiten Weltkrieg beim ONI begonnen hatte, sich ein Büro genau gegenüber von seinem alten Brötchengeber gesucht hatte? Ein ebensolcher Zufall, vermutete ich, wie die Wahl des Standorts seiner Privatdetektei – genau gegenüber den New Orleansschen Niederlassungen der CIA und des FBI.

Ich ging die Lafayette Street entlang auf den Mississippi zu, um mir zwei weitere Adressen im 600er-Block der Magazine Street anzusehen, mit denen, wie ich aus meiner Lektüre wußte, Oswald ebenfalls zu tun gehabt hatte.[39] Die erste war die Reily Coffee Company, für die Oswald im Jahre 1963 gearbeitet hatte, kurz bevor er auf der Straße auftauchte und Flugblätter verteilte, in denen er zur fairen Behandlung Fidel Castros aufrief. Man müßte schon völlig fremd in der Stadt sein, um nicht zu wissen, daß William

Reily, der Präsident der Kaffeerösterei, die Anti-Castro-Bewegung seit Jahren aktiv unterstützte.[40]

Als ich das kleine Gebäude der Kaffeerösterei umrundete, fragte ich mich, ob Lee Oswald dort tatsächlich als »zweiter Öler« gearbeitet hatte, wie die Firmenunterlagen andeuteten, oder ob ihm die Firma einfach als Unterschlupf gedient hatte, bis es an der Zeit gewesen war, seinen verhängnisvollen Auftrag als Agent provocateur für Guy Banister auszuführen.

Ich schlenderte weiter zur zweiten Adresse, die ich überprüfen wollte – die Crescent City Garage. Adrian Alba, ihrem Besitzer, zufolge hatte Lee Oswald eine Menge jener Zeit in dem Parkhaus verbracht, in der er eigentlich nebenan bei Reily's hätte arbeiten sollen.[41] Bei seiner Aussage vor der Warren-Kommission ließ sich Alba darüber aus, daß sich Oswald für die dort herumliegenden Waffen-Magazine interessiert hatte.[42]

Es überrascht nicht, daß Oswald dort jede Menge Waffen-Magazine durchstöbern konnte. Die Garage war nicht gerade ein Versammlungsort der Jungen Sozialisten. Ganz im Gegenteil, sie war jahrelang das offizielle Parkhaus der örtlichen FBI-Niederlassung gewesen. Nun, da das FBI vor kurzem in neue Büros an der Loyola Avenue umgezogen war, war die Crescent City Garage allerdings noch immer das Parkhaus, das dem Office of Naval Intelligence und dem Secret Service am nächsten lag. Überdies befanden sich die Büros der Central Intelligence Agency, die in dem dunkelgrauen, als »Freimaurer-Tempel« bekannten Gebäude im 300er-Block der St. Charles Avenue untergebracht waren, nur wenige Blocks entfernt.[43]

Wenn man bedenkt, wie eng die Angehörigen der verschiedenen Geheimdienste zusammenarbeiten, verwundert es kaum, daß sie sich selbst als »Geheimdienst-Gemeinde« bezeichnen. Doch ich hatte den Eindruck, daß es von einem Einzeltäter, der den Präsidenten ermorden will, äußerst unbedarft gewesen wäre, seine Freizeit ausgerechnet in jener Gegend zu verbringen, in der sich die Geheimdienste der Vereinigten Staaten geradezu zusammenballen.

In den meisten Ländern hätte unter solchen Umständen eine ernsthafte Untersuchung mit der Arbeitshypothese *begonnen,* daß die Geheimdienste in New Orleans Lee Oswald als Agent provocateur eingesetzt hatten. In diesem Zusammenhang wäre auch sein außerordentlich starkes Profil als Anhänger Fidel Castros verständlich gewesen.

Doch in den Jahren seit Präsident Kennedys Ermordung war mir aufgrund der Lektüre der Warren-Berichte klar geworden, daß die Bundesermittler nicht einmal in die offensichtlichsten Richtungen geblickt hatten. Gleichermaßen schienen die höchsten Beamten der Regierung der Vereinigten Staaten nicht die geringste Vorstellung vom Agent provocateur zu haben.

Als ich an diesem Tag nach Hause fuhr, wurde mir klar, daß ich auf einige gravierende Probleme gestoßen war. Wenn ich die mir zur Verfügung stehenden Beweise zu einem schlüssigen Denkmodell zusammenfügte, blieb nur eine besorgniserregende Schlußfolgerung übrig: Es war möglich, daß es zwischen dem Mann, der der offiziellen Darstellung zufolge Präsident Kennedy als Einzeltäter ermordet hatte, und den Geheimdiensten der Vereinigten Staaten schon *vor der Tat* eine Beziehung gegeben hatte.

Kapitel 3
KRIEGSSPIELE

Drei Jahre zuvor war der glückliche Zufall, daß ich über David Ferrie gestolpert war, von der Versicherung des FBI einfach weggewischt worden, es bestünde kein Grund, ihn zu überprüfen. Nun schien mir die beste Möglichkeit, zum Anfang unserer Ermittlungen zurückzukehren, darin zu liegen, die ursprüngliche Quelle der Information ausfindig zu machen, Ferrie sei am Tag des Attentats nach Texas gefahren.

Am Montag morgen sprach ich in der Staatsanwaltschaft mit Herman Kohlman, dem Assistant District Attorney, der am Sonntag nach dem Attentat auf diese Spur gestoßen war. Er teilte mir mit, er habe damals die Information von Jack Martin erhalten, dem Guy Banister eins mit der Pistole übergezogen hatte.

Nach ein paar Stunden hatten wir Martin aufgespürt, und er saß vor meinem Schreibtisch. Seine ängstlichen Blicke verfolgten jede meiner Bewegungen. Als Alkoholiker, der es immer wieder mal kurzfristig schaffte, der Flasche zu entkommen, war er ein hagerer Mann mit tief in den Höhlen liegenden, besorgten Augen. Obwohl er von vielen als Null abgetan wurde, hatte ich ihn schon seit langem als aufmerksamen, wenn auch etwas unordentlichen Privatdetektiv mit schneller Auffassungsgabe eingeschätzt. Ich kannte ihn beiläufig aus meiner Zeit als Assistant District Attorney und war immer gut mit ihm zurechtgekommen.

»Jack«, sagte ich, »warum entspannen Sie sich nicht? Sie sollten doch mittlerweile wissen, daß Sie hier unter Freunden sind.«

Er nickte nervös. Er saß in dem bequemen, gepolsterten

Sessel vor meinem Schreibtisch, doch ihm schien überaus unbehaglich zumute zu sein. Ich bot ihm eine Tasse Kaffee an.

»Sie stehen nicht im Kreuzverhör, Jack«, sagte ich. »Ich brauche nur Ihre Hilfe. Haben Sie verstanden?«

Er nickte ruckartig.

»Ich brauche ein paar Informationen über den Tag, als Guy Banister Ihnen die Magnum über den Schädel zog. Erinnern Sie sich daran?«

»Wie könnte ich das vergessen? Er hätte mich beinahe umgebracht.«

»Ich habe folgendes Problem, Jack«, sagte ich. »Sie haben mir erzählt, Sie und Guy wären seit über zehn Jahren gute Freunde gewesen, als das passierte.«

»Mindestens zehn Jahre«, sagte er. »Könnten auch mehr gewesen sein.«

»Und er hat Sie nie zuvor geschlagen?«

»Hat mich nie angerührt.«

Wir sahen uns nun in die Augen.

»Im Polizeibericht steht, Banister hätte Sie verprügelt, weil Sie einen Streit über die Telefonrechnung hatten.« Ich zog eine Kopie des Polizeiberichts aus der Schreibtischschublade und schob sie ihm hinüber. »Hier, schauen Sie sich den Bericht an.«

Er beugte sich vor und musterte den Bericht, als hätte er ihn noch nie gesehen. Ich war sicher, daß er ihn oft gesehen hatte; wahrscheinlich besaß er sogar eine Kopie davon.

»Ist ein einfacher Streit über eine Telefonrechnung eine glaubwürdige Erklärung für Sie?« fragte ich.

Ich wartete. Dann schüttelte er verträumt den Kopf. »Nein«, gestand er ein. »Es ging um viel mehr.«

»Worum ging es?«

Erneut wartete ich. Er holte tief Luft.

»Es fing ganz harmlos an«, begann er dann zu erzählen. »Wir hatten in der Katzenjammer-Bar 'n paar getrunken – vielleicht ein paar mehr als sonst, wegen des Attentats und so weiter. Besonders Banister hatte ordentlich geladen.«

Er hielt inne, um mit großen Schlucken eine zweite Tasse

Kaffee auszutrinken, und bemühte sich dabei ernsthaft, seine Gedanken zu ordnen.

»Na ja, als wir wieder im Büro waren, fing Banister an, an allem Möglichem herumzumeckern. Er war ganz mies gelaunt. Dann beschuldigte er mich plötzlich, seine privaten Akten durchstöbert zu haben. Aber ich habe mir seine Privatsachen nie angesehen, wirklich nicht. Und da wurde ich wirklich wütend.«

Er zögerte lange.

»Erzählen Sie ruhig weiter, Jack«, sagte ich sanft.

»Ich bin wohl in die Luft gegangen«, fuhr er fort, und sein Gesicht errötete stark eingedenk dieser Ungerechtigkeit. »Ich hab' ihm gesagt, er solle lieber nicht so mit mir reden. Ich hab' ihm gesagt, daß ich nicht vergessen hätte, was für Leute ich in diesem Sommer im Büro gesehen hätte. Und da ging er auf mich los. Schnell wie der Blitz. Er zückte die große Magnum und zog sie mir über die Schläfe.«

»Nur, weil Sie nicht vergessen hatten, was für Leute Sie in jenem Sommer in seinem Büro gesehen hatten?« fragte ich.

»Ja, das reichte schon. Er drehte völlig durch.«

»Und was für Leute haben Sie in jenem Sommer in seinem Büro gesehen?« bohrte ich vorsichtig.

»'ne ganze Menge. Es war wie im Zirkus. Da waren all diese Kubaner – sie kamen und gingen, kamen und gingen. Für mich sahen sie alle gleich aus.«

Jemand hat einmal gesagt, auch wenn man wirklich ungesehen bleiben will, und wenn man sich noch so sehr bemüht, ungesehen zu bleiben, es gibt immer einen, der unter der Eiche sitzt. An diesem seltsamen Ort, in Banisters Büro, war Jack Martin derjenige gewesen, der mittendrin und von keinem bemerkt unter der Eiche gesessen hatte.

Er atmete tief ein. »Und dann waren da all die anderen Typen. Dave Ferrie zum Beispiel. Aber von dem wissen Sie ja.«

»War er oft da?« fragte ich.

»Oft? Er hat praktisch da gewohnt.«

Dann schwieg Martin. Ich erkannte an seinem Blick, daß er nichts mehr sagen würde.

Ich wollte meinen Wochenendbesuch in der Camp Street nicht einfach so den Bach hinunterrauschen lassen, und so half ich ihm etwas. »Und Lee Harvey Oswald?« fügte ich hinzu. Jack schluckte und nickte dann. Ich hatte fast den Eindruck, als sei er erleichtert, daß ihm diese Last von den Schultern genommen wurde. »Ja, der war auch da. Manchmal machte Banister die Tür zu, wenn sie sich unterhielten. Manchmal laberte er mit Dave Ferrie herum. Aber er war ziemlich oft da.«

»Was hat Guy Banister bei diesen Gelegenheiten getan?«

»Na ja, er leitete doch den ganzen Zirkus.«

»Was ist mit seiner Arbeit als Privatdetektiv?«

»Hm, da kam nicht viel rein, und wenn doch, kümmerte ich mich darum. Deshalb war ich ja bei ihm.«

»Also, Jack«, sagte ich. »Was genau ging in Banisters Büro vor?«

Er nahm die Hände hoch. »Das kann ich nicht beantworten«, sagte er fest. »Ich kann über diese Sache nicht reden.« Überraschend stand er auf. »Ich gehe jetzt lieber«, sagte er.

»Warten Sie mal, Jack. Wo liegt das Problem, wenn wir uns darüber unterhalten, was in Banisters Büro passiert ist?«

»Wo das Problem liegt?« sagte er. »*Wo das Problem liegt*?« wiederholte er, als könne er es nicht glauben. »Das Problem ist, daß uns dann die gottverdammte Bundesregierung auf die Pelle rückt! Muß ich noch deutlicher werden? Ich könnte umkommen – und Sie auch.«

Er drehte sich um. »Ich gehe lieber«, murmelte er. Als er zur Tür schritt, schwankte er.

Selbst nach dem Gespräch mit Martin war es noch zu früh, offiziell ein Team von Ermittlern zusammenzustellen und das Attentat zu untersuchen. Die Behörde litt unter Personalmangel, und wir hatten noch nicht genug Fakten. Wir konnten nicht einfach ins Blaue drauflospreschen.

Inoffiziell beauftragte ich Louis Ivon, Martin auszuhorchen und ihn dazu zu bringen, über die Geschehnisse in Banisters Büro zu plaudern. Ivon war ein schlaksiger, lakonischer junger Polizeiermittler, dessen scheinbare Beiläufigkeit seine Zielstrebigkeit Lügen strafte. Ich wußte, daß Ivon, der bei weitem intelligenteste unter den meiner Behörde zugeteilten Polizisten, Martin gut kannte. Wenn die Polizei Martin bei seinen Ermittlungen die kalte Schulter gezeigt hatte, hatte Ivon dem Mann gelegentlich geholfen.

Des weiteren gab ich Ivon den Auftrag, alle denkbaren Informationen über David Ferrie zusammenzutragen und mit der Polizei und dem Sheriff im benachbarten Jefferson Parish Kontakt aufzunehmen, wo Ferrie lange Jahre gewohnt hatte.

Frank Klein hatte ich bereits inoffiziell hinzugezogen. In den letzten Wochen hatte ich ihm zahlreiche Hintergrundinformationen mitgeteilt, auf die ich gestoßen war. Ich hatte ihn sogar bei einer Fahrt durch die Nebenstraßen in der Nähe des Postamts und der Reily Coffee Company mitgenommen. Obwohl ein Großteil des Materials der Warren-Kommission mehr als nutzlos war, hatte ich ihm die Bände geborgt, damit auch er einen Eindruck von dem Betrug bekam – und nützliche Spuren ausgraben konnte.

Ich benötigte von Anfang an jemanden, mit dem ich Gedanken austauschen konnte, um ein größeres Verständnis für die Problematik zu entwickeln. In Klein, der einen erstklassigen analytischen Verstand besaß, fand ich den idealen Partner.

Daß ich Klein ausfindig gemacht und zum Chief Assistant District Attorney ernannt hatte, war ein großer Schritt in die Richtung gewesen, die mir für die Bezirksstaatsanwaltschaft vorschwebte. Während meiner Jahre bei der Feldartillerie hatte ich beobachtet, daß die allerbesten Bataillone eines gemeinsam hatten: Stets delegierte der befehlshabende Offizier die Einzelheiten der gerade laufenden Operation an seine – wie das Militär sie nennt – »Einsatzleiter«. Damit war es ihm möglich, die tatsächlichen Vorgänge in seiner Einheit besser zu beobachten. Gleichzeitig ermöglichte ihm die relative Freiheit von der täglichen Routine, seine allgemeine Marschrichtung festzulegen, Verbesserungen durchzuführen und wichtige Entscheidungen zu treffen.

Klein hatte bei den Marines gedient und war im Koreakrieg ausgezeichnet worden. Er hatte eine fast preußische Auffassung von Disziplin und Ordnung. Ich hingegen ließ die Zügel lieber etwas schleifen. Wir ergänzten einander perfekt.

Eines Morgens, etwa eine Woche nach meinem ersten Gespräch mit Jack Martin, kam ich in mein Büro und fand dort Frank Klein, als er Papiere auf meinen Beistelltisch legte.

»Warum«, fragte ich, »entweihen Sie mein geheiligtes Büro?«

»Jack Martin hat Sie auflaufen lassen, was Guy Banisters Büro betrifft«, sagte er. »Also habe ich mir überlegt, wie wir selbst herausfinden können, was dort passiert ist.«

»Und wie wollen Sie das herausfinden?«

»Ich habe einige Zeit in der Stadtbibliothek verbracht«, sagte er. »Die Stapel hier sind Fotokopien der Titelseiten der *Times-Picayune* vom Juni, Juli und August 1963.«

»Und was wollen wir damit anfangen?« fragte ich.

»Na ja«, meinte er. »Vielleicht finden wir darin, was Martin solche Sorgen macht – was Guy Banister in diesem Sommer vorhatte.«

»Wenn Banister irgend etwas vorgehabt hat, wird er den Deckel darauf gehalten haben. Es wird wohl kaum auf der Titelseite der Zeitung stehen.«

»Vielleicht«, sagte Klein, »aber ich glaube, ich habe etwas Interessantes gefunden.« Er legte eine Fotokopie der Titelseite der *Times-Picayune* vom Donnerstag, dem 1. August 1963, auf den Schreibtisch. Die Schlagzeile der Story rechts auf der Seite lautete:

»VERSTECKTES MATERIAL FÜR BOMBEN ENTDECKT
Ermittlungen im Fall St. Tammany werden fortgesetzt.«

Ich las den ersten Abschnitt: »Am Mittwoch entdeckten Agenten des Federal Bureau of Investigation in einem Ferienhaus in St. Tammany Parish, zwischen Mandeville und Lacombe, über eine Tonne Dynamit, zwanzig Bombenhülsen von einem Meter Länge, Material zur Herstellung von Napalm (Feuerbomben) und weiteres Gerät.«

Der Artikel führte aus, daß, dem Leiter des New Orleansschen FBI-Büros zufolge, das Dynamit, die Bombenhülsen und das sonstige Material »im Zusammenhang mit einer Ermittlung entdeckt wurden, die sich gegen den Versuch richtete, eine militärische Operation gegen ein Land durchzuführen, mit dem sich die Vereinigten Staaten im Frieden befinden. Dies stellt einen Verstoß gegen Abschnitt 18, Paragraph 960 des Strafgesetzbuches dar.«

Angesichts eines solch abenteuerlichen Raubzugs hatte ich den Eindruck, daß der örtliche FBI-Beamte mit diesem Geschwafel nur die Katze nicht aus dem Sack lassen wollte. Er nannte weder das betreffende Land, noch gab er bekannt, ob es Verhaftungen gegeben hatte. Dennoch entdeckte ich keinen Zusammenhang mit dem Fall Banister.

Ich sah zu Klein hoch. »Das ist ja ganz interessant«, sagte ich. »Aber was hat das mit unserem Fall zu tun?«

»Augenblick«, sagte Klein. »Sie kennen die ganze Geschichte noch nicht.« Er legte eine weitere Kopie auf den Schreibtisch. Bei ihr handelte es sich um die Titelseite vom Freitag, dem 2. August 1963. Links las ich die Schlagzeile:

»FERIENHAUS MIT BOMBEN AN GERADE
EINGETROFFENEN FLÜCHTLING VERMIETET
Frau des Besitzers behauptet:
›Er hat den Kubanern einen Gefallen getan!‹«

Der Artikel lautete: »Die Frau eines Ferienhausbesitzers am Nordufer des Lake Pontchartrain, in dem große Mengen Sprengstoff und Kriegsmaterial sichergestellt wurden, behauptete am Donnerstag, das Haus sei vor drei Wochen an einen gerade eingetroffenen kubanischen Flüchtling vermietet worden.

Mrs. William Julius McLaney, wohnhaft in 4313 Encampment, erklärte, weder sie noch ihr Mann, dem ein Mietstall für Rennpferde gehört, hätten gewußt, daß in dem Haus in der Nähe von Lacombe Waffen gelagert wurden, bis Agenten des FBI ihren Mann vor der Hausdurchsuchung verhörten.

Sie behauptete, sie hätten das Haus an einen Kubaner vermietet, den sie nur als José Juarez kannten, da Freunde in Kuba sie darum gebeten hätten.

Die McLaneys hatten in Havanna ein Reisebüro besessen, waren jedoch 1960 nach New Orleans gekommen, weil Castro ein Leben dort unten unmöglich machte.«

Ich sah Klein an und wartete auf seinen Kommentar.

»Erinnern Sie sich daran, als wir vor drei Jahren Dave Ferries Wohnung durchsuchten?« fragte er. »Erinnern Sie sich an die kubanische Landkarte, die an der Wand hing?«

Ich nickte und hörte weiter zu. »Erinnern Sie sich an die Army-Ausrüstung und die Gewehre, die dort herumlagen? Er hatte sogar ein Artillerie-Geschoß da. Es war eine 155-Millimeter-Granate.«

»Und Jack Martin hat Ferrie mit Banisters Büro in Verbindung gebracht«, dachte ich laut. »Sie glauben also, daß die Zeitungsmeldung über die Bomben etwas mit Banisters Operation zu tun hat – mit der, über die Martin uns aus Angst nichts sagen wollte?«

Klein hob die Schultern. »Ich ziehe nur eine Arbeitshypothese in Erwägung«, sagte er. »Martin hat auch erwähnt, in Banisters Büro hätten eine Menge Kubaner herumgehangen. Und sehen Sie sich den Bezug in der zweiten Nachricht auf den Kubaner namens José Juarez an.«

»Und?«

»Und«, erwiderte Klein, »was hat Lee Oswald verteilt? Flugblätter, die Gerechtigkeit für Rußland forderten? Pamphlete, die Gerechtigkeit für Rumänien verlangten? Nein. Es waren Flugblätter, die Gerechtigkeit für Kuba forderten. Hat er vor 1963, als er anfing, die Flugblätter mit Guy Banisters Adresse zu verteilen, je Interesse für Kuba gezeigt?«

»Na schön«, sagte ich. »Ich werde darüber nachdenken. Ich lese mir die Zeitungsberichte noch mal durch.«

Doch ich dachte nicht weiter darüber nach. Na schön, man hatte am Lake Pontchartrain Munition und ein paar Waffen gefunden. Der örtliche FBI-Chef hatte nicht angedeutet, daß irgend etwas *passiert* war. Es waren keine Verhaftungen bekanntgegeben worden. Ich legte die Zeitungsberichte erst einmal zur Seite.

Später wurde mir klar, daß ich beinahe eine wichtige Spur aufgegeben hätte. Die FBI-Erklärung über die »Sicherstellung von Munition« am See sollte sich als kleiner Meilenstein entpuppen. Bei ihr handelte es sich gleichzeitig um die letzte Erklärung der Regierung bezüglich der Geheimdienstaktivitäten oder der Ermordung Präsident Kennedys, die ich nicht von vornherein anzweifelte und kritisch betrachtete.

Bald stießen wir auf eine neue Spur. Guy Banisters Witwe erklärte sich unerwartet bereit, mit uns zu sprechen.[1] Sie war sehr kooperativ, hatte jedoch nie genau erfahren, was Guy Banister in seinem Büro getrieben hatte. Er hatte kaum jemals über seine Arbeit gesprochen. Doch sie erinnerte sich an eine seltsame Begebenheit. Als sie 1964 nach seinem Tod seine persönlichen Besitztümer aus dem Büro geholt hatte, war sie auf einen Stapel Flugblätter gestoßen, die ihr sehr eigenartig erschienen. Sie verlangten entweder »Hände weg von Kuba!« oder »Gerechtigkeit für Kuba!« – Überbleibsel von Lee Oswalds Tätigkeit als Agent provocateur.

Als ich sie fragte, was mit den Akten aus Banisters Büro geschehen sei, fiel ihr ein, daß ein, zwei Stunden nach seinem Tod – lange, bevor sie sein Büro betreten hatte – Bundesagenten gekommen waren und die verschlossenen Aktenschränke abtransportiert hatten. Man hatte ihr gesagt, es habe sich entweder um FBI- oder Secret-Service-Agenten gehandelt – sie konnte sich nicht mehr genau erinnern. Doch die Staatspolizei, so fügte sie hinzu, sei erst nach ihr eingetroffen.

Die Staatspolizei? Vielleicht routinemäßig; vielleicht, weil ein Bruder Banisters damit zu tun hatte, hatten mehrere Beamte der Staatspolizei das Büro durchsucht. Sie hatten die Karteikarten von Banisters Akten mitgenommen, die die Bundesagenten unverständlicherweise übersehen hatten.

Umgehend schickte ich Lou Ivon nach Baton Rouge, in die Hauptstadt. Am Nachmittag kehrte er mit einer kleinen Handvoll Karteikarten zurück. Das war alles, was von denen, die die Staatspolizei in Banisters Büro gefunden hatte, übriggeblieben war.[2]

Anscheinend war einer der dortigen Beamten auf die Idee gekommen, man könne die Rückseiten der Karteikarten hervorragend für interne Büromitteilungen verwenden. Und so waren sie drei Jahre lang im Präsidium der Staatspolizei von Louisiana zweckentfremdet worden.

Dennoch sprachen die wenigen erhalten gebliebenen Karteikarten Bände.[3] Sie bezogen sich in keinerlei Hinsicht auf lokale oder private Angelegenheiten. Die aufgeführten Themen waren von nationaler und sogar internationaler Bandbreite. Aus diesen Karteikarten konnten wir Schlüsse über die allgemeine Natur der Akten Banisters ziehen, die die Regierung beschlagnahmt hatte:

Abbau von Interkontinental-Raketen 15-16
Abbau von Raketenbasen, Türkei und Italien 15-16
Abbau von Verteidigungsmitteln, USA 15-16
Abbau von US-Basen in Italien
Amerikanische Central Intelligence Agency 20-10
Antisowjetischer Untergrund 25-1
B-70-Bomber 15-16
Bürgerrechtsprogramm von J. F. K. 8-41
Fair Play for Cuba Committee 23-7
International Trade Mart 23-14
Lateinamerika 23-1
Munition und Bewaffnung 32-1
Vollversammlung der Vereinten Nationen 15-16

So endete der Mythos von Banisters »Privatdetektei«.

Mittlerweile war Jack Martin wieder aufgetaucht. Er hatte die Stadt verlassen, und nach seiner Rückkehr brachte Ivon ihn in mein Büro. Nachdem wir eine Tasse Kaffee getrunken hatten, schob ich ihm die Titelseite der Zeitung vom 1. August 1963 über den Schreibtisch.

»Jack«, sagte ich, »gehört das zu den Geschäften, auf die Guy Banister sich eingelassen hatte?«

Er warf einen Blick auf die Story der *Times-Picayune* und nickte.

»Sie kennen die Antwort darauf schon«, sagte er, »oder Sie hätten die Zeitung nicht auf Ihrem Schreibtisch liegen.« Während ich mich von meiner angenehmen Überraschung erholte, las er noch zwei oder drei Absätze.

»Ja. Da hat Banister mitgemischt.« Er sah auf. »Kann ich die ganze Geschichte lesen?« fragte er.

Ich nickte und gab ihm auch die Fortsetzung.

Martin las beide Berichte langsam durch. Schließlich sah er mich mit einem neugierigen Stirnrunzeln an.

»Was ist los?« fragte ich.

Er schüttelte den Kopf. »Da steht nichts über die eigentliche Razzia. Und kein verdammtes Wort über die Kubaner, die verhaftet wurden.«

Verhaftet? Das FBI hatte nichts von einer Festnahme verlauten lassen. Und noch nicht einmal etwas von Kubanern in der Mehrzahl.

»Na schön, Jack«, sagte ich. »Warum klären Sie uns nicht auf? Erzählen Sie mir die gesamte Operation in Guy Banisters Büro. Die ganze Geschichte.«

Und so packte Jack Martin aus. Es war das erste von vielen langen Gesprächen, die immer wieder von Kaffeepausen unterbrochen wurden – auf Kaffee schien er zu bestehen.

Die Gespräche fanden über mehrere Wochen hinweg statt. An manchen Tagen befragte ich andere Zeugen, an manchen konnten wir Martin nicht ausfindig machen, und es gab sogar Tage, an denen er einen Klienten aufgetrieben hatte.

Ich mußte ihm versichern, daß ich seinen Namen nie in

einen Zusammenhang mit dem bringen würde, was er mir erzählte. Da ich wußte, wie wichtig es war, endlich einen Fuß in das *sanctum sanctorum* zu setzen, das insgeheim Lee Harvey Oswald beherbergt hatte, erfüllte ich dieses Versprechen peinlich genau. Nun, da Martin verstorben ist, fühle ich mich von diesem Schwur entbunden. Jack legte nichts schriftlich nieder, er unterschrieb nicht einmal seine Aussagen. Aber er erzählte mir alles, woran er sich im Zusammenhang mit Guy Banisters Büro erinnerte – wenn auch nur mir. Es muß später Gelegenheiten gegeben haben, bei denen mein Stab mich für einen Hellseher hielt – als ich immer wieder genau beschreiben konnte, was sich in Banisters Büro zugetragen haben mußte.

Wie sich herausstellte, erzählte Martin, der angeblich »blinde« Alkoholiker, die ganze Wahrheit über das Ausbildungslager und die Verhaftungen, die das FBI vorgenommen hatte. Das erhabene Federal Bureau of Investigation hatte gelogen und dem amerikanischen Volk die vollständige Geschichte verheimlicht.

Die tatsächliche FBI-Razzia beschränkte sich nicht auf das in der Zeitung beschriebene Munitionsdepot, sondern galt hauptsächlich dem ganz in der Nähe gelegenen, *nie erwähnten* Ausbildungslager, in dem neun Exilkubaner und zwei Amerikaner trainiert wurden.[4] Diese Gruppe, die später von zwei der besser informierten Journalisten als »die Elf von Pontchartrain« bezeichnet wurde, bereitete sich auf zukünftige, von der CIA finanzierte Angriffe auf Kuba vor. Die FBI-Razzia war auf Druck von Präsident Kennedy erfolgt, der vom Bureau verlangte, den endlosen Verletzungen des Neutralitätsbeschlusses von seiten der CIA Einhalt zu gebieten.

Zusätzlich zu dem, was Martin mir erzählte, erfuhren wir die volle Wahrheit über die Razzia aus einem Nachtragsbericht, den das FBI der Zollbehörde geschickt hatte – anscheinend ein übliches Vorgehen, wenn man Verdächtige wegen eines Verstoßes gegen den Neutralitätsbeschluß verhaftet. Ein Privatdetektiv, dessen Firma bei der Bewachung der Docks von New Orleans eng mit dem Zoll zusammenarbeitete, erhielt eine Kopie des Berichts[5], in dem alle Verhafteten namentlich aufgeführt wurden, und stellte sie meiner Behörde zur Verfügung.[6] Anscheinend verfolgte das FBI mit den spärlichen Erklärungen über die Razzia den Zweck, die seltsamen Aktivitäten in Banisters Büro zu schützen und zu kaschieren.

Der Banister-Apparat gehörte, wie Martin ihn beschrieb, zu einem Nachschubweg, der von Dallas über New Orleans nach Miami führte. Dieser »Nachschub« bestand aus Waffen und Sprengstoff, die gegen Castros Kuba eingesetzt werden sollten. Die Vorsichtsmaßnahmen waren so streng, daß Munition nur in abgelegenen Gebieten gelagert wurde. Streuung lautete die Devise. Mußte einmal Sprengstoff in New Orleans gelagert werden, gelangten immer nur kleine Mengen in Banisters Büro.

Wie wir später von einem Mittäter erfuhren, dem ehemaligen CIA-Angestellten Gordon Novel[7], fuhren David Ferrie, einer der Führer der örtlichen Cuban Revolutionary Front, und eine Handvoll anderer Leute aus Banisters Büro eines Abends zum Luftstützpunkt Houma, einer Stadt tief im Süden Louisianas, um Munition zu »beschaffen«. Sie brachen in einen Sprengstoffbunker der Firma Schlumberger ein und stahlen dort lagernde Landminen sowie Hand- und Gewehrgranaten.

Die Schlumberger Corporation[8] war eine große Firma in französischem Besitz, die weltweit Ölproduzenten mit Sprengstoff und geologischen Meßgeräten belieferte. Sie hatte die konterrevolutionäre französische Geheimarmee OAS unterstützt, die Ende der fünfziger und Anfang der sechziger Jahre mehrmals versucht hatte, Präsident Charles de Gaulle wegen des von ihm angeordneten Rückzugs aus Algerien zu ermorden. Die CIA, die auch französische OAS-Generäle unterstützte, hatte Schlumberger normale Munition besorgt und holte sich nach dem Ableben der OAS während der Operation in Houma ihre Munition einfach zurück.

Die Expedition, die aus einem Personen- und einem großen Wäschereiwagen bestand, kehrte mit der explosiven

Ladung nach New Orleans zurück, wo der Sprengstoff dann bis zum Weitertransport nach Miami zu gleichen Teilen in Ferries Wohnung und Banisters Büro gelagert wurde.

Zu Banisters Aufgaben gehörte es auch, sich um die Männer zu kümmern, die den Schlag gegen Castro durchführen sollten, und sie durch die Stadt zu schleusen. Einige trugen grüne Kampfanzüge und schwarze Stiefel, andere wiederum Zivilkleidung, und sie kamen und gingen in einem ständigen Strom. Doch sie wurden immer nur in kleinen Gruppen in die Stadt und wieder hinaus geschleust, damit sich nie eine verdächtig hohe Anzahl im Büro aufhielt.

Viele Exilanten waren Rekruten aus dem Westen, die zur Guerilla-Ausbildung in das Lager nördlich vom Lake Pontchartrain geschickt wurden. Andere wurden in ähnliche Ausbildungslager der CIA in Florida gesteckt. Gelegentlich kamen mehrere Absolventen des Ausbildungsprogramms in Florida bei Banister vorbei – sein Büro fungierte nicht nur als Hauptquartier, sondern auch als Durchgangsstation. Dort wurden dann Vorkehrungen für ihre Unterbringung und Verpflegung getroffen, bevor sie zu ihren Wohnorten in der Nähe von Dallas oder weiter westlich zurückfuhren.

Mein inoffizielles Team[9] war sich durchaus bewußt, daß Banister seine verborgenen Kriegsspiele *direkt gegenüber* den auf der anderen Straßenseite gelegenen Büros des ONI und des Secret Service trieb. Außerdem lag das Hauptquartier der CIA hinter dem Lafayette Park und ein kurzes Stück die St. Charles Avenue hinunter.

Wir alle waren der Auffassung, daß diese Geheimdienste im Spätsommer 1963 die Versammlungen in Guy Banisters Büro wohl kaum hätten übersehen können. Wir versetzten uns in die Lage der Bundesagenten in der Nachbarschaft und stellten uns die Szene vor.

Da war erst einmal David Ferrie, einstmals Novize eines Ordens und ehemaliger Zivilpilot. Ein verkommener Abenteurer mit einer primitiven, selbstgemachten roten Perücke und mit Theaterschminke nachgezogenen Augenbrauen, die nie gleichmäßig hoch saßen. Er litt an Alopezie, einem seltenen Leiden, bei dem den daran Erkrankten sämtliche Haare ausfallen. Er ging ständig in dem Büro ein und aus – wenn er nicht am Lake Pontchartrain war und die Guerilla-Ausbildung der Exilkubaner überwachte – und trug häufig seine grüne Kampfmontur inklusive Stiefel.

Dann Guy Banister selbst. Der enthaltsame ehemalige Chef des FBI-Büros von Chicago mit seinen einwandfreien Manieren wird zweifellos eine beträchtliche Anzahl seiner Vettern aus der Geheimdienstwelt gekannt und gegrüßt, wenn nicht sogar ein Pläuschchen mit ihnen gehalten haben.

Dann war da der unselige Lee Harvey Oswald, ein hagerer junger Mann, der aufgrund seiner Jahre bei den Marines noch immer strammstand und regelmäßig mit einer Handvoll Flugblätter aus Banisters Büro marschierte, deren Inhalt so zersetzend war, daß einem normalen Bundesagenten die Haare zu Berge gestanden hätten.

Des weiteren trampelten regelmäßig Exilkubaner die Treppe zu Banisters Büro hinauf, viele davon unrasiert und in grünen Kampfanzügen. Meist unterhielten sie sich auf spanisch miteinander. Auf ihrem Weg vom und zum Guerilla-Ausbildungslager nördlich vom See hatten einige von ihnen zweifellos Army-Rucksäcke mit sich geschleppt.

Und als sei das noch nicht genug, mußten die Agenten des Secret Service und des Marinenachrichtendienstes auf der anderen Straßenseite auch beobachtet haben, wie in Banisters Büro Kisten mit Waffen und Munition hinein- und herausgeschleppt wurden: Gewehre, Handgranaten, Tretminen; alles, was man für den geheimen Krieg gegen Kuba zusammentragen konnte. Während des langen, geschäftigen Sommers von 1963 hätten sich die Agenten des Secret Service und des ONI nur auf das zu konzentrieren brauchen, was sich vor ihrer Nase abspielte – um was es dabei auch gegangen sein mochte.

Mein kleines Team und ich fragten uns laut, wieso Banisters Operation – die so offen und systematisch gegen die Neutralitätsbestimmung verstieß – von den verschiedenen Geheimdiensten gedeckt wurde. Zum Beispiel hatte die höchst unvollständige Presseerklärung des FBI über die Razzia am Lake Pontchartrain dazu geführt, daß die wesentlich größere Operation, die Banister im Herzen der Geheimdienstwelt von New Orleans durchführte und die einen viel gewichtigeren Verstoß gegen die Neutralitätsbestimmung darstellte, unentdeckt blieb und weitergeführt werden konnte. Ich hatte den Eindruck, daß das FBI mit seiner in der Presse breitgetretenen Razzia gegen das Waffendepot eines gewissen »José Juarez«, der nie zum Vorschein kam, lediglich vorgab, Präsident Kennedys Anordnungen auszuführen, während die Geheimdienste in Wirklichkeit Guy Banisters Operationen deckten, wenn nicht gar unterstützten.

Ich besorgte mir eine Kopie des Secret-Service-Berichts[10] über die Ermittlungen im Haus 544 Camp Street – dem Eingang zu Banisters Büro – und gab ihn an meinen Stab weiter. Die Zusammenfassung des Berichts vom 9. Dezember 1963 führt aus, »gründliche Ermittlungen« hätten ergeben, niemand könne sich erinnern, Lee Harvey Oswald jemals in diesem Gebäude gesehen zu haben. Des weiteren wurde behauptet, in diesem Haus sei nichts von Belang gefunden worden.[11]

Auch ein Laie, neben dessen Haus der Zirkus Barnum & Bailey seine Zelte aufschlägt, muß nicht erst eine Herde Elefanten sehen, um zu kapieren, daß er keinen gewöhnlichen Nachbarn hat. Mein inoffizielles Team gelangte übereinstimmend zu der Auffassung, daß der Zirkus im Haus 544 Camp Street nicht so unsichtbar geblieben sein konnte, wie der Bericht des Secret Service darzustellen sich bemühte.

Wir wußten es noch nicht, doch wir waren auf die ersten Spuren gestoßen, daß es in diesem Land eine Macht gab, die wollte, daß – ganz egal, zu welchen Kosten – der kalte Krieg und der heiße Krieg in Vietnam fortgesetzt wurden.

Kapitel 4
DER GESELLSCHAFTLICHE AUFSTIEG DES LEE HARVEY OSWALD

Je mehr ich darüber nachdachte, desto mehr nagten die immensen Widersprüche an mir. Da hatte es einen Lee Harvey Oswald gegeben, der, wie wir von offizieller Seite erfuhren, einer der fanatischsten Kommunisten seit Lenin gewesen war. Andererseits hatte der leibhaftige Oswald quasi direkt vor unserer Haustür das Büro Guy Banisters – vormals Mitarbeiter des FBI und Marinenachrichtendienstes und in jüngerer Zeit der Anti-Communist League of the Caribbean – als Hauptquartier für seine Flugblattaktionen benutzt. Zudem hatte dieser Oswald mit dem säbelrasselnden Antikommunisten und Glücksritter David Ferrie auf du und du gestanden, mit einem Mann, der für die Invasion in der Schweinebucht im Jahr 1961 Exilkubaner zu Piloten und im Jahr 1963 andere Exilkubaner in einem Guerilla-Camp für wieder andere Aktionen gegen die Insel ausgebildet hatte.

Welcher der beiden war nun der wirkliche Lee Harvey Oswald gewesen? Dies konnten wir am besten herausfinden, wenn wir Oswalds kurze Laufbahn mit allen Höhen und Tiefen unter die Lupe nahmen. In ihrem Abschlußbericht hatte die Warren-Kommission eindeutig die Auffassung vertreten, Oswald sei ein »engagierter Marxist« gewesen.[1] Ich wollte herausfinden, wie weit dieses Engagement reichte.

Ich begann mit der Marinebasis El Toro in Kalifornien, in der Oswald vom November 1958 bis zum September 1959 stationiert war. Ich nahm an, daß sich seine Kameraden, bedingt durch das enge Zusammenleben während der militärischen Ausbildung, ein ganz gutes Bild von Oswald verschafft hatten.

Von allen Marines hatte Nelson Delgado am meisten und längsten mit Oswald Kontakt gehabt, und so bemühte ich mich vorrangig um seine Aussage.[2] Ich fand heraus, daß Delgado sich an keinerlei marxistische Neigungen Oswalds erinnerte. Delgado sagte unter Eid aus, Oswald habe »nie irgendwelche subversiven Sachen gesagt [...] und war auch kein besonders guter Scharfschütze«.

Delgado ging sogar noch weiter. Er fügte ungefragt hinzu, Oswald habe sehr schlecht abgeschnitten, als über große Weiten geschossen wurde, und daß er Schwierigkeiten hatte, die geforderte Punktzahl überhaupt zu erreichen. »Es war ein Witz«, sagte Delgado, »er schoß jede Menge Fahrkarten, also Fehlschüsse, aber es war ihm schnurzegal. Oswald war nicht so enthusiastisch wie wir. Wir anderen... Na ja, wir schossen gern auf Reichweite.«

Das folgende Gespräch zwischen Delgado und Wesley J. Liebeler[3], dem Anwalt der Warren-Kommission, bestätigt die Tatsache, daß Oswald nicht mit einem Gewehr umgehen konnte:

»MR. LIEBELER: Sie haben dem FBI gesagt, daß Oswald Ihres Erachtens kein guter Gewehrschütze war; ist das richtig?

MR. DELGADO: Ja.

MR. LIEBELER: Und daß er kein ungewöhnliches Interesse für sein Gewehr zeigte und sogar weniger Interesse für Waffen als der durchschnittliche Marine?

MR. DELGADO: Ja. Er war im Grunde ein Intellektueller, ein Bücherwurm. Er hat ziemlich viel gelesen.«

Einmal versuchte der Anwalt, das Thema zu wechseln, als es um Oswalds mangelnde Befähigung als Schütze ging, doch er brachte sich dabei nur noch tiefer in die Klemme.

»MR. LIEBELER: Der FBI-Agent behauptet, Sie hätten ihm erzählt, Oswald habe schließlich so fließend Spanisch gesprochen, daß er sich auf spanisch über seine Vorstellungen vom Sozialismus unterhalten wollte.

MR. DELGADO: Oswald sprach über seine Vorstellungen, sagte aber nie etwas gegen unsere Regierung oder über Sozialismus.«

David Powers, der *sowohl* im Naval Air Technical Center in Florida mit Oswald *als auch* in Keesler Field in Mississippi, der Marinebasis El Toro *und* in Japan gedient hat, wurde eingehend über Oswald befragt. Seine Antworten werden im folgenden Gespräch mit Albert E. Jenner jr.[4], dem Rechtsberater der Warren-Kommission, zusammengefaßt:

»MR. JENNER: Hat er je eine Vorliebe für die Kommunistische Partei geäußert?
MR. POWERS: Nicht, daß ich wüßte.
MR. JENNER: Für kommunistische Prinzipien?
MR. POWERS: Nicht, daß ich wüßte.
MR. JENNER: Oder marxistische Doktrinen?
MR. POWERS: Nicht, daß ich wüßte. Nein, Sir.«

Ich las mir die Aussage John E. Donovans durch, der zur Zeit, als Oswald in El Toro stationiert war, dort den Rang eines First Lieutenant innehatte. Seine Aussage[5] über Oswalds linke Neigungen war eindeutig:

»Ich habe nie gehört, daß er auf irgendeine Weise oder in irgendeiner Form eingestanden hätte, er sei Kommunist, oder daß er je darüber nachgedacht habe, Kommunist zu werden.« Die Aussagen von Oswalds anderen Kameraden in der Marinebasis waren fast gleichlautend in ihrer Übereinstimmung, er habe nie zum Kommunismus oder auch nur nach links tendiert.[6]

Nur ein Mann, der mit ihm auf dem Stützpunkt der Marines stationiert war, sagte aus, daß Oswald marxistische Neigungen gezeigt hatte. Doch dieser Mann – Kerry Thornley – hatte nicht so lange mit Oswald gedient wie manche anderen und hatte nicht einmal im gleichen Teil der Basis El Toro gewohnt. Das kam mir seltsam vor. Darüber hinaus wurde Thornleys Aussage[7] direkt von der Warren-Kommission gehört und demzufolge von den Medien mit großer Aufmerksamkeit bedacht. Mir fiel jedoch auf, daß sie in den Bänden der Kommission von den anderen eidesstattlichen Aussagen getrennt abgedruckt wurde. Dies führte mich zu der Frage, ob die Mitglieder der Warren-Kommission die Aussagen der anderen Marines, die Thornleys Behauptungen zum überwältigenden Teil widersprachen, überhaupt gelesen hatten.

Mir fiel die Russischprüfung ein, die Oswald in El Toro abgelegt hatte, und ich überprüfte seine frühere Zeit bei den Marines nach Hinweisen auf eine mögliche geheimdienstliche Tätigkeit. Mittlerweile wußte ich, daß Oswald die Eigenschaften besaß, nach denen das Militär Ausschau hält, wenn es Soldaten für den Nachrichtendienst rekrutieren will. Er stammte aus einer Soldatenfamilie; einer seiner Brüder war ebenfalls bei den Marines, einer bei der Air Force gewesen. Er war von Natur aus verschlossen und überdurchschnittlich intelligent.

Oswalds Stationierung auf dem Luftwaffenstützpunkt Atsugi in Japan im Jahre 1957, bevor er nach El Toro kam, sprach für die Möglichkeit, daß er für den militärischen Nachrichtendienst arbeitete. Wie ich herausfand[8], war Atsugi die Basis für die täglichen, höchst geheimen U-2-Aufklärungsflüge nach China. Oswalds Luftabwehr-Einheit, deren Angehörige sich einer strengen Sicherheitsüberprüfung unterziehen mußten, hatte den Auftrag, einen U-2-Hangar zu bewachen, der von einem hohen, schweren Stacheldraht umgeben war. Nicht einmal der Postbote konnte mit seinem Wagen hindurchfahren, ohne daß ein Sergeant ihn zu Fuß begleitete und am Tor die Tagesparole nannte.

Ich vermutete, daß zwei im Warren-Bericht erwähnte Dokumente der CIA für Oswalds mögliche Geheimdiensttätigkeit sprachen: CD 931, »Oswalds Zugang zu Informationen über die U-2«, und CD 692, »Kopie eines offiziellen Dossiers der CIA über Oswald«. Leider wurden diese Dokumente – neben zahlreichen anderen CIA-Akten – nach der Untersuchung der Warren-Kommission als geheim eingestuft, und ich durfte sie nicht einsehen.

Doch nun wollte ich einfach wissen, welche Themen die Regierung der Öffentlichkeit verheimlichen wollte. Ich ließ einen meiner Assistenten eine Liste der Akten über Oswald zusammenstellen, die die Regierung als »nicht verfügbar« bezeichnet hatte[9]:

CD[10] 321 Chronologie von Oswald in der UdSSR (geheim)
CD 347 Aktivitäten Oswalds in Mexiko-Stadt (geheim)
CD 384 Aktivitäten Oswalds in Mexiko-Stadt
CD 528 Betr. Aussage Oswalds gegenüber CIA-Mitarbeitern in Mexiko-Stadt
CD 631 Betr. Verbreitung von CIA-Informationen über Oswald
CD 674 Informationen des Secret Service, die die Warren-Kommission noch nicht erhalten hat (geheim)
CD 692 Kopie des offiziellen CIA-Dossiers über Oswald
CD 698 Bericht über Reisen und Aktivitäten von Oswald & Marina
CD 871 Fotos von Oswald in Rußland (geheim)
CD 931 Oswalds Zugang zu Informationen über die U-2 (geheim)
CD 1216 Memorandum Helms' mit der Bezeichnung »Lee Harvey Oswald« (geheim)
CD 1222 Aussagen George de Mohrenschildts betr. Attentat (geheim)
CD 1273 Memorandum Helms' betr. scheinbare Widersprüche in den CIA-Informationen (geheim).

Diese provozierende Liste machte mir mehr denn je klar, daß etwas zum Himmel stank.

Danach konzentrierte ich meine Nachforschungen auf den Zeitraum, nachdem Oswald die Marines verlassen hatte. Im Sommer 1959 – etwa fünf Monate, nachdem er in El Toro die Russischprüfung abgelegt hatte – bat Oswald um vorzeitige Entlassung aus dem Marine Corps.[11] Als Begründung gab er an, seine Mutter bedürfe aus gesundheitlichen Gründen seiner Anwesenheit und Pflege. Im September 1959 erhielt er aufgrund dieses Antrags vier

Wochen vor Ablauf seiner regulären Dienstzeit seinen ehrenvollen Abschied. Nachdem er drei Tage bei seiner Mutter in Fort Worth verbracht hatte, fuhr er nach New Orleans.

Oswalds Reise von New Orleans in die Sowjetunion war etwas verwirrend. Wie ich herausfand, fuhr er mit dem Schiff nach Europa. Das Ticket für den Dampfer[12] hatte er im Reisebüro Lykes im International Trade Mart von New Orleans gekauft, das von Clay Shaw geleitet wurde, auf dessen Namen wir später bei der Ermittlung noch oft genug stoßen sollten. Oswald fuhr mit dem Schiff nach England und reiste von dort aus per Flugzeug weiter. Was für einen Flug er nahm, blieb jedoch ein Geheimnis. Der Warren-Kommission zufolge[13] flog Oswald am 9. Oktober, dem Tag, an dem er in England eintraf, direkt nach Helsinki weiter. Aus seinem Paß geht allerdings hervor, daß er England erst am folgenden Tag verließ, dem 10. Oktober.

Es ist bekannt, daß sich Oswald am 10. Oktober in seinem Hotel in Helsinki eintrug.[14] Doch wenn man sich den Flugplan der einzigen zivilen Linienmaschine von London nach Helsinki ansieht, wäre das gar nicht möglich gewesen. Unter diesen Umständen muß man sich fragen, ob er wirklich mit einer normalen Linienmaschine nach Finnland geflogen ist.

Viel später, im Jahre 1978, berichtete James A. Wilcott, ein früherer Buchhalter der CIA, dem Untersuchungsausschuß des Repräsentantenhauses[15], die CIA habe Lee Oswald »mit der ausdrücklichen Absicht« vom Militär abgeworben, um »ihn als Doppelagenten in der UdSSR einzusetzen«[16].

1966 wurden so deutliche Aussagen noch unter Verschluß gehalten, doch das Doppelagenten-Szenario war auch mir schon in den Sinn gekommen. Die CIA hatte natürlich von Anfang an abgestritten, daß Oswald je bei der Agency beschäftigt gewesen sei.[17] Ich wußte jedoch, daß es sich dabei um ein übliches Vorgehen handelte, wenn ein Angehöriger des Geheimdienstes über irgendeine Geheimdienstmission befragt wurde.

Nachdem Oswald am 16. Oktober 1959, von Finnland kommend, mit dem Zug in Moskau eingetroffen war, nahm er sofort Kontakt mit sowjetischen Behörden auf.[18] Anfangs beurteilten die Sowjets den jungen Amerikaner, der nicht nur sein Land verlassen hatte, sondern auch Geschenke versprach – die süßen Geheimnisse der amerikanischen Luftabwehr-Technologie –, sehr zurückhaltend. Der Neuankömmling wurde eingehend verhört, wenngleich nie festgestellt werden konnte, wann, wo und unter welchen Umständen.

Nach zwei Wochen hatte Oswald einen dramatischen Auftritt in der Amerikanischen Botschaft.[19] Er gab großspurig seinen Paß zurück und händigte einen Brief aus, der seine Ergebenheit für die Union der Sozialistischen Sowjetrepubliken zum Ausdruck brachte. Er erklärte auch[20], er habe den sowjetischen Beamten Informationen über das Marine Corps und die höchst geheimen Radar-Unternehmen versprochen, an denen er teilgenommen hatte.

Als die Medien weltweit über Oswalds dramatischen Seitenwechsel berichteten, erklärte das FBI nach der Untersuchung von Oswalds Marine-Corps-Akten, es befänden sich »in den Akten des Marine Corps keine nachteiligen Informationen über Oswald, und das Office of Naval Intelligence habe geraten, in dieser Angelegenheit keine Schritte gegen ihn einzuleiten«[21]. J. Edgar Hoover sagte später, das FBI habe Oswalds »Übertritt« nicht weiter verfolgt, da die Amerikanische Botschaft in Moskau Oswald eine »Unbedenklichkeitsbescheinigung« ausgestellt habe.[22]

Anfang Januar 1960 wurde Oswald nach Minsk geschickt[23], in eine von sechs sowjetischen Städten, in die Überläufer normalerweise weitergeleitet wurden, und bekam dort eine Anstellung als Metallarbeiter bei der Herstellung von Radargeräten. Um herauszustreichen, daß das sowjetische System Überläufer bevorzugt behandelt, erhielt er eine Reihe Privilegien, die dem durchschnittlichen russischen Arbeiter nicht zustanden, zum Beispiel eine Komfortwohnung und ein relativ hohes Gehalt.

Nach fünfzehn Monaten in der Sowjetunion beantragte

Oswald im Februar 1961 in der Amerikanischen Botschaft in Moskau, in die Vereinigten Staaten zurückkehren zu dürfen.[24] Im folgenden Monat begegnete er Marina Prusakowa[25], einer wunderschönen Frau mit kornblumenblauen Augen, die gleichzeitig die Nichte eines Oberstleutnants des russischen Geheimdienstes war. Im April 1961, keine zwei Monate, nachdem sie sich kennengelernt hatten, waren sie verheiratet.[26] Überraschenderweise erhob keine der beiden Regierungen Einwände dagegen, daß Oswald in die USA zurückkehrte und seine Frau mitnahm.[27] Es hatte den Anschein, als sei das endlose Eis des kalten Krieges plötzlich weggetaut. Vielleicht hatte der Frühling Einzug gehalten.

Bemerkenswert ist zum Beispiel, daß das Außenministerium Oswalds Rückkehr guthieß, obwohl es den Antrag eines Überläufers jederzeit hätte zurückweisen können. Der Bericht des Ministeriums führte aus, Oswald habe nach seinem Eintreffen in der Sowjetunion im Jahre 1959 »seine Staatsbürgerschaft nicht aufgegeben«[28]. Des weiteren stand darin zu lesen, die FBI-Berichte wiesen nicht darauf hin, Oswald sei Kommunist. Das Ministerium bevollmächtigte die Amerikanische Botschaft in Moskau, Oswald das Geld für seine Rückkehr zu leihen.

Ein solches Repatriierungsdarlehen kann, so die Vorschriften des Außenministeriums, nur gewährt werden, wenn die »Loyalität« des Empfängers für die Vereinigten Staaten »zweifelsfrei« feststeht. Wenn man die Tatsache bedenkt, daß Oswald angeblich militärische Geheimnisse an die Sowjetunion weitergegeben hatte, stand seine Loyalität wohl kaum »zweifelsfrei« fest. Dennoch wurde das Darlehen von 436 Dollar nach einer Verzögerung von ein paar Monaten gewährt.[29]

Ebensowenig sah das Paßamt des Außenministeriums einen Grund, Oswalds Paß nicht zu verlängern.[30] Im August 1961 ermächtigte es die Amerikanische Botschaft dazu.[31] Wenn ein amerikanischer Bürger ins Ausland geht und in ein anderes Land, besonders in die Sowjetunion, überläuft, stellt das Paßamt normalerweise einen Sperrvermerk für den Fall aus, daß der Betroffene je versucht, seinen Paß verlängern zu lassen. Ein solcher Sperrvermerk wurde für Oswald nie erteilt. Wie die Amerikanische Botschaft bescheinigte auch das Paßamt dem Überläufer eine weiße Weste.[32]

Dieses Verhalten der amerikanischen Regierung, das von einer fast väterlichen Besorgtheit um Lee Oswalds Wohlergehen zeugt, auch als er sich noch in der Sowjetunion aufhielt, blieb meines Erachtens von Anfang an unverändert. Und diese Vorzugsbehandlung endete auch nicht nach der Ankunft von Lee, Marina und ihrer kleinen Tochter im Juni 1962 in New York.

Die Oswalds wurden weder von Agenten des FBI noch einer anderen Behörde am New Yorker Pier erwartet. Lediglich Spas T. Raikin war anwesend[33], der Generalsekretär der Amerikanischen Freunde der Anti-Bolschewistischen Nationen, einer privaten antikommunistischen Organisation mit ausgezeichneten Verbindungen zum Geheimdienst. Des weiteren war Raikin bei der Traveler's Aid Society angestellt. Der Warren-Kommission zufolge war er vom Außenministerium gebeten worden, im Namen dieser Organisation die zurückkehrenden Oswalds anzurufen und ihnen jede Hilfe zu gewähren, die sie brauchten.

Die Regierung hat gegen Oswald wegen seines angeblichen Überlaufens nie Anklage erhoben. Unmittelbar nach seiner Rückkehr in die USA zog Oswald mit Marina und ihrer Tochter nach Fort Worth in Texas.[34] Dort arbeitete er bis zum 7. Oktober 1962 bei der Leslie Welding Company[35]; an diesem Tag kamen George de Mohrenschildt und seine Frau aus Dallas[36] und verbrachten den Abend bei Lee und Marina in deren bescheidener Wohnung.

Jeder, der die Unterschiede der Lebensumstände und des Werdegangs von Lee Oswald von der Leslie Welding Company und Baron George de Mohrenschildt vom Dallas Petroleum Club kennt, muß diese Szene für einen Mißklang, eine Anomalie halten. Zwar kam Oswald intellektuell in fast jeder Gesellschaft einigermaßen zurecht, es ist jedoch darüber hinaus offensichtlich, daß er und de Mohrenschildt gemeinsame Interessen hatten – wenngleich sie

sie offiziell noch nicht enthüllten –, die sie veranlaßten, die Gegenwart des jeweils anderen zu suchen.

Am folgenden Tag, dem 8. Oktober, packte Lee seine Sachen und zog ins fünfzig Kilometer entfernte Dallas[37], wo de Mohrenschildt wohnte. Oswald verschwendete keine Zeit und suchte sich dort über das staatliche Arbeitsamt einen neuen Job.[38]

Oswalds Visite beim Arbeitsamt könnte eine obligatorische Geste gemäß der goldenen Regel der Geheimdienstwelt gewesen sein, daß eine Person, die verdeckte Tätigkeiten aufnimmt, dem äußeren Anschein nach die wirtschaftlichen Lebensbedingungen rigoros aufrechterhält. Wenn zum Beispiel ein frisch rekrutierter, zuvor mittelloser, verdeckt arbeitender Agent über Nacht seine vertraute fadenscheinige Garderobe wechseln, Maßanzüge tragen und vielleicht sogar eine neue Luxuslimousine fahren würde, wäre er nicht mehr der Bursche, den man zuvor keines zweiten Blickes gewürdigt hätte, und daher für verdeckte Operationen nicht mehr brauchbar.

Auf jeden Fall fand Oswald noch im Oktober 1962 einen Job, der für einen ehemaligen Überläufer in die Sowjetunion höchst unpassend erscheint – bei der Firma Jagger-Stovall-Chiles, die für das Pentagon Landkarten für den militärischen Gebrauch herstellte. Der Schriftsteller Henry Hurt hat herausgefunden[39], daß »ein Teil der Arbeit mit den höchst geheimen U-2-Missionen zu tun hatte, von denen einige über Kuba führten«. Mitarbeiter dieser Firma wurden einer sehr strengen Sicherheitsüberprüfung unterzogen. Lee Harvey Oswald bekam den Job nicht nur innerhalb einer Woche nach seiner Ankunft in Dallas, sondern durfte auch geheimes Material einsehen.[40]

Der Oktober 1962 war der Monat, in dem, wie es der Ex-Minister Dean Rusk ausdrückt, »unsere Regierung und die Russen sich Auge in Auge gegenüberstanden«. Die amerikanische U-2 flog oft über Kuba hinweg, und eine Maschine der Air Force wurde sogar abgeschossen. Wenn Oswald wirklich keine Verbindung mit den amerikanischen Geheimdiensten hatte, wenn er wirklich zum Kommunismus neigte, wie die amerikanische Regierung versichert, dann wäre die Nachlässigkeit der Sicherheitsabteilung der Firma Jagger-Stovall-Chiles (die damals vielleicht die Namen auf die Karten druckte[41], die die U-2-Piloten bei der Suche nach sowjetischen Raketenbasen auf Kuba benutzten) verschenkter Stoff für ein erstklassiges Schmierentheater.

Trotz seines »Seitenwechsels« und seiner laut und deutlich erklärten Vorliebe für den Kommunismus wurden Oswald und seine Familie von der weißrussischen Gemeinde in Dallas mit offenen Armen willkommen geheißen.[42] Man sollte hier festhalten, daß die meisten Weißrussen eine politische Auffassung vertraten, die noch ein gutes Stück rechts von der des verstorbenen Zaren Nikolaus stand. Einige von ihnen waren Adlige oder Großgrundbesitzer, die von der bolschewistischen Regierung von ihrem über Generationen vererbten Besitz vertrieben worden waren. Sie lebten für den Tag, an dem man die Kommunisten aus Rußland vertrieb und sie in ihre Heimat zurückkehren konnten. Andere wiederum waren einfache Emigranten, die den Kommunismus jedoch ebenso heftig verabscheuten.

Seltsamerweise waren das die Leute, die Lee und Marina halfen, eine Unterkunft zu finden.[43] Sie sorgten dafür, daß das Baby genug Milch bekam und ins Krankenhaus gebracht wurde, als sein Fieber zu hoch stieg. Von Zeit zu Zeit kauften sie Marina hübsche Kleider und kümmerten sich auch sonst in jeder erdenklichen Hinsicht um sie.

Wie ich herausfand, war der engste Bekannte Oswalds in Dallas George de Mohrenschildt.[44] Er hielt sich länger als die meisten Weißrussen in den Vereinigten Staaten auf und war kaum ein normaler Emigrant. Sein Vater, Baron Sergius de Mohrenschildt, war unter dem Zar Gouverneur der Provinz Minsk gewesen. Nach der Oktoberrevolution war die Familie vor den Kommunisten geflohen. De Mohrenschildt sprach Russisch, Französisch, Deutsch, Spanisch und Polnisch. Im Zweiten Weltkrieg hatte er für den französischen Geheimdienst gearbeitet. Dieses illustre Mitglied des internationalen Jet-set war Bergassessor und Geologe.

De Mohrenschildt arbeitete als beratender Geologe und

war Mitglied des exklusiven Dallas Petroleum Club, der überaus einflußreiche Beziehungen in der Geschäftswelt hatte. Einer seiner interessantesten engen Freunde war Jean de Menil, der Präsident des riesigen internationalen Konzerns Schlumberger, der eng mit der CIA verbunden war.[45]

De Mohrenschildt hatte bereits alle möglichen Gegenden der Erde gesehen. Er hatte Ghana als Briefmarkensammler besucht, obwohl er zu jener Zeit aktiv im Ölgeschäft tätig war und gar keine Briefmarken sammelte. In Jugoslawien hatte er ein ganzes Jahr als Repräsentant der International Cooperation Administration verbracht, einer CIA-Tarnorganisation mit Sitz in Washington. Er war in Guatemala gewesen, als die CIA dort zufälligerweise die Exilkubaner ausbildete, die dann bei der Invasion in der Schweinebucht mitwirkten. Und später zog er nach Haiti, wo er an einem – um den Ausdruck der Warren-Kommission zu übernehmen – »regierungsbezogenen« Geschäft beteiligt war.

Dieser Mann, offensichtlich ein sehr stark antikommunistisch eingestellter Kapitalist, war in Dallas der engste Freund des jungen Mannes, dem die Warren-Kommission »Engagement für den Marxismus« bescheinigt hatte.

Oswalds Charisma schien ihm auch die unwahrscheinliche Freundschaft weiterer Mitglieder der weißrussischen Gemeinde eingetragen zu haben. Unter den ersten Gästen, die von den Oswalds in Dallas zum Abendessen eingeladen wurden, befand sich Max Clark, ein Colonel der Air Force im Ruhestand und – zu dieser Zeit – Anwalt. Colonel Clark hatte als Sicherheitsbeauftragter für General Dynamics gearbeitet, des größten Flugzeugherstellers der Welt, der zahlreiche Aufträge des Verteidigungsministeriums ausführte. Seine Frau Katja[46], die bei dem von Marina gegebenen Abendessen ebenfalls dabei war, gehörte zur königlichen Familie Rußlands und war eine geborene Prinzessin Scherbatow. Für einen Marxisten wie Lee Oswald war dies sicherlich eine gesellschaftliche Eroberung der höchsten Güteklasse.

Von den zahlreichen antikommunistischen Russen in Dallas, die die Oswalds willkommen hießen, hegten nur Anna und Teofil Meller ernsthafte Vorbehalte gegen das Ehepaar. Das lag daran, weil Anna bei einem Besuch bei den Oswalds *Das Kapital* von Karl Marx auf einem Tisch gesehen hatte.[47] Sie scheint nicht gewußt zu haben, daß ihr Mann Teofil später beim FBI anrief und den Vorfall meldete. Der Sprecher des Bureau bestätigte ihm, Oswald sei »in Ordnung«[48].

Die Warren-Kommission ging mit dem üblichen Elan an die Frage heran, ob Oswald möglicherweise unter dem Schutz des FBI stand. Sie rief Meller einfach nicht als Zeugen auf und ließ sich nicht einmal eine eidesstattliche Aussage geben.

Oswalds Behandlung nach seiner Rückkehr, sowohl von den Geheimdiensten wie auch von ausgesprochen antikommunistisch eingestellten Einzelpersonen, läßt für mich unausweichlich nur eine einzige Schlußfolgerung zu: Oswald hat in der Sowjetunion eine verdeckte Geheimdienstoperation für die Vereinigten Staaten durchgeführt.

Und ich wurde mir schnell der Tatsache bewußt, daß in der Zeit nach seiner Rückkehr aus der Sowjetunion antikommunistische Exilanten und amerikanische Geheimdienste gleichermaßen Interesse an Lee Oswald hatten, der möglicherweise wertvoll für sie sein konnte. Es war kein Zufall, daß Oswald in Dallas mit weißrussischen Emigranten und in New Orleans mit Exilkubanern verkehrte. Ich hatte herausgefunden, daß die Guerilla-Ausbildung der Exilkubaner ausschließlich von der CIA betrieben wurde. Das hatte in der Praxis eine weitreichende Wirkung. Das FBI, normalerweise die scharfsinnigste unserer Ermittlungsbehörden, schien zu übersehen, was die Agency trieb – oder mit wem.

Obwohl weiten Teilen der Regierung bekannt war, daß die CIA schon seit langem im Inland operierte, wußte ich, daß die Agency solche Operationen geheimhielt. Die CIA-Agenten zum Beispiel, die die Emigranten manipulierten, trugen keine Uniform und zeigten ihre CIA-Ausweise nicht vor. In ihrer vollkommenen Tarnung ließen sie sich kaum von Anwälten, Geschäftsleuten, Technikern, Hausfrauen, Privatdetektiven oder anderen unterscheiden. Damals konnte ich nicht mit Sicherheit angeben, wer der Führungsoffizier Lee Oswalds und der ihn umgebenden Exilanten war, doch in der Rückschau scheint es ziemlich offensichtlich.

Obwohl George de Mohrenschildt wahrscheinlich nichts von der Katastrophe ahnte, die am Ende seines Weges auf ihn wartete[49], besteht heute kaum ein Zweifel daran, daß er ein verdeckt arbeitender CIA-Agent gewesen ist.[50] Ähnlich offensichtlich ist sein Auftrag: Er sollte Oswald von Fort Worth nach Dallas holen und danach als einer seiner »Babysitter« fungieren.[51]

Die Schlußfolgerung, daß de Mohrenschildt ein nicht eingeweihter Babysitter war, ziehe ich nicht nur aus den öffentlich gemachten Beweisstücken, sondern auch aus meinen Gesprächen mit ihm und Mrs. de Mohrenschildt. Nachdem ich meine Untersuchungen einige Jahre nach dem Attentat längst aufgenommen hatte, gelang es mir, telefonischen Kontakt mit de Mohrenschildt zu bekommen. Um zu verhindern, daß die Gespräche abgehört wurden, kamen wir überein, daß ich ihn im Petroleum Club in Dallas anrief oder er mich im New Orleans Athletic Club. Sowohl de Mohrenschildt als auch seine Frau waren überzeugt, daß ein Attentat auf den Präsidenten – oder auch nur das Töten eines Kaninchens – ganz einfach nicht Lee Oswalds Format entsprach. Sie beharrten darauf, daß man Oswald zum Sündenbock gemacht habe. Mich beeindruckte besonders, daß sie nicht nur darüber betroffen waren, was man John F. Kennedy, sondern auch, was man Lee Oswald angetan hatte.

Der Frühling 1963 kam, und Lee Oswald verließ – wie üblich ohne Pauken und Trompeten oder andere Vorankündigungen – Dallas Ende April in Richtung New Orleans. Seine Frau und Tochter trafen kurz darauf dort ein. Am 9.

Mai bekam Oswald einen Job bei der dort ansässigen Reily Coffee Company, direkt neben dem Postamt und gegenüber Guy Banisters Büro.

Ich hatte bereits zahlreiche Oswaldsche Aktivitäten in New Orleans untersucht. Nun wollte ich mir ansehen, wie das mit der Anstellung bei der Reily Coffee Company zugegangen war. Diese Frage war sehr verwirrend, denn unter den Beweismitteln der Warren-Kommission befanden sich Dutzende Fotokopien von Bewerbungsschreiben[52], die Lee Oswald anscheinend an eine Firma nach der anderen geschickt hatte, bevor er bei Reily anfing. Oswalds Handschrift, die aussah, als sei ein Vogel über das Papier gelaufen, war auf jedem Bewerbungsschreiben auf den ersten Blick zu erkennen. Diesen zahlreichen Beweismitteln zufolge hatte er sich bei der Hälfte aller Firmen in New Orleans beworben.

Doch je länger ich über den Bewerbungsschreiben brütete, desto verwirrter wurde ich. Auf jedem Brief hatte der Stellungssuchende seine Größe mit »einem Meter fünfundsiebzig« angegeben. Das Problem lag darin, daß Lee Oswald einen Meter achtzig groß war. Wieso hatte er seine Größe also wiederholt mit einem Meter fünfundsiebzig angegeben?[53]

Ich wollte mich am nächsten Tag mit einem Teil meines Stabs zu einem längst überfälligen Brainstorming zusammensetzen und fügte meiner Liste diese Frage hinzu. Am folgenden Morgen war ich kaum im Büro, als Lou Ivon mit einer neuen Spur kam. Einer seiner Polizeiermittler hatte beim Klinkenputzen erfahren, daß Oswald den Ford-Händler Bolton auf der North Claiborne Avenue besucht hatte. Da wir auch die magerste Spur verfolgten, gingen wir diesem neuen Hinweis nach, und obwohl diese Spur sich als falsch erwies, stießen wir auf eine möglicherweise viel wichtigere.

Wie wir später von den Verkäufern Fred Sewall und Oscar Deslatte erfuhren, hatten zwei Männer, die behaupteten, eine Organisation namens Friends of Democratic Cuba zu vertreten, am 20. Januar 1961 die Ford-Vertretung Bolton aufgesucht. Das war lediglich drei Monate vor der fehlgeschlagenen Invasion Kubas in der Schweinebucht gewesen, dem großen Kuckucksei, das die vorherige Regierung Kennedy ins Nest gelegt hatte. Einer der Männer war ein stämmig gebauter Südamerikaner mit dickem Hals und einer auffälligen Narbe über der linken Braue.[54] Der andere war ein hagerer, junger Weißer, der offensichtlich das Sagen hatte.

Die beiden Männer deuteten an, sie wollten zehn Ford-Lieferwagen kaufen, und feilschten um einen Preisnachlaß. Der Südamerikaner wies sich als »Joseph Moore« aus, sagte jedoch, das Angebot der Firma müsse auf den Namen »Oswald« ausgestellt werden. Der junge Angelsachse bestätigte dies und erklärte, er sei Oswald und derjenige mit dem Geld. Statt die Kunden unterschreiben zu lassen, trug Deslatte den Namen »Oswald« persönlich in Druckbuchstaben auf dem Angebotsformular ein.[55] Wie heutzutage natürlich bekannt ist, befand sich der echte Lee Oswald an diesem Tag – und noch für über ein Jahr – in der Sowjetunion.

Nach dem Attentat auf Präsident Kennedy erinnerten sich Sewall und Deslatte an das Gespräch mit »Oswald« und riefen das FBI an. Als die FBI-Agenten das Angebotsformular mit Oswalds Namen sahen, nahmen sie es, den beiden Verkäufern zufolge, vorsichtig mit Pinzetten an sich.

Nachdem ich von diesem Vorgang erfahren hatte, wollte ich mehr über die Friends of Democratic Cuba herausfinden. Ich besorgte mir eine Kopie der Vereinssatzung. Und dort fand ich bei den Gründungsmitgliedern den allgegenwärtigen Namen *Guy Banister*.

Ich dachte über die Bedeutung dieser verblüffenden Information nach. In genau dem Monat, in dem John F. Kennedy ins Amt eingeführt worden war, benutzte ein von Guy Banister geführtes Geheimdienstunternehmen den Namen »Oswald« bei einem Gebot für Lieferwagen, die anscheinend bei der Schweinebucht-Invasion eingesetzt werden sollten. Noch wichtiger war, daß der hagere junge

Amerikaner, der das Angebot eingeholt hatte, entweder Lee Oswald oder zumindest dessen Namen kannte. Auf jeden Fall hielt sich Oswald zu dieser Zeit in der Sowjetunion auf. Aufgrund dieses seltsamen Zwischenfalls scheint es sich bei Oswalds tatsächlicher Mitwirkung an Guy Banisters Unternehmen im Sommer 1963 um alles andere als einen reinen Zufall zu handeln.

Ich ließ Frank Klein zu einem längst überfälligen Brainstorming in mein Büro kommen. Ich faßte den Bolton-Vorfall zusammen, und Klein sagte:

»Sie glauben doch nicht, daß Sewall und Deslatte gelogen haben, oder?«

»Nein.«

»Aber die Geschichte ergibt keinen Sinn«, fuhr er fort. »Oswald war im Januar 1961 in Rußland. Er kann unmöglich bei der Firma Bolton gewesen sein.«

»Jemand hat sich als Oswald ausgegeben«, sagte ich.

»Als Oswald ausgegeben? Aber wieso?«

»Das weiß ich noch nicht«, erwiderte ich. »Aber nun wissen wir, daß derjenige, der hinter dem Attentat steckt, jemanden beauftragte, als Oswald aufzutreten.«

»Sie wollen auf irgend etwas hinaus«, sagte Klein, »aber ich weiß noch nicht, auf was.«

Ich schob das dicke Buch mit den Beweisstücken der Kommission vor und zeigte ihm die Bewerbungsschreiben. »Fällt Ihnen daran etwas auf?« fragte ich.

Er blätterte sie eine Weile durch und schaute dann auf. »Die Größe ist falsch angegeben«, sagte er. »Er hat in jedem dieser Bewerbungsschreiben seine Größe falsch angegeben.«

»Genau«, sagte ich. »Wenn 1961 jemand seine Rolle übernehmen konnte, dann auch 1963.«

»Aber warum sollte jemand all diese Bewerbungsformulare ausfüllen und dabei ständig die falsche Größe angeben?« fragte Klein.

»Weil der falsche Oswald nur einsfünfundsiebzig groß war«, sagte ich. »Da er Vorstellungsgespräche führte, mußte er in etwa seine wirkliche Größe angeben. Auch wenn jemand Oswalds Handschrift perfekt nachahmen kann, er kann noch lange nicht um fünf Zentimeter wachsen.«

Frank stimmte mir zu, daß sich wahrscheinlich ein falscher Oswald um die Jobs bemüht hatte. Das lief natürlich darauf hinaus, daß Oswald von Anfang an in der Reily Coffee Company ganz in der Nähe von Guy Banisters Büro arbeiten sollte. Die zahlreichen Bewerbungen von jemandem, der auftrat als Oswald, sollten dies verschleiern.

»Wissen Sie«, sagte Klein, »die wichtigste Schlußfolgerung haben Sie noch nicht erwähnt.«

»Und welche ist das?«

»Der Zeitpunkt, zu dem die beiden Männer die Firma Bolton aufsuchten. Daß sie Lee Oswalds Namen schon im Januar 1961 verwendet haben. Das war der Monat, in dem Kennedy ins Amt eingeführt wurde.«

Ich zögerte und dachte über die gewaltige Bedeutung von Franks Worten nach.

»Sie fragen mich, ob ich glaube, jemand habe schon im Januar 1961 an dem Plan gearbeitet, John F. Kennedy zu eliminieren«, sagte ich.

Frank nickte.

»Es fällt mir schwer, das zu glauben«, sagte ich. »Ich würde verneinen.«

Viele Jahre nach diesem Gespräch mit Frank stieß ich zufällig auf ein 1977 erschienenes, faszinierendes Buch über die amerikanischen Geheimdienste mit dem Titel *The Armies of Ignorance.*[56] Darin stolperte ich über eine verblüffende Tatsache: Laut William R. Corson, dem Autor des Buches, begann die CIA nach Kennedys Wahl im November 1960 in aller Stille mit der Zusammenstellung einer »Dossieranalyse« einschließlich eines psychologischen Profils des gewählten Präsidenten. Der Zweck bestand unter anderem darin, den vermutlichen Standpunkt vorherzusagen, den der Präsident beziehen würde, falls besondere Umstände eintreten sollten. Die Existenz dieser Studie wurde nicht publik gemacht.

Heute denke ich oft an Franks Frage über die Bedeutung

der Tatsache, daß sich 1961 jemand als Oswald ausgegeben hat. Und dabei frage ich mich, ob ich genauso geantwortet hätte, hätte ich damals schon gewußt, wie bemerkenswert früh die CIA ein psychologisches Profil Kennedys erstellt hatte.

Kapitel 5
DIE PRÄPARIERUNG DES SÜNDENBOCKS

Aufgrund unserer bisherigen Ermittlungen wußte ich, daß Oswald Präsident Kennedy nicht allein erschossen haben konnte, daß Geheimdienstkreise ihn angeleitet und jemand als Oswald agiert hatte. Mit anderen Worten, er war genau das, was zu sein er bei seiner Verhaftung behauptete – ein Sündenbock. Nun blieb noch herauszufinden, welche Macht ihn gelenkt hatte. Einige Geheimdienste waren darin verwickelt, doch ich wußte noch nicht, wie breit die Operationsbasis eventuell war.

Es hatte mich immer verwirrt, warum Oswald Dallas im April 1963 verlassen hatte, um den Sommer in New Orleans zu verbringen und dann im Oktober nach Dallas zurückzukehren. Doch als ich überdachte, was ich erfahren hatte, ergab es allmählich einen Sinn: Wenn Oswald als kommunistischer Sündenbock aufgebaut werden sollte, mußten die engen Beziehungen gekappt werden, die er in Dallas zu den antikommunistischen Weißrussen unterhielt. Außerdem wurde das Bild eines verrückten kommunistischen Attentäters noch deutlicher hervorgehoben, wenn er einen Sommer lang in New Orleans völlig unverhohlen Pro-Castro-Flugblätter verteilte. Bei den Geheimdiensten gibt es einen Ausdruck für diese Art manipulierten Verhaltens, mit dem ein gewünschtes Bild erzeugt werden soll: Schäfchen baden. Ich hatte den Eindruck, daß Oswald in New Orleans gewesen war, um unter Guy Banisters Führung auf eine falsche Spur geleitet zu werden, und daß er nach Abschluß der Mission nach Dallas zurückgeschickt wurde.

Um festzustellen, ob ich auf der richtigen Spur war, untersuchte ich nun Oswalds Rückkehr nach Dallas und die beiden letzten Monate vor dem Attentat.

Am 23. September 1963 verließen die schwangere Marina Oswald und ihre Tochter New Orleans. Wie ich herausfand, wurden sie von Mrs. Ruth Paine nach Dallas gefahren. Man stimmte allgemein überein, daß Lee Oswald etwa einen Tag später aufbrach. Es gab Anzeichen, daß er New Orleans mit dem Bus verließ, doch das blieb unbestätigt.

Im Augenblick konzentrierte ich mich – während ich die großen blauen Bände der Warren-Kommission durchblätterte, die mir so vertraut geworden waren – auf die Rolle, die Ruth Paine gespielt hatte, als sie Marina Oswald und ihre Tochter nach Dallas fuhr und ihr dort eine Unterkunft besorgte.

Lee und Marina Oswald hatten Ruth Paine im Februar 1963 auf einer Party in Dallas kennengelernt, zu der George de Mohrenschildt und seine Frau sie mitgenommen hatten. Ich fand heraus, daß Ruth Paine die Frau von Michael Paine war, eines technischen Zeichners, der an streng geheimen Projekten der Firma Bell Helicopter arbeitete, die zahlreiche Aufträge für das Verteidigungsministerium ausführte.

Ruth Paine war eine schlanke, intelligente Frau mit breitgefächerten Interessen, darunter auch der russischen Sprache, die sie recht gut beherrschte. Ihr Vater hatte bei der Agency for International Development gearbeitet, die allgemein als Deckorganisation der CIA angesehen wird.[1] Ihr Schwager arbeitete für eine Niederlassung derselben Agency im Raum Washington.

Auf ihrem Rückweg von einem langen Urlaub, in dem sie ihre Schwester und ihren Schwager in Washington besucht hatte, machte sie Zwischenstation in New Orleans, um Marina Oswald und das Baby nach Dallas mitzunehmen. Ich fragte mich, ob Mrs. Paine vielleicht auch nicht wußte, worum es ging, und manipuliert worden war.

Nach der Ankunft in Dallas[2] nahm Mrs. Paine Marina und ihre Tochter in ihrem Haus in Irving auf, einem Vorort von Dallas. Sie und ihr Mann Michael hatten sich vorübergehend getrennt, so daß dort genug Platz für Gäste war.

Am 4. Oktober traf Lee in Dallas ein.[3] Er behauptete, in

Houston Arbeit gesucht zu haben. Zehn Tage später vermittelte Ruth Paine ihm ein Bewerbungsgespräch, und er bekam den Job[4] – im Texas School Book Depository, dem bewußten Schulbuch-Auslieferungslager.

Aus Gründen, die unklar blieben, mietete Oswald mehrere kleine Zimmer[5] in Dallas, während seine Frau und seine Tochter im Haus der Paines in Irving blieben. Obwohl Lee eine Reihe seiner persönlichen Besitztümer nach Dallas mitnahm, stellte ihm Mrs. Paine ihre Garage in Irving für den Rest seiner Sachen zur Verfügung.

Man kann nur Vermutungen darüber anstellen, was Lee Oswald mit diesem seltsamen Wohnarrangement bezweckte oder wer es vorschlug. Doch steht zweifelsfrei fest, daß diese Situation für die Leute, die hinter dem Attentat steckten, vorteilhaft war. Als der Präsident ermordet wurde, lebte der Sündenbock von Familie und Freunden getrennt und entsprach viel mehr dem Bild des verrückten Einzeltäters.

Routinemäßig wollte ich die Einkommensteuererklärungen von Ruth und Michael Paine überprüfen, mußte jedoch feststellen, daß sie als geheim eingestuft worden waren.[6] Zusätzlich zu den Steuererklärungen waren auch die Kommissionsdokumente 212 – über Ruth Paine – und 218 – über Michael Paine – aus Gründen der nationalen Sicherheit als geheim eingestuft worden. Aus denselben Gründen unzugänglich waren die Dokumente 258 – über Michael Paine – und 508 – über seine Schwester – sowie die Kommissionsdokumente 600 bis 629, die Verwandte von Michael Paine betrafen.

Was war so Besonderes an dieser Familie, daß die Bundesregierung sie unter ihren Schutz gestellt hatte? Nicht einmal die DuPonts und Vanderbilts hätten einen so strikten Schutz bekommen. Ich fragte mich, ob diese väterliche Fürsorglichkeit etwas mit der Tatsache zu tun hatte, daß die CIA – aus offensichtlichen Sicherheitsgründen – ein Familienunternehmen geworden war.

Während seine Frau und Tochter bei Ruth Paine wohnten, hielt sich Lee Oswald der Regierung zufolge selbst in

Mexiko-Stadt auf[7], wo er angeblich Kontakt mit den Botschaften der Sowjetunion und Kubas aufnahm und sich deutlich Gehör verschaffte. Doch mir waren an dieser Erklärung bereits Zweifel gekommen. Diese Zweifel wurden später bestätigt, als weitere Informationen über diesen Zwischenfall verfügbar wurden.

Ein CIA-Memorandum[8] vom 10. Oktober 1963 führte aus, daß Lee Oswald Ende September und Anfang Oktober wiederholt bei der Sowjetischen Botschaft in Mexiko-Stadt angerufen hatte und auch persönlich dort erschienen war. Er hatte sich erkundigt, ob es Anrufe für ihn gegeben hatte, und mit einem Handelsattaché gesprochen, der angeblich ein Mitglied der KGB-Abteilung für »nasse Angelegenheiten« (Morde) war. Kopien des Memorandums wurden ans FBI und ans Außenministerium geschickt. Weitere Geheimdienstberichte brachten Oswald auch mit der Kubanischen Botschaft in Zusammenhang, wo er angeblich versuchte, ein Visum zu bekommen, um über Kuba in die Sowjetunion einzureisen.

Schon zu Anfang der offiziellen Untersuchung informierte die CIA die Warren-Kommission über Oswalds angebliche Aktivitäten in Mexiko-Stadt vor dem Attentat. Ausnahmsweise verlangte die Kommission mehr Beweise. Vielleicht hofften die Kommissionsmitglieder eingedenk der Tatsache, daß die Agency rund um die Uhr eine Kameraüberwachung der Kubanischen und Sowjetischen Botschaften in Mexiko-Stadt vornahm, auf eine gute Aufnahme, die ihre nur spärlich dokumentierte Zusammenfassung von Oswalds Reise nach Mexiko untermauern konnte.

Ursprünglich ignorierte die Agency das Ersuchen der Kommission. Doch als die Kommission Druck ausübte, übergab die CIA ihr schließlich den verschwommenen Schnappschuß eines gesetzten, ergrauenden Herrn, der beinahe alt genug war, um Oswalds Vater sein zu können.[9] Das, so behauptete die Agency, sei Lee Oswald vor der Kubanischen Botschaft.

Die Agency legte auch eine Aussage von Silvia Duran

vor, einer Mexikanerin, die in der Kubanischen Botschaft arbeitete und Oswald dort gesehen haben wollte. Doch die Umstände, unter denen diese Aussage zustande gekommen war, waren, um es zurückhaltend auszudrücken, dubios. Am Tag nach dem Attentat befahl die CIA den mexikanischen Behörden, die Duran festzunehmen und in Einzelhaft zu halten.[10] Das Telegramm der Agency lautete: »Unter voller Berücksichtigung mexikanischer Interessen ist geboten, daß ihre Verhaftung absolut geheim bleibt, daß keine Informationen von ihr veröffentlicht werden oder durchsickern und daß alle derartigen Informationen uns mitgeteilt werden...« Die Duran wurde erst freigelassen, nachdem sie Oswald als Besucher der Kubanischen Botschaft identifiziert hatte. Nach ihrer Freilassung befahl die CIA ihre erneute Festnahme. Diese Umstände waren der Kommission nicht bekannt. Überdies berichtete Silvia Duran 1978 dem Autor Anthony Summers[11], der Mann, der die Botschaft besucht habe, sei blond und etwa von ihrer Größe (einen Meter sechzig) gewesen – es konnte sich also kaum um Oswald handeln.

Die Kommission verzichtete auf eine Befragung des kubanischen Konsuls Eusebio Azcue, obwohl er drei hitzige Auseinandersetzungen mit »Oswald« gehabt hatte. Doch der Untersuchungsausschuß des Repräsentantenhauses befragte ihn. Als Azcue Fotos von Lee Oswald gezeigt wurden[12], sagte er aus, der junge Mann, der die Botschaft besucht habe, sei blond und nicht der Mann auf den Fotos gewesen. Auch sei es, so Azcue, nicht der Mann gewesen, den Jack Ruby nur zwei Monate nach seinem persönlichen Gespräch mit »Oswald« vor laufenden Kameras erschossen habe.

Auch die Behauptung, Oswald habe in der Sowjetischen Botschaft angerufen und sie ebenfalls aufgesucht, hielt nicht stand. Es gab keine Fotos, und als die Kommission Tonbandaufnahmen von Oswalds Anrufen zu hören verlangte, behauptete die CIA[13], bei einem Anruf sei die Überwachung gerade unterbrochen gewesen, und bei einem anderen hätten die Aufnahmegeräte versagt. Doch die Tonbänder überlebten lange genug, daß die FBI-Agenten, die bei dem berüchtigten Zwölf-Stunden-Verhör Oswalds nach dem Attentat dabei waren, sie anhören konnten. Laut eines FBI-Memorandums vom 23. November 1963, das aufgrund des Freedom of Information Act zur Verfügung stand[14], waren diese Agenten »der Auffassung, die obengenannte Person (diejenige von den Bändern der Sowjetischen Botschaft) sei nicht Lee Harvey Oswald«.

Dieser Beweis, der Jahre nach meiner offiziellen Ermittlung an den Tag kam, deutet für mich darauf hin, daß Lee Harvey Oswald nicht nach Mexiko-Stadt reiste, wie die Warren-Kommission annimmt. Statt dessen läßt er die Schlußfolgerung zu, daß jemand in Mexiko-Stadt als Lee Oswald auftrat, wie auch Edwin Juan López[15] vermutet, der die umfangreichen Ermittlungen des Untersuchungsausschusses über Mexiko-Stadt leitete. Dies befindet sich damit im Einklang, daß auch in New Orleans und Dallas jemand als Oswald aufgetreten ist, um ihn als Sündenbock aufzubauen.

Einige dieser Szenen waren so absurd, daß nur die leichtgläubigsten Menschen sie schlucken konnten. Einer dieser Vorfälle[16] ereignete sich im Mexikanischen Konsulat in New Orleans. Es war am frühen Nachmittag eines Tages Mitte September 1963. Ein junger Mann erschien in Begleitung einer Frau mit Kopftuch im Konsulat. Zufällig befand sich auch Mrs. Fenella Farrington dort, um dafür zu sorgen, daß das Auto ihrer Familie aus Mexiko zurückgebracht wurde. Es war bei einem kürzlichen Besuch mit ihrem Mann dort zurückgeblieben.

Der junge Mann fragte die Angestellte am Schalter: »Wie ist das Wetter in Mexiko-Stadt?«

»Es ist sehr heiß«, erwiderte sie. »Genau wie heute in New Orleans.«

Nun fragte er sie, auf das düstere Thema zu sprechen kommend, das sich durch all diese Auftritte zog: »*Was muß man tun, um ein Gewehr oder eine Pistole nach Mexiko mitnehmen zu können?*« Das war eine Frage, die die Aufmerksamkeit fast jedes Menschen erregen würde. Die Dame im Konsulat fragte, warum er eine Pistole mitnehmen wolle, und Fenella Farrington, die in der Nähe stand, sagte unaufgefordert, daß man dort ausgezeichnet jagen könne.

Der Mann, den Mrs. Farrington als »groß und sehr dünn« beschrieb, schien sich über ihre Bemerkung zu ärgern und ignorierte sie völlig. Mrs. Farrington fiel auch auf, daß er nervös und keineswegs so entspannt wie die anderen Touristen war, die ein Visum beantragten.

Vier Tage nach dem Attentat auf den Präsidenten trieb das FBI Mrs. Farrington auf, als sie in Washington gerade Verwandte besuchte. Der FBI-Agent, der sie vom Washingtoner Büro aus anrief, gab ihr die Nummer der Zweigstelle, damit sie zurückrufen und sich seine Identität bestätigen lassen konnte. Danach informierte er sie, das FBI wende sich wegen der Szene in der Mexikanischen Botschaft in New Orleans an sie. Der Vorfall sei von einer versteckten Kamera aufgenommen worden. Sie sei eingeschaltet worden, als der junge Mann Waffen erwähnte, und da sie dabeigewesen sei, habe das FBI sie anhand der Aufnahmen identifizieren können. Der junge Mann, der ebenfalls aufgenommen wurde, sei Lee Harvey Oswald gewesen, wie er hinzufügte.

Der FBI-Agent wollte Mrs. Farrington in den Mund legen, sie habe Lee Oswald noch vor der Szene im Konsulat in Mexiko-Stadt gesehen. Sie stritt beharrlich ab, Oswald in Mexiko-Stadt begegnet zu sein. Dennoch beharrte der FBI-Agent trotz ihres wiederholten Widerspruchs darauf, sie habe Oswald in Mexiko gesehen.

Mrs. Farrington und ihre Cousine, Mrs. Lillian Merilh, die sie ins Mexikanische Konsulat begleitet hatte, wurden später erneut von demselben und auch von anderen FBI-Agenten vernommen. Diesmal zeigten die Agenten ihnen Fotos von Jack Ruby und behaupteten nun, Ruby sei ebenfalls im Mexikanischen Konsulat in New Orleans gewesen, als Mrs. Farrington und ihre Cousine dort waren. Sowohl Mrs. Farrington wie auch Mrs. Merilh erklärten den Agenten, das Foto von Ruby entspräche niemandem, den sie im Konsulat gesehen hätten.

Ich hörte ihre Geschichte von Mort Sahl und Mark Lane, die zu dieser Zeit für uns arbeiteten. Lane nahm auf meine Bitte eine Aussage von ihr auf. Er zeigte ihr siebzehn Fotos und fragte sie, ob auf einem davon der junge Mann abgebildet sei, den sie im Konsulat in New Orleans gesehen hätte. Sie erwiderte, zwei Fotos könnten den Mann zeigen. Sie deutete auf ein Foto von Lee Oswald – und sie deutete auf eines von Kerry Thornley, Oswalds Freund aus der Marinezeit in El Toro, der später nach New Orleans gezogen war.

Der Farrington-Zwischenfall warf offensichtliche Fragen auf. Warum zum Beispiel versuchte das FBI, eine Zeugin zu der Aussage zu nötigen, sie habe Oswald in Mexiko-Stadt gesehen? Und warum gab es kein Bild von Oswald im Konsulat? Die versteckte Kamera hatte anscheinend ein so gutes Foto von Fenella Farrington gemacht, daß das FBI sie daraufhin innerhalb kürzester Zeit identifizieren konnte. Der FBI-Agent sagte, man habe ein Foto des jungen Mannes aufgenommen, der ein Gewehr mit nach Mexiko nehmen wollte, und dieser Mann sei Lee Oswald. Doch die Regierung hat dieses Foto nie veröffentlicht. Warum hat sich die Regierung davor gescheut, falls es wirklich ein Foto von Oswald war?

Doch die Szene im Mexikanischen Konsulat in New Orleans war nur der erste von mehreren verdächtigen Vorfällen, bei denen ein höchst auffälliger »Lee Oswald« mit einer provokanten Tat Aufmerksamkeit erregte.

Ende September 1963 ereignete sich ein weiterer solcher Vorfall, diesmal in Dallas. Ein »Leon Oswald« erschien mit zwei Spanisch sprechenden Guerilla-Typen im Haus einer kubanischen Emigrantin namens Sylvia Odio.[17] Einer der beiden rief sie später noch einmal an und sagte, wie verrückt »Leon« sei und daß er den Präsidenten ermorden wolle.

Im folgenden Monat überraschte Mrs. Lovell Penn in Dallas drei Männer, die auf ihrem Grundstück ostentativ mit einem Gewehr schossen, und verjagte sie.[18] Später fand sie eine leere Patronenschachtel mit der Aufschrift »Mannlicher-Carcano«-Munition für die uralte und fast unbrauchbare Waffe, mit der, wie die Warren-Kommission später erklären würde, Oswald seine Fähigkeit als Scharfschütze an der Dealey Plaza unter Beweis gestellt hatte.

Anfang November bewarb sich ein junger Mann, der den Namen »Lee Oswald« benutzte[19], um einen Job als Parkwächter des Southland Hotel. Während seines Gesprächs mit dem Geschäftsführer fragte er, ob man von dem Gebäude einen guten Blick auf die »Innenstadt von Dallas« habe.

Diese Szenarios waren in etwa so subtil wie Küchenschaben, die versuchen, über einen weißen Teppich zu schleichen. Doch der unglaublichste dieser Vorfälle fand an einem Nachmittag Anfang November 1963 statt.

Ein junger Mann erschien bei der Autohandlung Downtown Lincoln Mercury[20] – die zufälligerweise genau gegenüber der Stelle lag, an der bald darauf das Attentat erfolgen sollte. Er erklärte seine Absicht, einen Wagen probezufahren und zu kaufen. Der Verkäufer, Albert Bogard, zeigte ihm einen roten Mercury Comet, und kurz darauf fuhren sie zum Stemmons Freeway, der Kunde hinter dem Lenkrad. Als sie auf dem Freeway waren, erhöhte er die Geschwindigkeit auf 100 bis 120 Stundenkilometer und trat aufs Gas wie Mario Andretti beim 500-Meilen-Rennen in Indianapolis. Auch die engsten Kurven nahm er mit hoher Geschwindigkeit. Wie der Verkäufer später seinem Boß erzählte: »Er fuhr wie ein Verrückter.«[21]

Als sie zurückkehrten, schien der Kunde betroffen zu sein, als er hörte, daß er für den nagelneuen Wagen mindestens 200 oder 300 Dollar anzahlen müsse. Eugene Wilson, ein anderer Verkäufer, hörte, wie er sagte: »Vielleicht muß ich nach Rußland zurück, um mir einen Wagen kaufen zu können.«[22] Dann sagte der Mann zu Bogard, er werde in ein paar Wochen zurückkommen und den Wagen kaufen, wenn er wieder flüssig sei. Er gab »Lee Oswald« als Namen an, und Bogard schrieb ihn auf die Rückseite einer Visitenkarte. Mehrere Wochen später hörte Bogard im Radio, Oswald sei verhaftet worden. Er zerriß die »Oswald«-Karte und warf sie weg. »Der wird keinen Wagen mehr brauchen«, sagte er.[23]

Bogard erinnerte sich besser an die Geschwindigkeit der Probefahrt als an das Aussehen des Käufers. Seine Aussage lautete: »Es ist die reine Wahrheit, ich habe schon vergessen, wie er aussah. Ich identifizierte ihn auf Bildern, aber ich erinnere mich nicht mehr daran, wie er an diesem Tag aussah.«[24]

Frank Pizzo, der Besitzer der Firma, konnte sich wesentlich besser erinnern.[25] Nachdem Albert Jenner, Rechtsberater der Warren-Kommission, ihm erfolglos einige Oswald-Fotos mit anderen Männern vorgelegt hatte, zeigte er ihm schließlich ein Foto von Oswald, das am 22. November nach seiner Verhaftung aufgenommen worden war.[26] Es schloß sich folgender Dialog an:

»MR. PIZZO: Er hat [*sic*] bestimmt nicht die Frisur, die ich beschrieben habe...

MR. JENNER: Dieses Foto wurde am Nachmittag des 22. November bei der Gegenüberstellung der Dallas City Police aufgenommen.

[Beratendes Gespräch unter vier Augen]

[Beratendes Gespräch zwischen Rechtsberater Jenner, Rechtsberater Davis und dem Zeugen Mr. Pizzo]

MR. JENNER: Für die Akten. Sie erinnern sich, daß er so mehr oder weniger um einen Meter siebzig groß war?

MR. PIZZO: Zwischen einssiebzig und einsfünfundsiebzig. Am besten erinnere ich mich an die runde Stirn und diese V-Frisur.

MR. JENNER: Ein in der Mitte der Stirn spitz zulaufender Haaransatz?

MR. PIZZO: Ja, aber sehr schwach.

MR. JENNER: Sehr schwach?

MR. PIZZO: Sehr schwach – nicht die buschige Frisur, die ich auf dem Foto sehe. Na ja, ich bin mir nicht sicher... Aber wenn ich mich eindeutig äußern muß, würde ich sagen, daß er es nicht ist.«

Das zu der Wahrscheinlichkeit, daß Oswald die wilde Probefahrt selbst durchgeführt hat. Oswald war einen Meter achtzig groß.

Eugene Wilson, der bereits erwähnte Verkäufer, stimmte nicht einmal mit Frank Pizzos Erinnerung an die Größe des jungen Mannes überein. Wilson sagte, der junge Rennfahrer sei ein ganzes Stück kleiner »als zwischen einssiebzig und einsfünfundsiebzig« gewesen. Wilson, der etwa einsfünfundsiebzig groß war, sagte aus, der Mann, der sich Oswald nannte, sei »nur etwa einsfünfundfünfzig groß gewesen«.

Während die Kommission Frank Pizzos genaue Aussage einfach überging, legte sie Eugene Wilsons Aussage anfangs überhaupt nicht vor.[27] Dementsprechend ist Wilson im Index der Anhörungen gar nicht aufgeführt. Gerade als der Bericht der Kommission in Druck gehen sollte, wurde Wilson angeblich zufällig entdeckt. Das verspätete Gespräch mit Wilson, der mittlerweile für eine andere Mercury-Niederlassung arbeitete, machte dem gesprächsführenden FBI-Agenten eindeutig zu schaffen. Es eliminierte nicht nur die Möglichkeit, daß Oswald der junge Kunde war, sondern unterstrich gleichzeitig die Wahrscheinlichkeit, daß ein anderer Oswalds Namen verwendet hatte. Der FBI-Bericht unterstrich, daß Wilson ein Problem mit den Augen hatte; er litt an grünem Star. Doch er verkaufte noch immer Autos, und man kann wohl davon ausgehen, daß er abschätzen konnte, ob ein anderer Mann ein gutes Stück kleiner war als er.

Die Kommission erklärte leichthin, sie habe den Zwischenfall bei dem Mercury-Händler in der Innenstadt sorgfältig untersucht, »weil er die Möglichkeit andeutet, daß Oswald ein geübter Autofahrer war und im November 1963 vielleicht Geld erwartete, mit dem er einen Wagen kaufen wollte«[28]. Wesentlich aufschlußreicher und relevanter wäre gewesen, wenn die Kommission behauptet hätte, sie hätte den Zwischenfall sorgfältig untersucht, weil er darauf hindeute, Oswald sei anscheinend beträchtlich geschrumpft.

All diese auffälligen Auftritte – vom Mexikanischen Konsulat in New Orleans bis zur Lincoln-Mercury-Autohandlung in Dallas – bestätigten meinen ursprünglichen Verdacht, daß jemand als Oswald agiert hatte. Und nun war der Grund offensichtlich: Vor dem Attentat auf den Präsidenten war sorgfältig eine Spur falscher, belastender Indizien gelegt worden, die zum Sündenbock Oswald führte. Gleichzeitig war der richtige Oswald von seinen Geheimdienst-Babysittern manipuliert worden. De Mohrenschildt hatte ihn überredet, nach Dallas zu ziehen, dann war Oswald nach New Orleans und unter die Obhut Guy Banisters gelockt worden. Als Oswald nach Dallas zurückkehrte, stellten andere führende Hände sicher, daß er sich zur richtigen Zeit am richtigen Ort befand. Ruth Paine war diejenige, die ihm den Job beim Schulbuch-Auslieferungslager besorgte, und als man im Haus der Paines anrief, um ihm einen besseren Job auf dem Flughafen anzubieten[29], erfuhr Oswald nie davon. Dementsprechend arbeitete er am Tag des Attentats noch immer in dem Lager an der Elm Street, jener schicksalhaften Seitenstraße, die die Wagenkolonne des Präsidenten an jenem Morgen entlangfuhr.

Ich wunderte mich immer mehr über die sich häufenden Spuren für die Manipulation Oswalds. Er erinnerte an einen Bauern auf dem Schachbrett, der dorthin ging, wo man ihn haben wollte, und schließlich dort endete, wohin man ihn gestellt hatte. Wann hatten die Manipulationen begonnen? Gab es noch frühere Spuren? Ich mußte an die Marinebasis El Toro in Kalifornien denken, an die Zeit vor Oswalds Reise in die Sowjetunion. Ich dachte an Kerry Thornley – an den Marine, dessen Aussage über Oswald sich so sehr von denen der anderen unterschied.

Ich las mir Thornleys Aussage[30] im elften Band der Anhörungen noch einmal durch – sämtliche dreiunddreißig Seiten. Die meisten Aussagen der Marines, die Oswald gekannt hatten, waren auf etwa je eine halbe Seite gekürzt worden, doch Thornley hatte länger als die meisten anderen Zeugen der gesamten Untersuchung im Zeugenstand gesessen.

Ich ließ meinen Stab Erkundigungen über ihn einziehen[31] und erfuhr zu meiner Überraschung, daß Thornley, der 1959 mit Oswald bei den Marines gewesen war, schon 1961 nach New Orleans gegangen war. Bei der üblichen Überprüfung der Polizeiakten[32] fanden wir heraus, daß er sich auch 1962 in New Orleans aufgehalten hatte. Er war im August verhaftet worden, weil er im French Quarter, in der Royal Street, ein Plakat an einen Telefonmast geklebt hatte, was einen Verstoß gegen die Stadtverordnung darstellte. Wir trieben die Polizisten auf, die die Verhaftung vorgenommen hatten. Als wir sie befragten, konnten sie sich jedoch nicht mehr erinnern, um was für ein Plakat es sich dabei gehandelt hatte.

Aus seiner eigenen Aussage – und auch aus Zeugenaussagen von Barbara Reid und einer Reihe anderer – erfuhren wir, daß Thornley 1963 ebenfalls in New Orleans gewesen war und die Stadt ein paar Tage nach dem Mord an Kennedy verlassen hatte. Barbara Reid, eine langjährige Bewohnerin des French Quarter, die sowohl Thornley als auch Oswald gekannt hatte, sagte aus, sie mehrmals zusammen gesehen zu haben, unter anderem auch Anfang September 1963 im Bourbon House, einem Restaurant mit Bar im French Quarter. Thornley, der sein Haar normalerweise extrem lang trug, war gerade von einer Reise zurückgekehrt. Diesmal trug er das Haar ungewöhnlich kurz und gelockt, was Oswalds Frisur entsprach. Die Reid erinnerte sich, zu ihnen gesagt zu haben: »Wen wollt ihr darstellen, Jungs? Die Gold-Dust-Zwillinge?«

Wir wollten uns unbedingt mit Kerry Thornley unterhalten, doch er ließ sich nur schwer ausfindig machen. Wir hatten jede Menge Laufereien und brauchten über ein Jahr dazu. Ermittler hörten sich überall im French Quarter um, bis wir herausfanden, wo er sich hauptsächlich aufgehalten hatte – in Ryder's Coffee House. Abgesehen von gelegentlichen Besuchen des Bourbon House auf der Royal und Bourbon Street ging Thornley nur selten aus.

Ryder's Coffee House war klein, schummrig und alles andere als anziehend gewesen. Man fragte sich, wie so ein kleiner Laden, in dem hauptsächlich Kaffee getrunken wurde, überleben konnte. Doch die Mieten in der Vieux Carré waren niedrig, und offenbar hatte der Umsatz an Bier und Wein das Café über Wasser gehalten. Thornley unterhielt sich gern, und Ryder's war ein Ort, wo sich junge Leute trafen, um zu quatschen. Als Ryder's schloß, wechselten die Stammkunden einfach in benachbarte Cafés.

Wir griffen auf unsere umgänglichsten Ermittler zurück und ließen sie sich in ein paar Bars umhören, die in der Nähe des alten Ryder's aufgemacht hatten. Eine Menge Gäste kannte Thornley. Wenn unsere Ermittler jemanden fanden, der bereit war, uns zu helfen, brachten sie die Person zu mir, und wir unterhielten uns zwanglos. Es ging alles sehr locker, entspannt – und überaus produktiv zu. Obwohl Thornley anscheinend keine engeren Beziehungen eingehen wollte, hatte er ein ungewöhnliches Talent dafür, weitläufige Zufallsbekanntschaften einzugehen. Überdies war Thornley, der ziemlich oft umzog, eine Rarität des zwanzigsten Jahrhunderts: ein hingebungsvoller Briefeschreiber. Von seinen Freunden bekamen wir hier einen Brief, dort eine Postkarte – die Absenderadressen wechselten ziemlich häufig.

Doch hauptsächlich stammten sie aus drei Städten: Atlanta, Los Angeles und Tampa in Florida. Es war Anfang 1968, und unser Fall lag sehr weit zurück. Ich ließ ihm eine Vorladung zustellen, und ein paar Wochen später hatten wir Kerry Thornley im Criminal District Court Building in New Orleans.

Ich sprach kurz mit ihm. Er war recht freundlich, sogar wortgewandt. Er sagte, er sei im Februar 1961 in New Orleans eingetroffen – dem Monat nach dem Zwischenfall mit dem Ford-Händler Bolton – und habe dann bis Ende November 1963, ein paar Tage nach dem Attentat, in New Orleans gewohnt. Er wußte keinen besonderen Grund anzuführen, warum er ausgerechnet zu diesem Zeitpunkt die Zelte hier abgebrochen hatte; er sei der Auffassung gewesen, es sei an der Zeit. Er gestand zwar überraschend bereitwillig ein, sowohl Guy Banister als auch David Ferrie in New Orleans kennengelernt zu haben, bezeichnete ihre Begegnungen aber als kurz. Er stritt ab, Oswald in New Orleans begegnet zu sein.

Ich hatte erfahren, daß praktisch alle jungen Männer, die mit Guy Banisters Operation zu tun hatten – und bei den meisten von ihnen schien es sich um Geheimdienstangestellte zu handeln –, einen Schlüssel für ein Postfach im Postamt am Lafayette Square besessen hatten. Ich habe zwar nie herausgefunden, worum es dabei genau ging, doch wahrscheinlich empfingen sie über das Postfach die Anweisungen ihrer Führungsoffiziere oder hatten zumindest eine Erklärung für ihre gelegentliche Anwesenheit in dem Gebäude, in dem sich das Office of Naval Intelligence befand. Ich fischte im trüben, als ich Thornley fragte, ob er, als er in New Orleans wohnte, einen Schlüssel für ein Schließfach im Postamt Lafayette Square gehabt habe. Er erwiderte, er hätte einen solchen Schlüssel gehabt, denn er habe genau gegenüber im Fox Hotel gewohnt, und es sei sehr bequem für ihn gewesen, sich seine Post ans Postamt schicken zu lassen.

Ich runzelte schon überrascht die Stirn, als ich erfuhr, daß Thornley nach seiner Ankunft in der Stadt im Februar 1961 direkt ins Herz der Geheimdienstwelt gezogen war. Doch meine Brauen hoben sich noch ein Stück, als ich erfuhr, daß er während der Zeit, in der er in New Orleans gewohnt hatte, einen Roman verfaßt hatte, der von Lee Oswald »inspiriert« worden sei. (Er beendete das Buch im Februar 1963 – genau neun Monate vor dem Attentat.) Nicht viele Menschen wurden von Lee Oswald zu Büchern inspiriert – zumindest nicht *vor* dem Mord an Präsident Kennedy.

Ich hatte unter anderem ein Interesse für Thornley entwickelt, weil ich vermutete, er könne der Mann gewesen sein, der im Januar 1961 bei der Bolton Ford Company den Namen »Oswald« verwendet hatte. Er war einer der wenigen Bekannten Lee Oswalds, die sich zu dieser Zeit in New Orleans aufhielten und wußten, daß Oswald in Rußland war. Darüber hinaus waren sich die beiden verblüffend ähnlich. Sie hatten in etwa die gleiche Größe, die hagere Statur, braunes Haar und ähnliche Gesichtszüge.

Ich erinnerte mich an Thornleys Aussage über ihre jeweilige Größe. Albert Jenner, Rechtsberater der Warren-Kommission, hatte gefragt, wie groß Lee Oswald war.[33] Hier das nachfolgende Gespräch:

»MR. THORNLEY: Ich würde sagen, er war etwa einsfünfundsechzig. Ich weiß es nicht.
MR. JENNER: Wie groß sind Sie?
MR. THORNLEY: Ich bin einsfünfundsiebzig.
MR. JENNER: War er kleiner als Sie?
MR. THORNLEY: Ja.«

Aber Oswald war der *größere* der beiden gewesen! Warum hatte Thornley seinen Freund Lee also fünfzehn Zentimeter kleiner gemacht, als er in Wirklichkeit war? Hatte Thornley vielleicht Angst, jemand könne glauben, er sei der junge Mann gewesen, der Anfang der sechziger Jahre in Lee Oswalds Rolle geschlüpft war..., bei der Firma Bolton Ford in New Orleans..., dann in Dallas..., dann in New Orleans..., dann in Mexiko..., und dann wieder in Dallas?

Während meines kurzen Gesprächs mit Thornley erwähnte ich seine Aussage nicht, Oswald sei viel kleiner als er gewesen; das wollte ich mir für das Schwurgericht aufsparen. Statt dessen befragte ich Thornley über seine Reisen im Jahr 1963. Er sagte, im Spätfrühling, etwa Anfang Mai, sei er mit dem Bus zu seinen Eltern nach Kalifornien gefahren. Ich fragte ihn, ob der Bus in Dallas angehalten habe, und er bejahte. Er gestand ein, Dallas bei dieser Gelegenheit kurz besucht zu haben. Etwa zu dieser Zeit trat das Schwurgericht zusammen, und so gingen wir hinein, und Thornley sagte mehrere Stunden lang aus.

Im nachhinein kam mir der Zeitpunkt von Thornleys Reise nach Dallas seltsam vor, wenngleich ich während unseres Gesprächs nichts dazu sagte. Die Oswalds waren Ende April gerade von ihrer Wohnung in der Neely Street in Dallas nach New Orleans gezogen[34], wobei sie sogar einen Teil der im voraus bezahlten Miete verfallen ließen. Dementsprechend hatte die Wohnung der Oswalds ein paar Tage lang leergestanden. Wenn man ihre jeweiligen Fahrpläne betrachtete, mußten Oswald und Thornley auf der Autobahn aneinander vorbeigefahren sein, jeder in seinem jeweiligen Bus in die andere Richtung.

Ich wußte auch, daß zu irgendeinem unbekannten Zeitpunkt – anscheinend, als Oswald nicht dort gewesen war – ein junger Mann von Oswalds Statur im Hinterhof der Wohnung in der Neely Street mit einer Pistole an der Hüfte für mehrere Fotos posiert hatte. Auf einem Bild hielt er ein Gewehr und eine Ausgabe der kommunistischen Zeitung *The Daily Worker* hoch, auf dem zweiten ein Gewehr und eine Ausgabe von *The Militant*, einer ebenfalls linken Zeitung.

Diese belastenden Fotos, die angeblich Oswald darstellen sollten, waren in Ruth Paines Garage in Irving gefunden worden, wo sie sie offenbar für ihn aufbewahrt hatte. Als am 21. Februar 1964 eines der Fotos mit explosiver Wirkung auf dem Titelbild der Zeitschrift *Life* erschien, kamen einige Menschen zu dem Schluß, der Fall Lee Oswald sei eindeutig. Doch für die meisten Menschen mit gesundem Menschenverstand, darunter auch für mich, warfen das geschwungene Gewehr und die kommunistische Zeitung mehr Fragen auf, als sie beantworteten.

Auf den ersten Blick schien es sich um Fotos von Lee Oswald zu handeln. Doch genaue Untersuchungen ergaben, daß Oswalds Gesicht auf beiden Fotos nicht genau zu Hals und Körper paßte. Überdies handelte es sich bei beiden Fotos um das gleiche Gesichtsporträt Oswalds, während Haltung und Entfernung des Körpers zur Kamera unterschiedlich waren. Darüber hinaus war, wenn man die Länge von Oswalds Gesicht als Größenmaßstab nahm, einer der Männer auf einem Bild eindeutig größer als der andere Mann auf dem zweiten Bild.[35]

Es widersprach natürlich völlig der menschlichen Natur, daß der echte Oswald vor dem Attentat mit einem Gewehr in der Hand posierte. In den Annalen der Attentate ist es sehr selten – wenn nicht sogar noch nie dagewesen –, daß ein zukünftiger Attentäter im voraus dermaßen belastendes Beweismaterial gegen sich selbst ansammelt. Offenbar handelte es sich dabei um einen weiteren Bestandteil des Versuchs, einen Sündenbock zu präparieren.

Thornley hatte mir gesagt, er sei nach dem dort verbrachten Sommer über Mexiko-Stadt nach Kalifornien zurückgekehrt. Er muß sich fast genau zu dem Zeitpunkt dort aufgehalten haben, von dem die Warren-Kommission behauptete, Oswald habe sich in Mexiko aufgehalten. Seiner eigenen Aussage zufolge wohnte Thornley im November 1963 wieder in New Orleans, in einer Wohnung, die er von einem gewissen John Spencer gemietet hatte.

Wir machten Spencer ausfindig, und er erwies sich als Freund von Clay Shaw. Wie er es beschrieb[36], besuchte Spencer gelegentlich Shaw, den Direktor des International Trade Mart, und gelegentlich besuchte Shaw ihn. Spencer sagte jedoch aus, Shaw sei nie vorbeigekommen, als Thornley bei ihm wohnte.

Einige Tage nach dem Attentat, sagte Spencer aus, sei Thornley ausgezogen. Spencer habe einen Zettel von Thornley in seinem Briefkasten gefunden: »Ich muß weg. Ich ziehe in den Großraum Washington, D.C., wahrscheinlich nach Alexandria, Virginia. Ich schicke Ihnen meine Adresse, damit Sie mir die Post nachsenden können.« Spencer sagte, Thornley sei ziemlich überraschend ausgezogen, da er noch für mindestens eine Woche die Miete bezahlt hatte. Er ging in Thornleys Wohnung (Nummer »C«) und stellte dort fest, daß auf dem gesamten Fußboden Papier lag, wie Konfetti in kleine Fetzen zerrissen. Bevor das Papier zerrissen wurde, war es jedoch naß geworden, so daß die Schrift verschwommen und unlesbar war.

Spencer sagte, er habe sich gelegentlich mit Thornley über dessen Roman *The Idle Warriors* (»Die untätigen Krieger«) unterhalten, und Thornley habe ihn gebeten, eine Kopie des Manuskripts zu lesen, das vor dem Attentat mehrere Verlage abgelehnt hatten. Spencer war jedoch nie dazu gekommen. Nach dem Attentat sagte Thornley zu Spencer, er sei ein gemachter Mann, weil Oswald zufällig das Thema seines Romans gewesen sei.

Später schickte ich Andrew Sciambra nach Washington, wo er Thornleys Spur aufnahm. Thornley war in Arlington gelandet, einem Washingtoner Vorort, und ins Shirlington House gezogen, einem erstklassigen Apartmenthaus, in dem er als Portier arbeitete. Thornley blieb sechs Monate im Shirlington House, bis er dann vor der Warren-Kommission aussagte. Seltsamerweise war sein Gehalt niedriger als die Miete seiner Wohnung im Shirlington House.

Als ich Mitte der siebziger Jahre in einer Privatkanzlei praktizierte, schickte mir Thornley eine lange, fast biographische, fünfzig Seiten umfassende Aussage[37], in der er unter anderem ausführte, er sei in New Orleans auf Beweise über »Nazi-Aktivitäten« im Zusammenhang mit der Ermordung Kennedys gestoßen. Offensichtlich wollte Thornley, obwohl ich damals nicht mehr Bezirksstaatsanwalt war, mich dahingehend beruhigen, daß er nichts, aber auch gar nichts mit dem Kennedy-Attentat zu tun gehabt hatte.

Obwohl die Aussage, wie ich sie in Erinnerung habe, nicht mit der Wirklichkeit übereinstimmte, hatte sie einen interessanten Aspekt: Unaufgefordert erwähnte Thornley, daß er nach seiner Aussage vor der Warren-Kommission Washington verließ und schließlich nach Kalifornien zurückkehrte, wo er sich mit John Rosselli anfreundete. Die Aussage wurde mir zugeschickt, bevor Rossellis Name 1975 im Zusammenhang mit der Ermittlung des Senats über die Attentatspraktiken der CIA bekannt wurde. Wie sich herausstellte, gehörte Rosselli zu den Kreisen des organisierten Verbrechens, zu denen die Agency während ihrer Prä-Castro-Aktivitäten in Kuba eine Beziehung hergestellt hatte.[38]

Nach der kubanischen Revolution erhielt Rosselli von der Agency den Auftrag[39], Fidel Castro zu ermorden. Zu diesem Zweck stellte die CIA ihm vergiftete Pillen, Sprengstoff, Gewehre und Pistolen zur Verfügung. Doch er schien in Kuba nicht voranzukommen. Die gemeinsamen Bemühungen Rossellis und der CIA endeten Mitte Februar 1963, anscheinend, weil »die Umstände nicht die richtigen« waren. Doch Rosselli war nicht so verschwiegen über seine Mission, wie es der Agency gefallen hätte: Als er vor einem Untersuchungsausschuß des Senats über Attentatsversuche der CIA erschien[40], sagte er aus, er habe die ganze Zeit über gewußt, sein Mordauftrag sei von der Agency finanziert worden.

Kurz darauf wurden Mr. Rossellis Überreste[41] – zerhackt und in Stücke geschnitten – in einem Ölfaß gefunden, das an der Küste Floridas in der Dumfounding Bay trieb. Bundesermittler konnten die Täter nicht ausfindig machen. Dies hinderte das Justizministerium allerdings nicht an der Behauptung, es handele sich um einen Mord des organisierten Verbrechens. Die CIA schloß sich dieser Auffassung an. Den Bundesbehörden schien nicht in den Sinn zu kommen, daß das organisierte Verbrechen über Rossellis Eingeständnis, er habe die Attentatsversuche im Auftrag der CIA unternommen, gar nicht so unglücklich gewesen wäre.[42]

Ob der Mord an John Rosselli nun eine altmodische Inszenierung des organisierten Verbrechens oder ein kluges Beispiel dessen war, was die Agency »Schadensbegrenzung« nennt – es ist klar, daß Kerry Thornley, als er Rosselli Mitte der sechziger Jahre kennenlernte, sich kaum mit einem amerikanischen Durchschnittsbürger angefreundet hat.

Selbst nach Kerry Thornleys Auftritt vor dem Schwurgericht blieben die seltsamen Überschneidungen zwischen seinem und Lee Oswalds Leben rätselhaft. War Thornley Agent eines Geheimdienstes? Hatte er als Oswald agiert oder andere dazu angestiftet? Wußte er mehr, als er sagte? Ende der sechziger Jahre kannte ich die Antworten noch nicht. Und die ganze bizarre Geschichte Thornleys wurde noch rätselhafter, als wir später auf einen Brief stießen[43], den er im Februar 1964, ein paar Monate nach seiner Ankunft in Washington, an einen Freund in Omaha, Nebraska, geschrieben hatte. Thornley bezog sich darin kurz auf die Ermordung Präsident Kennedys:

»Die ganze Sache, das Attentat, war eine Weile sehr interessant, da – an der Oberfläche – der nichtsahnende SS [Secret Service] und das FBI guten Grund zu der Annahme hatten, ich wäre daran beteiligt. Wir unterhielten uns mehrmals höflich, und schließlich erwies sich wohl meine Unschuld. Ich habe in letzter Zeit nichts mehr von ihnen gehört. Ich hoffe jedoch, daß mein Umzug in diese Gegend ihnen Höllenangst gemacht hat. Ich weiß noch nicht, ob sie mich bitten werden, meinen Spruch bei der Warren-Anhörung aufzusagen, aber mir ist es auch wurscht. Wenn alles vorbei ist, pisse ich vielleicht doch noch auf Kennedys Grab, möge er in Frieden ruhen.«

Kapitel 6
PERFEKTE TARNUNG

»He, Mann«, sagte Dean Andrews zu mir. Er war ein pummeliger Anwalt, der einen »selbstgemachten« Hippie-Slang sprach. »Wir sind Freunde, seit wir zusammen Jura studiert haben. Warum behandelst du mich, als hätte ich Lepra?«

»Weil du mich immer noch anschwindelst, Dean. Du hast der Warren-Kommission gestanden[1], du wärst am Tag nach dem Attentat – als du als Patient im Krankenhaus Hotel Dieu gelegen hast – ans Telefon gerufen und gebeten worden, Lee Oswalds Verteidigung zu übernehmen. Als die Warren-Kommission dich nach dem Namen des Anrufers fragte, sagtest du, er habe ›Clay Bertrand‹ gelautet.«

»Das stimmt«, sagte er.

»Und wenn ich dir jetzt sage, daß ich wissen will, wer Clay Bertrand ist, sagst du mir, er sei ein Klient von dir, aber du wüßtest wirklich nicht, wie er aussieht, weil du ihn nie gesehen hast.«

»Großes Pfadfinderehrenwort, Mann.«

»Das reicht vielleicht der Warren-Kommission, aber mir reicht es nicht«, erwiderte ich.

Das aufgequollene, ovale Gesicht mir gegenüber nahm einen Ausdruck verletzten Stolzes an. Zumindest der Teil, den man sehen konnte. Ein großer Teil des Gesichts wurde von einer großen Sonnenbrille mit Spiegelglas verborgen. Er trug die Sonnenbrille ständig, ob nun die Sonne schien oder ob es bewölkt war, drinnen und draußen. Ich glaube, er schlief auch mit ihr.

Nachdem ich mir Andrews' Aussage vor der Warren-Kommission[2] einige Abende lang durchgelesen hatte, hatte ich ihn zum Mittagessen in Broussard's Restaurant eingeladen. Es war Anfang 1967, als ich noch frustriert nach Kerry

Thornley suchte. Aufgrund von Andrews' Aussage vor der Warren-Kommission hoffte ich jedoch, daß er uns zu einem noch wichtigeren Zeugen führen konnte.

Broussard's war eines der älteren Restaurants im French Quarter. Die untere Hälfte der uns umgebenden Wände bestand aus gemasertem Marmor, die obere aus Spiegelglas. Die Wände waren fast ein Jahrhundert alt, und abgesehen vom regelmäßigen Polieren der Spiegel hatte sich hier nie etwas geändert. Es war eins der ruhigsten Restaurants im French Quarter, der ideale Ort, um sich ungestört mit jemandem zu unterhalten. Es war ein Mittagessen, an das ich mich noch lebhaft erinnere.

Bei meiner Lektüre hatte ich erfahren, daß Andrews bei seinem ersten Verhör durch das FBI kurz nach dem Attentat[3] Clay Bertrand – den Anrufer aus New Orleans – als einen etwa einen Meter fünfundachtzig großen Mann beschrieben hatte. Des weiteren hatte er ausgesagt, Bertrand habe ihn von Zeit zu Zeit angerufen und gebeten, jungen Freunden zu helfen, die geringfügig gegen das Gesetz verstoßen hatten. Dann – später noch ausführlicher – erklärte er, im Sommer 1963, als Lee Oswald in New Orleans gewohnt hatte, habe Bertrand ihn angerufen und gebeten, Oswald bei einigen Problemen bezüglich der Einbürgerung seiner Frau Marina zu helfen.[4] Oswald hatte sich danach mehrmals mit Andrews in dessen Büro getroffen.

Eines hatte ich bereits begriffen: Je bewußter Andrews wurde, daß der Anruf, er möge Lee Oswald verteidigen, eine mögliche Gefahr für ihn darstellte, desto nebelhafter wurde in seinem Verstand die Erinnerung an Clay Bertrand. Vom Juli 1964 – als Andrews vor der Warren-Kommission erschien – bis heute war Bertrands Größe schon von einem Meter fünfundachtzig auf einen Meter siebzig geschrumpft.[5]

Offenbar als Reaktion auf den leichten Druck, den die FBI-Agenten auf ihn ausübten, hatte Andrews gesagt: »Schreibt, was ihr wollt, meinetwegen auch, daß ich verrückt bin. Es ist mir egal.«[6] Die Agenten hatten dementsprechend in ihrem Abschlußbericht festgehalten, Andrews sei zu dem Schluß gekommen, Bertrands Anruf sei ein »Produkt seiner Phantasie«. Das ermöglichte dem FBI nicht nur, die Ermittlungen über Andrews abzuschließen, sondern stimmte auch mit der publizierten Schlußfolgerung überein, Lee Oswald habe das Attentat auf Kennedy allein und ohne Hilfe durchgeführt.

Ich kannte Andrews gut und schon recht lange. Wir hatten zur gleichen Zeit in Tulane Jura studiert, wenn auch nicht im gleichen Semester. Seine Kanzlei hatte sich auf Amtsgerichtssachen spezialisiert, und einen Großteil seiner Aufträge schien er aufgrund regelmäßiger Anwesenheit in den weniger respektablen Bars der Stadt zu bekommen.

Nachdem ich seine Erklärungen und die nachfolgende Aussage gelesen hatte, war mir klar, daß Andrews in der Tat von jemandem in New Orleans einen Anruf erhalten hatte, er solle nach Dallas fliegen und Oswalds Verteidigung übernehmen. Und dieser Anruf war am Tag nach dem Attentat erfolgt.

Andrews beugte sich plötzlich vor und sah mich durch seine Sonnenbrille an. »Zieh dir mal die Schnalle in Rot rein«, sagte er leise.

»Was?«

Ich sah in die Richtung, in die er deutete, und erspähte eine grazile junge Dame in strahlendem Purpurrot. Zahlreiche Köpfe drehten sich nach ihr um, als sie mit ihrem Begleiter das Restaurant betrat. »Sie ist hübsch«, sagte ich und wandte mich wieder Andrews zu. Seine gelassene Art, mit der er durch die Realität zu gleiten schien wie eine Ente durchs Wasser, regte mich allmählich auf. Ich versuchte nun seit einer halben Stunde, ihn in die Enge zu treiben. Er hatte seinen zweiten Martini schon fast ausgetrunken, wirkte jedoch noch völlig nüchtern.

»Könnten wir zur Sache kommen? Wer ist dieser Clay Bertrand? Wo finde ich ihn? Ich will mit ihm sprechen.«

Andrews breitete mit übertriebener Frustration die Arme aus. »Großer Gott«, sagte er, »du bist schlimmer als die Feebees.[7] Wie kann ich dich überzeugen, daß ich den Burschen nicht kenne; daß ich weder weiß, wie er aussieht, noch, wo er ist? Ich weiß nur, daß er mir manchmal Fälle zuschustert. Eines Tages war Bertrand also am Telefon und sagte mir, ich solle nach Dallas und Oswald vertreten.« Er legte eine Hand auf sein Herz. »Bei meiner Pfadfinderehre, Mann. Mehr weiß ich nicht über den Burschen.«

Andrews widmete sich wieder mit Appetit seinem Krabbenfleisch à la Louie. Anscheinend war er der Meinung, er habe mir die Antwort gegeben, und damit sei die Sache erledigt.

Zum erstenmal kam mir in den Sinn, daß mir ein Mann gegenübersaß, der bislang alles im Leben cum grano salis gehandhabt hatte. Oder vielleicht, dachte ich, zumindest bis zu diesem Augenblick.

Als er eine weitere Gabel voll Louie-Krabbenfleisch zum Mund hob, ergriff ich die dicke Hand mitsamt der Gabel. Die Sonnenbrille drehte sich in meine Richtung. Das Krabbenfleisch verharrte mitten in der Luft.

»Dean«, sagte ich, »ich glaube, wir reden aneinander vorbei. Jetzt laß das verdammte Krabbenfleisch einen Augenblick liegen und hör mir zu.«

Ich konnte nicht durch die Brille sehen, doch ich wußte, daß ich seine Beachtung fand. »Ich bin mir unserer langen Freundschaft bewußt«, sagte ich, »aber ich werde dich vor die Grand Jury bringen. Wenn du vor den Geschworenen so lügst, wie du mich belogen hast, klage ich dich wegen Meineids an. Kann ich jetzt mit dir reden?«

Andrews legte die Gabel hin. Er schwieg eine geraume Weile, offenbar traurig darüber, daß sein seltsamer Humor keine Wirkung gezeigt hatte. Dann sprach er, und zum erstenmal schien er es ernst zu meinen – zumindest, soweit man das sagen konnte, da ich ja wegen der Sonnenbrille seine Augen nicht sehen konnte.

»Bleibt das unter uns, Daddyo?« fragte er. Ich nickte. »In diesem Fall«, fuhr er fort, »will ich es dir mal eben kurz erklären. Es ist ganz einfach. Wenn ich die Frage beantworte, die du mir immer wieder stellst, wenn ich den Namen nenne, den du haben willst, dann heißt es für mich: Leben

Sie wohl, Dean Andrews. Gute Reise, Deano. Ich meine *für immer*. Ich meine eine Kugel in meinen Kopf, die es einem beträchtlich erschwert, als Anwalt zu arbeiten, wenn du verstehst, worauf ich hinauswill. Hilft dir das, mein Problem etwas klarer zu sehen?«

Aus den Augenwinkeln sah ich, wie blaue Flammen emporzüngelten. Ich sah zum Nachbartisch. Dort hatte ein Pärchen Crêpes Suzette bestellt, und der Kellner hatte gerade den Cointreau angezündet. Er beugte sich feierlich über den flambierten Nachtisch.

Ich beugte mich vor. »Hör genau zu«, sagte ich mit Nachdruck. »Entweder packst du vor den Geschworenen den wirklichen Namen des Burschen aus, der dich wegen Lee Oswalds Verteidigung angerufen hat, oder dein dicker Arsch wandert in den Knast. Hast du das kapiert?«

Andrews erstarrte. Ich konnte zwar nicht durch die Brillengläser sehen, doch ich spürte, daß er erschüttert war. Dann erhob er sich so schnell, daß ich zusammenfuhr. »Hast du eine Ahnung, in was du mich da reinziehen willst, Mann?« fragte er. »Willst du dich mit der Regierung anlegen? Willst du das? Na schön. Aber du wirst einen Tritt in den Arsch kriegen, und zwar einen gewaltigen.« Er ließ seine rosa Serviette auf das Louie-Krabbenfleisch fallen. »Danke für die Einladung«, murmelte er. »Das Essen war ausgezeichnet.«

Er drehte sich um und ging davon. Als er das Restaurant betreten hatte, war er zur Tür hereingetänzelt und hatte zu einer imaginären Melodie mit den Fingern geschnippt. Als er es wieder verließ und ich hinter ihm herschaute, begriff ich, daß er mich endlich verstanden hatte. Er tänzelte nicht mehr.

Die Suche meiner Behörde nach »Clay Bertrand« begann mit einem Gespräch meiner kleinen Gruppe über die Frage, wie Andrews – wie aus den Bänden der Warren-Kommission ersichtlich war – einer klaren Beschreibung des Mannes ausgewichen war. Wir kamen zur allgemeinen Übereinstimmung, daß die Bars im French Quarter ein fruchtbares Feld für Nachforschungen sein könnten, da wir von Andrews wußten, daß er sich häufig dort aufhielt. Es war klar, daß Andrews den Mann kannte, der ihn angerufen hatte; vielleicht hatten sie sich in einer jener Bars kennengelernt, die wir überprüfen wollten.

Mittlerweile gehörte auch Andrew Sciambra unserer kleinen Sondereinheit an. Sciambra war im Sechsten Bezirk aufgewachsen und hatte einen Großteil seines Lebens dort verbracht. Ein großer Teil des French Quarter, in dem sich auch die Bars befanden, in denen Andrews Stammgast war, gehörte ebenfalls zum Sechsten Bezirk. Im Lauf der Jahre hatte Sciambra den einen oder anderen Besitzer oder Kellner dieser Bars kennengelernt.

Um es unseren Leuten in den Bars einfacher zu machen, da die Hüter des Gesetzes dort nicht immer begeistert willkommen geheißen wurden, sollte Sciambra – und in einigen Fällen Freunde und Bekannte von ihm – zunächst Kontakt mit den Barbesitzern des Viertels aufnehmen. Danach bildeten wir Teams aus je einem Stellvertretenden Staatsanwalt und einem Ermittler (um die große Anzahl der Bars abdecken zu können, griffen wir hierbei großzügig auf unseren gesamten Stab an Staatsanwälten und Ermittlern zurück), um die Bars durchzukämmen und die Besitzer zu fragen, ob sie jemanden namens »Clay Bertrand« kannten.

Am ersten Abend der Jagd begleitete ich eines der Teams in eine Bar mitten im French Quarter. Diese Kneipe, Lafitte's Blacksmith Shop, war zu meiner Zeit auf der Tulane Law School bei meinen Kommilitonen sehr beliebt gewesen, und ich glaubte, mich genau erinnern zu können, Dean Andrews einst dort gesehen zu haben – wenngleich das schon ein paar Jahre her war.

Als wir den Blacksmith Shop betraten, sah ich, daß er sich kaum verändert hatte. Bei dem Haus, in dem sich die Bar befand, sollte es sich um das Gebäude handeln, in dem der berühmte Pirat Jean Lafitte, dessen Versteck sich unmittelbar vor New Orleans im Bayou Barataria befunden hatte, tatsächlich eine Schmiede unterhalten hatte. Das

Haus war um einen großen offenen Kamin mit Schornstein erbaut worden und bestand beinahe vollständig aus uralten Ziegeln.

Wenn man die im Laufe der Jahre vorgenommenen gelegentlichen Umbauten bedachte, konnte es in der Tat alt genug sein, um schon seit dem Krieg von 1812 dort gestanden zu haben. In dem Lokal herrschte eine faszinierend konspirative Atmosphäre, hauptsächlich aufgrund der niedrigen Decke und der unregelmäßigen Balken, die noch mit der Hand geschlagen und nicht von Maschinen geschnitten waren. Von den Gaslampen hinter dem langen Holztresen bis zu den Stehlampen auf den Tischen war keine einzige elektrische Leuchte zu sehen.

Es war nicht viel Phantasie vonnöten, um sich in dieser einzigartigen Atmosphäre vorzustellen, wie sich der Pirat Jean Lafitte hier mit den Abgesandten General Andrew Jacksons getroffen hatte. Jacksons großer Sieg in der Schlacht um New Orleans war von einigen Historikern diesen Treffen zugeschrieben worden, bei denen ihm Lafitte die dringend benötigten Feuersteine für die Gewehre seiner Männer lieferte.

Zu unserem Leidwesen war der alte Besitzer der Bar, der immer freundlich zu mir gewesen war, ein oder zwei Jahre zuvor gestorben. Der neue Besitzer gab sich an der Oberfläche zwar ebenfalls freundlich, wirkte aber sehr nervös. Außerdem fiel mir auf, als er uns mit einem breiten Lächeln willkommen hieß, daß er Augen wie ein besorgter Barrakuda hatte und sein Blick eindeutig unfreundlich war. Mir wurde augenblicklich klar, daß ich von ihm nichts erfahren würde. Er habe keine Ahnung, wer »Clay Bertrand« sei, sagte er und betonte nachdrücklich, er habe den Namen noch nie gehört.

Als wir die Bar verließen, kam Lou Ivon zu uns herüber. »He, Boß«, sagte er leise. »Ich weiß, daß ich offen mit Ihnen sprechen kann. Daß Sie einfach so hier aufkreuzen, ohne jede Vorwarnung, hat dem Burschen beinahe einen Herzinfarkt verpaßt. In dieser Gegend freuen sich nicht gerade viele Leute, wenn der Staatsanwalt plötzlich hereinschneit. Ich glaube, Sie überlassen das Unternehmen lieber uns.«

Das tat ich dann auch. Den Rest der Suche führten die Mitglieder meines Stabs durch. Den meisten gelang es sowieso besser als mir, schnelle Zufallsbekanntschaften zu machen.

Es waren lange Abende für jene Mitarbeiter, die an der Jagd teilnahmen. Man konnte nicht einfach in eine Bar hineinplatzen und dann sofort wieder abziehen. Auch mit Sciambras Hilfe mußten in jeder Bar vorsichtig Bekanntschaften geschlossen werden. Wenn der Besitzer nicht anwesend war, mußten meine Mitarbeiter auf ein paar Bier bleiben und mit dem Barkeeper plaudern. Unsere Ermittler lernten, sich stets auf den Barhocker neben die Kasse zu setzen, wodurch sich mehr Möglichkeiten ergaben, mit dem Barkeeper ein beiläufiges Gespräch anzufangen.

Am Ende der ersten Woche waren bei dem Einsatz bis spät in den Abend lediglich ein paar verquollene Augen herausgekommen. Einige Barbesitzer und Kellner schienen zwar durchaus zu wissen, wer »Clay Bertrand« war, doch sie hielten es für ihre Pflicht, ihn als Stammgast zu schützen, und wollten uns nicht helfen.

Dennoch machten wir weiter. Irgendwann – etwa in der dritten Woche – erzielten wir den ersten Durchbruch. Der Barkeeper von Cosimo's, einer kleinen, immer gut besuchten Kneipe mitten im Quarter an der Burgundy Street, hatte sich bei unserem ersten Besuch freundlich und aufgeschlossen gezeigt, schien sich jedoch nicht entscheiden zu können, ob er wußte, wer Bertrand war. Beim zweiten Besuch erwies er sich als kooperativer. Ein Onkel Sciambras hatte ihn angerufen.

»Klar«, sagte er, »Bertrand kommt oft her. Man könnte wohl sagen, daß er regelmäßig hereinschaut.« Wußte er, ob Bertrand einen anderen Namen benutzte? »Na klar«, sagte er. »Clay Shaw. Ich dachte, die meisten Leute wüßten das.« Er erwähnte, daß Shaw oft in den Fernsehnachrichten zu sehen sei, meist zusammen mit wichtigen Leuten. Er könne jedoch nicht verstehen, was so geheimnisvoll daran sei. Soweit er wisse, kannte jeder im Quarter Bertrand. Auf die Frage, ob er erklären könne, warum Shaw den Namen »Bertrand« benutzte, schüttelte der Barkeeper den Kopf. Er wisse nur, daß er es schon lange tue.

Danach zeigten sich kurz nacheinander zwei weitere Barkeeper – auch aus Kneipen mitten im Quarter – kooperativ. Clay Bertrand? Klar, den kannten sie. Jeder hier kenne ihn. Sein anderer Name? Clay Shaw. Das wisse doch jeder.

Allgemein schien die Auffassung zu herrschen, daß Shaw sein Pseudonym als eine Art privates Spiel einsetzte, zu seiner persönlichen Befriedigung. Niemand in den Bars hatte eine Ahnung, warum er sich »Bertrand« nannte, wenn er sie aufsuchte, doch sie störten sich nicht groß daran.

Shaw ging nicht besonders zurückhaltend mit diesem Decknamen um, aber er schien ihn nur in den vulgären Bars mitten im Quarter zu benutzen, in denen seine Anwesenheit seinem öffentlichen Image als prominentes Mitglied der Gesellschaft geschadet hätte.

Allmählich bestätigte eine Person nach der anderen im French Quarter meinen Männern, es sei allgemein bekannt, daß Clay Shaw unter dem Namen »Clay Bertrand« auftrete. Doch kein Zeuge wollte, daß wir seinen Namen als Quelle angaben, und niemand wollte seine Aussage unterschreiben. Niemand wollte in die Sache verwickelt werden. Das war ziemlich seltsam, wenn man Shaws Ruf in der ganzen Stadt als Mann von Anstand und Ehre bedachte.

Schließlich trieben wir einen jungen Mann namens William Morris auf, der Shaw in der Masquerade Bar an der St. Louis Street im French Quarter kennengelernt hatte. Ein gewisser Gene Davis, der im Court of Two Sisters arbeitete, hatte ihm Shaw als »Clay Bertrand« vorgestellt. Morris hatte sich mit Shaw angefreundet und ihn nicht nur zu Hause besucht: Er war ihm auch auf einer Party und gelegentlich wieder in der Masquerade Bar begegnet. Morris sagte aus, sein großer Freund werde von allen nur »Bertrand« genannt.

Dann erhielten wir einen Hinweis aus einer ganz anderen Ecke. Eine Dame rief uns an, die als Hosteß im VIP-Room der Eastern Airlines am Internationalen Flughafen von New Orleans gearbeitet hatte. Einmal, als sie Dienst gehabt hatte, hatte sich ein Mann – der offenbar einen mit dem Flugzeug angereisten Freund abholte – als »Clay Bertrand« ins Gästebuch eingetragen. Von irgendeinem Bekannten hatte sie gehört, daß die Staatsanwaltschaft nach einem Mann dieses Namens suchte. Der Name sei ihr im Gedächtnis haften geblieben, sagte sie, weil sich jeder VIP-Room-Besucher ein- und austragen mußte. Doch nur dieser Mann – nicht sein Freund – hatte sich wieder ausgetragen. Sie hatte sich seine Unterschrift angesehen, was sie gelegentlich tat, und war auf den Namen »Clay Bertrand« gestoßen.

Wir sahen uns das Gästebuch der Fluggesellschaft an. Nachdem die Dame sich genauer erinnerte, konnten wir die Suche im Gästeverzeichnis auf den Zeitraum weniger Monate einengen. Und dann fanden wir die Unterschrift. Hinter dem gedruckten »Gast« stand die auffallende Unterschrift »Clay Bertrand«. Die Hosteß beschrieb den Unterzeichnenden als großen, eleganten, weißhaarigen Mann mit würdevollem Gehabe – offensichtlich Clay Shaw.

Die Dinge nahmen allmählich Gestalt an. Eine Spur führte zur nächsten – oder zu zwei oder drei weiteren. Es dauerte Wochen, doch das Team machte ständig Fortschritte. Und langsam, ganz langsam, erhielten wir hier und dort die eine oder andere unterzeichnete Aussage.

Aufgrund unserer geduldigen, zähen Nachforschungen hatten wir erfahren, daß »Clay Bertrand« in Wirklichkeit Clay Shaw war – der ehrbare Direktor des International Trade Mart in New Orleans und ein tonangebendes Mitglied der Gesellschaft. Doch damals hatten wir keine Ahnung, daß Clay Shaw viel größer und mächtiger war, als es die Rolle vermuten ließ, die er in New Orleans spielte. Erst viel später, lange nach dem Shaw-Prozeß, bei dem wir diese Kenntnisse dringend gebraucht hätten, erfuhren wir von Shaws wichtiger Rolle als Mitarbeiter der CIA. Shaws zweites Leben als Agent der Agency in Rom, wo er versucht hatte, den Faschismus in Italien wieder aufleben zu lassen, wurde in Artikeln in der italienischen Presse[8] aufgedeckt, die wir von Ralph Schoenmann bekamen, dem Sekretär des Philosophen Bertrand Russell, einem der ersten Förderer unserer Ermittlungen.

Diesen Artikeln zufolge hatte die CIA – die anscheinend schon seit geraumer Zeit ihre eigene Außenpolitik betrieb – bereits Anfang der sechziger Jahre in Italien ein Projekt aufgezogen. Die Organisation, die den Namen Centro Mondiale Commerciale (Welthandelszentrum) trug, war ursprünglich in Montreal gegründet und dann 1961 nach Rom verlegt worden. Wie wir erfuhren, befand sich unter den Verwaltungsratsmitgliedern ein gewisser Clay Shaw aus New Orleans.

Die römische Presse beschrieb das neue Hauptquartier des Centro Mondiale Commerciale als sehr elegant. Es betrieb eine eindrucksvolle Öffentlichkeitsarbeit, in der es die neue, kreative Rolle propagierte, die es im Welthandel spielen würde. Das Centro eröffnete eine Zweigstelle in der Schweiz; auch dies ein beeindruckender Schachzug.

Doch 1967 nahm die italienische Presse den Verwaltungsrat des Centro Mondiale Commerciale genauer unter die Lupe und fand heraus, daß es sich dabei um eine sehr seltsame Zusammensetzung handelte. In diesem Gremium saß wenigstens ein echter Prinz, Gutierrez di Spadaforo, ein Mitglied des Hauses Savoyen, dem der letzte italienische König Umberto entstammte. Spadaforo, ein Mann von beträchtlichem Wohlstand und mit gewaltigen Anteilen an Firmen der Rüstungs- und Ölindustrie, war unter Benito Mussolini Landwirtschaftsminister gewesen. Über seine Schwiegertochter war Spadaforo mit Hjalmar Schacht verwandt, dem berüchtigten Nazi-Finanzminister, dem in Nürnberg der Prozeß gemacht worden war.

Ein weiterer Direktor des Centro war Carlo d'Amelio, der Anwalt anderer Mitglieder der ehemaligen königlichen Familie Italiens. Ein weiterer war Ferenc Nagy, der im Exil lebende Ex-Premierminister Ungarns und frühere Chef der führenden antikommunistischen Partei. Nagy wurde von der italienischen Presse auch als Präsident von Permindex bezeichnet (vorgeblich eine Stiftung für permanente Öffentlichkeitsarbeit und ein Ableger des Centro Mondiale Commerciale). Nagy, so behaupteten die italienischen Zeitungen, war als engagierter Förderer faschistischer Bewegungen in Europa aufgefallen. Ein weiterer Direktor war ein Mann namens Giuseppe Zigiotti, Präsident einer Vereinigung mit dem sympathischen Namen Faschistische Nationalversammlung der Milizionäre.

Einer der Hauptaktionäre des Centro war Major L. M. Bloomfield aus Montreal, der ursprünglich amerikanischer Nationalität und ehemaliger Agent beim Office of Strategic Services (OSS) gewesen war, aus dem die Vereinigten Staaten die CIA gebildet hatten.[9]

Das also war die allgemeine Zusammensetzung des Centro Mondiale Commerciale, zu dessen Verwaltungsräten Clay Shaw gehörte. Nach der Vergangenheit der Mitglieder und ihren Aktivitäten zu urteilen, konnte man diese Organisation wohl kaum mit den Freimaurern oder der Humanistischen Union verwechseln. Das Centro wurde 1969 von Paris Flammonde in *The Kennedy Conspiracy*[10] als mutmaßliche Tarnorganisation der paramilitärischen Rechten in Europa bezeichnet, einschließlich der italienischen Faschisten, der amerikanischen CIA und ähnlicher Interessengruppen. Er beschrieb es als »Scheinfirma [...], durch deren Kanäle Gelder hin- und herflossen, wobei niemand die Herkunft oder Bestimmung dieser Barmittel kannte«.

Die italienische Regierung hatte keine Schwierigkeiten, die Organisation von den Freimaurern oder der Humanistischen Union zu unterscheiden. Noch vor Ende des Jahres 1962 hatte sie das Centro Mondiale Commerciale – und dessen Halbschwester, die Permindex – wegen subversiver Geheimdiensttätigkeit aus Italien ausgewiesen.[11]

Vielleicht, weil es in Montreal gegründet worden war, erregte das Centro die Aufmerksamkeit der kanadischen Zeitung *Le Devoir*. Über Ferenc Nagy schrieb sie Anfang 1967: »Nagy [...] unterhält auch weiterhin enge Kontakte zur

CIA, die ihn in Verbindung mit der kubanischen Gemeinde in Miami bringen.«[12] Nagy wanderte später in die Vereinigten Staaten aus und ließ sich in Dallas, Texas, nieder.

Über Major Bloomfield wußte *Le Devoir* zu vermelden, daß er, obwohl nun Kanadier, in früheren Jahren für die Vereinigten Staaten »spioniert« hatte. Die Zeitung hob hervor, daß Bloomfield nicht nur ein großes Aktienpaket des Centro, sondern auch ein solches der Tochtergesellschaft Permindex gehörte.

Das Schicksal der beiden zusammenhängenden Unternehmungen zusammenfassend, führte *Le Devoir* aus: »Was immer auch vorgefallen sein mag, das Centro Commerciale und Permindex bekamen Schwierigkeiten mit den Regierungen Italiens und der Schweiz. Die beiden Firmen weigerten sich, Auskunft über die Herkunft beträchtlicher Geldmengen zu geben, und scheinen nie wirklich Handel getrieben zu haben. Sie wurden 1962 aus Italien und der Schweiz ausgewiesen und schlugen daraufhin ihr Hauptquartier in Johannesburg auf.«

Und die *Paesa Sera* äußerte sich über Clay Shaws Centro Mondiale Commerciale[13]: »Die Tatsache, daß dem Verwaltungsrat Männer angehörten, die in Unternehmungen rechtsextremer Organisationen verstrickt waren, deutet darauf hin, daß das Zentrum möglicherweise [...] eine Schöpfung der CIA war [...] und als Tarnorganisation für den Transfer von CIA-Geldern [...], mit denen illegale politische Spionagetätigkeiten finanziert werden sollten, nach Italien diente. Die Rolle der Verwaltungsratsmitglieder Clay Shaw und des [OSS-]Ex-Majors Bloomfield bleibt noch aufzuklären.«

Paesa Sera traf eine weitere Feststellung über das Centro. Es war, so die Zeitung, »der Treffpunkt einer Reihe von Personen, die in mancher Hinsicht gleiche Interessen haben, deren gemeinsamer Nenner eine so starke antikommunistische Überzeugung ist, daß sie gegen jedermann auf der Welt vorgehen würden, der sich um ordentliche Beziehungen zwischen Ost und West bemüht hat, darunter auch Kennedy.« Diese Beschreibung ließe sich auch anwenden, wollte man mit wenigen Worten die Mutterorganisation des Centro charakterisieren: die CIA.

Was Permindex betraf[14], bei der Clay Shaw ebenfalls als Direktor fungierte, so enthüllte die italienische Presse, daß diese Organisation insgeheim die Opposition der französischen OAS gegen Präsident de Gaulles Unterstützung der algerischen Unabhängigkeit finanziert hatte, einschließlich der wiederholten Attentatsversuche auf de Gaulle. Hätten wir diese Kenntnisse schon 1967 besessen, hätten sie den Kreis geschlossen und uns zurück zum Ausbildungslager der Exilkubaner in Houma, Louisiana, geführt, in dem die Munition aufbewahrt wurde, die die CIA zuvor der OAS für Attentate zur Verfügung gestellt und die David Ferrie und andere Personen aus Guy Banisters Umkreis aus dem Schlumberger-Bunker zurückgeholt hatten. Es wäre mit Sicherheit unserer Sache gegen Shaw förderlich gewesen, ihn eindeutig mit der CIA in Verbindung zu bringen. Leider war es unserer Ermittlung bei den beschränkten Mitteln, den wenigen uns zur Verfügung stehenden Mitarbeitern und der vielen Spuren, die es zu verfolgen galt, nicht möglich gewesen, diese wichtigen Hintergrundinformationen aufzudecken, als wir sie am dringendsten benötigten.

Kapitel 7
DIE TITELSEITE

Wir hatten den bislang so geheimnisvollen »Clay Bertrand« identifiziert. Nun trat zur Abwechslung eine Ruheperiode ein. In New Orleans wurden Tag und Nacht die üblichen Verbrechen begangen. Trotz der Auffassung, die sich bei diesem Job allmählich einstellt – je schneller man Einbrecher und Straßenräuber verurteilt, desto schneller nehmen neue ihren Platz ein –, durfte die Hauptaufgabe der Bezirksstaatsanwaltschaft, die Strafverfolgung, nicht vernachlässigt, sondern mußte sogar noch verstärkt werden. Die Mitglieder meines Teams und meine Wenigkeit widmeten sich folglich wieder für eine Weile ihrer regulären Arbeit. An den Abenden und Wochenenden setzte ich jedoch das Studium der mir zur Verfügung stehenden Beweismittel fort. Allein im Büro oder zu Hause im Familienkreis blieb ich bis in die frühen Morgenstunden auf, ging wie besessen die Zeugenaussagen durch, suchte nach Zusammenhängen und Widersprüchen und dachte nach.

Die Schüsse, die von vorne gekommen waren, von einer Stelle vor der Limousine des Präsidenten, hatten mich überzeugt, daß Lee Oswald kein Einzeltäter war. Das »Aufnahmeformular« des Parkland Hospital[1], das Dr. Robert McClelland unterschrieben hatte, führte als Todesursache »massive Kopf- und Gehirnverletzungen durch eine Schußwunde in der linken Schläfe« auf – womit man normalerweise umschreibt, daß dem Opfer von vorne in den Kopf geschossen wurde. Und doch stand zweifelsfrei fest, daß sich Oswald in dem Augenblick, in dem die Schüsse abgegeben wurden, im Schulbuchlager aufhielt, ein gutes Stück hinter dem Präsidenten.

Ich fragte mich allmählich, ob Oswald überhaupt auf

den Präsidenten geschossen hatte. Ich studierte die Aussagen der Zeugen, die behaupteten, im Schulbuchlager und anderen Gebäuden hinter dem Präsidenten ungewöhnliche Aktivitäten beobachtet zu haben. Je mehr ich las, desto größer wurden meine Zweifel.

Etwa fünfzehn Minuten vor dem Eintreffen der Wagenkolonne standen der Student Arnold Rowland und seine Frau Barbara auf der Houston Street, gegenüber der Dealey Plaza.[2] Arnold sah zum Schulbuchlager hinauf, und am *rechten* Ende des fünften Stockwerks (dem angeblichen »Versteck des Attentäters«) bemerkte er einen dunkelhäutigen Mann, den er als »älteren Neger« beschrieb. Doch am *linken* Ende des fünften Stocks (dem entgegengesetzten Ende des Gebäudes) sah er ein Stück hinter dem Fenster einen Mann mit einem Gewehr in der Hand stehen. Der Mann hielt das Gewehr, den Lauf nach oben gerichtet, in einem Winkel von fünfundvierzig Grad, den das Militär als »schräg nach links vor dem Körper halten« bezeichnet.

Barbara Rowland[3] achtete in diesem Augenblick auf einen Mann, der direkt gegenüber von ihnen auf der Plaza einen epileptischen Anfall hatte. Als Arnold seine Frau auf den Mann mit dem Gewehr aufmerksam machte und sie nach oben schaute, war er vom Fenster zurückgetreten.[4] Beide vermuteten, bei dem Mann mit dem Gewehr handele es sich um einen Agenten des Secret Service. Arnold sagte aus, man habe ihm, als er den FBI-Agenten am nächsten Tag von der Anwesenheit des zweiten – dunkelhäutigen – Mannes im fünften Stock berichtete, »gesagt, dies sei im Augenblick völlig unbedeutend. Sie haben mir praktisch gesagt, ich solle die Sache vergessen.«

Carolyn Walther, die im benachbarten Dal-Tex-Gebäude arbeitete, stand ebenfalls auf der linken Seite der Houston Street. Ihrer Aussage vor dem FBI zufolge[5] beobachtete sie, daß ein Krankenwagen kam, um den Epileptiker abzuholen. Dabei schaute sie zufällig zum Schulbuchlager hoch, wo sie in einem der oberen Stockwerke einen Mann mit einem Gewehr sah. Der Mann blickte der sich auf der Houston Street nähernden Wagenkolonne entgegen und hielt das Gewehr dabei mit dem Lauf nach unten. Mrs. Walther sagte aus, ein solches Gewehrmodell mit einem ungewöhnlich kurzen Lauf habe sie noch nie zuvor gesehen. Der Mann, der es in der Hand hielt, trug ein weißes Hemd und war entweder blond oder hatte helles Haar. Er stand hinter dem Fenster ganz rechts im Stockwerk und lehnte sich vor. Im selben Fenster, ein Stück links hinter dem Mann, konnte sie einen zweiten Mann stehen sehen. Er schien einen braunen Anzug zu tragen.

Dann näherte sich die Wagenkolonne und beanspruchte ihre Aufmerksamkeit. Ihr kam nicht in den Sinn, noch einmal zu dem Fenster hochzusehen, nicht einmal, als der erste Schuß gefallen war. Sie wurde von der Warren-Kommission nicht als Zeugin vorgeladen.

Toney Henderson[6] aus Dallas wartete auf der linken Seite der Elm Street, Ecke Houston Street, auf die Wagenkolonne. Nachdem der Krankenwagen mit dem Epileptiker davongefahren war, warf sie einen Blick zum Schulbuchlager hinüber. Sie erinnerte sich, daß in verschiedenen Stockwerken zahlreiche Menschen an den Fenstern standen und hinaussahen. Schließlich bemerkte sie in einem der oberen Stockwerke zwei Männer. Sie standen hinter einem Fenster und blickten zu der Wagenkolonne hinunter. Einer, ein dunkelhaariger Mann in einem weißen Hemd, war dunkelhäutig und »vielleicht Mexikaner, könnte aber auch ein Neger gewesen sein«. Den anderen Mann konnte Mrs. Henderson nicht beschreiben; sie erinnerte sich nur, daß er der größere der beiden war. Sie wußte nicht mehr genau, in welchem Stockwerk sich die beiden Männer befunden hatten. Im FBI-Bericht mit ihrer Aussage wurden die Fenster, hinter denen sie die beiden Männer sah, nicht genannt.

Diese Aussagen von Zeugen, die zwei Männer in einem der oberen Stockwerke des Schulbuchlagers sahen, waren zwar schon irritierend genug, doch als ich eines Abends auf die Zeugenaussage des sechzehnjährigen Amos Euins[7] stieß, war ich so verwirrt, daß ich nicht schlafen konnte. Euins sagte vor der Warren-Kommission aus, er habe dem Präsidenten zugewunken, als die schwere Limousine nach links abbog und die 120-Grad-Kurve auf die Elm Street vollzog. Er habe zufällig zu dem Schulbuchlager hinaufgeschaut und bemerkt, daß etwas, das er für »ein Rohr« hielt, aus einem Fenster lugte. Als Euins zuvor von Sergeant D. V. Harkness der Polizei von Dallas verhört worden war[8], hatte er das Fenster als ganz rechts »unter dem Vorsprung« liegend beschrieben – also ein Fenster im berühmten fünften Stock des Gebäudes.

Nach dem ersten Schuß konnte Euins den Lauf und den Abzug des Gewehrs erkennen. Ihm fiel ebenfalls auf, daß der Mann, der die Schüsse abgab, eine auffällig kahle Stelle am Kopf hatte. Euins beschrieb die kahle Stelle als etwa acht Zentimeter vom Haaransatz entfernt und in der relativen Dunkelheit der Umgebung weiß hervortretend.[9] Unmittelbar nach dem Attentat bezeichnete er den Mann als Schwarzen.[10] Bei seiner Aussage vor der Kommission deutete Euins an, er sei nicht mehr sicher, ob es sich bei dem Mann um einen Weißen oder einen Neger gehandelt habe.[11] Doch in zwei Punkten blieb er fest: einerseits bei seiner Aussage, der Mann habe eindeutig eine »kahle Stelle« auf dem Kopf gehabt[12]; andererseits bei der Zurückweisung der Behauptung, er habe einem Deputy Sheriff erzählt, der Mann, den er im fünften Stock gesehen habe, sei weiß gewesen. Er habe gesagt, erklärte er den Mitgliedern der Kommission, die kahle Stelle auf dem Kopf des Mannes habe weiß ausgesehen.[13]

Wenn man davon ausging, daß Euins etwa gegen 11.30 Uhr südlich vom Schulbuchlager stand, muß sich die Sonne fast genau über ihm befunden haben. Es war durchaus möglich, daß ihm unter diesen Umständen die kahle Stelle auf dem Kopf des sich aus dem Fenster lehnenden Mannes weiß erschien. Auf jeden Fall stimmte Euins Schilderung eines möglicherweise dunkelhäutigen Mannes mit einer kahlen Stelle auf dem Kopf mit Arnold Rowlands Beschreibung eines »älteren Negers« überein. Bei beiden Zeugen befand sich der Mann, der ihre Aufmerksamkeit erregt hatte, im *äußersten rechten* Fenster des Gebäudes – dem »Versteck des Attentäters«, in dem sich angeblich Oswald aufgehalten hatte –, als die Wagenkolonne kam.[14] Und beide Aussagen schienen von Toney Henderson bestätigt zu werden, der Mann, den sie gesehen habe, sei entweder Mexikaner oder Neger gewesen.

Zwei weitere Männer, beide viel aufmerksamere Beobachter, als es normalerweise der Fall ist, trugen das Ihre dazu bei, die allgemeinen Beobachtungen der vorherigen Zeugen zu einem geschlossenen Bild zu runden, wer sich unmittelbar vor dem Abfeuern – und während der Schüsse auf den Präsidenten – im fünften Stock befunden hatte. Roger Craig, der 1960 wegen seiner Verdienste als Deputy Sheriff von Dallas ausgezeichnet wurde, erinnerte sich, daß er ein paar Minuten nach dem Attentat beobachtete, wie die Polizei von Dallas auf der Elm Street einen Latino verhörte. Wie Craig sich weiter erinnerte[15], ließ ihn die Polizei, wütend darüber, daß er ihre Fragen nicht beantwortete, da er kein Englisch sprach, wieder laufen. Einige Minuten danach sah Craig, wie ein Nash-Rambler-Kombi[16] vor dem Schulbuchlager hielt, und erkannte den Fahrer als den Latino, den die Polizei gerade hatte gehen lassen. Bevor er etwas unternehmen konnte, kam ein junger Weißer[17] – den Craig später als Lee Oswald identifizierte – aus dem Gebäude gelaufen, sprang hinein, und der Kombi fuhr davon.[18] Bei dieser Gelegenheit – er sah den Latino nun zum zweitenmal und in einer verfänglicheren Situation – schaute Craig sich ihn näher an. Er beschrieb den Mann nicht nur als dunkelhäutig, sondern als »Neger«[19].

Mittlerweile hatte Richard Randolph Carr[20] einen Weißen im fünften Stock des Schulbuchlagers erblickt, doch in diesem Fall hinter dem Fenster links neben dem »Versteck des Attentäters«. Carr, ein Bauarbeiter, der sich im oberen Teil des neuen Gerichtshofs aufhielt, der gerade an der Ecke Houston und Commerce gebaut wurde, bemerkte auch Aktivitäten auf dem Grashügel. Als die Schüsse erschollen, schaute Carr, ein kampferprobter Veteran, zum Schulbuchlager hinüber. Als Carr Minuten später wieder festen Boden unter den Füßen hatte und in der Nähe des Schulbuchlagers stand, erkannte er den Mann wieder, den er zuvor in einem oberen Stockwerk des Schulbuchlagers hinter einem der Fenster beobachtet hatte. Carr beschrieb den Mann als untersetzt und schwer gebaut; er trug eine Hornbrille und eine braune Sportjacke.

Carr folgte dem Mann einen Häuserblock weit. Dann stieg der Mann in einen offenbar auf ihn wartenden Nash-Rambler-Kombi (anscheinend den gleichen Wagen, den Roger Craig beschrieben hatte), und der Wagen fuhr schnell davon. Wie Craig gab auch Carr in mehreren Aussagen zu Protokoll, es habe sich bei dem Fahrer um einen Mann »mit sehr dunklem Teint« gehandelt, entweder um einen »Latino oder Kubaner«.

Man kann aus all diesen Aussagen den Schluß ziehen, daß sich unmittelbar vor dem Attentat – und als die Schüsse fielen – mindestens drei Männer im fünften Stock des Schulbuchlagers aufgehalten haben: zwei Weiße, von denen einer offenbar jünger war und entweder dunkelblondes oder hellbraunes Haar hatte, während der andere untersetzt war und eine Hornbrille trug, und ein Mann mit sehr dunklem Teint, sehr wahrscheinlich ein Latino. Ob sie ein oder zwei Gewehre hatten, bleibt unklar. Der jüngere, hagere Weiße schien eines in der Hand gehalten zu haben, als er hinter dem *äußersten linken* Fenster (und am entgegengesetzten Ende des »Verstecks des Attentäters«) stand, während der dunkelhäutige Mann gesehen wurde, als er direkt aus dem »Versteck« *ganz rechts schoß*.

Nachdem ich die Aussagen dieser Augenzeugen gelesen hatte, wußte ich, daß Lee Oswald den Präsidenten nicht, wie die Warren-Kommission behauptete, aus dem »Versteck des Attentäters« erschossen haben konnte. Im Gegensatz zu dem Mann, der beobachtet wurde, wie er Schüsse aus dem Versteck abgab, besaß Oswald keine kahle Stelle auf dem Kopf, noch war er »dunkelhäutig« oder »sah aus wie ein Latino«.

In diesem Stadium der Ermittlungen war für mich noch vorstellbar, daß Oswald irgendwie in das Attentat verwikkelt war, doch nun war mir klar, daß auch andere Personen Schüsse abgegeben hatten, und zwar sowohl vom Grashügel vor dem Präsidenten als auch aus dem Schulbuchlager hinter ihm.

Mich faszinierten die wiederholten Auftritte von Männern »mit dunklem Teint«, »Latinos« oder »Negern« in den Zeugenaussagen. Nicht nur der Mann im »Versteck des Attentäters« wurde so beschrieben, sondern auch der »Epileptiker« auf der Dealey Plaza[21], der darüber hinaus noch eine grüne Army-Kampfmontur getragen haben soll.[22] Die Beschreibung erinnerte mich an die Exilkubaner, die auf ihrem Weg zur Guerilla-Ausbildung am Lake Pontchartrain ständig durch Guy Banisters Büro geschleust wurden. Mir kam in den Sinn, daß es sich bei dem »dunkelhäutigen« Mann, den einige Zeugen gesehen hatten, ebenfalls um einen Kubaner gehandelt haben konnte. Überdies schien mir nach allem, was ich über Guy Banisters Guerilla-Ausbildung und Lee Oswalds Nähe dazu wußte, die Möglichkeit plausibel, daß im Guerilla-Kampf ausgebildete Exilkubaner an einem Attentat auf einen Präsidenten beteiligt sein könnten, den sie verachteten, weil er sie 1961 in der Schweinebucht »verraten« und weil er im Sommer 1963 angeordnet hatte, ihre Ausbildungslager zu schließen.

Tatsächlich erschienen mir die Kubaner allmählich verdächtiger als Lee Harvey Oswald. Neben den Aussagen der Augenzeugen führten auch andere Hinweise von Oswald weg. Zum Beispiel wurden Oswalds Fingerabdrücke nie auf dem Mannlicher-Carcano-Gewehr gefunden, das er angeblich benutzt hatte.[23]

Dieses zweitklassige italienische Gewehr stellte ein Rätsel für sich dar, denn es gab stichhaltige Beweise, daß es sich bei ihm *nicht* um die Waffe handelte, die man kurz nach dem Attentat im »Versteck des Attentäters« fand. Officer Seymour Weitzman von der Polizei von Dallas, der an der Durchsuchung des Gebäudes teilnahm, beschrieb später, wie das Gewehr am Nachmittag des 22. November gefunden wurde.[24] Er sagte aus, es sei so gut unter Bücherkisten versteckt gewesen, daß die Polizisten mehrmals an ihm vorbeigelaufen seien, bevor sie es endlich fanden. Officer Weitzman, der Maschinenschlosser gelernt und ein

Sportartikelgeschäft betrieben hatte, galt als Waffenfachmann.[25] Dementsprechend bat Will Fritz, Chef der Mordkommission von Dallas, ihn um sein Urteil über die Waffe. Weitzman identifizierte sie als 7.65er Mauser[26], ein deutsches Präzisionsgewehr. Deputy Sheriff Roger Craig war ebenfalls anwesend[27] und erinnerte sich später, das Wort »Mauser« im Metall der Waffe eingraviert gesehen zu haben. Und Deputy Sheriff Eugene Boone gab eine eidesstattliche Erklärung ab, in der er das Gewehr als Mauser bezeichnete.[28] Noch um Mitternacht des 22. November gab der Bezirksstaatsanwalt Henry Wade den Medien bekannt, bei der gefundenen Waffe handele es sich um eine Mauser.[29]

Es gibt natürlich beträchtliche Unterschiede zwischen einer erstklassigen Mauser und einer billigen Mannlicher-Carcano, die man über Versandhäuser beziehen kann. Es hätte zweifelsfrei feststehen müssen, welche Waffe gefunden worden war. Doch um die Sache erst recht kompliziert zu machen, wurden im gleichen Raum wie die Mauser drei leere Patronenhülsen einer Mannlicher-Carcano sichergestellt.[30] Sie lagen in der Nähe des Fensters rechts außen, nahe und fast parallel beieinander. Obwohl man sie auf diese Art leicht entdecken konnte, widerspricht die Anordnung einer Tatsache, die jeder erfahrene Schütze kennt: Wenn ein Gewehr abgefeuert wird, wird die Patronenhülse mit großer Kraft ausgeworfen. Eine so hübsche Anordnung von Patronenhülsen, wie man sie im fünften Stock des Schulbuchlagers fand, ist praktisch unmöglich. Dies deutet darauf hin, daß die Patronen gar nicht in dem betreffenden Raum verschossen wurden, sondern bereits zu einem früheren Zeitpunkt an einem anderen Ort, und daß man die leeren Hülsen dann vor das Fenster gelegt hat, damit etwaige Geschoßfragmente, die man in der Limousine des Präsidenten fand, der Carcano zugeschrieben werden konnten.

Es gab weitere Probleme mit der Version, die Mannlicher-Carcano sei die Mordwaffe gewesen. Zum Beispiel wurde kein Ladestreifen gefunden.[31] Der Ladestreifen ist die Vorrichtung, die Patronen in die Gewehrkammer befördert. Ohne einen solchen Ladestreifen müßten die Patronen mit der Hand geladen werden, womit Schüsse in so schneller Folge, wie Oswald sie abgegeben haben soll, unmöglich wären. Die Warren-Kommission umging dieses Problem, indem sie sich überhaupt nicht damit befaßte.

Noch komplizierter wird die Sache, da bei der Mannlicher-Carcano, die triumphierend als »Waffe des Attentäters« vorgezeigt wurde, das Visier ungenau montiert war.[32] Das Visier saß so schief zum Lauf, daß die Labortechniker es erst anpassen mußten, bevor sie Probeschüsse aus der Waffe abgeben konnten. Doch selbst mit richtig sitzendem Visier war kein Schußwaffenexperte imstande, die Leistung zu wiederholen, die die Regierung Lee Oswald zuschrieb.

Trotz dieser Probleme lautete, als sich der Nebel gehoben und alle Strafverfolgungsbehörden in Dallas ihre jeweilige Version auf die Reihe gebracht hatten, die offizielle Stellungnahme, bei dem im fünften Stock des Schulbuchlagers gefundenen Gewehr handele es sich um die Mannlicher-Carcano, die Oswald angeblich unter falschem Namen gekauft hatte, und nicht um die Mauser, die, kurz nachdem sie sich in Captain Fritz' Händen befunden hatte, für immer verschwand.

Doch auch diese Revision der offiziellen Darstellung erklärt nicht das dritte Gewehr. Ein Film, den die Dallas Cinema Associates, eine unabhängige Filmgesellschaft, aufgenommen hat[33], zeigt das Schulbuchlager kurz nach dem Attentat. Polizeibeamte holen mit der gleichen fürsorglichen Vorsicht, wie man ein Neugeborenes behandelt, über die Feuerleiter ein Gewehr vom Dach über dem fünften Stock herab. Als die Polizisten wieder unten waren, hob ein hochrangiger Beamter die Waffe kurz triumphierend in die Luft. Die Kamera machte eine Nahaufnahme. Unter dem Bild stand zu lesen: »Das Gewehr des Attentäters.« Als ich den Film sah, fiel mir auf, daß auf dieser Waffe kein Visier montiert war. Damit konnte es sich weder um die Carcano noch um die verschwundene Mauser handeln, die beide über Visiere verfügten.

Es überraschte mich nicht, daß das dritte Gewehr ebenso

einfach verschwand wie die Mauser. Doch seine Existenz bestätigte meine These, daß Lee Oswald den Präsidenten nicht erschossen haben konnte, wie man es der amerikanischen Öffentlichkeit einreden wollte. Selbst wenn man die beiden anderen Waffen am Tatort außer acht ließ, stellten die unglaublich präzisen Schüsse mit einer unglaublich unpräzisen Waffe in einer unmöglichen Zeitspanne erst den Ansatzpunkt der hervorragenden Leistung dar, die Oswald vollbracht haben sollte.

Aus den Aussagen seiner Kameraden bei der Marine wußte ich, daß Oswald als schlechter Schütze bekannt war. Doch dieser Job wäre auch für den besten Scharfschützen aller Zeiten unmöglich gewesen. Wenn der Attentäter aus seinem Unterschlupf Ziel nahm, um jemanden in einer Autokolonne unten auf der Elm Street zu erschießen, sah er zuerst einmal einen riesigen Baum, der im tiefen Süden im November noch in voller Blüte stand. Damit hätte er mit dem ersten Schuß wohl kaum mehr als einen Ast oder ein paar Blätter des Baumes getroffen.

Außerdem hatte man Oswald keine zwei Minuten nach den Schüssen in der Kantine im ersten Stock des Schulbuchlagers gesehen.[34] Er wirkte nicht nur entspannt und gelassen, sondern trank auch eine aus dem Getränkeautomaten gezogene Cola. Hätte Oswald seine historischen Schüsse abgegeben (mit denen er in weniger als sechs Sekunden bei zwei Männern insgesamt acht Verletzungen hervorrief), dann das Gewehr unter den Kistenstapeln versteckt, wie Officer Weitzman es beschrieb, wäre dann vier Stockwerke hinuntergelaufen, um sich eine Coke aus dem Automaten zu ziehen – und all das in weniger als zwei Minuten, und ohne aus der Puste zu kommen –, hätte er sich fast mit Lichtgeschwindigkeit bewegen müssen.

Andere Beweise am Tatort wiesen ebenfalls von Oswald weg: Eine Limonadendose, auf der sich keine Fingerabdrücke Oswalds befanden[35], wurde von Captain Fritz und seinen Ermittlern konsequenterweise in die nächste Mülltonne geworfen.

Doch der offensichtlichste und stichhaltigste Beweis, der

Oswald entlastete, war der Nitrattest, dem er sich am Abend des Attentates unterzog. Einfach ausgedrückt, offenbart dieser Test Nitratreste an der Wange einer Person, die ein Gewehr abgefeuert hat. Das Ergebnis des Nitrattests deutete darauf hin, daß Oswald am 22. November kein Gewehr benutzt hat.[36] Doch aus Gründen, die die Regierung und ihre Ermittler wohl am besten kennen, wurde diese Tatsache zehn Monate lang geheimgehalten, bis man sie schließlich im Bericht der Warren-Kommission veröffentlichte.

Nachdem ich die Beweise der Regierung untersucht hatte, begriff ich, daß meine frühere Schlußfolgerung, Oswald sei nicht der einzige Mörder Präsident Kennedys, nicht ganz richtig gewesen war. Es waren eindeutig andere Personen in das Attentat verwickelt, doch die Wahrheit sah so aus, daß Oswald selbst überhaupt nicht auf John F. Kennedy geschossen hatte. Er hatte nicht einmal versucht, John F. Kennedy zu erschießen.

Als langjähriger Staatsanwalt kam ich unweigerlich zu dem Schluß, daß der Mann, den die Welt wegen des Verbrechens des Jahrhunderts verdammte, unschuldig war. Nur einen wahrhaft Unschuldigen konnte man so gründlich hereinlegen, wie man es mit Lee Harvey Oswald getan hat.

Die kurze Ermittlungspause hielt nicht lange vor. Frank Klein konnte nicht die Finger davon lassen, und ich auch nicht. Eines Morgens saß ich in meinem Büro und studierte die Zeitung. Ich hörte nicht, daß Frank hereinkam.

»Ich habe Sie noch nie so in eine Zeitung vertieft gesehen«, sagte er.

»Es ist nicht nur irgendeine Zeitung, mein Sohn«, sagte ich. »Es ist die Titelseite der *Dallas Morning News* vom 22. November 1963.«

»Und was fasziniert Sie so daran?«

Ich deutete auf die große graphische Darstellung auf der Titelseite, die den Weg der Wagenkolonne des Präsidenten angab. »Habe ich Ihnen das schon mal gezeigt?« fragte ich.

Er schüttelte den Kopf.

Ich drehte die Zeitung um, damit er die Darstellung des Weges der Wagenkolonne sehen konnte. Sie bedeckte fast fünf Sechstel der Titelseite.

»Frank«, sagte ich, »ich möchte, daß Sie diese Strecke mit mir abfahren. Fangen wir genau hier an, wo sich die Parade über die Main Street der Dealey Plaza nähert. Machen Sie mit?«

»Ja«, sagte er und folgte mit dem Finger der dicken Linie, die den Weg der Parade andeutete. »Und hier erreicht sie die Dealey Plaza...« Er hielt inne.

»Was ist los?« fragte ich.

»Laut dieser Darstellung sollte die Kolonne des Präsidenten weiter über die Main Street fahren, mitten über die Dealey Plaza – ohne je von der Main abzubiegen.« Er starrte das Bild ungläubig an.

»Und was stimmt damit nicht?« fragte ich.

Sein Finger bewegte sich von der Main fort und ein paar Zentimeter zur Elm Street, bis er den Streckenabschnitt vor dem Schulbuchlager fand, wo der Präsident erschossen worden war. »Wenn die Kolonne weiter über die Main Street fahren sollte...«

Ich beendete den Satz für ihn. »...wie kam sie dann auf die Elm Street?«[37]

Frank blickte mit einem leichten Stirnrunzeln zu mir hinab und sah dann wieder auf die Straßenkarte. Er bewegte den Finger zurück zur Main Street, wo sie an die Houston stieß. »Die Kolonne bog rechts auf die Houston ab und dann wieder links auf die Elm«, sagte er.

»Wo sie diese 120-Grad-Linkskurve durchlaufen mußte, bei der der Wagen des Präsidenten auf etwa fünfzehn Stundenkilometer abbremsen mußte.«

Frank betrachtete erneut die dicke Linie, die den Weg der Wagenkolonne über die Main Street mitten über die Dealey Plaza hin zum Stemmons Freeway anzeigte.

»Hier auf der Main Street, mitten durch die offenen Rasenflächen hindurch«, sagte er, »hätten sie ihn nicht treffen können. Wollen Sie mir sagen, daß sie im letzten Augenblick den Präsidenten der Vereinigten Staaten einfach vom vorbestimmten Weg umleiteten und hier an dem Schulbuchlager vorbeiführten?« Er stand auf. »Verdammt, ich habe nirgendwo auch nur ein Sterbenswörtchen darüber gelesen. Wie kann man so etwas drei Jahre lang geheimhalten?«

Ich lehnte mich in meinem Sessel zurück. »Verstehen Sie jetzt, warum ich Ihr Klopfen nicht hörte, als Sie hereinkamen?«

»Wo, zum Teufel, war die Polizei von Dallas, als man in letzter Minute diese Streckenänderung vornahm?« fragte er.

»Ja, in der Tat. Und der Secret Service. Und das FBI.«

»Und die Stadtverwaltung von Dallas«, fügte er hinzu. »Gibt es in dieser verdammten Stadt keinen Bürgermeister?«

»Doch, den gibt es. Als das Attentat stattfand, war Earle Cabell Bürgermeister.«

Ich betätigte die Gegensprechanlage, und Sharon Herkes, meine Sekretärin, kam herein. Ich bat sie, sich ein Taxi zur Stadtbibliothek zu nehmen und unter »Earle Cabell« in der neuesten Ausgabe von *Who's Who in the Southwest* nachzuschlagen. »Ich bin sicher, daß Sie ihn darin finden werden. Stellen Sie fest, ob sein Eintrag irgendwelche Verbindungen mit Washington andeutet.«

»Mit Washington?« fragte Frank.

»Natürlich«, erwiderte ich. »Sie können mir doch nicht erzählen, daß man den Präsidenten – unter den Augen der ganzen Welt – einfach umleiten kann, ohne daß dieser Änderung irgendeine Absprache zwischen der Stadtverwaltung und der Bundesregierung vorausging.«

Frank nahm die Titelseite der *Dallas Morning News* und deutete auf die Zeichnung. »Verdammt«, sagte er, »war die Warren-Kommission blind? Hat sie das nicht gesehen?«

»Ah«, sagte ich. »Möchten Sie die Titelseite sehen, die der Warren-Kommission vorgelegt wurde?«

Ich zog die mittlere Schreibtischschublade auf und holte eine Kopie der Titelseite der *Dallas Morning News* hervor, die zu den Beweisstücken der Warren-Kommission genommen worden war.[38] Ich gab sie Frank und zündete meine Pfeife an. Ich hatte kaum daran gepafft, als er laut aufschrie.

»Diese Arschlöcher! Sie haben einfach die ganze Strecke der Wagenkolonne von der Titelseite entfernt.«

Genau so war es. Auf den fünf Sechsteln der Titelseite der *Dallas Morning News*, auf der die Straße abgebildet war, die die Kolonne nehmen sollte, war nur eine große, graue Fläche zu sehen. »Und das wurde als offizielles Beweisstück der Warren-Kommission abgedruckt?« fragte er.

Ich nickte.

»Und wie, zum Teufel, sollen wir das nennen?« fragte er und schwenkte die fast leere Seite.

Ich saugte an meiner Pfeife. »So etwas«, sagte ich, »nennt man einen Staatsstreich.«

Etwa eine Stunde später kam Sharon mit einer großen Fotokopie in der Hand herein. »Im *Who's Who* stand nichts über einen Bürgermeister Cabell«, sagte sie. »Aber es stand eine ganze Menge über einen General Charles Cabell darin.«

Ich sah mir den Eintrag an. Mir fiel sofort auf, daß dieser Charles Cabell stellvertretender Direktor der Central Intelligence Agency gewesen war. Nun betrachtete ich diesen Nachnamen mit echter Faszination. Es bedurfte eines Anrufs bei einem befreundeten Anwalt in Dallas, um herauszufinden, daß General Charles Cabell der Bruder Earle Cabells war, des ehemaligen Bürgermeisters von Dallas.

Jetzt kam mir die Änderung der vorgesehenen Paradestrecke um fünf Minuten vor zwölf noch interessanter vor, und ich begab mich augenblicklich in die Stadtbibliothek. Vor Sonnenuntergang war ich zum führenden Experten in New Orleans über General Charles Cabell geworden, der, wie sich herausstellte, von Präsident Kennedy als zweiter Mann der CIA gefeuert worden war. General Cabell hatte die katastrophale Schweinebucht-Invasion der Agency geleitet.[39] In den letzten Stunden, als Castros kleine Luftwaffe den Landungsversuch vereitelte, war es Cabell gelungen, telefonisch zu Präsident Kennedy durchzudringen, und er versuchte noch, die Katastrophe abzuwenden. Direkt hinter dem Horizont hatten – und das keineswegs aufgrund eines glücklichen Zufalls – Flugzeugträger Position bezogen, auf deren Decks die Motoren der Kampfflugzeuge schon warmliefen. General Cabell informierte den Präsidenten, die Flugzeuge könnten die Katastrophe in Minutenschnelle abwenden und den Erfolg der Invasion sicherstellen. Der Präsident brauche nur noch den Einsatzbefehl zu geben.

Am Vortag hatte Kennedy den versammelten Medien versichert, falls jemand eine Invasion Kubas durchführen wolle (und die Luft schwirrte von Invasionsgerüchten), dann ohne die Hilfe amerikanischer Streitkräfte. Kennedy wies Cabell einfach ab. Damit war sowohl die Invasion wie auch die Geheimdienstkarriere des Generals beendet. Präsident Kennedy bat um Cabells Rücktritt[40], und am 1. Februar 1962 wurde der General als stellvertretender CIA-Direktor abgelöst. Später war es in Washington ein offenes Geheimnis, daß der General Präsident Kennedy geradezu haßte.

In den meisten Ländern wäre eine mächtige Person, die sich im offenen Konflikt mit einem führenden Politiker des Landes befand, der später ermordet worden war, bei der nachfolgenden Morduntersuchung wenigstens als Verdächtiger in Frage gekommen. Eine bedeutende Spionageorganisation, die über die modernsten Mittel verfügte, um einen Mord durchzuführen, hätte wohl noch mehr Aufmerksamkeit auf sich gezogen. Mit Sicherheit hätte eine mächtige Person, die einen hohen Posten in einer bedeutenden Spionageorganisation innegehabt und mit dem Präsidenten auf Kriegsfuß gestanden hatte, auf der Liste der Verdächtigen ganz oben rangiert.

General Cabell jedoch, auf den diese Beschreibung genau zutraf, wurde nicht einmal als Zeuge vor die Warren-Kommission geladen. Ein Grund dafür mag gewesen sein, daß Allen Dulles[41], der Ex-CIA-Direktor (den Präsident Kennedy ebenfalls gefeuert hatte), Mitglied der Kommission war und sich mit allen Spuren befaßte, die zur Agency führten. In den neun Jahren, die Dulles die CIA geleitet hatte, war General Charles Cabell sein Stellvertreter gewesen.

Kapitel 8
VERDECKTE OPERATIONEN

Im Jahre 1963 war Clinton eine ländliche Kleinstadt im tiefsten Süden Louisianas. Sie war ein Relikt aus jener Zeit, in der die Baumwolle noch König gewesen war; hier hatten sich die Farmer getroffen, um die Baumwollerträge auszuwiegen und die Gebote der Käufer zu hören.

Clinton war ein Ort jener Art, dessen Überleben keine sichtbare Basis hatte. Seine Bedeutung für die Baumwollindustrie war verblaßt; er existierte nur noch, weil es ihn schon immer gegeben hatte. Aber im Frühjahr 1967 fanden wir eine Spur, die dieser schläfrigen Stadt große Bedeutung verlieh.

Angeblich war Lee Oswald in Begleitung zweier älterer Männer im Spätsommer oder Frühherbst 1963 in Clinton gesehen worden. Die Beschreibung der Männer paßte genau auf Clay Shaw, dessen Geburtsort Hammond östlich von Clinton in der Nähe liegt, und auf David Ferrie, der viel Zeit in Guy Banisters Exilkubaner-Lager etwas weiter östlich am Lake Pontchartrain verbracht hatte.

Es war eine magere Spur, kaum mehr als ein Gerücht, das die meisten Polizeibehörden verständnislos beiseite gefegt hatten, aber wir waren von Anfang an gezwungen gewesen, mit solch mageren Spuren zu arbeiten.

Clinton lag ein gutes Stück abseits der Hauptverkehrswege, und ich hielt es nicht unbedingt für die richtige Strategie, den Assistant District Attorney Andrew Sciambra, einen echten Stadtmenschen, allein in diese ländliche Gegend zu schicken. Sciambra brauchte jemanden, der sich auf dem Land auskannte. Ich rief Gouverneur John McKeithen an, und er befahl Lieutenant Francis Frugé, einem Beamten der Staatspolizei, der – inklusive Akzent – von Cajun-Indianern abstammte, Sciambra sofort in Clinton zu treffen.

Bald hatten wir unerwartetes Glück. Wie sich herausstellte, hatten die beiden älteren Begleiter Lee Oswalds sich einen Zeitpunkt ausgesucht, um mit ihm in einer Stadt auf dem Lande im tiefsten Süden aufzutauchen, der seit Jahrzehnten der bemerkenswerteste war. Zum erstenmal in der Geschichte wurde eine umfassende Wählerregistrierung abgehalten, die von der Bundesregierung unterstützt wurde. Diese Bemühung, mehr schwarze Wähler zu erfassen, wurde von den Schwarzen der Stadt kräftig unterstützt und von den Weißen unnachgiebig bekämpft. Von Sonnenaufgang bis Sonnenuntergang hielt sich fast jeder Erwachsene Clintons in der Nähe des Registraturbüros auf. Die Schwarzen deswegen, um dafür zu sorgen, daß die Weißen die Erfassung der neuen Wähler nicht verhinderten, und die Weißen, um sicherzustellen, daß keine »Fremden« kamen, um die Schwarzen zu ermutigen. Es war ein zuvor noch nie dagewesenes Ereignis, das sich auf diese Art wahrscheinlich auch nie wiederholen wird. Tatsächlich führten die beiden ersten Zeugen in Clinton, die Sciambra und Frugé aufspürten, ihre Erinnerung an Oswalds Besuch in Begleitung der beiden älteren Männer im September 1963 auf die gerade stattfindende Wählererfassung zurück.

Das Ereignis war für einige der befragten Bürger Clintons unvergeßlich, da Oswald längere Zeit der einzige Weiße gewesen war, der in einer langen Schlange Schwarzer gestanden hatte. Ebenso unvergeßlich waren die beiden älteren Männer, die Oswald begleitet hatten. Alle Zeugen sagten aus, einer der beiden habe eine verrückte Perücke getragen und mit Schminke nachgezogene Augenbrauen gehabt. Es gab keinen Zweifel – das war David Ferrie gewesen.

Ferrie und der andere Mann, der Fahrer, waren zumeist im Auto geblieben, in einer großen schwarzen Limousine, wie sich jeder erinnerte. Einer nach dem anderen beschrieben die Zeugen den Fahrer als großen, sehr auffälligen Mann. Seine Haarfarbe wurde als grau oder weiß angegeben. Alle erinnerten sich außerdem an seine übertriebenen Manieren und erzählten, er habe jedesmal, wenn jemand an der Limousine vorbeiging, höflich genickt und gegrüßt.

Der Marshal der Stadt hatte den Verdacht, daß die beiden von der Bundesregierung geschickt worden waren, um den Schwarzen bei der Registrierung zu helfen. Er gab die Nummernschilder der Limousine an die Staatspolizei durch und ließ sie überprüfen. Wie sich herausstellte, war der Wagen auf den International Trade Mart[1] zugelassen, der von Clay Shaw – offenbar dem großen, auffälligen Mann – geleitet wurde.

Das Wetter war unerwartet kalt gewesen, vielleicht ein früher Bote des Herbstes. Den Einwohnern war jedoch wärmer als gewöhnlich; sie waren durch die emotionsgeladene Situation aufgeheizt. Jeder schien vor Fremden auf der Hut gewesen zu sein.

Shaw und Ferrie müssen den Einwohnern, die sie nicht aus den Augen ließen, einen merkwürdigen Anblick geboten haben. Ferrie hat wohl mit der Perücke und den nachgezogenen Augenbrauen wie ein unglaublich komischer Vogel ausgesehen.

Shaw, der auf seine herrische Art kettenrauchend neben ihm gesessen hatte, noch liebenswürdiger als sonst, mußte in dieser staubigen Kleinstadt noch mehr fehl am Platz gewirkt haben. Interessanterweise war Shaw, dessen Vater Agent des amerikanischen Schatzamtes gewesen war, in Kentwood geboren und in Hammond aufgewachsen, rund fünfundvierzig Kilometer östlich von Clinton.

Die Einwohner, die die beiden Männer in der Limousine nicht anstarrten, müssen Lee Oswald lange und ausführlich gemustert haben. Als man mehrere Monate später meldete, er habe den Präsidenten ermordet, konnten sich einige an ihn erinnern. Als Clay Shaw später in New Orleans vor Gericht stand, schilderte der Friseur der Stadt, Edwin McGehee, im Zeugenstand den Augenblick, in dem er Oswald das erste Mal erblickt hatte.[2] Er hatte gerade die Klimaanlage abgestellt und die Tür seines Friseursalons geöffnet, als ein junger Mann hereinkam. Nach dem Attentat identifizierte er den jungen Mann sofort als Lee Harvey Oswald.

McGehee sagte aus, er habe Oswald die Haare geschnitten, was etwa fünfzehn Minuten dauerte, und Oswald habe einen Entlassungsschein der Marines gezeigt. Oswald erwähnte dann, er wolle versuchen, im nahegelegenen Jackson einen Job im Krankenhaus zu ergattern. Als McGehee ihm sagte, das Krankenhaus sei eine Nervenheilanstalt, wirkte Oswald zwar ehrlich erstaunt, zeigte aber weiterhin Interesse für den Job. McGehee machte den Vorschlag, er solle mit Reeves Morgan sprechen, dem Abgeordneten des Bezirks im Repräsentantenhaus. Außerdem riet er Oswald, sich als Wähler registrieren zu lassen, da er dann eine bessere Chance habe, den Job zu bekommen.

Oswald ging danach zu Morgans Haus. Es war kalt, erinnerte sich Morgan, und er setzte sich mit Oswald vor das gerade angezündete Kaminfeuer.[3] Er sagte Oswald ebenfalls, daß er eine bessere Chance habe, wenn er sich als Wähler des Bezirks registrieren ließe. Nach dem Attentat identifizierte er Oswald anhand der Bilder in den Zeitungen als den jungen Mann, der ihn wegen des Jobs aufgesucht hatte.

Als Sciambra und Lieutenant Frugé ihre Arbeit in Clinton beendeten, hatten sie über dreihundert Einwohner befragt. Nachdem Sciambra nach New Orleans zurückgekehrt war, rief ich Frank Klein, Jim Alcock und Lou Ivon in mein Büro. Ich bat auch D'Alton Williams dazu, die Handvoll Männer zu verstärken, die den Fall Kennedy hin und wieder bearbeiteten. Im Gegensatz zu den anderen anwesenden Anwälten war D'Alton nicht unbedingt ein Prozeßanwalt. Seine Aufgabe war die Leitung der Administration. Er war jedoch ausgesprochen intelligent und hatte schon seit langem sein Interesse für das Projekt zum Ausdruck gebracht, und zu diesem Zeitpunkt war einfach kein Prozeßanwalt mehr vorhanden, den ich aus den Gerichtssälen hätte abziehen können.

Als sie sich um den langen Tisch im Konferenzraum versammelten, kam mir zum erstenmal der Gedanke, daß wir, seit wir über diese Affäre gestolpert waren, so etwas wie ein »Team« darstellten. Andrew Sciambra berichtete über seine Woche in Clinton, wir hörten zu und stellten Fragen. Alcock wollte wissen, welchen Sinn es gehabt hätte, Lee Oswald einen Job in der Staatlichen Nervenheilanstalt von Jackson zu besorgen – falls dies tatsächlich Shaws und Ferries Absicht gewesen war. Sciambra erwiderte, diese Frage hätte er sich auch schon gestellt. Da er sich an Oswalds Überraschung erinnert hatte, als der Friseur in Clinton ihm sagte, daß es sich hierbei um eine Nervenheilanstalt handelte, war er nach Jackson gefahren, um herauszufinden, ob sich Oswald jemals dort um einen Job beworben hatte.

»Hat er?« fragte ich.

Sciambra nickte. »Ja. Ich machte die Dame der Personalabteilung ausfindig, die das Bewerbungsgespräch geführt hatte. Aber als sie eine Kopie seiner Bewerbung aus den Akten holen wollte – und sie erinnerte sich daran, daß er eine ausgefüllt hatte –, war sie verschwunden.«

Zu diesem Zeitpunkt hatten wir uns dermaßen an das systematische Verschwinden von Beweismitteln gewöhnt, daß jeder Kommentar überflüssig war. Doch die Tatsache blieb bestehen, daß Oswald sich um einen Job in der Nervenheilanstalt beworben hatte, und genau das hatten seine Hintermänner gebraucht, um eine weitere falsche Spur zu legen. Ein paar Wochen als Hilfsarbeiter dort hätten ausgereicht, um den Eindruck zu verstärken, daß Oswald glücklos von einem Job zum nächsten gewandert war, wobei der neue jeweils noch merkwürdiger war als der vorhergehende. Mit etwas Glück und der richtigen Planung wäre es sogar möglich gewesen – ein einfacher Dokumententausch von der Personal- zur Patientenkartei hätte genügt –, den richtigen Psychiater in Jackson die Probleme beschreiben zu lassen, die er bei der Behandlung des seltsamen ambulanten Patienten namens Lee Oswald gehabt hatte.

Das wahrscheinlich wichtigste Resultat der Nachforschungen in Clinton war, daß wir es geschafft hatten, David Ferrie mit Clay Shaw in Zusammenhang zu bringen. Nachdem wir wußten, daß Shaw und Ferrie befreundet waren und sogar zusammen an einem geheimen Unternehmen gearbeitet hatten, kamen wir leichter an Informationen heran. Es wäre sehr schwierig gewesen, allein gegen Shaw zu ermitteln – einen beherrschten, diskreten Mann mit mächtigen Verbindungen. Doch nun hatten wir den richtigen Ansatzpunkt bei Shaw gefunden: Sein Name war David Ferrie.

Als ich im Pere Marquette Building erschien, kam Wray Gill in sein Wartezimmer hinaus, um mich zu begrüßen. Wray war einer der besten Prozeßanwälte der Stadt, und er verbeugte sich und hieß mich auf seine übertriebene Art bis in sein Privatbüro willkommen, das im siebzehnten Stockwerk lag und auf den vorbeifließenden Mississippi hinabsah. Ich war hier, weil David Ferrie 1962 und 1963 als Teilzeitermittler für Gill gearbeitet hatte.[4]

Ich verzichtete in Gills Büro auf belangloses Geplauder. »Wray«, sagte ich, »Sie müssen mir einen Gefallen tun.«

»Kein Problem«, erwiderte er.

»Meine Intuition sagt mir, daß David Ferrie ein paar Ferngespräche auf Ihre Rechnung geführt hat, als er für Sie arbeitete.«

Seine weißen Augenbrauen hoben sich. »Ein *paar* Ferngespräche? Allmächtiger Gott! Der Mann hat mich beinahe in den Ruin getrieben.«

»Können Sie mir Kopien seiner Anrufe überlassen?«

Er beauftragte seine Sekretärin damit, die Rechnungen für 1962 und 1963 herauszusuchen.

»Die haben wir, Mr. Gill«, sagte sie, als sie zurückkam. »Sie haben ihn im Januar 1964 gefeuert. Erinnern Sie sich?«

»Wie könnte ich das je vergessen?« murmelte er. Er legte den Finger auf die Rechnung dieses Monats. »Ich sagte Dave Adios, da ich zwar mit seinen Exzentrizitäten leben könnte, aber nicht mit seinen Ferngesprächen.«

Gill bat seine Sekretärin, die Gespräche durchzustreichen, die die Kanzlei geführt hatte, damit nur Ferries Gespräche übrigblieben. »Sie sind leicht zu erkennen«, sagte er. »Die Städte da haben nichts mit dieser Kanzlei zu tun. Sie wissen besser als sonst jemand, daß etwa neunzig Prozent meiner Arbeit hier in New Orleans stattfindet.«

Als die Sekretärin die Kanzleigespräche durchstrich, entdeckte sie, daß die Rechnung für November 1963 – der Monat, in dem Präsident Kennedy ermordet worden war – fehlte. Sie wußte zwar nicht, wer sie hätte entfernen können, wies aber darauf hin, daß Ferrie zu diesem Zeitpunkt noch Zugang zu den Kanzleiakten gehabt hatte.

An diesem Abend ging ich die Rechnung von Ferries Ferngesprächen für 1962 und 1963 durch. Als erstes fiel mir die erstaunliche Vielfalt auf. Die Anrufe gingen nicht nur in viele amerikanische Städte, sondern auch an weit entfernte Orte in Guatemala, Mexiko und Kanada. Wen er dort angerufen hatte, hätte eine Bundesbehörde wie das FBI mit ihren Möglichkeiten und Vollmachten in kürzester Zeit ermitteln können. Aber es war deutlich, daß keine dieser Behörden bereit war, uns zu helfen.

Wir hatten weder die Verbindungen zur Telefongesellschaft noch das Ermittlungspersonal, das man benötigt, um von dem breiten, logischen Ansatz auszugehen, den ich gewählt hätte.

Statt dessen sammelte und verglich ich gewissenhaft alle Beweisstücke der Warren-Kommission, in denen Telefonate aufgelistet worden waren, die die bei der Untersuchung befragten Zeugen getätigt, entgegengenommen oder irgendwie erwähnt hatten.

Nachdem ich viele Abende Ferries Ferngespräche mit denen der Kommissionsbeweismittel verglichen hatte, stieß ich auf eine Verbindung. Die örtliche Telefonrechnung zeigte, daß Ferrie am 24. September 1963 von New Orleans nach Chicago telefoniert hatte. Nach der späteren Schlußfolgerung der Warren-Kommission war das der Tag, bevor Lee Oswald New Orleans verlassen hatte.[5] Ferrie hatte die Nummer WH-4-4970 in Illinois angerufen.[6] Die örtliche Telefonrechnung listete nicht den Namen des Empfängers auf. Hatte Ferrie vielleicht telefoniert, um irgendeinem Mittelsmann zu melden, alle falschen Spuren seien gelegt, oder daß »der Junge New Orleans verläßt«, oder etwas in der Art?

In dem Kommissionsbeweisstück Nr. 2350 (Seite 335 in Band 25) fand ich einen Anruf an die gleiche Nummer: WH-4-4970 in Chicago, Illinois. Unter der Rubrik »Zusätzliche Informationen« stand im Band der Kommission zu lesen: »Person telefonierte um 9.09 Uhr unter Benutzung einer Kreditkarte. Kansas City, Missouri, an Miß A. Asie, Zimmer 1405.« Dieses Beweisstück identifizierte nicht den Anrufer. Doch hatte ich zumindest einen Namen, der im Zusammenhang mit der Nummer stand, die Ferrie angerufen hatte.

Ein paar Abende später fand ich Miß Asie – die sich nun *Aase* buchstabierte – im Kommissionsbeweisstück Nr. 2266. Dort identifizierte ein FBI-Bericht sie ausführlicher als »JEAN AASE« aus Chicago, Illinois. Der auf den 4. Dezember 1963 datierte FBI-Bericht schrieb, daß sie »LAWRENCE V. MEYERS« auf einer Geschäftsreise nach Dallas begleitet hatte, wo sie am Abend des 20. November 1963 eintrafen – zwei Tage vor dem Attentat auf Präsident Kennedy. Sie stiegen im Ramada Motel ab, wo sie die Nacht verbrachten. Am 21. November zogen sie ins Cabana Motel.

Wie Jean Aase laut FBI-Bericht weiterhin aussagte, nahm Meyers sie am Abend des 21. November mit in den Carousel Club, wo er sie Jack Ruby vorstellte, und »die drei setzten sich an einen Tisch in Nähe der Tür und unterhielten sich«.

Zog man in Betracht, daß Lee Oswalds Freund Dave Ferrie aus New Orleans ihre Chicagoer Nummer angerufen hatte, fragte ich mich, ob Miß Aase sich später darüber gewundert hatte, daß Jack Ruby, ihr zwangloser Gesprächspartner, drei Tage später Oswald tötete.

Als ich die Bände der Warren-Kommission durchforstete, wuchs meine Verwirrung über Jean Aase. In den Bänden, die die Aussagen enthielten, fand sich kein Nachweis, ob eine Jean Asie oder Jean Aase tatsächlich existierte. Was diese Bände betraf, fand sich kein Nachweis, daß tatsächlich *irgend jemand* existierte.

Im FBI-Verhör von Lawrence Meyers[7] las ich dann, daß

aus ihr Jean *West* geworden war. Ich sah mir an, zu welchem Schluß die Warren-Kommission über Meyers gekommen war. Seinem Verhör nach erschien Meyers als ziemlich typischer, erfolgreicher mittelständischer Geschäftsmann. Seine Tochter arbeitete für das Atomkraftwerk der Regierung in Argonne, Illinois, und sein Sohn war beim Geheimdienst der Army. Was Meyers Freundschaft mit Jack Ruby anbetraf, hatten sie sich ein paar Jahre zuvor kennen-, und Meyers hatte den zukünftigen Mörder Lee Oswalds schätzengelernt. Die Angehörigen der Warren-Kommission waren mit dieser Aussage offenbar zufrieden gewesen. Meyers ist nie gefragt worden, ob er Dave Ferrie kannte oder nicht. Er hatte auch nichts über die geheimnisvolle Miß Aase hinzuzufügen.

Miß Aase, oder Miß West, oder wie sie auch hieß, erschien nie vor dem Warren-Ausschuß und gab vor den Anwälten des Ausschusses auch keine eidesstattliche Erklärung ab. Diese geheimnisvolle Frau wurde ein drittes Mal vom FBI im gleichen Band der Kommissionsbeweisstücke erwähnt, diesmal als »JEAN WEST«, aber das hellte die Sache nicht auf. Sie wurde weder gefragt, ob sie Dave Ferrie kannte, noch, wieso er Zugang zur gleichen Telefonnummer hatte, über die Meyers sie später erreichte. Der Bericht enthüllte auch keine Spur von Neugier über ihre Plauderei mit Jack Ruby vor dem Attentat.

Der Zeitpunkt, zu dem diese Frau (zusammen mit Lawrence Meyers) Ruby getroffen hatte, war an sich schon provokant. Die ständige Namensänderung, die jeden verwirren mußte, der etwas über sie herausfinden wollte, bestärkte mich darin, daß etwas an ihr – oder ihrer Telefonnummer – verdächtig war. Als ich mir über dieses verwirrende Problem den Kopf zerbrach, kam mir plötzlich die Idee, daß ich über ein »message center« – einen Kommunikationspunkt oder Meldekopf – gestolpert war, einen oft benutzten Trick der Geheimdienste, um potentielle Verfolger einer Telefonnummernliste abzuschütteln. Und in diesem Fall war offenbar ein Gespräch mit Jack Ruby arrangiert worden.

Der Einsatz von Message-Centern ist für jede große Regierungsbürokratie ein Standardverfahren. Beispielsweise ist ein Meldekopf für die Army so wichtig, daß jede Einheit – vom Hauptquartier der Infanteriedivision bis hinab zur Kompanie – über einen verfügt und ohne ihn nur mit Schwierigkeiten funktionieren würde.

Bei der Army befindet sich der Meldekopf einer Einheit unweigerlich in der nächstgelegenen Straße und wird für Kuriere durch kleine Zeichen am Straßenrand ausgewiesen. Andererseits betreiben die amerikanischen Inlandsgeheimdienste keine Werbung. Sie sind tatsächlich so schüchtern, daß sie sogar ihre Existenz verleugnen. Trotzdem müssen ihre Agenten Nachrichten weitergeben können, und oft, besonders unter sehr heiklen Umständen, ziehen sie ein *indirektes Vorgehen* vor – wie es bei Jean West der Fall gewesen zu sein scheint, die, von Ferrie benachrichtigt, am Tag vor dem Attentat mit Jack Ruby sprechen mußte.

Es war die Zeit gekommen, ein paar Gedanken über dieses geheime Message-Center auszutauschen. Deshalb bestellte ich das Team in mein Büro. Auf einer Tafel malte ich die Verbindung auf, die ich aufgedeckt hatte: Ferrie ruft die Nummer der West in Chicago an; die West und Meyers fliegen am 20. November nach Dallas; die West und Meyers treffen sich am Tag vor dem Attentat mit Ruby.

D'Alton Williams, unsere jüngste Neuerwerbung, deutete auf die Darstellung. »Ihre Idee eines Message-Centers scheint mir eine Möglichkeit zu sein«, sagte er. »Aber ich glaube, das Bild könnte noch klarer werden.«

Wir warteten, daß D'Alton fortfuhr.

»Ruby kam aus Chicago, richtig?« fragte er.

»Natürlich«, erwiderte ich, »ebenso wie Jean West und Lawrence Meyers. Einige dieser Leute müssen sich gekannt haben. Darum paßt das mit dem Message-Center auch so gut.«

»Aber da gibt es ein Problem«, sagte D'Alton. »Was ist, wenn wir es hier mit einem Message-Center der CIA zu tun haben? Dave Ferrie war offensichtlich nicht wichtig genug, um entscheiden zu können, welche Nachricht wohin weitergeleitet werden sollte. Vergessen Sie nicht, daß wir annehmen, daß diese Nachricht direkt an Jack Ruby weiterging.«

»Ruby war nicht so bedeutend«, warf Ivon ein.

»Das meint D'Alton nicht«, sagte Klein. »Er sagt, jemand – zum Beispiel der ursprüngliche Absender der Nachricht – hat gewußt, wie Rubys Zeitplan aussah.«

»Stimmt«, sagte D'Alton. »Warum also fragen wir uns nicht, wer Dave Ferries Boß war?«

Er verstummte und fragte dann unschuldig: »War Guy Banister nicht mal Leiter des Chicagoer FBI-Büros?«

»Ich werd' verrückt«, sagte Ivon. »Chicago, Chicago, und wieder führt der Weg nach Chicago!«

»Bekomme ich den Gold Star für die Idee«, fragte D'Alton, »daß Guy Banister vermutlich Jack Ruby kannte?«

»Nein«, erwiderte ich, »weil Ruby in den späten vierziger Jahren Chicago verließ, um zur Air Force zu gehen, und es gibt keinen Hinweis, daß Banister Ruby schon in jener Zeit kannte. Aber Sie kriegen einen Silver Star.«

Ich ging zur Tafel, strich Ferries Namen aus und ersetzte ihn durch Banisters.

»Es besteht die *Wahrscheinlichkeit*«, fuhr ich fort, »daß sie durch ihre Verbindungen in Chicago einige der Leute dort kannten.«

»Aber wie wollen wir mit Sicherheit wissen«, fragte Alcock und deutete auf die Tafel, »daß unser Message-Center dort tatsächlich existiert hat?« Das war typisch für Jim Alcock. Er hatte etwas gegen Ungewißheiten.

»Ich weiß es nicht«, sagte ich. »Im Augenblick haben wir nur das Denkmodell eines derartigen Meldekopfes. Damit müssen wir eben arbeiten.«

Zu dieser Zeit, im Frühjahr 1967, ereignete sich ein unerwarteter Glücksfall. Dick Billings, Redakteur des *Life*-Magazins, tauchte in unserem Büro auf. Er war ein schlanker Mann mit scharfem Verstand und bewundernswerter Schlagfertigkeit. Nachdem er sich längere Zeit mit mir unterhalten hatte, gab er mir die vertrauliche Information, das oberste Management von *Life* sei zu dem Schluß gekommen, das Attentat auf Präsident Kennedy sei eine Verschwörung gewesen, und meine Untersuchung bewege sich in die richtige Richtung. Da *Life* eigene Nachforschungen anstellte, schlug Billings eine Zusammenarbeit vor. Die Zeitschrift wollte mir technische Unterstützung zukommen lassen, und wir könnten einen Informationsaustausch vereinbaren.

Das Angebot kam zur rechten Zeit. Ich hatte die Beschattung von Dave Ferries Haus verstärken wollen, verfügte aber nicht über das erforderliche Personal, insbesondere fehlte uns ein guter Fotograf. Es war uns gelungen, eine freundschaftliche Beziehung zu dem Paar aufzubauen, das Ferrie auf dem Louisiana Avenue Parkway direkt gegenüber wohnte. Es wohnte, wie er, in der ersten Etage eines Zweifamilienhauses und hatte, wie er auch, auf der Vorderseite einen Balkon mit Markise. Ich beschrieb dem *Life*-Redakteur die Situation, und innerhalb weniger Tage kam ein erstklassiger Fotograf in die Stadt. Wir ließen ihn sofort auf dem Balkon der ersten Etage des gegenüberliegenden Hauses Stellung beziehen.

Inzwischen hatte Lou Ivon draußen am Flughafen Lakefront von New Orleans einen von Ferries früheren Flugzeugmechanikern namens Jimmy Johnson[8] aufgespürt und ihn überredet, wieder für Ferrie zu arbeiten und mit der Staatsanwaltschaft Kontakt zu halten. Die Überwachung von Ferries Aktivitäten am Flughafen zeitigte schnell ein Ergebnis. Ferrie sagte Johnson, bald werde ein Päckchen für ihn ankommen. Ein weißer Sportwagen mit geschlossenen Fenstern, aber unverschlossener Tür werde quer vor dem Verwaltungsgebäude des Flughafens stehen. Ferrie bat Johnson, alle zehn oder fünfzehn Minuten nachzusehen, ob ein derartiger Wagen vorgefahren war. War dies der Fall, sollte Johnson unter den Fahrersitz greifen, wo er ein braunes Päckchen finden würde. Das sollte er dann Ferrie bringen.

Der Wagen kam, und Johnson befolgte die Anweisungen. Als er das Päckchen ins Verwaltungsgebäude gebracht hatte, nahm Ferrie es an sich und ging auf die Toilette, um den Inhalt zu untersuchen. Aufgeregt stürzte er dann wieder heraus und verkündete, er werde ein neues Auto kaufen.

Das Bargeld, das Ferrie offenbar aus einer mysteriösen Quelle erhielt, machte eine andere Tatsache, die Jim Alcock aufdeckte, noch interessanter. Alcock stellte Ferries Bank einen Bescheid zur Aufhebung des Bankgeheimnisses für dessen Konto zu und fand heraus, daß Ferrie in den Wochen unmittelbar vor dem Attentat auf Kennedy über 7000 Dollar in bar auf sein Konto eingezahlt hatte.[9]

Und noch eine andere Spur erbrachte aufregende Informationen über Ferrie. Eine Privatdetektei hatte über Ferrie, der einst bei den Eastern Airlines als Pilot beschäftigt gewesen war, Ermittlungen angestellt. Ich besorgte mir eine Kopie des Berichts.[10] Die Detektive hatten in der Nähe seiner Wohnung einen Stützpunkt eingerichtet und beobachtet, daß Ferrie oft von einem Mann namens Dante Marachini besucht worden war. Dante Marachini wohnte in der 1309 Dauphine Street, wie ein Blick ins Telefonbuch verriet. Das fand ich deswegen außerordentlich interessant, weil Clay Shaw direkt daneben wohnte. Ich fragte mich, welche Nachbarn Clay Shaw sonst noch hatte. Ich griff nach dem Adreßbuch (das Personen nach Adressen auflistet) und fand heraus, daß ein Mann namens James Lewallen ebenfalls im Haus 1309 Dauphine Street wohnte. Nach unseren früheren Nachforschungen hatte sich James Lewallen einst mit Dave Ferrie eine Wohnung in Kenner geteilt, einem Vorort von New Orleans.

Jetzt starrte ich auf zwei ausgefallene Namen, Marachini und Lewallen. Beide hatten früher mit Ferrie zu tun gehabt, und beide wohnten direkt neben Clay Shaw. Darüber mußte man nachdenken.

Einige Zeit später stieß ich wieder auf den Namen Dante Marachini. Ich hatte mich mit Leuten der Reily Coffee Company unterhalten wollen, die mit Oswald zusammen oder direkt über ihm gearbeitet hatten. Deshalb schickte ich

Frank Klein zu der Firma, um ihre Namen und Positionen in Erfahrung zu bringen.

Er war ziemlich schnell wieder da. »Sie sind alle weg«, sagte er. »Jeder, der in irgendeiner Verbindung mit Oswald stand, hat die Reily Company wenige Wochen nach seinem Tod verlassen.« Er legte ein Blatt Papier vor mich hin. »Hier sind die Namen und die neuen Jobs.«

Ich sah mir die Liste an.[11] Ein Name sprang mich förmlich an: Dante Marachini. Er hatte genau am gleichen Tag wie Oswald angefangen, für die Reily Company zu arbeiten. Einige Wochen nach Oswalds Kündigung hatte Marachini die Reily Coffee Company verlassen und ein neues Leben begonnen: bei der Chrysler Aerospace Division der National Aeronautics and Space Administration (NASA) im Osten von New Orleans.

Dann fiel mir auf, daß Alfred Claude, der Oswald bei Reily eingestellt hatte, danach ebenfalls zur Chrysler Aerospace Division gewechselt war.

Etwa zur gleichen Zeit hatte Emmett Barbee, Oswalds unmittelbarer Vorgesetzter bei Reily, die Firma verlassen und eine neue Karriere bei der NASA gestartet.

Nachdem ich gesehen hatte, was mit all den Männern passiert war, die mit Oswald bei der Reily Company zu tun gehabt hatten, und nachdem ich Dante Marachinis Namen erneut gelesen hatte, wurde meine Neugier über die 1309 Dauphine Street erneut geweckt. Ich rief Lou Ivon herein und bat ihn herauszufinden, ob James Lewallen, David Ferries früherer Mitbewohner, der nun in der Dauphine Street wohnte, auch soviel Glück wie einige von Reilys Angestellten gehabt hatte. Ivon brauchte ein paar Tage dazu, aber er kam mit einer inzwischen nicht mehr überraschenden Information zurück: Lewallen arbeitete draußen bei der NASA für Boeing. Lou und ich spielten etwas mit dieser interessanten Information herum, dann stellte sich uns beiden die Frage, was aus Melvin Coffee geworden war, der David Ferrie am Vorabend des Attentats nach Texas begleitet hatte.

Ivon kehrte am nächsten Tag zurück. Melvin Coffee war

von der Aerospace Operation in Cape Canaveral eingestellt worden.

Vielleicht war es ein bloßer Zufall, daß alle Männer, die mit David Ferrie, Clay Shaw und Lee Oswald näheren Kontakt gehabt hatten, am Ende bei der NASA gelandet waren, aber ich hatte da meine Zweifel. Soviel wußte ich inzwischen: Wenn eine Gruppe von Einzelpersonen ohne ersichtlichen Grund zusammenkommt oder unerklärlicherweise, als würde sie von einem Magnetfeld angezogen, in die gleiche Richtung treibt, werden oft irgendwo die schattenhaften Umrisse einer verdeckten Geheimdienstoperation sichtbar.

Kapitel 9
FREUNDSCHAFTSBANDE

Unsere Nachforschungen in Clinton hatten eindeutig eine Beziehung zwischen Clay Shaw und David Ferrie hergestellt. Aber wir standen einem echten Problem gegenüber, was die Glaubwürdigkeit betraf. Würde man uns abnehmen, daß ein weltgewandter, gebildeter Mann wie Clay Shaw einen so bizarren, schlampigen Burschen wie David Ferrie überhaupt kannte und sogar mit ihm befreundet war? Die beiden Männer mit so unterschiedlichen Charakteren arbeiteten nicht nur zusammen, sie waren auch die dicksten Freunde. Es gab nur eine Möglichkeit, auch dem größten Skeptiker den Beweis zu liefern: Wir mußten mehr Zeugen finden, die dieses seltsame Paar kannten. Dazu benötigten wir einige Monate.

Ein wichtiger Zeuge war Jules Ricco Kimble[1], Mitglied von rechtsaußen angesiedelten Gruppen[2] wie den Minutemen und dem Ku-Klux-Klan, dessen Namen später mit der Ermordung Martin Luther Kings[3] in Zusammenhang gebracht wurde. Er hatte im Herbst 1960 oder im Frühjahr 1961 – Kimble war noch ein Teenager – etwas im Golden Lantern getrunken, einer Kneipe mitten im Vieux Carré, als Dave Ferrie ihm Clay Shaw vorstellte. Danach traf er Shaw bei mehreren Gelegenheiten, erinnerte sich Kimble. Eines Tages im Herbst 1960 oder im Frühjahr 1961 rief Ferrie ihn an und fragte ihn, ob er Lust hätte, einen Nachtflug mitzumachen. Kimble stimmte zu; er traf Ferrie am Flughafen und erfuhr, daß Shaw ebenfalls mit von der Partei sein würde. Sie würden nach Kanada fliegen, um dort jemanden abzuholen.

Kimble erinnerte sich, daß Shaw während der Reise hinten im Flugzeug saß und entweder schlief oder in einem

Buch blätterte. Seinen Erinnerungen zufolge hatte Shaw auch einen braunen Aktenkoffer dabei.

Ferrie legte Zwischenlandungen zum Auftanken in Nashville/Tennessee, Louisville/Kentucky und Toronto/Kanada ein und benutzte dazu eine Gulf-Kreditkarte. Das Ziel war Montreal. Kimble und Ferrie übernachteten in einem Hotel in Dorval, unmittelbar an der Stadtgrenze von Montreal.[4] Shaw verschwand sofort nach der Landung, und sie sahen ihn erst am nächsten Morgen um 8.00 Uhr wieder, der vereinbarten Zeit zum Rückflug nach New Orleans.

Als Shaw beim Flugzeug eintraf, wurde er von einem »Mexikaner oder Kubaner« begleitet. Kimble beschrieb den Mann als untersetzt, dunkelhäutig, mit beginnender Glatze und Anfang oder Mitte Dreißig. Shaw und der Latino saßen zusammen im hinteren Teil des Flugzeugs; letzterer unterhielt sich nur in gebrochenem Englisch mit Shaw. Kimble identifizierte das Flugzeug als eine Cessna 172, die, wie er glaubte, einem Freund Ferries gehörte.

Nach der Landung auf dem Flughafen Lakefront in New Orleans stiegen alle in Kimbles Wagen, und er brachte sie in die Stadt. Etwa einen Monat später erhielt er einen erneuten Anruf von Ferrie, der wissen wollte, ob er Lust hätte, ein weiteres Mal nach Kanada zu fliegen, doch diesmal lehnte er ab.

Bei dieser Geschichte gab es einige interessante Aspekte. Erstens war bekannt, daß Shaw Angst vor dem Fliegen hatte. Doch hier begab er sich in einer kleinen Cessna auf eine lange Flugreise. Das konnte ein Hinweis auf eine Mission sein, die mehr als nur Routine war und für die sich Shaw persönlich verantwortlich fühlte. Zweitens reichte Ferrie nie irgendwelche Flugpläne ein. Für Shaw war es überaus praktisch, daß es keine Unterlagen über diese und andere Reisen gab, die er vielleicht mit Ferrie unternommen hatte.

Kimbles Aussage ging noch weiter. Er gab an, Shaw bei verschiedenen Gelegenheiten in Bars und im International Trade Mart gesehen zu haben, den Shaw leitete. Kimble hatte gehört, wie andere Leute Clay Shaw als Clay Bertrand vorstellten, doch ihm war er nie unter diesem Namen vorgestellt worden.

Während der Zeit, in der er mit Ferrie und Shaw Umgang pflegte, so erzählte Kimble, wurden für ihn Kontakte mit mehreren CIA-Agenten hergestellt. Seiner Erinnerung nach handelte es sich um einen gewissen Steinmeyer, der seitdem nach Texas versetzt worden war, wie Kimble meinem Stab gegenüber behauptete; um Natt Brown, der sich zur Zeit von Kimbles Aussage noch in New Orleans aufhielt, und um einen dritten Agenten namens Red, dessen Nachname er nicht kannte. Kimble traf sich gewöhnlich mit ihnen in Motelzimmern, wo er ihnen Berichte, Bilder und Tonbandaufnahmen übergab und dafür einen Scheck oder Bargeld bekam. Den Empfang mußte er dann quittieren. Er fügte hinzu, daß die Agenten ihm oft Anweisungen an sein Postfach im Hauptpostamt in der Lafayette Street mit der Nummer 701-30252 schickten.

Es gab noch andere Gelegenheiten, bei denen Shaw und Ferrie zusammen gesehen wurden. Beispielsweise hatte Ferrie einen seiner jungen Freunde, David Logan, Shaw bei Dixie's, einer Kneipe an der Bourbon Street/Ecke St. Peter, vorgestellt.[5] Davor hatte Ferrie Logan mit in eine Bar namens The Galley House an der Ecke Toulouse und Chartres Street mitgenommen, wo sie Shaw ebenfalls trafen. Ein weiteres Mal begegnete Logan in Begleitung von Ferrie Shaw auf einer Party in der Governor Nichols Street. Durch diese Treffen lernte der junge Mann Shaw ganz gut kennen und erhielt eine Einladung zum Essen. Logan erinnerte sich, daß das Essen von einem livrierten Kellner serviert wurde und sie sich an einem fast drei Meter langen Tisch gegenübersaßen. Offenbar hatte Shaw seine Vorliebe für Pomp nie aufgegeben.

Wegen einer ganz anderen Angelegenheit fuhren Nicholas Tadin, der Vorsitzende der lokalen Musikergewerkschaft, und seine Frau Mathilda an einem Wochenende nachmittags zum Flughafen New Orleans[6]; sie wollten mit David Ferrie über Flugstunden für ihren Sohn sprechen. (Ferrie betrieb zu dieser Zeit eine Flugschule.) Nachdem sie ihren Wagen geparkt hatten, sahen sie, wie Ferrie zusammen mit Clay Shaw aus dem Hangar kam und sich mit ihm unterhielt. Als sich Shaw von den Tadins abwandte und zu seinem Wagen ging, winkte Ferrie ihm hinterher. Mrs. Tadin wollte wissen, wer Ferries Besucher sei, und ihr Mann, der Shaw bei diversen Anlässen gesehen hatte, sagte ihr, er sei der Direktor des International Trade Mart.

Wir konnten noch eine andere Person ausfindig machen, die Clay Shaw durch David Ferrie kennengelernt hatte: Raymond Broshears, einen alten Freund Ferries, der manchmal aus Long Beach, Kalifornien, in die Stadt kam.[7] Wir spürten Broshears, einen gesprächigen Burschen, einige Zeit nach Ferries Tod auf. Es sei 1965 gewesen, erzählte er uns, in Dixie's Bar, reichlich abseits von den Touristenpfaden und so tief im Vieux Carré, daß Shaw sich wohlgefühlt hatte, als er ihm zum erstenmal begegnet war. Später am Abend, als Shaw mit Ferrie, was selten geschah, öffentlich in einem Restaurant speiste, ging Shaw nach Hause, zog sich um – er schlüpfte aus seiner sportlichen Kleidung in etwas weniger Zwangloses – und traf dann die beiden anderen in dem Restaurant. Broshears sagte, er hätte einen »wunderbaren« grauen Anzug getragen.

Bei einer anderen Gelegenheit saß Broshears zusammen mit Ferrie in einem Straßencafé auf der Bourbon Street, als Shaw in einem großen schwarzen Wagen mit Chauffeur auftauchte. Broshears erinnerte sich, daß Ferrie hinüberging und sich kurz mit Shaw unterhielt, bevor dieser weiterfuhr.

Broshears sah Ferrie und Shaw ein weiteres Mal zusammen an der Ecke Dauphine Street und einer anderen Straße im French Quarter, an deren Namen er sich nicht mehr erinnern konnte. Ferrie führte ihn an die Ecke und ließ ihn wissen, daß sie auf Shaw warteten. Shaw fuhr wieder in einem imposanten schwarzen Wagen vor und übergab Ferrie einen großen braunen Umschlag. Dann, mit einem Blick in Broshears' Richtung, informierte Shaw ihn darüber, daß Broshears vom FBI gesucht werde. Nachdem Shaw weitergefahren war, öffnete Ferrie den Umschlag, der Bargeld enthielt, und gab Broshears ein paar Scheine.

Laut Broshears hatte Ferrie nie von seiner Verwicklung in das Attentat auf Präsident Kennedy erzählt, außer, er war betrunken. War er jedoch betrunken genug, hob er sehr bemüht hervor, daß er nur am Rande darin verwickelt war. Er fügte unweigerlich hinzu, wenn man nur etwas zur Verfügung stellte, das mit einem Attentat zu tun habe, sei man eigentlich nicht an dem Attentat beteiligt gewesen.

Über mehrere Monate hinweg lernte Ferrie Broshears besser kennen und erzählte ihm mehr. Laut Broshears war Ferrie am Nachmittag des Attentats nach Houston, Texas, gefahren. Er hatte den Auftrag, dort zu warten, bis Mitglieder der Attentätergruppe aus Dallas zu ihm stießen. Die beiden Männer sollten in einem einmotorigen Flugzeug eintreffen, das von einem der Attentäter geflogen wurde, einem Mann namens Carlos, den Ferrie gut kannte. Nachdem sie die unmittelbare Gegend von Dallas verlassen hatten, hielten sie ein zweimotoriges Flugzeug für praktischer, und da sollte Ferrie ins Spiel gebracht werden. Er hatte den Auftrag erhalten, die beiden Gruppenmitglieder aufzusammeln, nachdem die einmotorige Maschine aus Dallas gelandet war, und sie danach an einen weiter entfernten Ort zu fliegen.

Ferrie erzählte, daß er alle Befehle genau ausgeführt habe, einschließlich des Besuches der Eislaufbahn, in der er auf Carlos warten sollte. Aber Carlos kam nicht. Broshears glaubte zuerst, Ferrie würde diesen Teil erfinden.

Als Ferrie sich dann betrank und erneut erzählte, daß er auf Carlos in der Eislaufbahn von Houston gewartet hatte, erkannte Broshears, daß Ferrie sich dies nicht nur ausgedacht hatte. Es stellte sich heraus, daß es in letzter Minute eine Änderung für die Abreise dieser beiden Mitglieder der Attentätergruppe gegeben hatte.

Ferrie enthüllte Broshears gegenüber nie, wer ihm die Befehle erteilte. Aber er ließ keinen Zweifel daran, daß er Carlos nicht für fähig hielt, ein Flugzeug zu fliegen, das mehr als einen Motor hatte. Er beschrieb Carlos als Exilkubaner, wie den anderen Mann der Attentätergruppe, der laut Anweisung mit ihm zusammen in Houston ankommen sollte. Ferrie hatte beide in New Orleans kennengelernt. Sie waren davon überzeugt, Präsident Kennedy habe sie an die Kommunisten verkauft.

So lautete zumindest Broshears' Aussage. Ich war von Anfang an gegenüber Details mißtrauisch, die einzelne Personen preisgaben. Ich war mehr daran interessiert, die *Kräfte* in den Mittelpunkt zu stellen, die daran beteiligt waren. Ich konnte jedoch die Einzelheiten über die Kubaner nicht ignorieren, deren Bekanntschaft Ferrie angeblich in New Orleans gemacht hatte. Ich wußte, daß Ferrie der Guerilla-Ausbilder für Guy Banister und seine Amerikaner und Kubaner im Ausbildungslager nördlich des Lake Pontchartrain gewesen war. Deshalb paßte Broshears' Beitrag in das sich langsam schließende Puzzle. Ich ließ Broshears dreimal aussagen. Alle drei Aussagen unterschieden sich nur geringfügig voneinander.

Als wir die Aussagen Broshears' und anderer Zeugen sammelten, wußten wir nicht, daß Shaw und Ferrie über unsere Untersuchung informiert waren und sich weiterhin in der Hoffnung trafen, einen Plan zu schmieden, sie zu stoppen. Aber im September 1967 fand ein Mann den Weg in mein Büro, den Shaw und Ferrie einige Abende lang wegen seiner Dienste umworben hatten. Er machte Jim Alcock[8] gegenüber eine ausführliche Aussage über die Aktivitäten dieses Paares.

Edward Whalen aus Philadelphia, Pennsylvania, war Berufsverbrecher. Er hatte den größten Teil seines Lebens im Gefängnis verbracht. Ein Freund, dessen Namen er nicht enthüllte, brachte Ferrie im Frühjahr 1967 in Columbus, Ohio, telefonisch mit Whalen zusammen, der sich zu dieser Zeit gerade »auf freiem Fuß« befand. Ferrie bat Whalen, ihn in New Orleans zu treffen. Whalen erfuhr, daß ein Überfall auf das Hotel Jung und den kleinen Juwelierladen an der Kreuzung Baronne und Gravier Street das große Geld bringen würde.

Whalen, der kurz zuvor in Columbus ein neues Auto gestohlen hatte, fuhr nach New Orleans. Er ließ seine jüngste Errungenschaft in irgendeiner Seitenstraße stehen und traf Ferrie im Absinthe House auf der Bourbon Street. Ferrie, der wie gewöhnlich auffallende Kleidung aus zweiter Hand trug, machte auf Whalen einen betrunkenen Eindruck. Whalen nahm sich einen Stuhl und setzte sich zu ihm an den Tisch.

Ferrie eröffnete das Treffen, indem er seine fliegerischen Fähigkeiten groß herausstellte. Whalen unterbrach ihn jedoch barsch und sagte, er brauche Geld, weil er auf der Flucht vor der Polizei sei. Ferrie versicherte ihm, er könne eine große Summe verdienen, und notfalls würde er Whalen selbst außer Landes fliegen. In dieser ersten Besprechung, die etwa eine halbe Stunde dauerte, verriet Ferrie Whalen keine Einzelheiten des Plans.

Nach diesem Treffen verbrachte Whalen die Nacht in einer Wohnung, die Ferrie ihm zur Verfügung gestellt hatte. Ferrie überließ Whalen für die Zeit seines Aufenthaltes in der Stadt auch einen schwarzen, etwas heruntergekommenen Ford. Es wurde vereinbart, daß Whalen Ferrie und eine andere Person am nächsten Abend im Absinthe House treffen sollte.

Whalen betrat das Absinthe House als erster. Kurz darauf traf Ferrie mit dem anderen Mann ein, der als Clay Bertrand vorgestellt wurde. Ferrie bestritt den größten Teil des Gesprächs, während Whalen, der schwieg, den anderen abschätzte. Hin und wieder sprach Ferrie den anderen Mann – laut der Beschreibung war es eindeutig Clay Shaw – mit dem Namen Clay Bertrand an. Shaw wurde gereizt, wandte sich aber nicht direkt an Ferrie.

Nachdem die drei das Absinthe House verlassen hatten, fuhren sie in Ferries Wohnung auf dem Louisiana Avenue Parkway, die Whalen bis hin zu den schäbigen Möbeln ganz exakt beschrieb.

Dort kam Ferrie dann endlich zur Sache. Er und Shaw wollten jemanden ermorden lassen. Shaw wollte Whalen 10000 Dollar im voraus als Anzahlung geben. Nach Erledigung des Auftrags sollte Whalen weitere 15000 Dollar erhalten. Shaw wollte ihm einen falschen Paß besorgen, und Ferrie würde ihn nach Mexiko fliegen. Shaw sagte, das Opfer wolle gegen ihn wegen einer früheren Sache als Zeuge aussagen; könne man diesen Mann nicht aufhalten, müsse er für lange Zeit ins Gefängnis. Der Name des Opfers wurde zu diesem Zeitpunkt nicht erwähnt. Whalen gefiel der Handel zwar nicht, aber er gab vor, mitzumachen. Bevor er ging, überreichte Shaw ihm 300 Dollar für seine Ausgaben. Whalen verbrachte die Nacht in einem Motel auf der Tulane Avenue. Er trug sich nicht unter seinem richtigen Namen ein, konnte sich aber nicht mehr daran erinnern, welchen Namen er benutzte.

Am nächsten Tag traf Ferrie Whalen in Moran's Restaurant. Nach dem Frühstück schlug Ferrie vor, daß sie ein Stück fahren sollten. Als sie im Auto saßen, fragte Ferrie, ob er je von Jim Garrison gehört habe. Whalen verneinte. Ferrie erzählte ihm, Garrison sei Staatsanwalt – und der Mann, den sie umbringen wollten. Whalen teilte Ferrie nun endgültig mit, daß er mit der Sache nichts zu tun haben wolle. Ferrie wollte ihn überreden, aber Whalen lehnte ab. Sie trennten sich mit dem Versprechen, sich am nächsten Abend im Absinthe House zu treffen. Whalen verbrachte die Nacht in einem Motel am Airline Highway. Er konnte sich nicht erinnern, wie das Motel hieß oder unter welchem Namen er sich eintrug.

Whalen und Ferrie sahen sich am nächsten Abend wie verabredet im Absinthe House wieder. Von dort gingen sie sofort zu Shaws Wohnung in der Dauphine Street. Whalen erinnerte sich, daß sich die Wohnung im ersten Stock befand und ausgesprochen luxuriös eingerichtet war.

Zuerst waren nur Shaw, Ferrie und Whalen anwesend. Shaw und Ferrie versuchten, Whalen zu überreden, den Plan auszuführen. Eine halbe Stunde später kam ein kleiner, dicker Mann herein, der eine dunkle Brille trug. Shaw stellte ihn als Dean Andrews vor. Andrews und Shaw berieten sich eine Zeitlang abseits von Whalen und Ferrie, und kurz darauf verließ Andrews die Wohnung.

Shaw wandte sich dann an Whalen und versuchte weiter, ihn zu überreden. Shaw sagte, er habe Whalen überprüfen lassen und wisse, daß seine Tochter an Kinderlähmung leide. Sollte Whalen den Plan ausführen, werde er dafür sorgen, daß seine Tochter die beste medizinische Versorgung erhalte, die für Geld zu haben sei. Er werde außerdem dafür sorgen, daß sie das College besuchen könne. Doch Whalen blieb standhaft; er wollte keinen Staatsanwalt umbringen. Also gingen er und Ferrie.

Draußen meinte Ferrie, er mache einen Fehler. Clay Bertrand könne eine Menge für ihn tun. Auch sprach Ferrie das erste Mal von Lee Oswald. Er sagte, Bertrand habe viel für Oswald getan, und Oswald sei nur umgebracht worden, weil er Mist gebaut habe. Ferrie behauptete, Oswald sei Agent der Central Intelligence Agency gewesen und habe von ihm und Shaw einst Geld bekommen. Ferrie sagte auch, sie hätten »Insider-Informationen« von Dean Andrews erhalten, laut denen Jim Garrison eine Untersuchung über das Attentat auf Präsident Kennedy einleiten würde. Ferrie prahlte, er habe das Attentat auf Kennedy vorbereitet, und erwähnte die Namen anderer wichtiger Leute, die er angeblich kannte. Whalen glaubte diese Behauptungen nicht; er hielt sie für Angebereien bei dem Versuch, ihn doch noch zu überreden. Whalen beharrte, er wolle mit der Sache nichts zu tun haben, und verabschiedete sich.

Außer der Neigung, bei Daten und Namen etwas vage zu sein, hat Edward Whalen Jim Alcock nach meiner Meinung eine sehr genaue Aussage zu Protokoll gegeben. Besonders überzeugte mich Whalens Wissen, daß Dean Andrews Shaw und Ferrie vor meiner bevorstehenden Ermittlung gewarnt hatte. Als Whalen sich mit Shaw und Ferrie traf, hatte es nur eine Person außerhalb meines unmittelbaren Stabes gegeben, der ich von der Untersuchung erzählt hatte – und zwar keinem anderen als Dean Andrews bei unserem denkwürdigen Mittagessen.

Es überraschte mich zu hören, daß ich beseitigt werden sollte. Aber wenn ich auf unsere Untersuchung zurückblickte, hatten wir hier und dort etwas erreicht, und es fiel mir nicht schwer, mich an Shaws und Ferries Stelle zu versetzen. Ihre Verzweiflung, besonders nach meinem Gespräch mit Dean Andrews in Broussard's Restaurant, war auf jede Weise nachvollziehbar. Doch das ängstigte mich nicht, und es hielt mich mit Sicherheit auch nicht auf. Es war mir schon immer wesensfremd gewesen, einer Auseinandersetzung aus dem Weg zu gehen. Ich sah mein Leben als eine Art Fortführung des Zweiten Weltkrieges, nur daß es eine andere Art Kampf war – und ein anderer Feind. Soweit es mich betraf, mußten Shaw, Ferrie und wer sonst noch hinter ihnen stand aufgeben, bevor ich es tat.

Shaw hatte vielleicht die richtigen Verbindungen zur CIA, um zu verlangen, daß ich ausgeschaltet wurde. Aber zu diesem Zeitpunkt hatte ich erkannt, daß die Agency über viel subtilere und feinere Möglichkeiten verfügte, um mit der Bedrohung fertig zu werden, die ich darstellte. Meiner Einschätzung nach hatten Ferrie und Shaw, als sie zur Lösung ihrer juristischen Probleme mit Whalen Kontakt aufnahmen, ein eigenes, abtrünniges Unternehmen ins Leben gerufen.

Unsere Untersuchung hatte Monate damit zugebracht, zahlreiche Zeugen ausfindig zu machen, die Shaw eindeutig mit Ferrie in Verbindung brachten. Wir wußten noch immer nicht genau, was sie eigentlich getan hatten. Aber wenn sie den Punkt erreicht hatten, einen Killer anzuheuern, mußte es schon etwas Gewaltiges sein.

Kapitel 10
DIE IDEN DES FEBRUAR

Ich hätte wissen müssen, daß die Dinge für uns zu glatt gelaufen waren. Seit dem glücklichen Wochenende, an dem ich auf die Tatsache gestoßen war, daß Oswalds gestempelte Adresse 544 Camp Street sich inmitten der örtlichen Geheimdienststellen befand, hatten wir entscheidende Indizien und Zeugen gefunden, die – absichtlich oder nicht – von der Warren-Kommission und den Medien ignoriert worden waren. Da wir von einer unerwarteten Entdeckung zur nächsten gestolpert waren, kamen wir stetig voran.

Doch nun waren die Iden des Februar angebrochen. Zumindest nannten wir diesen Zeitabschnitt so; bis die düsteren Tage, die noch kommen sollten, diese für kurze Zeit bedeutungsvolle Bezeichnung nichtig erscheinen ließen. Es waren interne Probleme aufgetaucht, die die Untersuchung allmählich behinderten.

Frank Klein, der erste stellvertretende Staatsanwalt, und Pershing Gervais, der Hauptermittler, waren von Anfang an die beiden tatkräftigsten Mitarbeiter meiner Behörde gewesen. Klein dachte streng legalistisch, war peinlich genau und präzise. Er war ein blauäugiger, blonder Mann, der sehr stolz auf seine deutsche Herkunft war und zutiefst an Disziplin und Loyalität glaubte. Die hauptsächlichen Gründe für meine Entscheidung, ihn sofort in die zweite Position der Staatsanwaltschaft zu berufen, waren der Wert, den er dem System, der Ordnung und Verantwortung beimaß, und die Aufmerksamkeit, die er Details schenkte.

Pershing Gervais unterschied sich nicht nur in der äußerlichen Erscheinung völlig von Klein, sondern auch durch seine Vergangenheit und Tugenden. Wie Klein war er sehr intelligent und hatte einen ausgeprägten Sinn für Humor, aber dann hörte die Ähnlichkeit auch schon auf. Wo Klein zu Phlegmatismus neigte, war Gervais lebhaft. Gervais war französischer Abstammung, schwarzhaarig, mit dunklen Augen, ruhelos. Sein Temperament war unbeständig, und manchmal sogar sehr impulsiv.

Der vielleicht größte Unterschied zwischen beiden Männern zeigte sich in ihrer Haltung, die sie der Autorität entgegenbrachten. Klein neigte dazu, sie gutzuheißen, sie zu unterstützen, sie als eine Art Mörtel anzusehen, der alles zusammenhielt. Gervais dagegen stand der Autorität äußerst mißtrauisch gegenüber. Er mißtraute ihr so lange, bis er sie getestet hatte. Mehr noch, Auflehnung zog ihn – fast um ihrer selbst willen – auf animalische Weise an, und das war so tief in ihm verwurzelt, daß ich es erst bemerkte, als es zu spät war. Ich kannte Gervais seit 1941, als wir als Angehörige der Washingtoner Artillerie-Einheit der Nationalgarde zusammen zur Army gegangen waren. Im Zweiten Weltkrieg hatten wir gemeinsam bei den großen Geschützen (155-mm-Haubitzen) gedient und waren langsam zum Sergeant aufgestiegen. Als ich unsere Einheit verließ, um die Offiziersschule zu besuchen, waren wir enge Freunde geworden.

Viele Jahre später, als ich zum Staatsanwalt gewählt wurde, stellte ich diesen alten Freund an die Spitze meines Untersuchungsstabs für Routineuntersuchungen – organisierte Gesetzesverletzungen, bei denen Bürger betrogen wurden.[1] Damals wußte ich, daß er Jahre zuvor als Beamter des berüchtigten korrupten New Orleans Police Department in einige fragwürdige Aktivitäten verwickelt gewesen war. Aber Gervais' Aussage hatte wesentlich dazu beigetragen, die Korruption bei der Polizei in der Stadt zu beenden, und als ich ihn einstellte, arbeitete er für die Metropolitan Crime Commission als Undercover-Informant. Ich war der Meinung, daß eine völlig ehrliche, »anständige« Staatsanwaltschaft wie die unsere einen Mann wie Gervais, der einmal einen Fehler gemacht hatte und nun »geläutert« war, brauchen konnte. Wir benötigten über die im Verborgenen agierende Unterwelt von New Orleans Kenntnisse aus erster Hand, und Gervais schien von der Bourbon Street bis zu den Außenbezirken der Stadt zu wissen, was sich wo abspielte.

Ich wurde 1962 vereidigt, und während der ersten Amtsjahre gab es keinen Grund für die Annahme, daß mein erster Stellvertreter und mein erster Ermittler nicht miteinander auskamen. Während dieser Zeit war Gervais tatsächlich so etwas wie ein Fremdenführer gewesen, als wir gegen Striplokale, Spielhöllen und andere Aktivitäten des organisierten Verbrechens losschlugen, mit denen New Orleans mittlerweile gleichgesetzt wurde. Wir stürzten uns auf die Kneipen, in denen Touristen ausgenommen und Prostituierte in Séparées angeboten wurden. Wir schlossen das letzte Bordell von New Orleans. Zum erstenmal seit mehr als hundert Jahren konnten wir dem Lotteriegeschäft Einhalt gebieten, das den armen Leuten der Stadt das Geld aus der Tasche gezogen hatte. Die Kombination aus Kleins Effizienz und Gervais' Kenntnissen war dabei äußerst hilfreich.

Als mir 1966 die persönlichen Meinungsverschiedenheiten zwischen Klein und Gervais auffielen, hielt ich sie für ein lösbares Problem. Aber sobald wir die Kennedy-Untersuchung in Angriff nahmen, eskalierte der Streit zwischen den beiden. Aus Gesprächen mit Gervais wußte ich, daß ihn das Attentat nicht interessierte. Zu diesem Zeitpunkt war mir allerdings nicht bekannt, daß Gervais Klein seit dem Herbst 1966 dazu gedrängt hatte, mich zu überreden, die Kennedy-Untersuchung einzustellen. Klein, der meine Leidenschaft teilte, in dieser Sache die Wahrheit herauszufinden, ärgerte sich über Gervais' Einmischungen.

Wie tief die Kluft zwischen beiden Männern war, fand ich an einem Wochenendnachmittag Mitte Februar 1967 heraus. Ich kam nach drei Tagen Sonderdienst der Nationalgarde von einer Übung des Heeresdivisionsstabs müde und schmutzig in mein Büro. Noch in Uniform fand ich zuoberst auf meinem Schreibtisch eine kurze Mitteilung von Frank Klein. In der Hauptsache ging es darum, daß er es nicht länger ertragen konnte, in demselben Team wie Pershing Gervais zu arbeiten. Er informierte mich widerstrebend darüber, daß er zurücktreten werde, wenn ich Gervais nicht fallenließ. Ich mußte mich entscheiden.

Ich fürchte, ich war durch meine Jahre bei der Army sehr geprägt worden, und eine Sache, die ein Kommandant auf gar keinen Fall tolerieren kann, ist ein Ultimatum, das ihm von einem rangniederen Offizier gestellt wird. Ich legte den Brief hin, ging zu meinem Aktenschrank und holte die Bewertungen über die Arbeit der diversen stellvertretenden Staatsanwälte heraus. Einer der Prozeßanwälte, Charles Ward, stach wegen seiner Erfolge vor Gericht besonders hervor. Ich rief ihn an und bot ihm Kleins Stellung an. Obwohl er überrascht war, willigte er ein. Nachdem das erledigt war, nahm ich den Rest meiner Post vom Tisch und fuhr nach Hause.

Ich strich die Sache aus meinem Bewußtsein, überzeugt, sie auf die einzig richtige Weise erledigt zu haben, die einer Führungspersönlichkeit offensteht. Erst als ich am nächsten Morgen aufwachte, wurde mir bewußt, was ich wirklich getan hatte. Dann erkannte ich allerdings, daß meine dumme militärische Reaktion dazu geführt hatte, den wichtigsten Mann unserer Ermittlung, unseren fähigsten Kopf, gehen zu lassen.

Innerhalb weniger Tage besiegte der gesunde Menschenverstand meinen Stolz; ich rief Frank Klein an und lud ihn zum Mittagessen ein. Er war noch immer der gleiche alte Frank; er war zwar etwas von mir enttäuscht, konnte aber mein Zögern verstehen, eine Entscheidung zu treffen, die auf Charakterunterschieden basierte. Ich gab zu, einen Fehler gemacht zu haben, und bat ihn, seinen Posten wieder anzunehmen. Aber er lehnte ab, solange Gervais da war. Warum er mir nicht von Gervais' Drängen erzählte, die Kennedy-Untersuchung zu beenden, werde ich nie begreifen. Aber Frank ließ keinen Zweifel an seinem Ermittlungseifer.

Ich deutete an, daß ich einen *modus operandi* finden würde, der es ihm erlaube, sich weiterhin an der Kennedy-Untersuchung zu beteiligen. Bevor wir auseinandergingen, verabredeten wir, daß er in der ersten Zeit durch Lou Ivon Kontakt mit mir oder anderen in der Behörde halten sollte. Nach dem Mittagessen waren Frank Klein und ich seltsamerweise so enge Freunde wie eh und je.

Was Pershing Gervais anbelangte, so blieb er für die nächste Zeit unser erster Ermittler. Da ich ein alter Kumpel aus der Militärdienstzeit war, der sich durch Sentimentalität blenden ließ, hatte ich – bis es zu spät war – keine Vorstellung davon, wozu ihn seine Liebe zum Geld schließlich treiben würde. (Siehe Kapitel 19)

Kurz darauf, am 17. Februar 1967, wurde ich wieder aufgeschreckt. Es war der unvergeßliche Tag, an dem der *New Orleans States-Item* seine »große Story« veröffentlichte. Jim Alcock war gerade dabei, mir zu erklären, wie wir mit Hilfe von Computern die Übersicht über die laufenden Fälle behalten und unsere Kosten senken konnten, als Lou Ivon mit grimmigem Gesicht in mein Büro platzte. Er legte feierlich eine Ausgabe der Zeitung vor uns auf den Tisch. »Einen fröhlichen Valentinstag!« sagte er.

Obwohl ich wußte, daß ein Artikel geplant war, da ein Reporter mich angerufen hatte, trafen mich die Überschrift und die ersten Absätze wie eine kalte Dusche.

»HIESIGER STAATSANWALT UNTERSUCHT
MÖGLICHES MORDKOMPLOTT GEGEN JFK
Geheimnisvolle Reisen verschlingen große Summen.

Die Staatsanwaltschaft des Bezirks New Orleans hat eine umfassende Untersuchung der Umstände eingeleitet, die die Ermordung Präsident John F. Kennedys umgeben.

Der *States-Item* hat erfahren, daß die Staatsanwaltschaft überdurchschnittlich hohe Geldbeträge in die Untersuchung eines möglichen Mordkomplotts steckt.

Staatsanwalt Jim Garrison weigert sich, die Existenz einer solchen Untersuchung zu bestätigen, zu verneinen oder Informationen zu kommentieren, die dem *States-Item* bekanntgeworden sind...

Prozeßassistenten und Ermittler, die dem Staatsanwalt zugeteilt sind, haben seit dem 25. November 1966 mehr als 8000 Dollar an unbelegten Reise- und ›Ermittlungskosten‹ ausgegeben.«

»Verdammt«, murmelte Jim Alcock. Für Jim, der sich jegliche Unmutsbezeigungen für Konfrontationen im Gerichtssaal aufsparte, kam dies einem Seemannsfluch gleich.

»Ich frage mich, ob diese Typen ahnen«, grollte Lou Ivon, »wieviel sie für diese 8000 Dollar bekommen haben.«

Stumm lasen wir weiter. Die Reporterin Rosemary James, die geahnt hatte, daß in unserem Büro etwas vor sich ging, hatte sich die Spesenbelege angesehen, für deren Erstattung wir um gerichtliche Zustimmung baten. So hatten wir unsere Untersuchung finanziert. Wir hatten so unauffällig wie möglich gehandelt und angenommen, dies sei der wirksamste und verantwortungsbewußteste Weg, eine so potentiell explosive Situation zu handhaben. Die Rechnungsbelege waren jedoch öffentlich zugänglich, deshalb konnte man sie legal nicht zurückhalten.

Als sie zu Ende gelesen hatten, schoben Ivon und Alcock ihre Zeitungen beiseite. Sie sahen mich an und warteten auf meine Reaktion.

Ich blickte sie kurz an und sah die Wut in ihren Augen. Sie erwarteten von mir eine zornige Reaktion.

Ich zuckte die Achseln.

»Ist das *alles*?« explodierte Ivon.

»Sie haben die Geschichte aufgedeckt«, sagte ich ruhig. »Das ist ihr Job. Auf jeden Fall erreichen wir absolut nichts, wenn wir wütend werden.«

Jim Alcock sah uns ungläubig an. »Ich muß rausgehen und mir noch mal die Tür ansehen. Ich glaube, ich bin beim falschen Staatsanwalt gelandet.«

Als ich am nächsten Morgen über die Broad Street auf die Tulane Avenue zufuhr, konnte ich schon die Reporter sehen, die in einer dichten Schar versuchten, sich durch den schmalen Eingang zum zweiten Stock des Criminal District Court Building zu drängeln, in dem unsere Büros lagen. Ich wies meinen Fahrer an, das große, festungsähnliche Gebäude zu umrunden und die andere Einfahrt beim Büro des Gerichtsmediziners zu nehmen. Dies führte uns zu einer ungekennzeichneten Tür im Erdgeschoß, hinter der ein kleiner Aufzug direkt in das private Badezimmer meines Büros fuhr. In den zwölf Jahren meiner Zeit als Staatsanwalt hat die Presse nie herausgefunden, wie ich in mein Büro gelangte, obwohl sie alle Eingänge bewachte.

Die Morgenausgabe der Zeitung lag auf dem Tisch, und ich las sofort den Kommentar mit dem Titel »Garrisons Verschwörungsermittlung«. Er erinnerte die Leser daran, daß die Bundesregierung die Angelegenheit bereits gründlich untersucht hatte, und etwa in der Mitte las ich die folgenden Zeilen:

»Durch Mr. Garrisons Schweigen zu dem Thema stellen sich einige interessante Fragen, besonders, da seit dem 25. November mehr als 8000 Dollar für unbelegte Reise- und ›Ermittlungskosten‹ ausgegeben wurden.

Hat der Staatsanwalt wertvolle zusätzliche Beweismittel aufgespürt, oder hält er lediglich einige interessante neue Informationen zurück, die ihm Schlagzeilen in einer überregionalen Illustrierten verschaffen sollen?

Mr. Garrison sollte einige Erklärungen parat haben.«

Ich las diese Zeilen mehrere Male und dachte kurz daran, die Zeitung wegzuwerfen und ohne einen Blick zurück mein Amt sofort niederzulegen. Dann nahm ich einen der langen, goldenen Kugelschreiber von dem Schreibtischset, das man mir zu meiner Wahl geschenkt hatte. Während Ivon und Alcock schweigend bei mir saßen, bog ich den Kugelschreiber sorgfältig in ein perfektes »U«. Dann warf ich ihn ohne ein Wort in den Papierkorb.

»Bilde ich mir das nur ein«, fragte Ivon, »oder hat uns gestern nicht jemand gesagt, daß es nichts bringt, wenn man wütend wird?«

»Das war gestern«, sagte ich.

Wut war nicht annähernd das passende Wort für das, was ich empfand. Bis zu diesem Moment hatte ich trotz der sich ständig wiederholenden Anzeichen des Gegenteils gehofft, die Medien würden meine Motive und Handlungen verstehen. Was noch wichtiger war, ich hatte angenommen, ihnen wäre aufgefallen – und es hätte sie betroffen gemacht –, daß mit den unmöglichen Ergebnissen der Warren-Kommission irgend etwas auf furchtbare Weise nicht stimmen konnte. Jetzt erkannte ich, wie naiv ich gewesen war.

Die Stimme meiner Sekretärin kam über die Gegensprechanlage. »Mr. Garrison«, sagte sie. »Ich muß der Presse etwas sagen. Der Korridor reicht kaum noch für sie aus. Die Leute sagen, sie brauchen Ihren Kommentar.«

»Sagen Sie ihnen, sie haben ihren Kommentar gestern bekommen. Er stand auf der Titelseite des *States-Item*.«

Ich füllte einen Aktenkoffer mit Nachschlagewerken. Dann nahm ich den Badezimmeraufzug und fuhr nach Hause, um einen Nachmittag lang ungestört arbeiten zu können.

Die Artikel im *States-Item* sorgten sofort für enorme Publizität. Ich wurde überschwemmt mit Bitten um Interviews. Die Leute auf der Straße hielten mich Tag für Tag an. Aus aller Welt trudelten Briefe im Büro ein, die unsere Sache unterstützten. Offenbar war die öffentliche Skepsis dem offiziellen Bericht der Warren-Kommission gegenüber viel stärker und weiter verbreitet, als ich vermutet hatte. Die bloße Tatsache, daß ich, ein gewählter Beamter, diese Skepsis teilte und bereit war, daraufhin auch zu handeln, hatte ein öffentliches Echo zur Folge, wie ich es noch nie erlebt hatte.

Ein ungewöhnlich positiver Brief kam von John Miller, der sich selbst als Ölmann aus Denver bezeichnete. Er war auf vornehmem, hellblauem Papier geschrieben, mit der kleinen geprägten Aufschrift »Öl und Benzin« unter dem Namen, und deutete an, daß Miller dem Büro finanzielle

Hilfe anbot, damit wir unsere Untersuchung fortführen konnten.

Bald kam Miller persönlich aus Denver. Als er eintraf, brachte ihn die Empfangsdame in mein Büro, in dem Andrew Sciambra und ich ihn erwarteten.

Unser Besucher trug einen gutgeschnittenen Gabardineanzug, der nicht von der Stange eines Kaufhauses stammte. Er war ein selbstsicherer, beeindruckender Mann, der ein paar Jahre älter war als ich.

Meine Sekretärin Sharon brachte uns Kaffee. Er genoß seinen. »Der Kaffee hier unten schmeckt fast so wie türkischer«, sagte er, »aber ich glaube, ich könnte mich schnell daran gewöhnen.«

Dann wandte er seine Aufmerksamkeit mir zu. »Wissen Sie«, sagte er, »ich bin seit langem ein Bewunderer Ihrer Behörde.«

Er schien keine Einwände gegen Sciambras Anwesenheit zu haben – er hatte ihn nicht einmal zur Kenntnis genommen –, und deshalb bedeutete ich Andrew, er solle bleiben.

Ich hatte ein paar vor kurzem bearbeitete Fotos herausgesucht, um sie Miller zu zeigen. Sie stellten die Erschießung Präsident Kennedys in allen, zu Herzen gehenden Einzelheiten dar. Nachdem wir den Small talk erledigt hatten, nahm ich eines heraus und legte es ihm vor.

»Sie sind vergrößert worden«, sagte ich, »aber man hat sie einer Spezialbehandlung unterzogen, so daß sie viele der ursprünglichen Details zeigen.«

»Phantastisch«, sagte er. »Ich würde sie gerne sehen.«

Da stand er bereits in der anderen Hälfte des Zimmers und nahm einige meiner Kriegsfotos aus dem Bücherschrank.

»Wo waren Sie?« fragte er. »Europa oder Pazifik?«

»Deutschland«, erwiderte ich.

»Sie haben Glück gehabt«, sagte er. »Ich habe drei Jahre im Pazifik verbracht.«

»Ich bezweifle, daß Sie die Vergrößerungen je zuvor gesehen haben«, sagte ich und griff nach weiteren Bildern, um sie ihm ebenfalls zu zeigen. »Wir haben sie erst gestern aus New York bekommen.«

Jetzt stand unser Besucher am Fenster. Er bog einige Jalousieblätter auseinander, damit er auf die Tulane Avenue hinunterblicken konnte.

»Ich habe noch nie eine Straße gesehen«, sagte er, »auf der Kautionsbüros so im Überfluß vorhanden sind. Wie kommt das?«

»Ich nehme an, weil das hier das Criminal District Court Building ist«, erwiderte ich und wurde etwas gereizt. Ich hatte noch nie einen Besucher erlebt, der so umherwanderte.

»All die kleinen Büros; dieser Schilderwald. Sie lassen die ganze Avenue wie eine Seitenstraße aussehen.«

Er war wieder in die Nähe meines Schreibtischs gekommen. Ich hielt das große Foto hoch, das den Augenblick des tödlichen Schusses festhielt, beugte mich vor und drückte es ihm in die Hand. »Sie sollten sich das hier ansehen«, sagte ich. »Auf dieser Vergrößerung sieht die Wunde aus, als wäre sie von einer zersplitterten Kugel verursacht worden.«

»Ich habe von diesem Schuß gehört«, sagte er. Er legte das Bild zurück auf meinen Schreibtisch. »Eine fürchterliche Tragödie.« Er lehnte sich über den Tisch, schob sämtliche vergrößerten Fotos zur Seite und stapelte sie fein säuberlich zu einem Haufen auf. Dann setzte er sich und sah mich an. »Sie brauchen mir diese Dinge nicht zu zeigen«, sagte er mit einer Handbewegung. »Es ist mir völlig klar, daß Sie eine äußerst effektive Untersuchung durchgeführt haben, wenn man Ihre Möglichkeiten bedenkt.«

Er musterte mich nachdenklich mit aneinandergelegten Fingerspitzen. »Ich habe bemerkt, daß die örtliche Presse Sie in den letzten Tagen ganz schön in die Mangel genommen hat. Wird Ihnen das nicht schaden?«

»Ohne Frage«, erwiderte ich.

»Was haben Sie auf Lager, um mit der Untersuchung fortzufahren?«

»Wenn Sie es schon wissen müssen«, sagte ich etwas unvorbereitet über sein plötzliches, anmaßendes Vorgehen, »buchstäblich nichts.«

»Wie viele Leute bearbeiten diese Sache mit Ihnen zusammen?«

»Weniger, als Sie glauben würden«, sagte ich. »Meist sind es zwei stellvertretende Staatsanwälte, manchmal drei. Und eine Handvoll Polizeiermittler.«

»Das ist alles, was Sie die ganze Zeit über hatten?« fragte er ungläubig.

»Ja.«

»Wie ist es Ihnen denn dann gelungen, den Weg zu Guy Banisters Unternehmen zu finden?«

Ich zögerte. In dem Artikel im *States-Item* hatte nichts über Guy Banister gestanden. Ich hatte Guy Banister auch nicht erwähnt. Der Mann hatte mir gerade viel mehr verraten, als ihm eigentlich hätte bekannt sein dürfen. Ich spürte, wie mich Andrew Sciambra ansah, erwiderte den Blick aber nicht. »Die Hacken abgelaufen«, sagte ich so zwanglos wie möglich. Ich setzte mich zurück und wartete auf Millers nächsten Zug. Jetzt war ich beunruhigt und plötzlich sehr neugierig, warum er wirklich gekommen war.

Er stand wieder auf und wanderte im Zimmer umher, doch diesmal etwas langsamer. Er ignorierte Sciambra weiterhin, als gehöre er zur Einrichtung. Andrew, der diesen Mann jetzt offen anstarrte, war es nur recht. Schließlich fing Miller an zu reden.

»Ich werde sehr offen zu Ihnen sein. Sie haben sehr gute Arbeit geleistet, wenn man bedenkt, über welch eingeschränkte Mittel Sie verfügen. Aber im besten Fall können Sie nur hoffen, große Verwirrung anzurichten. Sie werden weder diesem Land noch sich selbst einen großen Dienst erweisen.«

Er kehrte zu seinem Stuhl zurück, setzte sich und schaute mich direkt an.

Ich sagte nichts.

»Sie gehören nicht hierher«, fuhr er fort. »Dieser Job ist zu klein für jemanden wie Sie. Auf dieser Mickymaus-

Straße mit der Ansammlung von Kautionsbüros gegenüber.«

»Der Job hält mich ganz schön auf Trab«, sagte ich.

»Unsinn. Sie gehören in eine Position, in der Sie Entscheidungen treffen können, die etwas bewirken, die die Welt beeinflussen. Hier versuchen Sie, den Mount Everest von der steilen Seite her zu bezwingen.«

Er lehnte sich vor, sprach mit Betonung und tippte dabei mit seinem manikürten rechten Zeigefinger auf meine Schreibtischplatte, um seine Argumente zu unterstreichen. »Ich schlage vor, daß Sie eine Berufung an den Bundesgerichtshof annehmen und dort einen Job erhalten, der Ihren Fähigkeiten entspricht.« Er lehnte sich in seinem Stuhl zurück und musterte mich. Ein leichtes Lächeln lag auf seinen Lippen. »Können Sie sich denken«, fragte er, »haben Sie überhaupt eine *Vorstellung* davon, wie leicht so eine Ernennung arrangiert werden kann?«

Ich schwieg und sah ihn an. »Ich sage nicht nur, daß Sie auf der Richterbank des Bundesgerichts sitzen könnten«, sagte er. »Ich *garantiere* es.«

»Und was müßte ich tun, um dieses Amt zu bekommen?«

Mit kühler Selbstsicherheit sagte er einfach: »Stellen Sie die Ermittlungen ein.«

Einen Moment lang sagte niemand etwas. Dann brach Miller das Schweigen. »Die Untersuchung war großartig. Aber sie ist vorbei und beendet. Die Lokalpresse sitzt Ihnen bereits im Nacken, und das ist nur der Anfang, mein Junge, nur der Anfang.«

»Wie lange würde es Ihrer Meinung nach dauern, bis ich meine Ernennung hätte?« fragte ich.

»Normalerweise brauchen diese Dinge viel Zeit. Aber in Ihrem Fall, mit Ihrer Erfolgsbilanz, könnte man die Sache leicht beschleunigen. Vertrauen Sie mir.«

Ich lehnte mich in meinem Sessel zurück und legte beide Füße auf die Tischkante. Ich musterte ihn einen langen Augenblick, bevor ich sprach.

»Mr. Miller«, sagte ich, »Sie und ich haben uns unter einer völlig falschen Voraussetzung getroffen. Ich habe nicht das geringste Interesse, Bundesrichter zu werden. Und nichts wird mich davon abhalten, die Untersuchung über John F. Kennedys Ermordung fortzuführen.«

Ich blieb, wo ich war, damit der Mann keinen Versuch unternehmen konnte, mir die Hand zu schütteln, und wandte mich an Sciambra. »Andrew, Mr. Miller und ich haben unser Gespräch beendet. Würden Sie ihn bitte zur Tür bringen?«

Miller war durch die plötzliche Wendung des Gesprächs verblüfft. Ich konnte sehen, daß er die Zähne zusammenbiß.

Sciambra führte ihn zur Tür und war eine Minute später wieder da. »Diese Arschlöcher«, sagte er hämisch grinsend. »Die glauben, sie könnten jeden kaufen. Haben Sie den Annapolis-Ring dieses Kerls gesehen?« Ich hatte ihn nicht bemerkt. Sciambra schüttelte den Kopf. »Nun, man hat Sie zu ködern versucht, und Sie haben abgelehnt.« Er machte eine Pause, um seiner Bemerkung Gewicht zu verleihen. »Sie wissen, was jetzt kommt, oder?«

Kapitel 11
SCHACHMATT

Am 22. Februar 1967 traf sich die Sondereinheit – wie wir uns mittlerweile nannten – in meinem Haus in Lakeview am Bayou St. John im Osten von New Orleans. Jim Alcock, Andrew Sciambra, D'Alton Williams, Lou Ivon und ich tranken Kaffee an dem runden Tisch in der kombinierten Eßküche. Dann und wann raste der große Boxer der Familie, Touchdown, von meinen Kindern gejagt, vorbei, die wiederum von den drei Katzen verfolgt wurden. Meine Frau Liz versuchte tapfer, die Tierschau zu unterbinden und nach draußen in den Hinterhof zu verlegen.

Obwohl noch keine Woche seit der überraschenden und verfrühten Enthüllung unserer Untersuchung in der Presse vergangen war, lernte ich bereits die erste Lektion: Zeit und Notwendigkeit scheinen mit einer tiefen Mißachtung persönlicher Probleme aus eigenem Entschluß an die Tür zu klopfen. Wegen meiner eigenen Dummheit war Frank Klein, unser fähigster Kopf, nicht mehr bei uns. Trotzdem mußten wir einen Beschluß fassen. Und zwar ging es um die Entscheidung, ob die Zeit reif war, David Ferrie vor ein Geschworenengericht zu zitieren.

Ein unerwartetes Resultat der Zeitungsartikel war, daß das von David Ferrie so lange aufrechterhaltene *savoir faire* plötzlich schwer gelitten hatte. An dem Tag, an dem die Schlagzeile die Titelseite des *States-Item* schmückte, erhielt Lou Ivon – den Ferrie, wie fast alle, die ihn kannten, bewunderte und dem er vertraute – einen merkwürdigen Anruf. Der Anrufer hatte seine Frage fast zur Hälfte gestellt, als Lou die Stimme erkannte. Es war David Ferrie, und er fragte, ob unser Büro die große Lüge in die Welt gesetzt hätte, die am Morgen in den Zeitungen gestanden hatte.

»Dave«, sagte Ivon, »glauben Sie, wir hätten den Verstand verloren? Dieses Gebäude wimmelt von Reportern, die einen zu packen versuchen, wenn man durch den Korridor geht.«

Ferrie hatte erwidert, er würde Lou glauben. Da bemerkte Ivon, daß sein Anrufer ungewöhnlich erregt war. »Sie wissen, was dieser Artikel für mich bedeutet, oder?« sagte Ferrie. »Ich bin ein toter Mann. Von diesem Moment an bin ich ein toter Mann.«

»Wovon sprechen Sie, Dave? Es gibt keinen Grund für solche Vermutungen.«

»Sie werden es bald genug herausfinden«, sagte Ferrie. »Sie werden schon sehen.«

Am nächsten Tag erhielt Ivon wieder einen Anruf von Ferrie. Diesmal schien Ferrie etwas gefaßter zu sein, aber seine Nervosität war noch immer spürbar. Nun fragte er zu Ivons Erstaunen direkt nach den Untersuchungsergebnissen. Als Lou eine Antwort murmelte, platzte Ferrie heraus: »Glauben Sie denn, Ihre Untersuchung wäre so geheim gewesen? Sie wissen doch, wenn Sie mit Leuten reden, reden die mit anderen Leuten.«

»Ja«, erwiderte Lou, »da haben Sie recht.«

Dann fragte Ferrie, ob wir noch immer irgendwelche Kubaner verhören würden.

Ivon folgte seinem Instinkt und war ehrlich zu dem Mann. »Dave, Sie wissen doch Bescheid. Sie wissen doch, in welche Richtung das läuft.« Und dann fügte er hinzu: »Ich wünschte nur, Sie wären als Pfadfinder auf unserer Seite. Ich kann Ihnen garantieren, daß der Boß seinen rechten Arm dafür geben würde, wenn er auf Ihre Mitarbeit zählen könnte.«

Ich weiß nicht, ob es die Worte waren, die Ivon benutzte, oder die Art und Weise, wie er sie einsetzte, aber innerhalb von vierundzwanzig Stunden rief Ferrie wieder an – und bat diesmal um Hilfe. Irgendwie hatten die Medien herausgefunden, daß er eines der Ziele unserer Ermittlungen war; sie umschwärmten seine Wohnung auf dem Louisiana Avenue Parkway wie Bienen den Honig.

Ivon bat ihn, am Telefon zu warten. Innerhalb von zehn Minuten wollte er eine Lösung für Ferries Problem gefunden haben und zurückrufen. Lou rief sofort das Fontainbleau Motel an und reservierte unter falschem Namen eine First-class-Suite. Dann rief er Ferrie wieder an und sagte ihm, er solle ins Fontainbleau gehen, wo eine Suite für ihn reserviert sei. Er wehrte Ferries Versuche ab, ihm zu danken. »Machen Sie sich deswegen keine Gedanken«, sagte Lou. »Wenn Sie uns brauchen, können Sie zu jeder Zeit anrufen, und wir helfen Ihnen.«

Wie schon einige Abende zuvor hatte Ferrie Ivon kurz vor Mitternacht zu Hause angerufen und ihm mitgeteilt, die Presse belagere noch immer seine Wohnung. Ivon hatte ihn in einer Bar auf der Tulane Avenue aufgelesen, ihn zum Fontainbleau gefahren und wieder eine Suite für ihn gemietet. Er schlug Ferrie vor, beim Zimmerservice zu bestellen, was er wolle. Dann solle er versuchen, sich zu entspannen.

Man mußte kein Psychiater sein, um zu sehen, daß Ferrie sich schnell einem Zusammenbruch näherte. Seine emotionelle Stabilität schien so gefährdet zu sein, daß wir die Situation keinen weiteren Tag ignorieren konnten. »Wir müssen eine Entscheidung treffen, und zwar heute morgen«, sagte ich zu den anderen am Tisch. Ich sah Ivon an. »Sie haben Frank Klein getroffen. Was hält er davon, wenn wir Ferrie sofort vor ein Geschworenengericht bringen?«

»Er sagt, er würde warten. Sein Instinkt sagt ihm, daß es Ferrie noch schlechter gehen wird und daß wir am Ende noch eine Menge mehr aus ihm herausholen können. Seiner Meinung nach wird Dave, wenn wir ihn jetzt anklagen, nichts sagen, und dann verpulvern wir die beste Gelegenheit, die wir je haben werden.«

Ich wandte mich zu Alcock. »Jim, was meinen Sie?«

Wie erwartet reagierte Alcock konservativ und schüttelte mit ausdruckslosem Gesicht den Kopf. »Wenn ich es als Anwalt sehe, glaube ich nicht, daß es schon ausreicht, um ihn vor ein Geschworenengericht zu bringen.«

Ich sah Sciambra an. »Andrew?«

»Gefühlsmäßig«, sagte er, »bin ich der Meinung, daß man ihn so bald wie möglich anklagen sollte. Ich habe etwa fünfzig Fragen an ihn, und ich kann es kaum erwarten, seine Antworten zu hören. Aber als Anwalt bin ich der Meinung, daß es noch ein paar Wochen zu früh ist.«

Ich wandte mich D'Alton Williams zu.

D'Alton schüttelte den Kopf. »Ich drücke mich zwar ganz und gar nicht gern, wenn es um eine Entscheidung geht«, sagte er, »aber ich habe noch kein Gefühl dafür entwickelt, was Ferrie antreibt. Deshalb muß ich mich enthalten.«

»Lou?« sagte ich.

»Sie wissen, wie ich mich entscheiden werde«, sagte er und setzte unerwartet ein Grinsen auf. »Dave tut mir leid, und irgendwie mag ich diesen Burschen. Ich habe ihn vor kurzem nachts gesehen, und ich sage euch, irgend jemand oder irgend etwas setzt ihn furchtbar unter Druck, und – nun, ich bin kein Anwalt wie ihr. Ich bin der Überzeugung, wenn wir noch weiter auf dem Hintern sitzen, um die Gesetze auszuloten, werden wir erkennen, daß wir zu lange gewartet haben. Ich bin dafür, ihn sofort anzuklagen.«

»Okay, Chef«, sagte Sciambra und sah mich an. »Was ergibt sich aus der Abstimmung?«

Ich schwieg. Dann sagte ich langsam: »Wir behalten einen kühlen Kopf, halten uns zurück und warten noch eine Weile.«

Das Telefon klingelte, und Liz ging an den Apparat. »Lou«, rief sie, »es ist für Sie.«

Lou sprach leise ins Telefon. Ich sah an seinem gespannten Gesichtsausdruck, daß etwas passiert war. Dann drehte er sich um und sah uns an.

»Dave Ferrie ist tot«, sagte er ruhig. »Der Gerichtsmediziner hat die Leiche bereits aus seiner Wohnung geholt.«

Wir benötigten alle einen Moment, um uns von diesem Schock zu erholen. »Legen Sie nicht auf, Lou«, sagte ich. »Bevor Sie auflegen, schicken Sie fünf oder sechs Ihrer besten Polizisten zu Ferries Wohnung. Wir fahren sofort hin und nehmen sie völlig auseinander. Und stellen Sie eines klar: Dieser Fall fällt in unsere Zuständigkeit. Ich will nicht, daß auch nur ein Mann von irgendeiner Bundesbehörde in Ferries Wohnung das Kommando übernimmt. Nicht ohne ausdrücklichen Bundesgerichtsbeschluß.«

In weniger als zehn Minuten kamen wir nach unseren eigenen Ermittlungsbeamten in Ferries Wohnung an. Bundesbeamte stellten keine Gefahr dar. Unsere Männer hatten alles so abgesperrt, daß sich ein zehn Tonnen schwerer Panzer der Wohnung des verstorbenen David Ferrie keine fünfzig Meter weit hätte nähern können.

Als ich durch die Tür trat, traf mich als erstes der Geruch der weißen Mäuse. In der Wohnung hatte es Hunderte von ihnen gegeben, die als Teil der Krebsexperimente, die Ferrie zusammen mit einem niedergelassenen örtlichen Arzt durchgeführt hatte, in Drahtkäfigen im Wohn- und Eßzimmer gehalten worden waren. Den Arzt gab es schon lange nicht mehr, ebensowenig die weißen Mäuse. Aber die Käfige waren noch da, und der abgestandene, merkwürdig süßliche Geruch hing noch immer in der Luft.

Die Wohnung war schmutzig. Es hatte den Anschein, als wäre hier seit Jahren nicht mehr geputzt worden. Von den bunt zusammengewürfelten Möbelstücken unterschiedlichster Herkunft paßte kein einziges Teil zum anderen. Eine überwältigende Bibliothek ergoß sich vom Wohnzimmer ins Eßzimmer und von dort aus in die Küche. Im Badezimmer fanden wir an beiden Seiten des Spiegels Flekken purpurähnlichen Klebstoffs – Überbleibsel jener Gelegenheiten, bei denen Ferrie seine selbstgemachte Perücke aufgesetzt hatte. Und in einer Ecke des Schlafzimmerschranks, der ansonsten mit schäbigen Jacken vollgestopft war, verharrten wir alle vor einem gepflegten, aber ausgeblichenen Priestergewand, das aus Satin und Spitze gearbeitet war.[1]

Die Leute der Gerichtsmedizin hatten Ferries Leiche längst weggebracht. Man hatte ihn nackt auf dem Sofa im Wohnzimmer liegend entdeckt, das er oft als Bett benutzte, und über seinen Kopf war ein Laken gezogen. Man hatte zwei Abschiedsbriefe gefunden[2], einen auf dem Tisch, neben ihm, und den zweiten oben auf dem alten, hohen Klavier an der Wand. Auf dem Tisch neben ihm standen zahlreiche Medizinfläschchen, von denen einige keine Verschlüsse mehr hatten und völlig leer waren. Ich fragte mich, wie die Leute von der Gerichtsmedizin mit solcher Geringschätzung potentielle Beweismittel behandeln konnten.

Beide Abschiedsbriefe waren mit der Schreibmaschine getippt worden, und unter keinem stand Ferries Unterschrift. Der erste lautete: »Es ist für mich eine schöne Aussicht, dieses Leben zu verlassen. Ich finde nichts Erstrebenswertes an ihm, andererseits aber alles mögliche Verabscheuungswürdige.«[3] An diesem Punkt schweifte der Brief ab und wurde zu einer zusammenhanglosen, bitteren Schmähschrift über die Ungerechtigkeit des Lebens. Flüchtig wurde ein »messianischer Staatsanwalt« erwähnt. Der zweite Brief, genauso verbittert, war namentlich an einen persönlichen Freund gerichtet. Er begann mit den Worten: »Wenn du dies liest, werde ich ziemlich tot sein, und es wird keine Gelegenheit mehr für Antworten geben.«

Kurz nach unserem Eintreffen in Ferries Wohnung war Lou Ivon zur Leichenhalle aufgebrochen, um sich den Toten anzusehen. Eine der zahlreichen Legenden über David Ferrie und seine Abenteuer als Söldner und Flieger drehte sich um einen Start, der ihm in den Escambray-Bergen in Kuba gelungen war, nachdem er den dort operierenden, gegen Castro kämpfenden Guerillas Munition gebracht hatte. Der Legende zufolge hatte ihn ein Gegenangriff beinahe am Boden festgehalten, und er war gezwungen, sein Flugzeug zu starten, während er mit einer freien Hand gegen einen Castro-Soldaten kämpfte. Laut dieser Geschichte hatte er eine böse Stichwunde in den Bauch erhalten, bevor er das Flugzeug in die Luft bringen konnte. Als Lou Ivon von der Leichenhalle zurückkam, hielt er ein gerade aufgenommenes Foto in der Hand. Der Tote auf der Bahre – sein kahler Schädel und das aristokratische Profil erinnerten irgendwie an Julius Caesar – trug die Narbe eines Messerstiches, die durch die Mitte seines Leibes lief.

Der unerwartete Tod David Ferries sorgte in Verbindung mit den beiden Abschiedsbriefen für immenses Medieninteresse, und das nicht nur national, sondern weltweit. Reporter fielen in New Orleans ein, um das Urteil des Gerichtsmediziners abzuwarten. Tag für Tag nahm die Anzahl der Journalisten weiter zu. Sie füllten die Korridore draußen vor meinem Büro und kämpften um jede mögliche Information über unsere Untersuchung.

Ich war über diese Entwicklung erstaunt. Zuvor hatten die Medien über die Vorstellung gespottet, Präsident Kennedy sei einer Verschwörung zum Opfer gefallen und die Bundesregierung habe alles vertuscht. Nun auf einmal hatten die Zeitungs-, Fernseh- und Rundfunkreporter entschieden, Ferries Tod – und die Möglichkeit, es könne Selbstmord oder Mord gewesen sein – bestätige meine Untersuchung.

Am 25. Februar verkündete der Gerichtsmediziner[4] – meiner Meinung nach ziemlich verspätet –, Ferrie sei unter »natürlichen Umständen« gestorben. Sofort legte sich die Aufregung der versammelten Journalisten, und innerhalb weniger Stunden standen sie in Schlangen am Internationalen Flughafen beim Abflugschalter an. Ihre Abreise war für mich so verwirrend wie ihre Ankunft. Trotz des Urteils des Gerichtsmediziners hatten wir immer noch zwei Abschiedsbriefe, von denen jeder ausdrücklich besagte, daß Ferrie dabei war, das Tal der Tränen zu verlassen.

Im Gegensatz zum größten Teil der Medien widmete sich meine Spezialeinheit unverzüglich der Aufgabe, mehr über Ferries Tod in Erfahrung zu bringen. Ich schickte die ganze Gruppe zurück in Ferries Wohnung, um sie erneut zu durchsuchen, diesmal aber mit einem Staubkamm.

In der Zwischenzeit untersuchte ich an meinem Schreibtisch die Medizinfläschchen, die auf dem Tisch neben Ferries Bett gestanden hatten. Ich wollte die Wirkung jedes dieser Medikamente erfahren; darum schlug ich in einem dicken Band über Pharmazie nach.

Ich ergriff die große Flasche Proloid, und sie erinnerte mich an etwas. Einige Jahre zuvor hatte ich kurze Zeit unter einem niedrigen Hormonspiegel der Schilddrüse gelitten. Um die Hormonproduktion anzuregen und den Stoffwechsel zu unterstützen, hatte mir der Arzt Proloid verschrieben. Als ich in dem dicken Buch blätterte, fand ich – wie vermutet – heraus, daß Proloid nur bei Stoffwechselstörungen verwendet wird.

Aber wie wir aus verschiedenen Quellen erfahren hatten, litt David Ferrie nicht unter derartigen Beschwerden. Im Gegenteil, er hatte Probleme mit Bluthochdruck gehabt.

Ich schob das dicke Buch beiseite und griff zum Adreßbuch. Ein Dozent für Gerichtsmedizin an der medizinischen Fakultät der Louisiana State University hatte mit mir in der gleichen Pension gewohnt, als er Medizin und ich Jura studierte. Im Laufe der Jahre hatten wir uns manchmal getroffen. Nach wenigen Minuten hatte ich ihn am Apparat und faßte das vor mir liegende Problem zusammen.

Was würde passieren, fragte ich, wenn ein Mann, der unter Bluthochdruck litt, eine ganze Flasche Proloid einnahm – oder dazu gezwungen wurde? Er antwortete, ohne zu zögern, wer das mache, würde kurze Zeit darauf sterben, entweder an »Herzschlag« oder einem Gehirnaneurisma (dem Platzen einer Ader im Gehirn). Die Gerichtsmedizin hatte im Prinzip festgestellt, David Ferrie sei an »natürlichen Ursachen« gestorben, doch im Autopsiebericht war als eigentliche Todesursache eine geplatzte Ader im Gehirn angeführt.

Ich fragte meinen Freund, ob es irgendeine Möglichkeit gab, mit der ein Gerichtsmediziner feststellen konnte, ob David Ferries Tod auf eine Überdosis Proloid zurückzuführen war. Er erwiderte, bei einer routinemäßigen Autopsie gäbe es keine sichtbaren Anzeichen. Er fügte jedoch hinzu, daß man bei einer Untersuchung des Blutes oder der Rükkenmarksflüssigkeit einen extrem hohen Jodwert feststellen würde, der auf die Wahrscheinlichkeit einer Überdosis Proloid hinwies. Ich sollte mich mit dem Büro des Gerichtsmediziners in Verbindung setzen und herausfinden, ob solche Proben von Ferries Autopsie im Kühlschrank verwahrt worden waren.

Ich rief sofort an, aber man sagte mir, man hätte weder Blutproben noch Rückenmarksflüssigkeit von Ferries Autopsie verwahrt. Ich saß vor einer leeren Flasche und einer Anzahl unbeantworteter Fragen. Hatte Ferrie eine Überdosis Proloid geschluckt? Wenn ja, hatte er sie freiwillig genommen? War es möglich, daß jemand anders die Abschiedsbriefe geschrieben und ihm das Proloid verabreicht hatte? Warum sollte sich ein Mann auf eine Weise das Leben nehmen, die keine Spuren hinterließ – und dann zwei Abschiedsbriefe schreiben? Oder machte ich mehr aus der Sache, als dahintersteckte? Vielleicht waren es ja doch, wie der Gerichtsmedizinier gesagt hatte, »natürliche Umstände« gewesen.

Ich legte die leere Proloidflasche in eine Schreibtischschublade. Während der gesamten restlichen Untersuchung verwahrte ich sie als Beweismittel in der Hoffnung, daß sie sich eines Tages als wertvoller Bestandteil des Puzzles erweisen würde. Einige Jahre später, als ich an einem Tiefpunkt angelangt war und glaubte, nie eine Antwort auf meine Fragen zu finden, warf ich sie weg. Ich wollte kein solches Souvenir aufbewahren.

David Ferries plötzlicher Tod war – den unwillkommenen Schlagzeilen auf den Titelseiten der letzten Woche auf dem Fuß folgend – unsere zweite große Katastrophe. Ich konnte Ferries prophetische Bemerkung an Lou Ivon gleich nach Erscheinen des Artikels nicht vergessen: »Ich bin ein toter Mann.« Ich konnte mich auch nicht von der quälenden Möglichkeit freimachen, daß sein Tod ebenso ein Mord wie ein Selbstmord gewesen sein konnte. In jedem Fall hatten wir unsere aussichtsreichste Chance verloren, den Fall zu lösen.

Ich wußte, daß wir mit David Ferrie, wenn er uns den Weg zu Clay Shaw und seinen extravaganten Gefährten gewiesen hätte – egal, wie unbewußt –, ein wasserdichtes

Verfahren gegen Shaw hätten aufbauen können. Nun, da es Ferrie nicht mehr gab, würde das sehr viel schwerer sein.

Außerdem fragte ich mich nun, wie lange Clay Shaw – der mit Sicherheit ebensoviel wußte wie Ferrie, wenn nicht noch mehr – noch greifbar sein würde. Ferrie hatte Anzeichen eines Nervenzusammenbruchs gezeigt, hatte offenbar teilweise seine Beherrschung verloren und war innerhalb von fünf Tagen im Leichenschauhaus gelandet. Würde es Shaw anders ergehen? Genau wie bei Ferrie mußten wir annehmen, daß es Leute gab, die ihn viel besser durchschauen konnten als wir. Konnten wir noch weitere Einbrüche abwarten?

Nur Stunden nach dem morgendlichen Treffen in meinem Haus war es erneut an der Zeit, eine Entscheidung zu treffen. Mein Instinkt sagte mir, daß wir gegen Clay Shaw ein Verfahren aufgebaut hatten, das stark genug war, um vor einem Geschworenengericht eine Anklage wegen Verschwörung zur Ermordung Präsident Kennedys gegen ihn erheben zu können. Allerdings war die Staatsanwaltschaft meinem Instinkt zufolge bis zu einem gewissen Grad unterwandert worden, auch wenn ich nicht wußte, in welchem Ausmaß. Aus diesem Grund teilte ich keinem Mitglied meines Stabs mit, daß nach meiner Meinung bald die Zeit kommen würde, gegen Shaw vorzugehen.

Wir hatten Shaw schon einmal im Büro verhört[5]; damals, als wir nachgewiesen hatten, daß er der »Clay Bertrand« gewesen war, der Dean Andrews wegen der juristischen Vertretung Lee Oswalds angerufen hatte. Bei dieser Gelegenheit hatte er jede Frage tadellos beantwortet. Nein, er hatte Lee Oswald nicht gekannt. Nein, er hatte den jungen Mann nicht einmal zu Gesicht bekommen. War ihm David Ferrie bekannt? Nein, der Name sagte ihm gar nichts. Nachdem er wieder gegangen war, merkten wir, daß er uns absolut nichts verraten hatte.

Jetzt entschied ich aus Vorsicht, ihn erneut zu verhören. Auf eine gerichtliche Vorladung kam er in unser Büro, und wir befragten ihn ausführlich. Diesmal log er, und es war klar zu erkennen; vielleicht aufgrund der Unmenge von

Details, die wir zusammengetragen hatten. Ich traf die Entscheidung, ihn in sehr naher Zukunft zu verhaften, sagte aber meinem Stab weiterhin nichts davon.

Am 1. März 1967, dem Tag, den ich für seine Verhaftung bestimmt hatte, befahl ich den Schlüsselpersonen der Spezialeinheit, um 18.30 Uhr in meinem Büro zu erscheinen. Während wir darauf warteten, daß alle anderen Angestellten nach Hause fuhren, ging ich das Verfahren, das wir gegen Shaw aufgebaut hatten, noch einmal durch.

Als es soweit war, ging ich den Korridor hinunter, an dessen Ende mich ein Richter erwartete, und besorgte mir die Vollmacht für Shaws Festnahme und die Durchsuchung seines Hauses. Während die anderen in meinem Büro warteten, führte ich Lou Ivon und eine ausgesuchte Handvoll anderer Teammitglieder in ein anderes Büro am Ende des Korridors. Ich befahl ihnen, Shaw festzunehmen und seine Wohnung sorgfältig gemäß der Vollmacht zu durchsuchen. Dann kehrte ich zum Rest der Gruppe zurück und teilte ihr mit, was ich getan hatte.

Als Ivon und seine Männer mit Shaw zurückkehrten, ließ ich ihn ins Büro eines Seniorassistenten bringen. Wir erfuhren, daß Salvadore Panzeca sein Anwalt war, riefen ihn an und baten ihn, in unser Büro zu kommen, damit er sich mit seinem Klienten beraten konnte. Dann ließ ich, da ich einsehen mußte, daß es momentan sinnlos war, Shaw weiter zu befragen, ihn von Ivon und einigen seiner Männer in das Criminal Sheriff's Office überstellen.

Während Shaws Einlieferung spielte sich eine interessante Szene ab. Der Polizist Aloysius Habighorst fragte Shaw beim Ausfüllen des Einlieferungsformulars routinemäßig, ob er ein Pseudonym benutze. Shaw erwiderte mit zwei Worten: »Clay Bertrand.« Habighorst notierte es und wandte sich dann anderen Pflichten zu. Er konnte nicht wissen, daß dadurch für mich bestätigt wurde, daß es tatsächlich Shaw gewesen war, der Dean Andrews angerufen hatte, damit dieser Lee Oswald in Dallas vertrat.

Dieser Zwischenfall kam den Polizeiermittlern meiner Behörde gerüchtweise erst viel später zu Ohren. Kurz darauf saß ich da, untersuchte zum erstenmal ein Einlieferungsformular der Polizei, bemerkte den Namen Clay Bertrand in der Rubrik »Alias« und befragte den Beamten Habighorst. Habighorst, ein frischer junger Mann mit ausgezeichnetem Gedächtnis, erinnerte sich detailliert, wenn auch etwas gleichmütig an den Vorfall. Später sollten dieser Zwischenfall und seine Erinnerung daran zu einem denkwürdigen Ergebnis führen (siehe Kapitel 18).

Der wahrscheinlich interessanteste Gegenstand, der bei Shaws Verhaftung gefunden wurde, war sein Adreßbuch. Es bot Einsicht in seine Vorliebe, flüchtige Freundschaften in den höheren Ebenen der europäischen Aristokratie zu schließen. Wie viele Amerikaner haben in ihren Adreßbüchern schon solche faszinierenden Namen und Adressen wie die des Marquese Giuseppe Rey (Vicenza, Italien), des Baron Rafaelo de Banfield (Villa Tripcovich, Triest, Italien), von Sir Stephen Runciman (66 Whitehall Court, London), der Prinzessin Jacqueline Chimay (2 Rue Albert Thomas, Paris), der Lady Margaret d'Arcy (109 Earl's Court Road, London), von Sir Michael Duff (Bangor, Wales) und von Lady Hulse (7 Culross Street, London)?

In Anbetracht der Tatsache, daß der größte Teil der Welt nicht mehr vom Adel beherrscht wird, weist eine solche Auflistung natürlich auf eine Beschäftigung mit der Vergangenheit hin. Allerdings stimmt es tatsächlich, daß die CIA auf romantische Weise in dahinschwindende Regierungsformen vernarrt ist, und Clay Shaw mit seinen vollendeten, fürstlichen Umgangsformen mußte genau das gewesen sein, was die Agency für Aufträge brauchte, bei denen es um ausländische Adlige ging – so wie 1962 in Italien (siehe Kapitel 6).

Unter den Namen aus der internationalen Adelsszene enthielt das Adreßbuch den folgenden Eintrag:

»LEE ODOM, Postfach 19 106, Dallas, Texas.«

Dieser seltsame Eintrag wurde publik, als Shaws Anwälte den Versuch unternahmen, das Adreßbuch zurückzubekommen. Die Staatsanwaltschaft wies den Versuch ab, und in unserem schriftlichen Einspruch machten wir auf eine interessante Tatsache aufmerksam: Das »Postfach 19 106« tauchte ebenso in Oswalds wie in Shaws Adreßbuch auf.

Nach mehreren Tagen des Schweigens stellten Shaws Anwälte einen Mann namens Lee Odom vor, der zu dieser Zeit das Postfach 174 in Irving, einem Vorort von Dallas, gemietet hatte. Er sagte aus, er käme aus Dallas, und obwohl das Postfach 19 106 nie unter seinem Namen gelaufen sei, habe es eine Barbecue-Firma, bei der er einmal Teilhaber gewesen sei, mehrere Monate lang benutzt.

Shaws Anwälte, zu denen mittlerweile neben Panzeca auch Edward Wegmann gehörte, übernahmen an dieser Stelle und erklärten, Odom hätte Clay Shaw einst getroffen, um die Möglichkeit zu besprechen, in New Orleans einen Stierkampf zu organisieren.

Die Stierkampf-Erklärung, die in Umlauf gebracht wurde, um das Vorhandensein des »Postfaches 19 106« in Shaws Adreßbuch zu rechtfertigen, warf einige Probleme auf. Zum einen hätte jeder, der sich ernsthaft mit der Organisation von Stierkämpfen beschäftigte, gewußt, daß New Orleans vom Wesen her eine Stadt ist, die von der Aussicht, live einen »Tod am Nachmittag« mitzuerleben, kaum gefesselt worden wäre. Zweitens wußten wir durch den von uns erstellten Abriß aller Aktivitäten Clay Shaws seit seinem High-School-Abschluß, daß er nie mit dieser Art von Veranstaltungsorganisation zu tun gehabt hatte.

Und schließlich erschien die Stierkampf-Erklärung schwach, wenn man sie der Tatsache gegenüberstellte, daß auf einer Seite von Oswalds Adreßbuch[6] der Satz »Postfach 19 106« für ewige Zeiten unsterblich verewigt worden war. Dieser Zufall erschien sogar noch verdächtiger, wenn man in Betracht zog, daß Oswald diese Notiz nicht vor 1963 eingetragen haben konnte – dem Jahr, in dem er ermordet wurde. Vor 1963 hatte Dallas überhaupt noch kein Postfach mit einer so hohen Nummer wie 19 106 eingerichtet.[7]

Für mich überschritt die Erklärung, Clay Shaw habe »Postfach 19 106« in sein Adreßbuch geschrieben, da er erwogen habe, für die Bürger von New Orleans einen Stierkampf zu veranstalten (und daß Lee Oswald Jahre zuvor den gleichen Eintrag ohne besonderen Grund vorgenommen hatte), bei weitem die Grenzen des gesunden Menschenverstandes. Wieder einmal sollten die Menschen dieses Landes dazu überredet werden, eine Kanonenkugel zu schlucken, egal, wie gut sie eingefettet war.

Unsere Ermittler fanden in Shaws luxuriös ausgestattetem Haus im French Quarter noch ein paar weitere ungewöhnliche Gegenstände: darunter fünf Peitschen, mehrere Ketten, eine schwarze Kapuze und einen dazu passenden schwarzen Umhang. Die Peitschen waren offenbar mit getrocknetem Blut befleckt. Im Schlafzimmer waren zwei große Haken im Abstand von etwa einem Meter in die Decke geschraubt worden. Diese Ausrüstungsgegenstände klagten an sich niemanden an; schließlich hat jeder sein Hobby. Hätte Shaw in einem früheren Zeitalter gelebt, hätte die Liste der Adligen in seinem Adreßbuch vielleicht auch den Marquis de Sade miteingeschlossen.

Mit einer einzigen Ausnahme enthielt Shaws Adreßbuch nur Adressen und Telefonnummern. Die eine Ausnahme erschien auf einer ansonsten unbenutzten Seite. Dort waren in Shaws Handschrift die Worte »Okt.« und »Nov.« eingetragen worden – was anscheinend Oktober und November bedeuten sollte. Dann folgte nach einem unleserlichen Gekritzel nur noch ein einziges Wort: »Dallas.«

Kapitel 12
KONFRONTATION

Als wir Shaw verhafteten, schreckte die Regierung der Vereinigten Staaten wie ein gereizter Löwe hoch. Wer in meiner Behörde auch immer die Regierung über alles informierte, durch die von uns vorher nicht angekündigte Verhaftung war er völlig überrascht worden. Aus Washington erschollen wütende Aufschreie, gefolgt von schrillen Echos in den Medien.

Von Ramsey Clark, dem Justizminister der Vereinigten Staaten, war zu erfahren, die Bundesregierung habe Shaw bereits von jeglicher Verwicklung in die Ermordung Präsident Kennedys entlastet. Diese Enthüllung aus höchsten Kreisen und das nachfolgende freundliche Gespräch Clarks mit Washingtoner Journalisten schienen keine Zweifel offenzulassen: Das FBI hatte Clay Shaw überprüft und für sauber befunden. Ein Journalist fragte Clark direkt, ob Shaw »überprüft und für unschuldig befunden« wurde. »So ist es«, erwiderte der Justizminister.[1] Da braucht man nicht mehr zu erwähnen, daß diese Darstellung mich nicht unbedingt wie den Staatsanwalt des Jahres aussehen ließ.

Die Behauptung jedoch, Shaw – dessen Name in keinem der sechsundzwanzig Bände der Warren-Kommission auftaucht – wäre von der Bundesregierung überprüft worden, war faszinierend. Warum war Shaw überprüft worden, wenn er nichts mit dem Attentat zu tun hatte? Der tiefere Sinn von Clarks Behauptung schien in Washington anscheinend ähnliche Fragen aufkommen zu lassen, und Clark vollzog bald darauf einen strategischen Rückzug. »Der Justizminister«, verkündete ein Sprecher seines Ministeriums, »hat sich seither dahingehend informiert, daß dies falsch war. Es hat sich nichts ergeben, weswegen Mr. Shaw hätte überprüft werden müssen.«[2]

Kurz nach Clarks Äußerung jedoch plapperte ein namenloser Bediensteter des Justizministeriums aus, das Ministerium habe sehr wohl gewußt, daß es sich bei Clay Shaw und Clay Bertrand um ein und dieselbe Person handelte und Clay Bertrand tatsächlich vom FBI überprüft worden sei. Das bestätigte die Fakten, die wir ermittelt hatten. Dennoch beherrschte Clarks ursprüngliche Äußerung trotz des Rückziehers des Justizministeriums sämtliche Schlagzeilen. Sie hatten der Integrität unserer Untersuchung einen schweren Schlag versetzt.

In der Zwischenzeit schritten die Dinge in New Orleans schnell voran. Wichtige Fälle, in denen wir Anklage erheben wollten, präsentierte gewöhnlich ich dem Geschworenengericht. Jedoch lag dieser Fall anders. Von Anfang an hatten die Medien die Untersuchung personifiziert und mich als skrupellosen Politiker hingestellt, der, von übersteigertem Ehrgeiz angetrieben, darauf erpicht war, sich mit diesem Verfahren ins Amt des Gouverneurs oder Senators zu hieven. Oder sogar Vizepräsident zu werden, wie die *New York Times* spekulierte. Diese Geschichten ärgerten mich weniger wegen der absurden Interpretation meiner Absichten, sondern weil sie ein ernstes, den Gesetzen entsprechendes Verfahren trivialisierten, bei dem es um die Ermordung des Präsidenten der Vereinigten Staaten ging. Die Haltung der Medien veranlaßte mich zu einigen Verrenkungen, wodurch ich demonstrieren wollte, daß ich dem Verfahren persönlich unparteiisch gegenüberstand. Als wir deshalb versuchten, eine Anklage gegen Shaw durchzusetzen, entschied ich mich, den Gerichtssaal nicht einmal zu betreten. Ich überließ dies den stellvertretenden Staatsanwälten der Spezialeinheit. Sie legten die von uns aufgedeckten Indizien vor, und die Geschworenen erklärten die Anklage als begründet. Clay Shaw wurde der Teilnahme an einer Verschwörung zur Ermordung John F. Kennedys angeklagt.[3]

Als nächstes unternahm ich einen Schritt zugunsten des

Angeklagten. Ich stellte den Antrag für eine Vorverhandlung. Bei wichtigen Fällen ist es gewöhnlich der Anwalt der Verteidigung, der um eine Vorverhandlung nachsucht. Der Staatsanwalt soll durch diese Maßnahme gezwungen werden, zu belegen, wie gesichert die Grundlage ist, den Angeklagten vor Gericht zu bringen. Dieses Verfahren wurde initiiert, um Staatsanwälte daran zu hindern, unbegründete Anklagen für lange Zeit über dem Haupt des Beklagten schweben zu lassen, bevor das Verfahren vor Gericht verhandelt wird.

In diesem Fall stellte ich aufgrund der außergewöhnlichen Schwere der Anklage den Antrag aus Fairneß gegenüber Shaw. In meinem Antrag bat ich darum, einen Ausschuß aus drei Richtern zu bilden, um ihm die Shaw betreffenden Beweise vorzutragen. Der Ausschuß sollte dann entscheiden, ob die Anklage abgewiesen oder Shaw vor Gericht gestellt werden sollte. Es war das erste Mal in der Geschichte Louisianas, daß ein solcher Antrag vom Vertreter der Anklage zugunsten des Beschuldigten eingebracht wurde.

Shaws viertägige Vorverhandlung begann am Morgen des 14. März 1967.[4] Der große Gerichtssaal war zum Bersten gefüllt. Überall drängten sich Reporter und Schaulustige. Obwohl ich einige Beweise selbst vorlegen wollte, war ich entschlossen, nicht zuzulassen, daß die Medien die Anhörung personifizierten. Deshalb hatte ich die ursprüngliche Befragung unserer ersten wichtigen Zeugen an zwei meiner Stellvertreter delegiert – an Charles Ward, den neuen ersten stellvertretenden Staatsanwalt, und an Alvin Oser. Ich wollte den Gerichtssaal nur gelegentlich betreten. Später beabsichtigte ich noch, Jim Alcock einzusetzen. Aber ich wollte jedem klarmachen, daß es sich hier um die Anstrengung mehrerer Personen handelte und nicht um eine von mir inszenierte Effekthascherei.

Bei einer Vorverhandlung enthüllt der Anklagevertreter nur so viele Beweismittel, wie er braucht, um zu beweisen, daß er ein glaubhaftes Verfahren hat. Bei Shaws Vorverhandlung riefen wir nur zwei Hauptzeugen auf. Der erste war Perry Russo, ein fünfundzwanzigjähriger Vertreter der Equitable-Versicherung aus Baton Rouge, der lange Zeit mit David Ferrie befreundet gewesen war. Als Russo von unserer Untersuchung hörte, schrieb er uns einen Brief, den wir aber nie erhielten. Später traf er sich mit einem Journalisten der *Baton Rouge State-Times* und erzählte am Freitag, dem 24. Februar, in einem Interview von einem Treffen in Ferries Wohnung, bei dem über das Attentat auf Präsident Kennedy gesprochen wurde. Die Geschichte erschien am gleichen Nachmittag in der *State-Times.* Am späten Nachmittag war die Zeitung an den Ständen in New Orleans erhältlich, und Andrew Sciambra zeigte sie mir. Obwohl dort stand, Russo wolle nach New Orleans reisen, wies ich Sciambra an, sofort nach Baton Rouge zu fahren.

Sciambra erreichte Russos Haus etwa gegen 20.00 Uhr. Russo war gerade vom Sender WBRZ-TV zurückgekommen, wo man ihn für die Abendnachrichten interviewt hatte (und er von den Reportern des örtlichen Konkurrenzsenders ferngehalten worden war). Sciambra verbrachte einige Stunden mit Russo und zeigte ihm Dutzende von Fotos. Russo erkannte verschiedene Kubaner und rief, als Sciambra ein Foto von Clay Shaw zeigte, aus: »Den kenne ich! Ich habe ihn bei Ferrie getroffen!« Natürlich hatte er ihn nur als Bertrand gekannt, aber die Identifizierung war einwandfrei.

Russo war von Bedeutung, weil er der erste Augenzeuge war, der gehört hatte, daß Shaw und Ferrie eine Diskussion über die mögliche Ermordung John F. Kennedys geführt hatten. Meinem Urteil nach hatten wir sogar ohne Russo genügend Beweise, um Shaw der Teilnahme an einer Verschwörung zur Ermordung des Präsidenten ausreichend abgesichert anzuklagen. Aber es waren Indizienbeweise. Als erfahrener Prozeßanwalt wußte ich, daß der Laie für die Aussage eines Augenzeugen besonders empfänglich ist, und Russo sorgte in vollem Maße dafür. Nachdem ich ferner erfahren hatte, wie aussagekräftig die Unterhaltung zwischen Shaw und Ferrie war, entschied ich mich, als zusätzliche Vorsichtsmaßnahme die Genauigkeit von Russos

Erinnerungsvermögen bestätigen zu lassen. Die Anwälte der Spezialeinheit und ich zogen einen »Lügendetektortest« in Betracht, aber da solche Tests sehr unvollkommen und vor Gericht unzulässig sind, verwarfen wir die Idee. Statt dessen entschieden wir uns für den Einsatz von Hypnose und Sodium-Pentothal. Russo wurde unter sorgfältiger ärztlicher Betreuung beiden Behandlungen unterzogen. Und beide zeigten, daß Russo tatsächlich die Wahrheit sagte.

Deshalb waren wir zuversichtlich, als wir Russo bei Shaws Vorverhandlung in den Zeugenstand riefen. Nach den üblichen einleitenden Fragen, in denen seine Lebensumstände geklärt wurden, und die ihm außerdem helfen sollten, sich im Gerichtssaal zu entspannen, befragten die stellvertretenden Staatsanwälte Ward und Oser Russo über die Versammlung in David Ferries Wohnung.

Russo erwiderte[5], die zwanglose Zusammenkunft – er beschrieb sie als »eine Art Party« – sei, als er »irgendwann Mitte September 1963« bei Ferrie hereingeschaut habe, gerade zu Ende gegangen. Es hätten sich einige junge Männer getroffen, mit denen Ferrie sich gewöhnlich umgab, aber sie hätten sich bald verabschiedet. Eine frühere Freundin Russos, Sandra Moffett, war ebenfalls kurz anwesend. Nachdem sie gegangen war, blieben laut Russo ein paar Exilkubaner übrig – eine Gruppe, die Ferrie gelegentlich besuchte. Einige von ihnen hielten noch etwas länger aus.

Ein großer, eindrucksvoller Mann, der laut Russos Beschreibung »weißes Haar« hatte, war auch unter den Gästen. Als er dies sagte, blickte er unwillkürlich zu Shaw hinüber, der gelassen die getäfelte Wand des Gerichtssaals vor sich betrachtete. Ferrie stellte Russo den Mann als »Clem Bertrand« vor.

Russo erinnerte sich daran, den großen, weißhaarigen Mann schon einmal zuvor gesehen zu haben, und zwar, als Präsident Kennedy New Orleans zur Einweihung des Nashville Street Wharf besucht hatte. Der Mann fiel Russo auf, weil er als einziger nicht auf Kennedy blickte. Der Mann hatte ständig die Menge beobachtet, und Russo war zu dem Schluß gelangt, daß es sich um einen Agenten des Secret Service handeln mußte.

Russo erinnerte sich, daß Ferrie ihm bei der Zusammenkunft in der Wohnung einen jungen Mann vorgestellt hatte, der »Leon Oswald« genannt wurde. Aber Russo konnte ihn nicht eindeutig als den Mann identifizieren, den er später als Verdächtigen des Attentats im Fernsehen sah – als Lee Harvey Oswald.

Nachdem die anderen die Party verlassen hatten, blieben nur »Oswald«, Bertrand, Ferrie, Russo und einige Kubaner zurück. Das Gespräch wandte sich der Frage zu, wie man Fidel Castro ermorden könne. Diese Unterhaltung war spekulativ und ausgesprochen gegen Kennedy eingestellt. Keiner der Anwesenden, Perry Russo eingeschlossen, hatte etwas für Castro oder Präsident Kennedy übrig. Außerdem verlief die Diskussion äußerst hitzig, weil die Kennedy-Regierung ein Embargo verhängt hatte, um die ständigen Waffenlieferungen nach Südafrika zu stoppen. Einige der Anwesenden waren der Meinung, es werde bald eine vergleichbare Einschränkung der Waffenlieferungen an Länder oder sogar Guerillaverbände geben, die Fidel Castro bekämpften.

Trotz der Begeisterung, mit der sich Ferrie, Russo und die Kubaner für die Entfernung Castros einsetzten, äußerte der Mann namens Bertrand, der sich im Grundsatz auch für die Idee aussprach, vorsichtig ein paar Bedenken. »Es wäre sehr schwierig«, sagte er, »ihn tatsächlich zu erwischen.«

Ferrie holte sofort eine Karte von Kuba und breitete sie auf dem Tisch aus. Er zeigte eine potentielle Landungsmöglichkeit am Strand nach der anderen und dozierte sachkundig über Zugänglichkeit, Strömungen, Flugpläne und über Straßen nach Havanna.

Bei diesem Gespräch war Russo im gleichen Maß Teilnehmer wie Zuhörer. Er war ein junger Mann mit schneidigen Ideen, in hohem Maße interessiert und keiner von Ferries üblichen Spielgefährten. Ferrie, der vom größten Teil der Erwachsenenwelt gemieden wurde, hatte in Russo einen intellektuellen Gefährten gefunden, der ihn anregte, und sie wurden enge Freunde. Russo schätzte, daß Ferrie mindestens ein dutzendmal bei ihm zu Hause war, und er hatte die Wohnung des Piloten dreißig- oder vierzigmal besucht. Das schien der Grund zu sein, warum der Mann, der Russo später als Clem Bertrand vorgestellt wurde, nichts gegen seine Anwesenheit einzuwenden hatte, als sich dann das Gespräch der Beseitigung John F. Kennedys zuwandte.

Russo sagte weiter aus, er sei, nachdem die Kubaner gegangen waren, in der Hoffnung geblieben, Ferrie würde ihn nach Hause fahren. Jetzt waren sie nur noch zu viert: Ferrie, Russo, der Mann namens Bertrand und »Leon Oswald«.

Selbst wenn es unmöglich sei, an Castro heranzukommen, sagte Ferrie laut zu Russo, bedeute dies nicht, daß sie nicht zu Kennedy durchdringen würden. Dieser plötzliche Themawechsel war nun, da die Gruppe kleiner geworden war, unvermeidlich gewesen, sagte Russo aus. In den letzten Monaten war Ferrie vom Thema Kennedy besessen. Er hatte damit angefangen, Zeitungsausschnitte mit sich herumzutragen; Artikel über Aktionen der Regierung Kennedy, wie den Sturm des FBI auf die Schlumberger-Waffenbunker bei Houma und das August-Embargo gegen Waffenlieferungen für Südafrika. Bei der geringsten Provokation holte er die Ausschnitte aus der Tasche und brandmarkte bitter dieses Vorgehen.

Ferrie wanderte laut Russo hin und her und behauptete, er könne Kennedy loswerden und Castro dafür verantwortlich machen. Das könne dann als Grund für eine Invasion auf Kuba herhalten. Ferrie trank, während er redete, aus seiner immer präsenten Kaffeetasse. Sie müßten nur eines schaffen, fügte er hinzu, sie müßten Kennedy ins Freie locken.

Ferrie war jetzt sehr erregt. Da er an einer Überfunktion der Schilddrüse litt, regte er sich schnell auf, und wenn er aufgeregt war, wurde er redselig. Und wenn er redselig wurde, verfügte er über eine magische Anziehungskraft.

Alle Augen waren auf ihn gerichtet, als er weiter beschrieb, wie einfach die Sache doch zu erledigen sei.

Ferrie betonte, daß »ein trianguliertes Kreuzfeuer« der richtige Weg sei. Würde man von drei Seiten auf Kennedy schießen, müßte einer der Schüsse ihn treffen.[6] Russo erinnerte sich an den Wert, den Ferrie auf dieses Detail legte.

Russo beschrieb Ferries auffallende Anspannung, wenn er über das Attentat auf Kennedy sprach, und den Gegensatz, den Bertrand bot, der entspannt zurückgelehnt dasaß und Zigaretten rauchte. Trotz Ferries Aufregung und seiner Redegewandtheit blieb Bertrand der beherrschende Mittelpunkt der Gruppe. Jetzt sprach Bertrand.

Er sagte, es sei für jeden von ihnen wichtig, sich während des Geschehens in der Öffentlichkeit sehen zu lassen. Ferrie erwiderte, er habe sich bereits entschieden, zu diesem Zeitpunkt der Universität von Hammond, der Southeastern Louisiana University, einen Besuch abzustatten. Bertrand meinte, er würde wahrscheinlich auf Reisen sein, auf dem Weg zur Westküste.[7]

Russo fuhr mit seiner Aussage fort. Zu diesem Zeitpunkt sei ihm zum erstenmal bewußt geworden, daß die Männer darüber gesprochen hatten, wo sie sich aufhalten würden, während das Attentat auf Präsident Kennedy stattfand. Hier ging es nicht mehr nur um mögliche Pläne wie bei dem Gespräch über die eventuelle Ermordung Castros.

Dann sei Ferrie erneut auf das Thema Triangulation (Kreuzfeuer) gekommen – sobald er sich einmal in ein Thema verbissen hatte, ließ er es nicht so schnell ruhen –, aber zu diesem Zeitpunkt war Russo müde geworden, und er konnte sich nur verschwommen an weitere Details erinnern. Er wußte lediglich noch, daß Ferrie ihn nach Hause gefahren hatte.

Einige Monate später, sagte Russo weiter aus, etwa im März 1964, fuhr er zufällig bei David Ferries neuer Tankstelle vor. Als er anhielt, sah er, wie Ferrie sich mit einer ihm bekannt erscheinenden Person unterhielt. Es handelte sich um den großen, weißhaarigen Mann, der sich in Ferries Wohnung aufgehalten hatte, der Mann, der ihm als

Bertrand vorgestellt worden war. Zum Abschluß seiner Aussage wurde Russo gebeten, den Mann zu identifizieren. Ohne zu zögern, zeigte er auf den Angeklagten, auf Clay Shaw.

Beim Kreuzverhör verbrachten Shaws Anwälte Stunden damit, Russo und seine Aussage zu diskreditieren. Sie konzentrierten sich insbesondere auf die Behandlungen mit Hypnose und Sodium-Pentothal. Sie deuteten an, wir hätten Russo irgendwie unter Drogen gesetzt und ihn einer Gehirnwäsche unterzogen, damit er diese verrückte Geschichte erzählte. Allerdings scheiterten ihre Bemühungen. Wir riefen Dr. Esmond Fatter, einen angesehenen Arzt und Hypnotiseur, und Dr. Nicholas Chetta, den Gerichtsmediziner der Stadt New Orleans, in den Zeugenstand, damit sie die Behandlung erläutern konnten, die sie bei Russo angewandt hatten. Beide wurden vom dreiköpfigen Richterausschuß als qualifizierte Experten bei der Wahrheitsfindung unter Sodium-Pentothal und Hypnose beurteilt. Und beide sagten klar und eindeutig unter Eid aus[8], daß Perry Russo die Wahrheit sprach, wenn er sich daran erinnerte, daß Clay Shaw und David Ferrie über die Einzelheiten eines Mordes an Präsident Kennedy geredet hatten.

Über zwei Jahrzehnte später macht Russos Offenheit[9] über seine eigene Aussage betroffen. »Einige Leute wollen sich bei mir dafür bedanken«, sagte er, »daß ich Kennedy geholfen habe, indem ich über das Attentat ausgesagt habe. Ich habe es nicht getan, um dem Mann zu helfen. Die Wahrheit ist, ich habe ihn dafür gehaßt, was er den Kubanern angetan hat, die Castro bekämpfen wollten.«

»Warum ich für die Staatsanwaltschaft gegen Clay Shaw ausgesagt habe?« fragte er 1988. »Das ist leicht zu sagen. Sie haben erfahren, daß ich bei dem Treffen mit David Ferrie und ihm dabei war, und als sie mich befragten, wollte ich einfach nicht lügen.«

Der andere Schlüsselzeuge, den wir bei der Vorverhandlung aufriefen, war Vernon Bundy, ein schwarzer Häftling

aus dem Bezirksgefängnis von New Orleans. Bundy, ein Endzwanziger, der gegen das Drogengesetz verstoßen hatte, saß wegen Verletzung seiner Bewährungsauflagen in Haft. Er hatte einem Gefängniswärter erzählt, er besitze Informationen über Lee Oswald. Gefängnisbeamte, zu denen wir ein gutes Verhältnis hatten, gaben es an uns weiter, und wir befragten Bundy eingehend, bis wir davon überzeugt waren, daß er die Wahrheit sagte. Wie sich während der Vernehmungen herausgestellt hatte, kam Bundy gut mit mir zurecht. Darum beschloß ich, ihn vor Gericht selbst zu befragen.

Aufgrund der großen Publizität herrschte vor dem Gebäude eine Atmosphäre wie im Zirkus. Ein Mann mit bunten Luftballons in Hasenform verdiente sich eine goldene Nase. An der Tür zum Gerichtssaal stürzte sich ein Haufen Journalisten auf mich, aber ich ging ohne Kommentar an ihnen vorbei.

Ich verstand mich gut mit den Richtern, aber um meine Unparteilichkeit bei diesem Fall zu unterstreichen, beteiligte ich mich nicht an der üblichen Plauderei, die vor der Anhörung mit ihnen und den Anwälten der Gegenseite in ihren Räumen stattfand.

Als ich mich umsah, nahmen die drei Richter auf der Richterbank Platz. Die Richter Bernard Bagert, Matthew Braniff und Malcolm O'Hara gehörten zu den kompetentesten des Gerichts. Shaw saß zusammen mit seinen Anwälten Irvin Dymond, Edward Wegmann und William Wegmann auf der Anklagebank. Auf der Richterbank gab es kurz einige Bewegung. Richter Braniff, der über ein Temperament wie der Vesuv beim Ausbruch verfügte, hatte unter den Zuschauern eine Frau mit drei Kindern ausgemacht, die Hasenluftballons trugen. Richter Bagert konnte seinen Ärger gerade noch zurückhalten und signalisierte dem Gerichtsdiener, die Dame und ihren »Anhang« aus dem Gerichtssaal zu geleiten.

Als sich alles beruhigt hatte, rief ich Vernon Bundy in den Zeugenstand und ging mit ihm die Eingangsfragen durch. Die Besorgnis der Verteidiger wurde offensichtlich, als sie erkannten, daß er Shaw bei einem Treffen mit Lee Oswald für mich identifizieren würde. Und sie wurden richtig wütend, als Bundy einräumte, heroinabhängig zu sein und zur Kaimauer am Lake Pontchartrain gegangen zu sein, »um zu fixen«. Sie waren aufgesprungen und brüllten ihren Einspruch. Einer von ihnen behauptete aus Gründen, die ich bis heute noch nicht verstehe, der Prozeß werde fehlerhaft geführt.

Ich bemerkte, daß Bundy dadurch nervös wurde, und sah ihm in die Augen. Ich grinste ihn an, und er setzte sich zurück und entspannte sich. Alle Einsprüche der Verteidigung wurden abgewiesen, und endlich konnte ich Bundy freie Bahn lassen, damit er auf die ihm eigene Weise aussagen konnte.

Er saß 1963 an einem Julimorgen auf der Kaimauer des Lake Pontchartrain und traf Vorbereitungen für eine Heroininjektion. Er war fast außer Sicht, da er ein paar Stufen tiefer beinahe auf der Höhe des Wasserspiegels saß.

»Ich sah mich um, weil ich mißtrauisch bin«, sagte Bundy aus.[10] In diesem Augenblick fuhr eine viertürige schwarze Limousine heran und parkte.

»Ein Typ steigt dann aus dem Auto und kommt auf mich zu. Ich bin mißtrauisch. Ich weiß nicht, ob er ein Polizist ist oder nicht.

Der Typ geht hinter mir vorbei ... und sagt, daß heute ein heißer Tag wäre.«

Bundy berichtete weiter, der Mann, den er als groß und weißhaarig beschrieb, sei etwa fünf Meter weitergegangen, und »nach fünf oder sieben Minuten stieß ein junger Mann zu ihm«. Die beiden unterhielten sich etwa fünfzehn Minuten lang. »Der ältere Typ gab dem jüngeren Typ etwas; ich weiß es nicht genau, aber es sah aus wie eine Rolle Geldscheine. Der junge Typ steckte sie in die hintere Hosentasche.«

Auf Fotos identifizierte er den jungen Mann als Lee Oswald, und den Mann, der aus dem Wagen gestiegen war, als Clay Shaw. Die beiden Identifizierungen – er war gezwungen, ihre Fotos aus anderen herauszusuchen – hatte er beim erstenmal, als wir ihn befragten, ohne Zögern vorgenommen. Jetzt suchte er wieder ohne zu zögern die Bilder Lee Oswalds und Clay Shaws heraus und identifizierte sie für die Richter als die beiden Männer, die er bei ihrem Treffen an der Kaimauer beobachtet hatte.

Nachdem er ihrer Unterhaltung zugehört hatte und sie verschwunden waren, ging er an die Stelle, an der sie gestanden hatten, und hob mehrere gelbe Flugblätter auf. (Wie der Leser sich erinnern wird, hat Oswald von der Adresse 544 Camp Street aus gelbe Pro-Castro-Broschüren verteilt.) Bundy verwendete eines der gelben Blätter, um sein Besteck einzupacken, nachdem er »sich den Schuß gesetzt« hatte.

Als ich Bundy bat, den Mann zu zeigen, der sich mit Oswald getroffen hatte, wies er unverzüglich mit dem Finger direkt auf den Angeklagten. Während dieses langen Augenblicks war der Gerichtssaal, der vor Beginn der Anhörung einem lauten Zirkus geglichen hatte, so still wie ein verlassener Friedhof um Mitternacht. Die Anwälte der Verteidigung bemühten sich, demonstrativ zu zeigen, daß diese Vorgänge, mit denen nur Zeit verschwendet werde, sie unbeschreiblich langweilten – ein sicheres Zeichen, daß sie mit dieser Aussage wenig zufrieden waren. Was die drei Richter und die Zuschauer anging, so hingen sie an jedem Wort des jungen Bundy.

Als ich mir sicher war, mein Ziel erreicht zu haben, bat ich Bundy, sich aus dem Zeugenstand zu erheben und seine Hand über den Mann zu halten, den er am Seeufer dabei beobachtet hatte, wie er sich mit Lee Harvey Oswald traf. Bundy stand auf, ging durch den stillen Gerichtssaal und hielt seine Hand über das grauweiße Haar Clay Shaws.

In diesem Augenblick schien jeder im Gerichtssaal vor Schreck erstarrt zu sein. Dann verkündete der Gerichtsschreiber, offenbar auf ein Nicken Richter Bagerts hin: »Das Gericht macht eine Pause.« Erst als die Richter von ihren Sitzen hinter der Richterbank heruntertraten, brach die Menge in gedämpften Lärm aus. Ich blickte zur Angeklagtenbank hinüber und sah bei den Anwälten der Verteidigung zum erstenmal leichte Anzeichen eines Stirnrunzelns. Andererseits schnupperte Shaw, den das alles dem Anschein nach überhaupt nicht berührte – er machte auf alle Welt den Eindruck eines eleganten Gulliver, den Liliputaner überwältigt und auf einen Stuhl gefesselt hatten –, weiter an seiner Zigarette, und seine Blickte schwebten über der Menge, als er sich im Gerichtssaal umschaute.

Beim Kreuzverhör stürzten sich die Verteidiger natürlich wie tollwütige Hunde auf Bundy. Zuerst aus der Fassung gebracht, schien er sich dann zu entspannen und wiederholte bald geduldig und ohne zu stocken seine Geschichte. Ich kannte die Fragen, die sie stellen würden, in- und auswendig. Es war eine alte Gewohnheit von mir, bei Gerichtsverfahren nur selten Einspruch zu erheben, wenn der Zeuge sich gegen die Anwälte der Gegenseite behaupten konnte. Ich mußte lange Zeit warten, bis Shaws Anwälte nichts mehr gegen Bundy vorbringen konnten, aber schließlich war es soweit.

Beim Abschluß der Vorverhandlung am 17. März verkündeten die drei Richter, die Anklagevertretung habe ausreichende Beweise vorgelegt, und ordneten das Erscheinen Clay Shaws vor einem Geschworenengericht an.

Kapitel 13
DER GEGENSCHLAG

Am 4. September 1967 verkündete der oberste Bundesrichter Earl Warren in Tokyo, Japan[1], ich hätte »absolut nichts« öffentlich vorgebracht, das den Resultaten des Berichts der Warren-Kommission über das Attentat auf Präsident Kennedy widerspräche. Warren, der vor dem Verein der Auslandskorrespondenten eine Rede hielt, sagte, er habe »nicht eine einzige Tatsache« gehört, die das Ergebnis der Kommission widerlege, daß Lee Oswald der alleinige Täter sei.

Das war ein merkwürdiges Verhalten für den Vorsitzenden des Obersten Gerichtshofs der Vereinigten Staaten. Der Prozeß gegen Clay Shaw hatte noch nicht begonnen. Noch war kein Geschworener benannt worden. Aber der oberste Richter unseres Landes sagte schon als erster Zeuge in diesem Verfahren aus. Er legte seine Aussage nicht unter Eid ab, wodurch er auch mit den Meineidgesetzen nicht zu belangen war. Die ihm nachfolgenden Zeugen hatten diese Möglichkeit nicht. Und er beeinflußte die Würfel offensichtlich zu Shaws Vorteil. Kein Zeuge würde vor aller Welt den Vorsitzenden des Obersten Gerichtshofs gern wie einen Lügner aussehen lassen. Oder ihm einen Irrtum nachweisen wollen.

Aber Warrens unpassende Erklärung war harmlos im Vergleich zu den Angriffen der Medien auf unser Verfahren gegen Clay Shaw und auf mich persönlich. Seit Shaws Verhaftung hatten dic Medien pausenlos bösartig zugeschlagen.

Während dieser Periode erfuhren einige meiner langgehegten Illusionen über die großartige freie Presse unseres Landes eine schmerzhafte Neubewertung. Man hätte von der Presse vielleicht Zurückhaltung oder Respekt vor der Gerechtigkeit erwartet. Nicht nur, damit dem Angeklagten ein faires Verfahren garantiert war, sondern auch dem Staat. Aber davon war nichts zu bemerken. Das galt auch für die Meinungsvielfalt, die ich stets für einen Grundsatz der amerikanischen Presse gehalten hatte. Soweit ich feststellen kann, waren die Berichte und Kommentare in *Newsweek, Time,* der *New York Times*, der *New York Post*, der *Saturday Evening Post* und so weiter nicht voneinander zu unterscheiden.

Sie alle vertraten grundsätzlich die Meinung, ich sei ein verantwortungsloser, machtbesessener Selbstdarsteller, der eine schmierige Vorstellung mit dem Ziel gab, ohne Rücksicht auf die Konsequenzen in ein höheres Amt gewählt zu werden.

Ich will ein paar repräsentative Beispiele aufführen, die zeigen, wie die amerikanische Presse unser Verfahren gegen Clay Shaw behandelte.

In der Ausgabe von *Newsweek* vom 15. Mai 1967 schrieb Hugh Aynesworth unter dem Titel »Die JFK-Verschwörung«:

»Jim Garrison hat recht. Es hat in New Orleans eine Verschwörung gegeben – aber es ist eine Verschwörung, die Garrison selbst angezettelt hat. Es ist das Komplott, eine phantastische ›Lösung‹ für den Tod John F. Kennedys zu erfinden und sie jemandem anzuhängen; in diesem Fall waren der Staatsanwalt und sein Stab indirekt am Tod eines Mannes beteiligt und haben mehrere andere beleidigt, belästigt und finanziell ruiniert.

Garrisons Taktiken waren sogar noch zweifelhafter als sein Verfahren. Mir liegen Beweise vor, daß einer der strammen Ermittler des Staatsanwalts einem unwilligen ›Zeugen‹ 3000 Dollar und einen Job bei einer Fluggesellschaft angeboten hat, damit er über das angebliche Treffen, bei dem der Tod des Präsidenten geplant wurde, ›Tatsachen beibringt‹. Wie mir ebenfalls bekannt ist, statteten zwei von Garrisons Männern dem ›Zeugen‹ einen weiteren Besuch ab und bedrohten ihn, wie er sagte, körperlich, als das Büro des Staatsanwalts erfuhr, daß der ganze Bestechungsversuch auf Tonband aufgenommen worden war.«

Aynesworth, der den Eindruck eines fairen und ehrenhaften Mannes gemacht hatte, als er mich mehrere Stunden in meinem Haus interviewte, rückte nie damit heraus, wessen Leben unser Büro verkürzt hatte. Was die Bestechung in Höhe von 3000 Dollar anging: Als ich auf Aynesworths Enthüllung stieß, hatte der Zeuge Alvin Babœuf, dem unsere Behörde angeblich dieses Angebot unterbreitet hatte, uns gegenüber zugegeben, daß so etwas nie stattgefunden hatte.[2] Natürlich hat Aynesworth nie erklärt, was mit den »Beweisen« weiter geschah, die sich angeblich in seinem Besitz befanden. Und das sogenannte Bestechungstonband hat in Wahrheit nie existiert.

Wenn dieser Artikel ein typisches Aynesworth-Produkt war, konnte man sich nur darüber wundern, wie ein Journalist mit solch blühender Phantasie weiterhin Abnehmer für seine Arbeiten finden konnte. Doch um Aynesworth gegenüber fair zu sein, muß ich sagen, daß sein »Artikel« nur zu typisch war für das, was mein Stab in Zeitungen und Zeitschriften lesen konnte. Die Verfasser waren Leute aus fernen Städten, die nicht die geringste Vorstellung davon hatten, was meine Behörde eigentlich erreichen wollte.

James Phelan, der über den Erfolg meines Büros bei der Verbrechensbekämpfung in New Orleans einen sehr lobenden Leitartikel mit dem Titel »Der Verbrechensbekämpfer ist da« für die *Saturday Evening Post* geschrieben hatte[3], verfaßte einen Bericht über die JFK-Untersuchung. In einem Beitrag mit dem Titel »Vorschnelle Urteile in New Orleans«[4] behauptete Phelan, Perry Russo habe dem stellvertretenden Staatsanwalt Andrew Sciambra erst dann von einer Verschwörung erzählt, nachdem er »unter Drogen gesetzt« worden war. Die stillschweigende Folgerung war, daß die Staatsanwaltschaft Russo unter Drogen gesetzt und dann die Verschwörungsgeschichte in sein Gehirn implantiert hatte, während er sich in einem äußerst beeinflußbaren Zustand befand. Die Wahrheit sah natürlich ganz anders aus. Tatsächlich wußte Phelan, was Russo uns über die Verschwörung erzählt hatte, bevor ich auf die Idee gekommen war, daß wir Russos Aussage vielleicht mit medizinisch kontrollierter Hypnose und Sodium-Pentothal absichern konnten. Ich weiß es, weil ich der erste war, der Phelan von Russos Geschichte erzählte. Phelans farbige Story fiel später bei Clay Shaws Verhandlung in sich zusammen, als klar wurde, daß Russo lange vor irgendwelchen medizinischen Behandlungen Sciambra gegenüber einen vollständigen Bericht über alle wichtigen Geschehnisse abgelegt hatte (siehe Kapitel 18). Außerdem wußten die Journalisten in Baton Rouge (siehe Kapitel 12) von den Interviews, die Russo der Presse gegeben hatte und in denen er von einer Verschwörung sprach – auch wenn er zu diesem Zeitpunkt keine Ahnung hatte, daß Shaw und Bertrand ein und derselbe waren –, bevor er sich überhaupt mit Sciambra getroffen hatte.

Es ist eine Binsenweisheit, daß die Bürger den Inhabern öffentlicher Ämter, die sie gewählt haben, nach kurzer Zeit auf die Finger sehen. Ich habe nie von einem Staatsanwalt gehört, der eine Karriere hätte aufbauen können, indem er Zeugen mit Drogen dazu bringt, die Aussage zu machen, die er hören will. Wäre ein Vertreter der Anklage so verrückt, mit solchen Maßnahmen zu arbeiten, würde es sich schnell herumsprechen, und er wäre nicht mehr lange Anklagevertreter. Ebenso könnte er versuchen, seine Karriere mit Hilfe von Folterinstrumenten voranzutreiben.

Man kann mit aller Fairneß sagen, daß die Menschen von New Orleans die weithin publizierte Anschuldigung, ihr Staatsanwalt habe mit Absicht einen Zeugen unter Drogen gesetzt, um seine Aussage zu beeinflussen, genau verfolgten. Sie hörten der Expertenaussage der Ärzte Esmond Fatter und Nicholas Chetta zu. Sie verstanden, daß unter kontrollierter medizinischer Überwachung der Versuch unternommen worden war, eine Erinnerung aufzufrischen, falls so etwas möglich ist. Und in der folgenden Wahl von 1969 wurde ich wieder ins Amt gewählt, diesmal im ersten Wahlgang. Kein Staatsanwalt ist zuvor in New Orleans jemals wiedergewählt worden.

Die Angriffe hörten mit dem von Phelan nicht auf. Ohne Vorwarnung reiste Dick Billings, der zuvorkommende Journalist des *Life*-Magazins, aus New York an. Er war durchaus freundlich, schien aber stark abgenommen zu haben und hatte dunkle Ringe unter den Augen. Seine Ivy-League-Kleider umschlotterten lose seine dünne Gestalt. Er informierte mich darüber, daß *Life* nicht mehr in der Lage sei, mich zu unterstützen und bei der Untersuchung mitzuarbeiten. Die Zeitschrift war seiner Aussage nach zu dem Schluß gekommen, ich sei nicht der energische Gegner des organisierten Verbrechens, wie sie zuerst angenommen hatte.

»Worüber, in aller Welt, reden Sie?« fragte ich. Er nannte dann einen Namen und fragte mich, ob ich von diesem Mann gehört hätte.

Ich schüttelte den Kopf und verneinte. Der Redakteur breitete die Hände aus. »Sehen Sie«, sagte er, »mittlerweile müßten Sie ein Dossier über ihn angelegt haben.«

Ich nahm das Telefonbuch und fand den Namen in der Kleinstadt Covington; der Eintrag wies darauf hin, daß er direkt nördlich vom See wohnte. »Meinen Sie den?« fragte ich.

»Das ist der Mann«, sagte er. »Er ist eine der führenden Gestalten des organisierten Verbrechens hier unten.«

»Und Sie sind der Kaiser von China«, erwiderte ich. Wenn sich dieser Bursche in der Gegend um New Orleans und in der Stadt selbst in größerem Umfang kriminell betätigt hätte, wäre mir der Name vertraut gewesen. Wie sich herausstellte, hatte niemand aus meiner Behörde je von ihm gehört. Er kam auch nie wieder zur Sprache.

Ich sah mir meinen Besucher genau an. Es war nicht zu übersehen: Hier stand ein Mann, der sich nicht wohl in seiner Haut fühlte und die unangenehme Aufgabe erfüllen mußte, die man ihm aufgetragen hatte. Ich war wütend, aber nicht auf ihn. Er war bedeutend sensibler und intelligenter als die meisten Medienvertreter, die ich kennengelernt hatte. Bald sollte er Berichte über die Geburt von Vierlingen in Bangor, Maine, schreiben oder über wissenschaftliche Durchbrüche bei der Steigerung der Fruchtbarkeit von Karnickeln berichten.

Offenbar war dieses Spielchen der Zeitschrift *Life* schon seit einiger Zeit, wenn nicht sogar von Anfang an geplant gewesen. Innerhalb weniger Wochen erschien mein Name im zweiten von zwei *Life*-Artikeln über das organisierte Verbrechen.[5] Er widmete mir besondere Aufmerksamkeit als gelegentlichem, freigebigem Besucher der Casinos von Las Vegas. Der Verfasser des Artikels hatte einige Schwierigkeiten, mich in das Szenario einzubringen, da ich zufällig überhaupt nicht spiele. Es ist nicht so, daß ich zu tugendhaft bin. Mir ist einfach bereits vor langer Zeit aufgefallen, daß immer das Haus gewinnt. Diese Kleinigkeit hielt die Redakteure von *Life* jedoch nicht zurück. Ich wurde als jemand dargestellt, der gute Beziehungen zum »Unterführer« eines »New-Orleans-Mobsters« hatte.[6] Angeblich gewährte man mir »einen Kredit von 5000 Dollar beim Kassierer«. Damit wurde angedeutet, ich hätte diesen Kredit dazu benutzt, während meines angeblichen Raubzugs an den Spieltischen Getränke- und Essensrechnungen abzuzeichnen.

Es entsprach der Wahrheit, daß ich einmal einen Antrag ausfüllte, als ich einen Scheck im Sands Hotel einlöste. Dabei hatte man mir anscheinend einen derartig hohen Kredit eingeräumt, wenn er denn tatsächlich so hoch war. Ich reiste auch zweimal jährlich nach Las Vegas, aber nur, um das trockene Klima des Westens zu genießen, das ich zufälligerweise liebe, und um etwas Sonne einzufangen. Mehr war nicht nötig, um zur *Life*-Version des Mannes-der-die-Bank-in-Monte-Carlo-sprengte zu werden.

Als der *Life*-Artikel über meinen fiktiven Hang zum Glücksspiel in Las Vegas veröffentlicht wurde, brachte die Zeitschrift *Time* – eine Schwesterpublikation von *Life* und ebenfalls Teil des Luce-Presse-Imperiums – eine Artikelserie über unsere Untersuchung.[7] Sie wurde als unentschuldbarer Schwindel und ich als geistig minderbemittelter Schwachkopf dargestellt, der auf Schlagzeilen aus war.

Keine der Publikationen, die ich las, schien die Möglichkeit in Betracht zu ziehen, daß unsere Ermittlungen vielleicht eine legitime, auf Beweismaterial aufgebaute Basis hatten, und daß John F. Kennedy vielleicht wirklich das Opfer einer Verschwörung gewesen sein könnte. Einmal – und dann nur sehr kurz – erwog das *New York Times Magazine* die Möglichkeit einer Verschwörung. Der Artikel erschien unter dem anziehenden Titel »Keine Verschwörung – aber vielleicht zwei Attentäter?«[8] Der Verfasser, ein Engländer namens Henry Fairlie, stellte die Behauptung auf – was an sich schon kaum zu glauben war –, weder in Europa noch in Amerika großes öffentliches Interesse für die Möglichkeit entdeckt zu haben, die Warren-Kommission sei zu den falschen Ergebnissen gelangt. Er räumte jedoch das »Aufkommen von Zweifeln« ein und brachte seine Besorgnis zum Ausdruck, solche Zweifel »könnten zumindest irgendwo zur Besessenheit werden – vielleicht sogar schließlich im Bewußtsein des Volkes, das ihnen bisher widerstanden hat«.

Die These des Artikels wurde dann in den folgenden Sätzen deutlich: »Die Tatsache, daß mehr als eine Person in ein Unternehmen verstrickt ist, macht dieses noch nicht unbedingt zu einer Verschwörung. Das ist der Gedankensprung, der mich alarmiert, und es ist ein Gedankensprung (ich möchte dabei kein bewußtes Motiv unterstellen), den ehrgeizige Leute vielleicht für zu verlockend halten.«

Wenn ich es richtig verstand, lautete die Argumentation dieser angesehenen Zeitung: Nur weil vielleicht mehr als eine Person zur gleichen Zeit auf Präsident Kennedy geschossen hatte, ließe dies nicht automatisch auf eine Verschwörung schließen.

Nach dem frühen Störfeuer, das wir von der Presse erhalten hatten, kamen nun die großen Kanonen des Fernsehens. Im Frühjahr 1967 alarmierten uns örtliche Quellen über das Eintreffen der ersten Reporter eines Sonderteams der NBC in New Orleans. Der angebliche Leiter war ein Mann namens Walter Sheridan. Er war im Royal Orleans abgestiegen, und es wurde bald klar, daß er für einige Zeit in New Orleans zu bleiben gedachte.

Sheridan war ein selbstsicherer Mann, der Persönlichkeit ausstrahlte. Ich begegnete ihm einige Male in der Hotel-Lobby, wobei jeder dem anderen zwanglos zunickte. Nach einer Weile kam mir der Gedanke, daß er nicht ganz dem Bild eines Mannes entsprach, der einfach im Nachrichtengewerbe auf dem Weg nach oben war. Mit der Zeit sollte ich erfahren, daß unser Besucher ungewöhnlich weitreichende Verbindungen besaß, nicht nur in New York, sondern auch in Washington. Er erwähnte oft seinen Dienst im Büro des Marinenachrichtendienstes, Guy Banisters Alma mater.

Die NBC schien kein Interesse zu haben, irgendeinen Mitarbeiter der Behörde zu interviewen, was wir begrüßten. Wir waren naiv genug zu glauben, man untersuche die Ermordung des Präsidenten. Der anhaltende Mangel an ernsthafter Neugier seitens des NBC-Teams auf die Fakten von Kennedys Ermordung verriet uns einfach, daß ein weiterer erfundener und voreingenommener Beitrag von der Sorte »einsamer Killer« erstellt werden sollte.

Allerdings fragten wir uns allmählich, warum Sheridan und die diversen Leute, die an seinem Projekt arbeiteten, so lange in der Stadt blieben. Wir sahen weiterhin stundenlang die blauweißen Wagen von WDSU – des lokalen NBC-Fernsehablegers – in der Nähe des Gerichtsgebäudes parken, in dem sich unsere Büros befanden.

Nach einiger Zeit erfuhren wir, daß die NBC-Reporter den Weg ins Staatsgefängnis von Angola gefunden hatten, wo sie Miguel Torres, einen Berufseinbrecher, und andere Gefangene interviewten.

Etwa zu diesem Zeitpunkt erkannten wir plötzlich, daß die NBC das Attentat überhaupt nicht untersuchte. Sie klopften *uns* ab – mich, meine Behörde, meinen Stab und unsere Ermittlungen. Eine Quelle, die uns über die NBC-Pläne unterrichtete, war Marlene Mancuso, die früher mit Gordon Novel verheiratet gewesen war.[9] Sie schrieb in einem Memo an uns, ein Reporter der NBC habe mit ihr Verbindung aufgenommen[10]:

»Richard Townley sagte mir, er versuche schon seit ein paar Wochen, mich zu erreichen. Er gab an, für die NBC zu arbeiten, und seine Intuition sage ihm, ich würde wahrscheinlich in die Sache hineingezogen...

Er sagte, Mr. Garrison sehe einer Gefängnisstrafe entgegen. Er hielt mich für Mr. Garrisons Starzeugin, die er dazu benutzen werde, Gordon zu diskreditieren und ihn wie einen zweiten Oswald aussehen zu lassen. Er kam immer wieder darauf zurück, mit mir ein Interview aufzuzeichnen, das mich in einem guten Licht zeigt. Sonst würde ich wahrscheinlich eine Vorladung bekommen, zum Mittelpunkt vieler Reporter und eines großen Wirbels werden und sehr schlecht dastehen...

Townley wies immer wieder darauf hin, es sei wesentlich klüger, hübsch präsentiert zu werden, als in schlechtem Licht zu stehen, wenn ich aus dem Gerichtssaal käme ... Er behauptete, man werde Mr. Garrison als Schwindler entlarven, und er werde für die NBC daran arbeiten, von der WDSU aus...«

Noch unverschämter war die Art, wie sich die NBC an Perry Russo heranmachte. Russo erzählte Andrew Sciambra, man hätte sich vor der Sendung mehrmals mit ihm in Verbindung gesetzt. Dabei hätte man versucht, ihn zu überreden, seine Erinnerungen an das Gespräch zwischen Clay Shaw und David Ferrie, bei dem sich die beiden über das Attentat auf Präsident Kennedy unterhalten hatten, doch noch einmal kritisch zu überdenken.

Solange die Fakten noch frisch in seinem Gedächtnis hafteten, hielt Sciambra in einem Memorandum fest, was Russo ihm erzählt hatte.[11] Hier ein paar repräsentative Absätze, die zusammenfassen, worauf die NBC-Leute Russo zufolge hinauswollten:

»In den letzten paar Wochen war ich mit Russo in ständigem Kontakt, um mit ihm über die NBC-Leute und Agenten zu sprechen, die in sein Haus kamen, um mit ihm über die Garrison-Untersuchung im allgemeinen und den ›Weißbuch‹-Bericht der NBC über diese Untersuchung im besonderen zu reden. In dieser Hinsicht hat mich Russo informiert, Richard Townley von WDSU-TV habe sein Haus in den letzten Wochen zweimal besucht, und James Phelan von der *Saturday Evening Post* viermal. Einige Höhepunkte dieser Unterhaltung lauteten wie folgt...

Townley erzählte Russo unter anderem, er werde sich in ein paar Tagen mit ihm in Verbindung setzen, um ihn wissen zu lassen, was Clay Shaws Anwalt unternehmen wolle, da sie zusammenzuarbeiten beabsichtigten. Russo sagte auch, Townley hätte ihm erzählt, die NBC und er hätten Kontakt zu allen Zeugen aufgenommen, die ihnen bekannt seien, und sie würden herauszufinden versuchen, was die Staatsanwaltschaft noch in der Hand habe. Es werde aber schwieriger, an Informationen der Staatsanwaltschaft heranzukommen, weil sie versuche, alle Lecks zu stopfen...

Russo sagte, Walter Sheridan von den NBC-Nachrichten habe ihm erzählt, der NBC-Präsident habe sich mit Mr. Gherlock in Verbindung gesetzt, dem Direktor des Equitable-Hauptsitzes in New York. Gherlock habe dem NBC-Präsidenten versichert, falls Russo mit der NBC bei dem Versuch kooperieren sollte, den Ermittlungen Garrisons ein Ende zu setzen, würde die örtliche Equitable-Filiale – Russos Arbeitgeber – auf Anordnung des Hauptsitzes nichts gegen ihn unternehmen.

Russo sagte, er habe Sheridan mitgeteilt, er brauche etwas Ruhe, da die Journalisten ihn Tag und Nacht belästigten, und er würde nach dem Ende der Baseball-Saison sieben oder zehn Tage lang Urlaub in Kalifornien machen. Sheridan fragte ihn daraufhin, ob er gern in Kalifornien leben würde. Er machte ihn darauf aufmerksam, *daß er, sollte er sich auf die Seite der NBC und der Verteidigung schlagen und die Garrison-Untersuchung platzen lassen, vor Garrison fliehen und Louisiana verlassen müsse.* Sheridan behauptete, man könne ihm in Kalifornien eine neue Existenz verschaffen, einen Job und einen Rechtsanwalt besorgen, und *er könne dafür garantieren, daß es Garrison niemals gelänge, ihn nach Louisiana vorladen zu lassen* [Hervorhebung vom Verfasser].

Sheridan erzählte ihm dann, NBC würde Novel nach McLean, Virginia, fliegen lassen und einem Lügendetektortest unterziehen, und Garrison würde es nie schaffen, Novel nach Louisiana zurückzuholen. Russo zufolge hat Sheridan gesagt, er wolle, daß dieser in einer nationalen NBC-Sendung auftrete und sage: ›Es tut mir leid, was ich gesagt habe, weil ich gelogen habe. Einiges von dem, was ich gesagt habe, entspricht der Wahrheit, aber der Stab des Staatsanwalts hat mit mir etwas Medizinisches angestellt, damit ich so aussage…‹

Perry sagte, James Phelan von der *Saturday Evening Post* habe ihm erzählt, er arbeite Hand in Hand mit Townley und Sheridan, sie hielten ständig Kontakt und würden Garrison und die Untersuchung zu Grabe tragen…«

Mittlerweile machte ich mir Sorgen wegen der Intensität des NBC-Angriffs auf das von uns aufgebaute Verfahren, ganz zu schweigen von den gemeinschaftlichen Bemühungen, meine Behörde zu verleumden. Wir waren bereits das Ziel zahlloser Verzerrungen, Übertreibungen und sogar Erfindungen der Medien gewesen. Aber diese »Berichterstatter« übertrafen alles. Sie unternahmen den organisierten Versuch, die offizielle Ermittlung einer großstädtischen Staatsanwaltschaft entgleisen zu lassen. Sie drängten Zeugen, ihre Aussage zu ändern, und versuchten sogar, einen Hauptzeugen für immer in einen anderen Bundesstaat zu schicken.

Als das »Weißbuch« unter dem Titel »Der Fall Jim Garrison« am 19. Juni 1967 für ein Millionenpublikum im ganzen Land ausgestrahlt wurde, konnte man bereits nach wenigen Minuten feststellen, daß die NBC diesen Fall als kriminell eingestuft und sich zum Anklagevertreter erhoben hatte.

Die drei Hauptzeugen waren John Cancler, ein verurteilter Einbrecher und Zuhälter, der den örtlichen Behörden besser als »John the Baptist« (Johannes der Täufer) bekannt war; Miguel Torres, ein rechtskräftig verurteilter Einbrecher, der im Staatsgefängnis von Angola seine Strafe absaß; und ein Mann namens Fred Leemans, von dem ich noch nie gehört hatte und der sich als Besitzer eines »Türkischen Bades« in der Innenstadt von New Orleans herausstellte.

»John the Baptist« verkündete in der Sendung, er sei Zellengenosse von Vernon Bundy gewesen. Bundy, teilte er vertraulich mit, habe ihm erzählt, seine Geschichte über Clay Shaw und Lee Oswald sei falsch. Das war natürlich eine glatte Lüge, aber es war nur die erste von vielen. Cancler erzählte auch von dem wenig feinfühligen Versuch der Staatsanwaltschaft, ihn dazu zu bringen, falsche Beweise in Clay Shaws Heim zu schmuggeln. Cancler hatte solch fragwürdige Praktiken natürlich sofort entrüstet abgelehnt.

Torres behauptete in seinem Interview, die Staatsanwaltschaft habe versucht, ihn zu der Falschaussage zu zwingen, Clay Shaw habe sich ihm unsittlich genähert. Was noch schlimmer war, er behauptete, die Staatsanwaltschaft habe ihn zu der Behauptung drängen wollen, er wisse, daß Shaw »Clay Bertrand« sei. Um ihn zu diesen Lügen zu verführen, so offenbarte er, hätten ihm die Männer der Staatsanwaltschaft eine größere Menge Heroin und einen dreimonatigen Urlaub in Florida angeboten. Dem Rest der Geschichte zufolge hatte Torres es vorgezogen, lieber Zuckerrohr im Staatsgefängnis von Louisiana zu schneiden, als einen solchen Urlaub zu genießen.

Dann erschien Leemans, der den Reporter darüber aufklärte, die Staatsanwaltschaft habe ihm 2500 Dollar für die Aussage geboten, daß Clay Shaw zusammen mit Lee Oswald sein Dampfbad besucht habe. Zuerst, gestand er, sei er auf das Angebot eingegangen. Nachdem er allerdings darüber nachgedacht hatte, war ihm die Vorstellung, sich an einer so unmoralischen Tat zu beteiligen, zuwider gewesen, und er habe abgelehnt.

Dann füllte das runde Gesicht von Dean Andrews den Bildschirm. Er verkündete feierlich, Clay Shaw habe ihn nicht am Tag nach dem Attentat angerufen und darum gebeten, Lee Oswald zu verteidigen. Er würde Clay Shaw nicht einmal erkennen, wenn er auf dem Bürgersteig über seine Leiche stolperte.

Nach der Sendung wollte das Geschworenengericht des Bezirks Orleans John Cancler unter Eid befragen, da er seinem Auftritt zufolge nur zu gerne bereit war, über Vernon

Bundys Wahrheitsliebe auszusagen. Das Geschworenengericht bat ihn, zu wiederholen, was er gegenüber der NBC über Bundys falsche Aussage in bezug auf Oswald und Shaw behauptet hatte. Das Geschworenengericht wollte ebenfalls hören, wie er die NBC-Beschuldigungen über Unregelmäßigkeiten der Staatsanwaltschaft unter Eid bestätigte.

Cancler, der nun das »Fifth Amendment« für sich in Anspruch nahm, weigerte sich, seine Anschuldigungen zu wiederholen, da ein solches Handeln dazu führen könne, daß er sich selbst belastete. Nach einer Anordnung des Geschworenengerichts wurde er einem Richter des Strafgerichts vorgeführt, der ihn erneut aufforderte, die Anschuldigungen zu wiederholen, die er öffentlich vor dem ganzen Land gemacht hatte. Wieder berief er sich auf den fünften Verfassungszusatz und weigerte sich. Der Richter befand ihn der Mißachtung des Gerichts für schuldig und verurteilte ihn zu sechs Monaten Gefängnis, die zu der Strafe kamen, die ihn wegen eines Einbruchs erwartete.

Miguel Torres wurde ebenfalls auf Anordnung des Geschworenengerichts aus dem Staatsgefängnis von Angola geholt. Auch Torres wurde gebeten, die Anschuldigungen, die er in der Sendung der NBC vor der ganzen Nation gemacht hatte, unter Eid zu wiederholen.

Wie Cancler verweigerte er die Aussage unter Eid mit der Begründung, sich möglicherweise selbst zu belasten. Vor Gericht berief auch er sich auf den fünften Verfassungszusatz und erhielt wegen Mißachtung eine zusätzliche Gefängnisstrafe.

Die Geschworenen schenkten Fred Leemans ausgefallener Dampfbadgeschichte so wenig Glauben, daß sie sich nicht einmal die Mühe machten, ihn vorzuladen. Was Dean Andrews betraf, so wurde er kurz nach der NBC-Sendung vom Geschworenengericht des Bezirks Orleans wegen Meineids angeklagt, als er aussagte, Clay Shaw sei nicht mit »Clay Bertrand« identisch, der ihn mit der Verteidigung Lee Oswalds beauftragt habe (siehe Kapitel 18). Später, im August 1967, wurde Andrews von Geschworenen, die sich aus Bürgern der Stadt New Orleans zusammensetzten, des Meineids für schuldig befunden.

Wenige Tage, nachdem die NBC die Sendung ausgestrahlt hatte, schickte ich einen wütenden Beschwerdebrief an die Federal Communications Commission, den Bundesausschuß für Presse und Fernsehen. Ich verlangte die gleiche Sendezeit, um den unverschämten Angriff des Senders auf die Staatsanwaltschaft persönlich zu beantworten.

Die FCC zwang die NBC, mir eine halbe Stunde zur Verfügung zu stellen, um auf das stundenlange »Weißbuch« zu antworten. Es war zwar nicht der gleiche Zeitraum, aber mehr benötigte ich auch nicht. Ich gab meine Stellungnahme live im örtlichen Studio des Senders, dem WDSU-TV, ab, und sie wurde im ganzen Land ausgestrahlt.[12]

Danach hatte ich zwar das Gefühl, meine Botschaft vermittelt zu haben, aber ich war nicht ganz zufrieden. Ich fragte mich noch immer, warum die NBC so lange und so schwer daran gearbeitet hatte, unsere Arbeit zunichte zu machen. Man wollte meine Behörde tatsächlich zur Strecke bringen.

Ich wußte, ohne dieser Tatsache je besondere Beachtung geschenkt zu haben, schon seit Jahren, daß die NBC eine Tochtergesellschaft der Radio Corporation of America war. Jetzt wollte ich wissen, was genau die Radio Corporation of America war.

In der Öffentlichen Bibliothek erfuhr ich, daß die RCA im Zweiten Weltkrieg wegen der Entwicklung und Verbreitung des Funks bei den Streitkräften ein wesentlicher Bestandteil der amerikanischen Verteidigungsstruktur geworden war.[13] Diese Partnerschaft war sogar noch enger geworden, nachdem die RCA einen neuen, besonders effektiven Höhenmesser für Bombenabwürfe aus großen Höhen entwickelt hatte. Von da an war die Firma in die Weiterentwicklung des Radars und anderer hochentwickelter Technologien für die Streitkräfte eingestiegen. Wie das amerikanische Militär hatte sich die RCA von einem relativ überschaubaren Servicebetrieb zu einem mächtigen Koloß entwickelt. Ihre wichtigsten Verträge mit dem Militär waren in den Jahren von 1960 bis 1967 auf über eine Milliarde Dollar angewachsen. Die RCA war keine »Radiofirma« mehr. Sie war nun ein Teil der Rüstungsindustrie. Und ihr Präsident, General a. D. David Sarnoff, war bekannt für seine angriffslustigen öffentlichen Reden und Aktivitäten zugunsten des kalten Krieges.

Vor diesem Hintergrund ergab es für mich mehr Sinn, warum die RCA und ihre Tochterfirma NBC einen lokalen Staatsanwalt in Mißkredit bringen wollten, der nicht aufhörte, die unerfreuliche Möglichkeit zu propagieren, der Präsident sei von organisierten kalten Kriegern der Geheimdienste der Vereinigten Staaten ermordet worden.

Verglichen mit der Brutalität, mit der die NBC die Tatsachen behandelt hatte, war die Dokumentation der CBS zivilisiert – auch wenn vieles daran nicht stimmte. Sie wurde in vier Teilen vom 25. bis 28. Juni 1967 gesendet und konzentrierte sich im Gegensatz zum »Weißbuch« der NBC auf das Attentat, und nicht auf mich und meine Behörde.

Die CBS hatte mich eingeladen, an ihrer episch-breiten Präsentation mitzuarbeiten. Ich zögerte, weil ich wußte, daß ich auf die eine oder andere Art wieder von den Medien hereingelegt werden würde. Sie hatten jedoch, wie mir bekannt war, niemand anderen eingeladen, der das Einzeltäter-Szenario widerlegen sollte, und darum ging ich hin.

Zu meiner Überraschung interviewte mich der Sender ausführlich – beinahe eine halbe Stunde lang –, in der ich erklärte, wie Präsident Kennedy als Resultat einer Verschwörung beseitigt worden war, und die möglichen Gründe dafür erläuterte.

Nachdem die CBS-Sendung bundesweit ausgestrahlt worden war, wurde meine halbe Stunde auf höchstens dreißig Sekunden gekürzt. Das gab mir gerade genug Zeit, in die massive, vierstündige Huldigung des Senders an die Warren-Kommission einen kleinen Mißton zu bringen.

Kapitel 14
DIE FIRMA

Von Anfang an hatte ich mir Sorgen wegen der unzulänglichen Größe sowohl meines Stabs als auch meines Budgets gemacht, um das Attentat auf Kennedy zu untersuchen. In einer frühen Phase wäre es vielleicht möglich gewesen, eine Sonderzuwendung für unser Budget zu erhalten, aber das war durch den Kommentar in der Lokalpresse und den darauf folgenden landesweiten Angriff unmöglich geworden.

Das Dilemma wurde auf unerwartete Weise gelöst. Beinahe aus dem Nichts erschienen Freiwillige, die von der Untersuchung gehört hatten, um uns zu helfen. Einige kamen persönlich vorbei, andere schrieben, wieder andere riefen an. Im Frühjahr 1967 hatten wir aus den Freiwilligen eine »Helfereinheit« gebildet. Es stellte sich heraus, daß diese zusätzliche Hilfe die Moral der Sondereinheit verbesserte.

Einer der von uns ausgewählten Freiwilligen war ein junger Engländer, der für das Nationalarchiv in Washington gearbeitet hatte. Er schickte uns Kopien seiner ausgezeichneten Arbeit als Rechercheur, und da wir in Washington niemanden für Archivrecherchen hatten, insbesondere, um uns Kopien von Ausschußdokumenten zu besorgen, nahmen wir ihn in den Stab auf. Später holten wir ihn nach New Orleans, damit er unsere wachsenden Ermittlungsakten betreuen konnte, die wir »das Archiv« nannten.

Als nächster stieß ein äußerst beeindruckender Freiwilliger mit breiten Schultern und mächtigem Kinn zu uns. Es war ein ehemaliger Agent der Central Intelligence Agency namens William Wood. Das war, wie wir sofort erkannten, eine seltene Gelegenheit, die Methoden und die Mentalität der Agency kennenzulernen, und darum wollten wir ihn unbedingt dabeihaben. Allerdings wollten wir vorher sichergehen, daß er tatsächlich bei der CIA gewesen war.

Er erzählte, sieben Jahre für die Agency gearbeitet zu haben, dann hatte man ihn fallengelassen, als er zum Alkoholiker wurde. Obwohl er der Firma[1] nichts nachtrug, fand er es sehr gut, was wir mit unserer Kennedy-Untersuchung erreichen wollten, und wünschte, seinen Teil beizutragen. Er war Reporter aus Austin, Texas, und hatte Empfehlungsschreiben, die seine beträchtlichen Erfahrungen als Zeitungsmann und Rechercheur bewiesen.

Wood bemerkte, daß wir von seiner ehemaligen Verbindung zur Agency nicht so ganz überzeugt waren, und machte uns deshalb einen Vorschlag. Ein alter Freund aus seinen Tagen bei der Agency war immer noch Leiter der Agency-Ambulanz in Langley, Virginia. Wood zeigte auf Ivon, der bei unserem langen Einstellungsgespräch anwesend gewesen war. Warum rief Ivon nicht bei der CIA an, schlug er vor, ließ sich mit dem Arzt verbinden und hörte dann bei der Unterhaltung zwischen Wood und dem Arzt zu?

Als der Arzt am Telefon war und Wood sich meldete, wurde klar, daß die beiden sich gut kannten. Wood erzählte dem Arzt, daß er zu trinken aufgehört hatte, und obwohl er die Agency vermißte, hatte er im Zeitungsgeschäft Erfolg gehabt. Der Arzt wünschte ihm viel Glück. Wir waren zufrieden, daß Wood tatsächlich für die Agency gearbeitet hatte, und hießen ihn im Team willkommen.

Da die Medien unsere Aktivitäten neugierig verfolgten, hielten wir es für besser, über die Anwesenheit eines früheren Angestellten der Agency in unserem Team zu schweigen. Deshalb benutzten wir von diesem Moment an den Namen »Boxley« anstelle von Wood. Bill Boxley wurde innerhalb und außerhalb unserer Behörde ein vertrautes Gesicht. Er trug immer eine geladene .45er Automatik in einem Halfter unter dem Arm. Wahrscheinlich hatte er ursprünglich für den Nachrichtendienst der Army gearbeitet, da alle anderen amerikanischen Nachrichtendienste einen

Revolver vom Kaliber .38 verwendeten. Er trug auch stets einen großen, rechteckigen, schwarzen Aktenkoffer bei sich. Er war ein rastloser Arbeiter, und es war offensichtlich, wie sehr er unseren Bemühungen ergeben war.

Zusätzliche Freiwillige halfen bei der Bearbeitung der einlaufenden Spuren. Einer war ein weltgewandter junger Mann, der in Lateinamerika aufgewachsen war und Spanisch wie ein Einheimischer sprach; er half bei den Befragungen der Exilkubaner. Jim Rose, ebenfalls Ex-Angestellter der CIA, wurde nach einer eindringlichen Empfehlung Boxleys, der ihn aus seinen Tagen bei der Agency kannte, akzeptiert. Rose besaß einige Fotos, die ihn bei der Ausbildung von Exilkubaner-Guerillas im Trainingslager auf der No-Name-Insel in Florida in den frühen Sechzigern zeigte. Ein weiterer Freiwilliger war ein Privatdetektiv, der uns im wesentlichen Zugang zu der technischen Ausrüstung verschaffte, die wir benötigten. Ein anderer Freiwilliger von der Westküste besaß ererbtes Geld, das ihn mit viel freier Zeit und einer nützlichen Reisekapazität versorgte.

Die Aussicht, unsere Produktivität durch den Enthusiasmus und die schöpferische Intelligenz der Freiwilligen steigern zu können, erschien vielversprechend. Wie wir später erfahren sollten, hatten wir nur das Problem, daß viele Freiwillige auf Befehl der CIA bei uns waren. Tatsächlich waren zu einer gewissen Zeit ebenso viele Männer der Sondereinheit für die Bundesregierung wie für die Staatsanwaltschaft von New Orleans tätig. Im Laufe der Zeit machte einer nach dem anderen jedoch einen Fehler, und ich verabschiedete ihn.

Zu Anfang der Untersuchung ahnte ich nur, daß die Geheimdienste irgendwie in das Attentat verstrickt gewesen waren, aber ich wußte nicht, welcher Dienst oder welche Dienste. Als die Zeit verging und sich mehr Spuren auftaten, wiesen die Beweise jedoch immer stärker in Richtung CIA.

Zum Beispiel unterhielt einer der Hauptakteure, Guy

Banister, von früher her Verbindungen zum ONI und zum FBI, doch seine Beschäftigung mit den kubanischen Guerillas in New Orleans mußte auf Veranlassung der CIA erfolgt sein. David Ferrie hatte natürlich im Auftrag der CIA Guerillas für die Invasion in der Schweinebucht ausgebildet. Und Jules Ricco Kimble, der sich zusammen mit Ferrie und Shaw auf die geheimnisvolle Mission nach Montreal begeben hatte, hatte eingeräumt, Aufträge von CIA-Agenten erhalten zu haben (siehe Kapitel 9).

Daß sich jemand im Januar 1961 bei Bolton Ford als Oswald ausgegeben hatte, wo die Lastwagen für die Schweinebucht-Invasion gekauft wurden, roch nach CIA, wie auch die Verbindung George de Mohrenschildts mit Lee Oswald. Der in letzter Sekunde geänderte Kurs der Wagenkolonne in Dallas war ausgesprochen verdächtig und warf ernste Fragen über Earle Cabell, den Bürgermeister von Dallas, und seinen Bruder Charles Cabell auf, den früheren stellvertretenden CIA-Direktor, der wegen des Fiaskos in der Schweinebucht gefeuert worden war. Die Warren-Kommission mit ihrem Sachverständigen für Geheimdienstfragen, dem Ex-CIA-Direktor Allen Dulles, hatte die Änderung der Paraderoute vertuscht, wie auch andere Spuren, die auf die CIA hinwiesen. Alles führte zurück nach Kuba, zur Schweinebucht und zur CIA.

Aber warum nur, fragte ich mich immer wieder, sollte die CIA, die mit dem Schutz der nationalen Sicherheit beauftragt ist, den eigenen Präsidenten umbringen wollen? Alle Beweise deuteten in diese Richtung, aber es ergab einfach keinen Sinn. Um irgendeinen Ansatzpunkt zu finden, fing ich an, alles zu lesen, was ich über den kalten Krieg, Kennedys Präsidentschaft und die Geheimdienste in die Finger bekommen konnte. Oft vertiefte ich mich bis in die frühen Morgenstunden in die Bücher. Ich hoffte, irgendwo auf einen Hinweis zu stoßen, was die CIA – oder Teile von ihr – motiviert haben könnte, Kennedy loswerden zu wollen. Während ich mir über eine Zeitspanne von einigen Monaten mehr Wissen aneignete, kristallisierte sich allmählich ein möglicher Grund für das Attentat heraus.

Mit seiner Weigerung im April 1961, zur Rettung der mißlungenen CIA-Invasion Kubas in der Schweinebucht Luftunterstützung zur Verfügung zu stellen, hatte Präsident Kennedy den kalten Kriegern der CIA gegenüber eine äußerst mißtrauische Haltung eingenommen.[2] Was noch wichtiger war, Kennedy hatte bedeutende Schritte zu einer Détente mit der Sowjetunion unternommen. Trotz des anfänglichen Protestes der vereinigten Stabschefs hatte er 1963 den Staatssekretär Dean Rusk autorisiert, mit der Sowjetunion ein Abkommen über das Verbot von Atomtests zu schließen. Während der kubanischen Raketenkrise hatte er die Empfehlungen seiner Berater verworfen, Castros Kuba zu bombardieren und zu besetzen. Statt dessen hatte er mit Hilfe einer Seeblockade ein persönliches Übereinkommen mit Nikita Chruschtschow erzielt, das Kennedys Verpflichtung einschloß, daß die Vereinigten Staaten jegliche Pläne zur Besetzung Kubas aufgaben. Mit der Stürmung und Schließung des CIA-Guerilla-Trainingslagers nördlich des Lake Pontchartrain im Sommer 1963 durch das FBI wurde ein Teil dieser Übereinkunft erfüllt.

All dies wandte sich gegen die seit zehn Jahren praktizierte Außenpolitik des kalten Krieges, die hauptsächlich von John Foster Dulles, dem Außenminister von Präsident Eisenhower, und seinem Bruder Allen Dulles, dem CIA-Direktor, in Gang gesetzt worden war. Im Juni 1963 hatte sich Präsident Kennedy in einer historischen Rede vor der American University in Washington eindeutig und überzeugend vom kalten Krieg losgesagt und dabei unterstrichen, die Vereinigten Staaten und die Sowjetunion müßten friedlich auf dem einen kleinen Planeten zusammenleben.

Aber keine dieser politischen Richtungsänderungen war – im Rückblick – so bedeutend wie Kennedys Absicht, das amerikanische Militär komplett aus Vietnam zurückzuziehen.[3] Warum diese Entscheidung das außenpolitische Establishment dermaßen entsetzte, ist nur verständlich, wenn man sich den Anfang der Verwicklung der Vereinigten Staaten in den Vietnamkrieg ansieht.

Die kalten Krieger Amerikas waren seit dem Ende des

Zweiten Weltkrieges der Ansicht, die Vereinigten Staaten dürften unter keinen Umständen die Kontrolle über Vietnam und seine kostbaren Ressourcen verlieren. Bereits 1952 behauptete ein geheimes Memorandum des Nationalen Sicherheitsrates schlicht[4]: »Die kommunistische Kontrolle ganz Südostasiens würde die Stellung der Vereinigten Staaten auf der pazifischen Inselkette im Ozean gefährden und fundamentale Sicherheitsinteressen der Vereinigten Staaten im Fernen Osten ernsthaft aufs Spiel setzen.«

Nachdem sich die französischen Truppen 1954 Ho Chi Minhs Streitkräften bei Dien Bien Phu ergeben hatten, unterzeichneten alle relevanten Mächte mit Ausnahme der Vereinigten Staaten das Genfer Abkommen, demgemäß das Land zeitweise am 17. Breitengrad geteilt werden sollte, bis Wahlen zur Vereinigung abgehalten werden konnten. Um die amerikanischen Investitionen zu retten, entwarfen Außenminister Dulles, General Nathan Twining und Admiral Arthur Radford einen Plan für den amerikanischen Einmarsch in Vietnam, den Präsident Eisenhower blockierte. Statt dessen ließ Eisenhower im Endeffekt die permanente Teilung des Landes zu, indem er die geplanten Wahlen strich und in Südvietnam eine eigenständige Regierung installierte. Unter Kontrolle der CIA wurde mit Hilfe von Militärberatern eine Marionettendiktatur gegen Ho Chi Minhs Streitkräfte aus dem Norden und den Vietcong im Süden eingesetzt, die beide das Land vereinen wollten.

So standen die Dinge, als John F. Kennedy sein neues Amt antrat. Zuerst beugte er sich dem Druck der CIA und bewilligte eine Erhöhung der Zahl der amerikanischen Militärberater. Er weigerte sich jedoch, Streitkräfte zu entsenden. Zur Zeit seines Todes, so sein Berater Kenneth O'Donnell[5], war er entschlossen, die amerikanische Hilfe in Vietnam auf Techniker, Helikopterpiloten und Berater der Green Berets zu beschränken, und sagte: »Ich werde nie Wehrpflichtige dorthin schicken, um zu kämpfen.«

Im Oktober 1963 erkannte Kennedy, daß die Vereinigten Staaten Gefangene einer Situation waren, aus der sie nicht als Gewinner hervorgehen konnten. Er wies Verteidigungsminister Robert McNamara an[6], unverzüglich tausend amerikanische Militärberater aus Vietnam abzuziehen – »ein Befehl, der nach seinem Tod leise wieder rückgängig gemacht wurde« –, und plante, bis zum Ende des Jahres 1965 alle amerikanischen Einheiten zurückzuholen.

Diese Entscheidung – in Verbindung mit der neuen Kuba-Politik und der Unterzeichnung des Abkommens zur Einstellung der Atomtests – bedeutete nichts anderes als einen fundamentalen Bruch mit der Außenpolitik des kalten Krieges, aus der die CIA im Grunde ihre Existenzberechtigung herleitete. Meiner Einschätzung nach lag hier ein plausibles Motiv für das Attentat. Obwohl ich an diesem Punkt noch nicht alles durchdacht hatte, konnte ich doch erkennen, daß die CIA an der Fortführung des kalten Krieges unbedingt interessiert sein mußte, was auch ihrer ideologischen Ausrichtung entsprach. John F. Kennedy hatte nicht nur gedroht, dem ein Ende zu setzen, er hatte auch, wie Senator George Smathers sich erinnerte, gedroht, der CIA ihre »exorbitante Macht« zu nehmen.[7] Er hatte sich im Laufe der Zeit unversöhnliche Feinde gemacht – von den kalten Kriegern der CIA auf höchster Ebene, wie Allen Dulles, General Charles Cabell und Richard Helms, dem damaligen stellvertretenden Direktor für verdeckte Operationen, bis hinab zu den Exilkubanern, die glaubten, in der Schweinebucht verraten worden zu sein.

Obwohl es mir schwerfiel zu akzeptieren, daß ein so großer Geheimdienst wie die CIA einem Plan zur Ermordung des Präsidenten zustimmen und ihn ausführen würde, erschien es mir durchaus vorstellbar, daß abtrünnige Elemente innerhalb des Dienstes oder Agenten, die für sie an anderen Projekten arbeiteten, dazu fähig waren. Das schloß eine Menge Leute ein, unter ihnen Clay Shaw, Guy Banister, David Ferrie und zahlreiche kubanische Guerillas, die nördlich des Lake Pontchartrain ausgebildet worden waren.

Obwohl keiner der von uns gesammelten Beweise die CIA definitiv belastete, sah ich ein, daß ein erfahrener Geheimdienst nur selten rauchende Waffen zurückließ. Dennoch erhielten wir erstaunlicherweise weitere Hinweise, die in Richtung Agency deuteten. Das muß irgend jemanden in Langley beunruhigt haben, da mein Stab infiltriert wurde und ich im Laufe der Zeit allmählich herausfand, daß die Agency tatsächlich versuchte, unsere Untersuchung zu stoppen. Dies verstärkte nur meinen Verdacht, wonach die CIA – oder ein Teil von ihr – tief in das Attentat verstrickt war.

Der Versuch der Agency, unsere Ermittlungen zu verhindern, wurde zunehmend bemerkbar, als wir einen Antrag auf Auslieferung Gordon Novels aus Ohio stellten. Dieses rechtmäßige Vorgehen erschien uns aufgrund des unangemeldeten Besuchs notwendig, den einige von Guy Banisters Genossen dem Sprengstoffbunker in Houma, Louisiana, abstatteten (siehe Kapitel 3). Sie hatten mitten in der Nacht Munition aus dem Schlumberger-Bunker entwendet und nach New Orleans gebracht.

Einige Zeit, nachdem wir von dieser Spritztour erfahren hatten, teilte uns ein Informant mit, daß Novel den Lastwagen, der zum Transport der Munition benutzt worden war, fotografiert hatte. Später hatte Novel das Foto an Walter Sheridan von der NBC verkauft.

Ich besprach diesen ungewöhnlichen Fall mit dem Staatsanwalt von Houma, und er beharrte darauf, daß, soweit es seinen Amtsbereich betraf, die Entfernung der Munition aus dem Schlumberger-Bunker ein Einbruch gewesen sei. Meinem Urteil nach stellte der Transport gestohlener Waren nach New Orleans ein Kapitalverbrechen dar, und die Beseitigung von Beweismitteln, die in Zusammenhang mit dem Vergehen standen (Verkauf des Fotos an die NBC), war ebenfalls ein in New Orleans begangenes Verbrechen.

Bevor ich Novel jedoch über sein letztes Abenteuer mit Guy Banister und dessen Privatkrieg gegen Kuba befragen konnte, erfuhr er, daß ich nach ihm suchte (vermutlich von einem der sechs CIA-Männer, die ich naiverweise als Hilfskräfte willkommen geheißen hatte), und verschwand.

Wir fanden Novel im April 1967 in Ohio und beantragten seine Auslieferung. Wir wollten wissen, warum die Munition aus dem Schlumberger-Bunker geholt worden, nach New Orleans gebracht, und warum das Foto des Lastwagens an Walter Sheridan verkauft worden war.

In den folgenden Wochen klärte Gordon Novel durch Interviews und Pressekonferenzen in Ohio[8] die Öffentlichkeit allmählich über mehr Aktivitäten der CIA auf, als uns in den gesamten letzten Monaten aufzudecken gelungen war. Unter anderem enthüllte er, daß die Sache mit dem Schlumberger-Bunker von Anfang an eine CIA-Operation gewesen war.[9]

Sogar der *New Orleans States-Item*[10], der für unsere Untersuchung kein großes Interesse gezeigt hatte, veröffentlichte einen Artikel unter der Überschrift »Beweise bringen CIA mit Untersuchung der Staatsanwaltschaft in Verbindung«. Der Artikel stellte fest, daß »von der CIA enge Verbindungen zu Novel führen«. Novel hatte dem Artikel zufolge einigen Bekannten erzählt, er sei CIA-Agent gewesen und benutze diese Tatsache, um sich von der Beschuldigung reinzuwaschen, er habe bei dem Einbruch in den Schlumberger-Bunker mitgemacht.[11]

»Novel erzählte Lügendetektortechnikern, Freunden und Bekannten«, berichtete die Zeitung, »daß die Entwendung der Munition überhaupt kein Einbruch war, sondern ein Transport von Kriegsmaterial aufgrund von Anweisungen seines CIA-Kontaktes.« Novels Andeutungen zufolge war der Schlumberger-Bunker in Wirklichkeit »ein Zwischenlager der CIA für Munition, die für den abgebrochenen Angriff auf Castros Kuba in der Schweinebucht bestimmt gewesen war«.

Novel identifizierte die anderen, an der Aktion beteiligten Männer sämtlich als CIA-Mitarbeiter, unter ihnen David Ferrie, Sergio Arcacha Smith (den ehemaligen Anführer der Cuban Revolutionary Front – der Kubanischen Revolutionsfront in New Orleans, der nach diesem Zwischenfall nach Dallas, Texas, zog) und eine Anzahl Exilkubaner, die er nicht kannte.

Etwa einen Monat später wiesen neue Beweise noch eindeutiger auf Novels Verbindung zur Central Intelligence Agency hin. Ein paar Wochen, nachdem Novel aus New Orleans verschwunden war, zogen zwei junge Damen in seine Wohnung im French Quarter ein. Als sie die Wohnung säuberten, fanden sie den handschriftlichen Entwurf eines Briefes, der neben der Spüle unter ein Stück Plastik gezwängt war.[12] Diese Notiz gelangte in die Hände von Hoke May, einem Reporter des *States-Item*, und May zeigte sie mir später. Als er mich um Erlaubnis bat, sie zu veröffentlichen, gab ich sie ihm.

Die Authentizität des Briefes wurde von Novels Anwalt Steven Plotkin bestätigt, der erklärte: »Alles in dem Brief, soweit es Novel betrifft, entspricht tatsächlich der Wahrheit.« Gilbert Fortier, ein führender Handschriftenexperte aus New Orleans, kam, nachdem er den Brief mit anderen Proben von Novels Handschrift verglichen hatte, zu dem Schluß, daß er tatsächlich von Novel geschrieben worden war.

Der Brief war an Novels mutmaßlichen CIA-Kontaktmann adressiert, der nur als »Mr. Weiss« identifiziert wurde. Es sollte hinzugefügt werden, daß dieser Brief im Januar 1967 geschrieben wurde, bevor unsere Untersuchung bekanntgeworden war. In diesem Brief behauptete Novel:

»Ich nahm mir die Freiheit, Ihnen direkt zu schreiben, um Sie von der derzeitigen Lage in Kenntnis zu setzen, in der Erwartung, daß Sie dies durch die geeigneten Kanäle weiterleiten. Unsere Verbindungen und Aktivitäten in dieser Zeit schließen Personen mit ein, die derzeitig in Garrisons Untersuchung als Verschwörer beschuldigt werden. [...] Garrison hat mich und einen Bekannten vorgeladen, damit wir vor seinen Geschworenen über Dinge aussagen sollen, die man als STRENG GEHEIM einstufen könnte...«

Novel fuhr mit dem Vorschlag fort, die Agency solle »eine angemessene Gegenmaßnahme bezüglich der uns betreffenden Nachforschungen Garrisons« in die Wege leiten. Er meinte, dies könne am besten »durch militärische Kanäle via DIA (Defense Intelligence Agency – die Abwehr) erreicht werden. Garrison ist zur Zeit Colonel bei der Nationalgarde von Louisiana und hat den Status der Bereitschafts-Reserve«.

Hier haben wir Gordon Novel, wie er der CIA vorschlägt, sie möge mich ihm vom Hals halten, indem sie mich durch das Militär wieder in den aktiven Dienst zurückholt. Ich wurde zwar nicht wieder aktiviert, doch uns gelang es trotzdem nicht, Novel aus Ohio ausliefern zu lassen. Sogar ein persönlicher Anruf von John McKeithen, dem Gouverneur von Louisiana, bei dem Gouverneur von Ohio, James Rhodes, in dem er um die Auslieferung Novels bat, bewirkte lediglich, daß Novel weiterhin als Flüchtling betrachtet und geschützt wurde. Ohio schickte uns die Auslieferungsanträge zurück und behauptete, sie beinhalteten »technische Einzelheiten, die nicht mit dem Gesetz in Einklang stehen«.

Das war das erste Mal, daß unsere Behörde bei einem Auslieferungsfall Schiffbruch erlitt, aber leider sollte es nicht das letzte Mal sein, solange wir mit der Untersuchung des Kennedy-Attentates beschäftigt waren. Die meisten Auslieferungsanträge, die ich in diesem Fall einreichte, wurden blockiert, als hätte sich ein riesiger Fuß vor meine Behörde gestellt. Das schloß den Versuch ein, Perry Russos Ex-Freundin Sandra Moffett, die die Party bei David Ferrie besucht hatte, über die Russo ausgesagt hatte, aus Nebraska vorladen zu lassen.

Von der Bundesregierung erhielten wir noch weniger Unterstützung als von den Bundesstaaten. Beispielsweise versuchten wir, den FBI-Agenten Warren DeBrueys vorladen zu lassen, der unserer Einschätzung nach einige Punkte hätte erhellen können. Ein Informant hatte uns erzählt, daß DeBrueys so mit Guy Banister, David Ferrie und den Exilkubanern beschäftigt war, daß er, statt im örtlichen FBI-Hauptquartier zu arbeiten, ein zusätzliches Büro im Haus der Zollbehörde in der Canal Street hatte, nahe dem

Ort der Anti-Castro-Aktivitäten. DeBrueys wurde vom Geschworenengericht des Bezirks vorgeladen, berief sich aber auf Anweisung der Justizbehörde auf sein verfassungsmäßiges Recht, die Aussage zu verweigern.[13]

Später war es meiner Meinung nach an der Zeit für das Geschworenengericht, sich Allen Dulles anzuhören. Ich wollte vieles von ihm wissen, insbesondere, ob Clay Shaw, Lee Oswald, David Ferrie, Gordon Novel und Guy Banister Verbindungen zur CIA gehabt hatten oder nicht, und warum sein früherer Stellvertreter, General Cabell, nicht von der Warren-Kommission befragt worden war.

Ich schickte eine Vorladung in die Hauptstadt unseres Landes. Kurz darauf kam ein knapper Brief vom Justizminister der Vereinigten Staaten in Washington, der mich darüber informierte, daß er es »ablehne«, Mr. Dulles die Vorladung zuzustellen.

In der Zwischenzeit hatten sich Verwandte von Richard Case Nagell, einem Geheimagenten, mit mir in Verbindung gesetzt. Sie erzählten, er sei Mitte 1963 auf eine Operation zur Ermordung Kennedys gestoßen. Sein Versuch, die Regierung davor zu warnen, habe ihm drei Jahre in einem Bundesgefängnis eingebracht. Er stand kurz vor der Entlassung und wollte mich in einer anderen Stadt treffen. Wenn ich ihn nicht besuchen könnte, werde die Familie mich aufsuchen.

Ich stimmte zu, und zwei seiner Angehörigen kamen von New York nach New Orleans, um das Treffen zu arrangieren. Die Bestätigung ihrer Geschichte, auch wenn die Hintergründe fehlten, die nur er erzählen konnte, war überzeugend. Nagell weigerte sich jedoch, New York City zu verlassen, wo er nach seiner Entlassung aus dem Bundesgefängnis vor kurzem eingetroffen war. Ich verabredete mit seinen Angehörigen, die Sache am nächsten Tag weiter zu besprechen.

An diesem Abend sah ich zu Hause das Material der Warren-Kommission durch. Im Index der Anhörungen tauchte der Name Nagell nicht auf. Er schien auch nicht unter den Beweisstücken der Kommission zu sein. Trotzdem war ich auf seine ungewöhnliche Geschichte neugierig und entschlossen, so viel wie möglich über Nagell herauszufinden. Wenn er nahe genug dran gewesen war, um im voraus von den Attentatsplänen zu wissen, hätte die Bürokratie einen Bericht über Nagell zusammengestellt. Selbst wenn man ihn manipuliert hatte, damit er etwaige Nachforschungen in die Irre leitete, irgendwo mußte es einen Bericht geben.

Ich stolperte schließlich in den Kommissions-Dokumenten über ihn.[14] Im FBI-Bericht stand ausführlich:

»Für den Bericht gibt er an, daß seine Bekanntschaft mit Oswald [damit ist Lee Harvey Oswald gemeint] rein persönlicher Natur war und er ihm in Mexiko-Stadt und in Texas begegnet ist.«

Nagell hatte sich tatsächlich im Dunstkreis der Ereignisse aufgehalten, sonst wäre er nicht in dem FBI-Bericht erwähnt worden. Der war jedoch offensichtlich stark gesäubert worden. Es war einer der kürzesten Berichte der gesamten FBI-Untersuchung: Es gab keinen Hinweis auf Nagells Beruf und keinen Hinweis darauf, warum das FBI ihn befragt hatte. Auch die bundesstaatliche Anklage wurde nicht erwähnt, obwohl man sie zum Zeitpunkt des Berichts erhoben haben mußte. Und doch war die Anklage stichhaltig genug gewesen, daß er erst jetzt – drei Jahre später – aus dem Gefängnis entlassen wurde.

Am nächsten Morgen traf ich mich wieder mit Nagells Angehörigen in meinem Büro, und ein paar Minuten später telefonierte ich mit ihm persönlich. Seine Bedingungen für ein Treffen waren klar umrissen. Es mußte in New York stattfinden. Ich mußte derjenige sein, der dorthin reiste; er wollte mit niemandem sprechen, der mich vertrat. Das Treffen mußte unter freiem Himmel stattfinden, nicht im Hotel und auch nicht in einem anderen Gebäude.

Ein sehr verkrampfter Bursche, dachte ich, aber er würde schon seine Gründe haben. Ich beschrieb einen Punkt im südlichen Teil des Central Parks, direkt gegenüber der 59th Street beim Plaza Hotel, neben dem großen Teich. Es war ein Gebiet mit wenigen Bäumen und vereinzelt stehenden Büschen und Sitzbänken. Er stimmte zu, mich dort zu treffen.

Also flog ich nach New York.[15] Ein paar Minuten vor der verabredeten Zeit verließ ich das Plaza Hotel und ging über die belebten Straßen in den Park. Der Platz war bis auf einen großen, schlanken Mann, der mit den Händen in den Hosentaschen dort herumstand, verlassen. Sein helles Haar lichtete sich bereits. Er musterte mich, als ich näher kam.

Wir schüttelten uns die Hand und setzten uns zusammen auf eine Parkbank. Die Vorstellung, mich im Herzen New Yorks zu befinden, fiel mir schwer. Es hielt sich niemand in der Nähe auf. Es war ein sonniger Tag; eine leichte Brise strich durch die Bäume. Dann folgte meiner Erinnerung nach eines der anregendsten und zugleich frustrierendsten Gespräche, das ich je geführt habe. Ich muß allerdings sagen, daß Nagell mich gleich zu Beginn warnte.

»Ich werde die Organisation, für die ich 1963 tätig war, nicht beim Namen nennen«, sagte er. »Sie müssen einfach Ihre eigenen Schlüsse aus allem ziehen. Ich werde auch nicht genau beschreiben, woran ich arbeitete. Ich bin da an einige Vorschriften gebunden, und ich hatte schon genug Probleme mit der Regierung, da brauche ich keine neuen mehr.«

Trotzdem konnte ich es nicht lassen, ihn zu fragen: »Waren Sie für die Firma tätig?«

Er schüttelte den Kopf. »Ich kann diese Frage nicht beantworten.«

»Was für Informationen können Sie mir geben?« fragte ich. Ich war nicht den ganzen Weg nach New York gereist, um ihm zuzuhören, wie er die allgemein übliche Geheimhaltungsvereinbarung zitierte, die alle Agenten unterschreiben müssen.

»Es wurde bereits schriftlich festgehalten, daß ich von dem geplanten Attentat erfahren und mich bemüht habe, das FBI zu verständigen, um es zu warnen. Soweit es mich betrifft, habe ich das Recht, darüber zu sprechen, weil ich es schon früher getan habe. Ich dachte, Sie sollten vorher erfahren, was ich zu sagen habe. Ist das für Sie von Interesse?«

Ich nickte.

Nagells Geschichte fing damit an, daß er Mitte 1963 für die Regierung der Vereinigten Staaten arbeitete, für einen Dienst, den er nicht enthüllen wollte. Die Leute, für die er tätig war –von dieser Verschwommenheit sollte er sich nie trennen –, wollten Genaueres über ein Projekt wissen, das mit einem Burschen namens Lee Oswald und einigen anderen Männern zu tun hatte. Folgerichtig erhielt Nagell den Auftrag, einige Zeit damit zu verbringen, die nötigen Beziehungen herzustellen und dann zu beobachten. Im späten August oder frühen September 1963 – aus Gründen, über die er nicht reden wollte – wurde deutlich, daß eine äußerst große – er betonte das Wort »große« – Operation begonnen hatte, die auf die Ermordung Präsident Kennedys hinauslief. Gerade, nachdem er das entdeckt hatte, wurde die Person, die ihn beauftragt hatte, aus Gründen, die er nicht erklären wollte, in einen anderen Teil des Landes versetzt, und Nagell stand plötzlich ohne direkte Kontaktperson da.

Es war eine merkwürdige Geschichte. Nagell – draußen »in der Kälte« im Stich gelassen von dem Regierungsgeheimdienst, der ihn mit der Unterwanderung der im Gange befindlichen Aktivitäten beauftragt hatte. Er machte auf mich den Eindruck, es mit seiner Geschichte absolut ehrlich zu meinen.

Nagell wußte zwar, was passieren würde, aber er hatte keine Möglichkeit herauszufinden, wann es passieren würde. Also hielt er es für die beste Lösung, J. Edgar Hoover, den Direktor des FBI, zu unterrichten. Er schrieb Hoover einen Brief, in dem er alles niederlegte, was er über das geplante Attentat in Erfahrung gebracht hatte. Er schickte den Brief als Einschreiben mit Rückschein. Als dann Tage und Wochen ohne Antwort des FBI-Direktors vergingen, kam er zu dem Schluß, sein Versuch, vor dem Kommenden zu warnen, sei erfolglos gewesen. Schlimmer noch, das

Schweigen, mit dem sein Brief aufgenommen worden war, ließ in ihm den Eindruck entstehen, daß die sehr reale Gefahr bestand, daß er in eine Falle gelockt werden sollte. Schließlich hatte er den größten Teil des Sommers 1963 in der Gesellschaft Oswalds und anderer Personen aus dessen Umfeld verbracht.

Schließlich entschied er in einem Akt der Verzweiflung, wie er eingestand, daß es für ihn nur einen sicheren Weg gab: den Tag des Attentats in einem Bundesgefängnis zu verbringen. Er wollte lieber des groben Unfugs angeklagt werden, als in die riesige Falle hineingezogen zu werden, die die Ermordung eines Präsidenten darstellte. Er betrat eine Bundesbank in El Paso, feuerte mehrere Schüsse in die Decke ab und wartete dann draußen auf dem Bordstein sitzend, bis der Wachmann angerannt kam. Er mußte den Wachmann zurückrufen, da er in der Eile an ihm vorbeigelaufen war.

Aber Nagell wurde nicht wegen groben Unfugs angeklagt, sondern die Regierung klagte ihn des bewaffneten Raubüberfalls an. Überdies wurde er bei seiner Verhandlung für schuldig befunden, und der Richter verurteilte ihn zu zehn Jahren Gefängnis.[16]

Nagell beantwortete ein paar Fragen. Hatte er sich tatsächlich in Oswalds Nähe aufgehalten? Direkt in seiner Gesellschaft? Ja, erwiderte er. Und mit anderen Männern, die mit Oswald zu tun hatten? Die Antwort war ja. Wo fand dies statt? In New Orleans und in Texas.

Ich fragte ihn, ob diese anderen Männer und Oswald gemeinsam an dem Projekt gearbeitet oder ob die anderen Oswald manipuliert hätten. Nagell dachte einige Zeit über diese Frage nach. Dann antwortete er, er wolle nicht vorgeben, Oswald gut genug gekannt zu haben, um davon überzeugt zu sein, aber seinem Gefühl nach hätten die anderen Oswald von Anfang an manipuliert.

Ich fragte ihn nach den Namen der anderen Männer. Er zögerte, aber als er antwortete, nannte er definitiv die Namen Guy Banister, Clay Shaw und David Ferrie.

Mit welcher Organisation standen diese Männer in Verbindung? Er sah mich jetzt mit einem leichten Lächeln an und schüttelte langsam den Kopf. Ich ließ nicht locker. Standen sie mit der CIA in Verbindung? »Ich kann weder eine Regierungsorganisation beim Namen nennen noch über sie sprechen«, erwiderte er. Trotz allem, was er durchgemacht hatte, würde er kein Wort über die Geheimdienste verlieren. Er machte nur die einzige Ausnahme: daß das FBI seine schriftliche Warnung vor dem Attentat auf Präsident Kennedy ignoriert hatte. Und das war das Fazit von Nagells Geschichte. Er wollte nicht einen Zentimeter über die Rahmenbedingungen hinausgehen, die er vorher festgesetzt hatte.

Die meiste Zeit meines Rückflugs dachte ich lange und intensiv über meine Begegnung mit Richard Case Nagell im Central Park nach. Ich hatte ihn während der drei Stunden, die wir etwa zusammen verbracht hatten, genau beobachtet, und ich war der Überzeugung, daß es nicht in der Natur dieses Mannes lag, Seemannsgarn zu spinnen. Andererseits kam man nicht um die Tatsache herum, daß seine Geschichte nicht leicht zu verdauen war. Ich gelangte zu dem Schluß, daß ich das Erlebnis im Central Park möglicherweise unter der Rubrik »Erfahrungen« ablegen mußte.

Viele Jahre später las ich einen Bericht über Nagells Verhaftung durch die Ost-Berliner Polizei, als er versuchte, nach Westdeutschland zu gelangen.[17] Richard Case Nagell war definitiv kein gewöhnlicher Versicherungsvertreter.

Ob Nagell aus eigenem Antrieb zu mir gekommen war oder von irgendeinem Geheimdienstapparat geschickt worden war, um mich hereinzulegen, habe ich nie erfahren. Aber ein anderer Zwischenfall, der sich bald darauf ereignete, ließ mich erkennen, daß ich jederzeit in eine Falle laufen und diskreditiert werden konnte.

Ich hatte in der Hoffnung, durch Gespräche mit Studenten im ganzen Land dem hysterischen Angriff der offensichtlich vereinigten Massenmedien entgegenzuwirken, verstärkt damit begonnen, an verschiedenen Universitäten

Vorträge zu halten. Außerdem – was ebensowichtig war – gingen meine Ersparnisse von der Nationalgarde rasch zur Neige, und die Vortragshonorare halfen dabei, unsere Untersuchung weiterzufinanzieren.

Und so sollte es wieder einmal losgehen. Diesmal sollte ich eine Rede an der University of New Mexico halten, und auf dieser Reise unternahmen unsere Inlandsgeheimdienste einen ersten Versuch, mich in eine Falle zu locken. Ich traf am Nachmittag an der Universität in Albuquerque ein und sprach am Abend mehrere Stunden vor den Studenten. Ich stieß auf ein herzerwärmendes und ermutigendes Echo, wie es mir an Universitäten zumeist zuteil wird.

Unmittelbar nach der Veranstaltung erschien Bill Boxley, der frühere CIA-Agent, der einer meiner freiwilligen Ermittler geworden war, in der Lobby meines Motels. Ich war überrascht, ihn zu sehen, da ich glaubte, er wäre in New Orleans.

Er nahm mich beiseite und erzählte mir mit großer Besorgnis, daß Gerüchte im Umlauf seien, daß der Versuch unternommen werden sollte, mich zu töten. Er habe keine Alternative gesehen, als nach New Mexico zu fliegen, um als mein Leibwächter zu fungieren. Er war sehr erleichtert, es rechtzeitig geschafft zu haben.

Ich hatte Boxleys Intelligenz und Fähigkeiten immer sehr geschätzt. Dieses Mal war ich jedoch außer mir. Ich fand einen leeren Tisch und führte ihn dorthin. »Ich sehe«, sagte ich, »daß Sie stets eine Fünfundvierziger bei sich tragen.« Er nickte und klopfte auf sein Schulterhalfter. »Bei welchem Teil der Army haben Sie gedient, bevor Sie zur CIA gingen?« fragte ich.

Er zögerte, unsicher darüber, was ich mit dieser Frage bezweckte. »Bei der Infanterie. Ich war jahrelang Landser. Danach war ich bei der Spionageabwehr der Army. Worauf wollen Sie hinaus?«

»Als Sie bei der Army waren«, fragte ich ihn, »hatten Sie da die Möglichkeit herauszufinden, was ein Befehl ist?« Er nickte. »Können Sie sich vielleicht daran erinnern, daß ich jedem in meinem Stab befohlen habe, es zu unterlassen, diese Gruselgeschichten zu verbreiten, diese endlosen Gerüchte darüber, daß jemand umgebracht werden soll?«

»Ja, aber...«, fing er an.

»Da gibt es kein Aber«, sagte ich. »Es gefällt mir nicht, daß Sie diesen paranoiden Müll auf mich abladen. Und es gefällt mir auch nicht, daß Sie nicht in der Lage sind, einem einfachen Befehl zu folgen. Besonders«, fügte ich hinzu, »wenn das zur Folge hat, daß ich am Ende Ihren Hin- und Rückflug aus eigener Tasche bezahlen muß.« Die letzten Worte fauchte ich ihm fast entgegen, da Boxley ständig pleite war und ich ihm andauernd Schecks ausstellen mußte.

Trotz meiner wütenden Einwände behauptete Boxley beharrlich, ich bräuchte Schutz, und verbrachte die Nacht in der Suite meines Motels. Er schlief auf dem Sofa, nachdem er die große .45er Automatik neben sich auf den Tisch gelegt hatte. Am nächsten Morgen fuhr er mit mir zum Flughafen und wartete, bis ich nach Los Angeles abgeflogen war, wo ich mich im Zuge unserer Untersuchung mit ein paar Leuten treffen wollte.

Nach meiner Landung in Los Angeles ging ich direkt zum Zeitschriftenstand, um etwas zum Lesen zu kaufen. In der Gepäckausgabe des Flughafens gab es keine Sitzgelegenheiten, und ich war schon immer allergisch dagegen, herumzustehen und Zeit zu verschwenden. Aus diesem Grund hatte ich Boxley einen Monat zuvor, als der Flug nach Los Angeles zur Sprache gekommen war, erzählt, ich würde auf dem Flughafen von Los Angeles immer auf die Herrentoilette gehen, mich dort in einer Kabine auf die Toilette setzen und etwa zehn Minuten lang in einer Illustrierten lesen, bis das Gepäck kam. Nachdem ich es in Empfang genommen hätte, würde ich mir ein Taxi rufen und mich auf den Weg machen.

Diesmal geschah etwas Ungewöhnliches. Nachdem ich mir eine Ausgabe von *Life* gekauft hatte, ging ich auf die Herrentoilette, um in der Zeitschrift zu lesen. Ich schlug einen Artikel von General James Gavin auf, der vorschlug, in Vietnam neue Verteidigungstechniken einzuführen. In genau diesem Moment hörte ich, wie sich die Tür der direkt neben mir befindlichen Kabine öffnete und schloß. Ich hatte die erste einer langen Reihe leerer Kabinen genommen. Als jemand beinahe unmittelbar nach mir die nächste Kabine betrat, wußte ich, daß etwas nicht stimmte. Ich klappte die Illustrierte auf meinem Schoß zu und lauschte.

Dann hörte ich flüsternde Stimmen an der Tür. Ich wartete keine Sekunde länger. Da ich ja nur lesen wollte, war ich voll bekleidet und konnte die Kabinentür schnell aufstoßen. Zwei dicke Flughafenpolizisten waren einen Augenblick lang in der Ausgangstür der Herrentoilette eingeklemmt, als sie versuchten, sich gleichzeitig durchzudrängen. Anscheinend waren sie von meinem unerwarteten Erscheinen überrascht worden. Wir drei gingen zusammen hinaus.

Dann sah ich einen Ring von mindestens einem halben Dutzend uniformierten Flughafenpolizisten, die sich vor dem Eingang zur Herrentoilette versammelt hatten. Als mir langsam klar wurde, daß man mir eine Falle gestellt hatte, rief mich der befehlshabende Sergeant scharf an. »He, Mister!« sagte er in anklagendem Tonfall. »Wie lange haben Sie sich auf der Herrentoilette aufgehalten?« Die Antwort lautete natürlich, höchstens zwei oder drei Minuten. Jedoch war dies unter diesen Umständen kaum der springende Punkt.

Gerade als er mich ansprach, bemerkte ich, daß zwei Frauen, die hinter der Theke eines Mietwagenverleihs arbeiteten, mich anstarrten und erkannten. Im Zuge des intensiven Medienangriffs wurde fast ständig im Fernsehen über mich berichtet. Das war eine der Gelegenheiten, bei der das mal von Nutzen war.

»Das geht Sie überhaupt nichts an!« schrie ich ihn an. Ich drehte mich um, und als ich an den anderen Polizisten vorbei zum Gepäckband ging, sah ich, wie der befehlshabende Sergeant den Kopf schüttelte. Die anderen Polizisten, die meinen Weg blockierten, wichen zur Seite und ließen mich durch.

Als ich ins Taxi stieg, wußte ich, daß ich Glück gehabt

hatte, dort wegzukommen. Nachdem sich die erste Aufregung gelegt hatte, begriff ich, daß hinter der Falle mehr steckte, als man auf den ersten Blick wahrnehmen konnte. Mir fiel ein seltsamer Telefonanruf ein, den ich etwa drei Wochen zuvor aus Los Angeles erhalten hatte. Der Anruf erreichte mich in meinem Haus in New Orleans, für das ich eine Geheimnummer hatte. Der Anrufer war ein Mann, den ich viele Jahre nicht gesehen hatte. Ich hatte ihn einmal kurz bei einem Fall vertreten, bei dem es um eine Verletzung von Bundesgesetzen gegangen war. In meiner Erinnerung war er ein schmutziger, hinterhältiger und ungepflegter Homosexueller, der seinen Lebensunterhalt mit dem Verkauf pornographischer Fotos bestritt. Einen solchen Klienten hätte ich mir kaum selbst ausgesucht, aber zu dieser Zeit vertrat ich sowohl Zivil- als auch Kriminalfälle, und deshalb hatte ich den Fall angenommen. Doch der Mann versäumte es, mich zu bezahlen, und so hatte ich das Gericht benachrichtigt, daß ich ihn nicht mehr vertrat.

Jahre später, nur drei Wochen vor dem bizarren Zwischenfall am Flughafen, rief mich dieser Mensch aus heiterem Himmel an. Nachdem er sich vorgestellt hatte, fragte ich, wie er an meine Geheimnummer gekommen sei. Er erwiderte vage, Beziehungen zu haben. Dann fragte ich ihn, warum er mich anrufe, und er fing an, eine abenteuerliche Erklärung von sich zu geben. Er spiele mit der Idee, beim nächsten Mardi Gras nach New Orleans zu kommen, und habe daran gedacht, sich mit mir zu verabreden. Ich sagte, ich hätte nicht die Absicht, ihn irgendwann oder irgendwo zu treffen, und knallte den Hörer auf die Gabel.

Jetzt wußte ich plötzlich, wer kurz vor meiner geplanten Verhaftung auf dem Flughafen von Los Angeles die Kabine neben mir betreten hatte. Als erfahrener Staatsanwalt fiel es mir nicht schwer, mir vorzustellen, was passiert wäre, wenn ich die Herrentoilette weniger schnell in Begleitung zweier Polizisten verlassen hätte. Irgendwie wäre es meinem schmierigen Ex-Klienten gelungen, in dem Moment aus seiner Kabine zu treten, in dem ich die meine verließ. Auf diese Weise hätte man alle möglichen strafbaren Handlungen vortäuschen können. Die Flughafenpolizei hätte eingegriffen, und bei dem folgenden Verfahren wegen irgendeiner Erregung öffentlichen Ärgernisses hätte ich mich als Angeklagter im Kreuzverhör wiedergefunden. Bei passender Gelegenheit hätte mich die Anklage gefragt, ob ich irgendwie mit meinem Ex-Klienten in Verbindung stünde. Der hätte gerade seine Aussage für die Anklage beendet. Ich hätte erwidert, daß das natürlich nicht der Fall sei. Daraufhin hätte die Anklage die Telefonrechnung des Mannes aus Los Angeles vorgelegt, auf der ein Ferngespräch mit meiner Geheimnummer in New Orleans verzeichnet war. Damit wäre das Spiel beendet gewesen.

Meine Verurteilung wegen eines sexuellen Vergehens hätte im ganzen Land Schlagzeilen gemacht. Die Behörden Louisianas hätten gar keine andere Wahl gehabt, als mich aus meinem Amt zu entfernen, und die CIA hätte erfolgreich einen weiteren schmutzigen Trick im Namen der nationalen Sicherheit ausgeführt.

Während meines Besuchs in Los Angeles und auf dem Rückflug analysierte ich mehrmals die ganze Affäre. Aber ich konnte mir nicht erklären, woher die Flughafenpolizei von Los Angeles so genau wußte, mit welchem Flug ich eintreffen würde.

Die Antwort erhielt ich viel später, als Vincent Salandria, ein hervorragender Anwalt aus Philadelphia und gleichzeitig der prominenteste Kritiker der Erklärung der Warren-Kommission über Präsident Kennedys Schußwunden, uns besuchte, um unser Ermittlungsteam in Aktion zu erleben. An dem Tag, als Salandria eintraf, zeigte Bill Boxley der Spezialeinheit gerade irgendwelche Beweise, die er kürzlich auf einer Reise nach Dallas aufgespürt hatte.

Nachdem die Konferenz beendet war, fragte mich Salandria, ob er sich anderes Material – Memoranden, Notizen – Boxleys ansehen dürfe. Ich stimmte zu und holte ein paar Beispiele aus den Akten; Salandria verbrachte den Rest des Tages damit, sie durchzusehen. Als wir bei mir zu Hause eintrafen, schlug er vor, ins Wohnzimmer zu gehen, um zu reden. »Sie haben einmal Ihre Besorgnis erwähnt, Ihre Behörde könnte unterwandert sein«, sagte er beinahe lässig, als er die Papiere auf seinem Schoß umdrehte. Salandria hatte eine ungewöhnlich sanfte, glatte Stimme, die an übereinandergleitende Seide erinnerte.

»Stimmt«, sagte ich. »Vielleicht wird man bei so einer Sache einfach paranoid. Es war nur ein Gefühl, das ich hatte.«

»Jim«, sagte er leise, »ich fürchte, Ihr Freund Bill Boxley arbeitet für die Regierung.«

Ich bekam am ganzen Körper eine Gänsehaut.

Und dann zeigte mir Salandria, warum dies der Fall sein mußte. Boxleys Memoranden und Zusammenfassungen, so eindrucksvoll sie im einzelnen auch waren, ergaben kein Ganzes, wenn man sie kritisch beurteilte. Es war nur zu deutlich, daß Boxleys Material so entworfen worden war, daß es mich zwar beeindruckte, aber nirgendwo hinführte.

Salandria griff zum Telefon und rief Boxley an. »Bill«, sagte er, »Jim und ich haben uns gerade unterhalten. Wir sind bei ihm zu Hause und haben uns gefragt, ob Sie nicht herüberkommen könnten.«

Zwei Stunden später schaute ich auf die Uhr. »Er kommt nicht«, sagte ich.

»Ich glaube, Sie werden herausfinden, daß Mr. Boxley verschwunden ist«, erwiderte er.

Ich rief Lou Ivon an und bat ihn vorbeizukommen. Dann fuhren wir zu Boxleys gemietetem Zimmer am Canal Boulevard. Ich war nie dort gewesen. Die Besitzerin ließ uns ein.

»Nein«, sagte sie, »ich habe diesen Mann nicht mehr gesehen, seit er das Zimmer vor einiger Zeit gemietet hat. Er schickt mir jeden Monat nur einen Scheck.«

Sie zeigte mir Boxleys Zimmer. Ein zusammengefaltetes Hemd aus der Reinigung war aufs Bett geworfen worden. »Das Hemd hat er vor sechs Monaten dahin gelegt«, sagte sie. Ich zeigte ihr Boxleys Telefonnummer in meinem Adreßbuch. »Hier gibt es keinen Anschluß unter dieser Nummer.«

»Irgendwo hier in der Nähe«, schnurrte Salandria, »muß die Regierung ein sehr komfortables, sicheres Haus haben.

Aber ich bezweifle, ob wir es jemals zu Gesicht bekommen werden.«

Ich erwiderte nichts, sondern dachte an den Zwischenfall auf dem Flughafen von Los Angeles. Endlich verstand ich: Es war Boxley gewesen, der die Flughafenpolizei über den Flug informiert hatte, mit dem ich ankommen würde. Er hatte sie von New Mexico aus angerufen, nachdem er mich zum Flugzeug gebracht hatte. Die Geschichte von dem Anschlag auf mich war erfunden. Seine eigentliche Mission war es gewesen, mir eine Falle zu stellen – und nicht, mich zu beschützen.

Mich ekelte es vor mir selbst. Wie blind war ich gewesen! Vincent Salandria hingegen hatte sich einen einzigen Tag von seiner Anwaltskanzlei in Philadelphia freigemacht, war hergeflogen und hatte Boxley im Grunde mit einem einzigen scharfen Blick entlarvt.

Am nächsten Tag erfuhren wir, daß Boxley nach Salandrias Anruf nach Beaumont, Texas, gereist war. Von dort aus hatte er unter dem Namen Wood den Redakteuren der *Times-Picayune* und allen lokalen Fernsehsendern ein Telegramm geschickt, in dem er behauptete, er habe als Ermittler der Behörde gekündigt, nachdem er von meiner Drogenabhängigkeit erfahren hätte.

Ein Reporter eines Fernsehsenders überließ Lou Ivon eine Kopie des Telegramms und fragte ihn neugierig, wer dieser Wood eigentlich sei; aber das war auch schon alles, was sich daraus ergab. Boxleys letzter Gegenschlag ging unter wie ein Stein, den man in die Mitte des Lake Pontchartrain geworfen hatte, ohne eine einzige Welle zu verursachen.

Aber der Mann hatte monatelang an Konferenzen im engsten Kreis teilgenommen. Mit seinem Aktenkoffer war er hundertemal in unserem Aktenzimmer gewesen. Ich mußte zugeben, daß ich mich ziemlich hatte reinlegen lassen. Was noch schlimmer war, man mußte davon ausgehen, daß die Regierung nun von jeder unserer Akten eine Kopie besaß.

Kapitel 15
TRICKSEREIEN

Zwischen Clay Shaws Verhaftung am 1. März 1967 und dem Beginn seiner Verhandlung lagen fast zwei Jahre. Unsere Behörde hatte einen großen Teil dieser Zeit damit verbracht, örtliche Verbrechen zu verfolgen, juristische Manöver von Shaws Anwälten abzuwehren und unser Verfahren gegen Shaw vorzubereiten. Die Spuren, denen wir nachgingen, führten uns in viele Richtungen, und einige hatten nur wenig mit Shaw zu tun. Im späteren Teil der Untersuchung faszinierten mich am meisten die Nachforschungen, die sich damit beschäftigten, wie Beamte der Strafverfolgungsbehörden und die Medien die Wahrheit über das Attentat »vertuschten«.

Ein ausgezeichnetes Beispiel dafür ist, wie die Warren-Kommission und die Mordkommission von Dallas bei der Untersuchung des Mordes an J. D. Tippit[1] Beweismittel manipulierten. Tippit war der Polizist aus Dallas, der etwa eine halbe Stunde nach dem Attentat erschossen wurde. Der Mord ereignete sich in Oak Park, einem Vorort von Dallas auf der anderen Seite des trockenen Trinity River, nicht weit von der Stelle entfernt, an der Lee Oswald damals wohnte. Obwohl in diesem Fall nie Anklage erhoben wurde, kamen sowohl die Warren-Kommission als auch die Mordkommission von Dallas übereinstimmend zu dem Schluß, daß Lee Oswald der Mörder war, der mit eiskalter Gleichgültigkeit den Ort des Verbrechens verließ und dabei leere Patronenhülsen seiner Waffe fortschnippte.

Das war eine hilfreiche Lösung. Unter anderem vermittelte sie der Regierung ein Motiv für das Attentat: Lee Oswald war ein gestörter, leicht erregbarer junger Mann und so gewalttätig, daß er dazu fähig war, ohne Provokation kaltblütig einen Polizisten zu erschießen. Ein dermaßen aggressiver Verrückter war auch dazu fähig, grundlos den Präsidenten zu ermorden. Oder wie ein Angehöriger des juristischen Stabs der Warren-Kommission rhetorisch fragte und gleichzeitig die Antwort gab[2]: »Warum wir wissen, daß Lee Oswald Präsident Kennedy ermordet hat? Weil er Officer Tippit ermordet hat.« Bequemerweise funktionierte auch der Umkehrschluß: Nur ein Mann, der gerade den Präsidenten ermordet hatte und wußte, daß er gejagt wurde, hätte einen Grund, am hellichten Tag in einem ruhigen Vorort einen Polizisten zu erschießen.

Dieses Szenario barg nur ein Problem: Wie schon so oft, wenn ich die Beweise untersuchte, hielten die verurteilenden Folgerungen über Oswald nicht stand.

Zunächst einmal war es durch unsere Erkenntnisse über Oswalds Bewegungen im höchsten Maße unwahrscheinlich, daß er zur Zeit von Officer Tippits Ermordung dort anwesend gewesen sein konnte. Laut verschiedener Augenzeugen wurde Officer Tippit irgendwann zwischen 13.06 Uhr und 13.10 Uhr erschossen.[3] Deputy Sheriff Roger Craig, der sich zu dieser Zeit im Schulbuchlager aufhielt, bestätigte dies. Als er über Funk die Mitteilung von Tippits Tod erhielt, schaute er auf die Uhr. Es war 13.06 Uhr. Und doch war Oswald, wie allgemein eingeräumt wurde, gegen 13.00 Uhr in seine Pension zurückgekehrt.[4] Er verließ sie schnell wieder, und Earline Roberts, die Besitzerin, beobachtete, daß er um 13.04 Uhr an der Haltestelle Beckley Avenue stand, an der die in nördlicher Richtung fahrenden Busse hielten. Tippit wurde in einer Gegend getötet, die genau entgegengesetzt lag – eineinhalb Kilometer weiter südlich. Selbst wenn man die zur Verfügung stehende Zeitspanne auf großzügigste Weise interpretiert – und selbst wenn Oswald seine Absicht, mit dem Bus zu fahren, geändert hatte und nach Süden gerannt war –, war es ihm unmöglich, vor der Erschießung des Polizisten an der Stelle anzukommen.[5]

Die Warren-Kommission ignorierte dies einfach und rief verschiedene Augenzeugen auf, deren Aussagen schnell in sich zusammenfielen. Domingo Benavides, der von allen Zeugen der Schießerei am nächsten war – nur ein paar Meter entfernt –, wollte Oswald nicht als dort anwesend identifizieren.[6]

Warren Reynolds, der, einen Block von der Schießerei entfernt, auf der Jefferson Street einen Schützen hatte laufen sehen, sagte aus, Oswald sei der Mann gewesen, den er gesehen habe.[7] Aber die Umstände seiner Aussage waren höchst verdächtig. Reynolds hatte dem FBI ursprünglich erzählt, er würde »zögern«, Oswald als den rennenden Mann zu identifizieren. Kurz darauf wurde Reynolds in der Dunkelheit einer Tiefgarage in den Kopf geschossen.[8] Nach einer wundersamen Genesung im Krankenhaus überlegte Reynolds es sich anders und entschied, daß der rennende Mann tatsächlich Oswald gewesen war.

Nach den bedeutungslosen Aussagen dieser und anderer Zeugen konnte nur noch Helen Markham als Hauptzeugin der Regierung gegen Oswald fungieren. Als ich die Aussage[9] von Helen Markham las, dachte ich unwillkürlich, daß nur wenige Anklagevertreter je mit einem Zeugen zu tun gehabt hatten, der so bestrebt war, ihrem Fall zu dienen und ihn gleichzeitig so zunichte zu machen.

Im Gegensatz zu den anderen Augenzeugen, die einmütig aussagten, Tippit sei sofort gestorben, erinnerte sich Helen Markham deutlich daran, zwanzig Minuten lang versucht zu haben, mit ihm zu sprechen, bevor der Krankenwagen eintraf.[10] Trotz zahlreicher Versuche der Anwälte der Warren-Kommission, sie zur Identifizierung Oswalds hinzuleiten (ein ziemlich großer und hagerer junger Mann mit dünnem, hellbraunem Haar), behauptete sie gegenüber Mark Lane[11], einem bekannten Kritiker der Regierungsuntersuchung, Tippits Mörder sei untersetzt gewesen und hätte »buschiges« Haar gehabt. Danach leugnete sie unter Eid[12], eine Falschaussage gemacht zu haben, und gab diese erst zu, nachdem sie eine Tonbandaufnahme des Gesprächs gehört hatte. Dann beschrieb Helen Markham den Mörder, den sie gesehen hatte, als »schwarzhaarig«[13] und machte die Sache für die Regierung damit noch verwirrender.

Bevor ihre Aussage abgeschlossen war, hatte Markham bei einigen Beobachtern Zweifel geweckt, ob sie am Ort von Tippits Ermordung gewesen war. Mindestens zwei Zeugen erinnerten sich nicht daran, sie dort gesehen zu haben.

Doch trotz alldem war Helen Markham die beste Zeugin der Regierung, die einzige, die Lee Oswald als den Mörder von Officer Tippit identifizierte. Und so spielte sich die Identifizierung vor der Warren-Kommission ab[14]:

»MR. BALL: Haben Sie sich, nachdem Sie den Raum betreten haben, diese Leute, diese vier Männer, angesehen?

MRS. MARKHAM: Ja, Sir.

MR. BALL: Erkannten Sie jemanden in der Reihe?

MRS. MARKHAM: Nein, Sir.

MR. BALL: Nein? Sahen Sie jemanden – ich habe Ihnen diese Frage schon einmal gestellt –, haben Sie irgend jemanden am Gesicht erkannt?

MRS. MARKHAM: Am Gesicht? Nein.

MR. BALL: Haben Sie irgendeinen dieser vier Leute identifiziert?

MRS. MARKHAM: Ich kannte keinen von ihnen.

MR. BALL: Ich weiß, daß Sie keinen kannten, aber sah irgend jemand aus der Reihe wie jemand aus, den Sie zuvor schon einmal gesehen haben?

MRS. MARKHAM: Nein. Ich habe keinen von ihnen je gesehen.

MR. BALL: Keinen der vier?

MRS. MARKHAM: Keinen von ihnen.

MR. BALL: Keinen der vier?

MRS. MARKHAM: Nein, Sir.«

Schließlich mußte der Anwalt des Ausschusses aus Verzweiflung Zuflucht darin suchen, seiner eigenen Zeugin eine Suggestivfrage zu stellen – was vor einem ordentlichen Gericht absolut unzulässig ist –, um ihr anzudeuten, was er hören wollte.

»MR. BALL: Sie erkannten ihn an seiner Erscheinung?

MRS. MARKHAM: Ich fragte ... Ich sah ihn an. Als ich diesen Mann sah, war ich mir nicht sicher, aber mich überlief eine Gänsehaut.«

Dieser kurze Wortwechsel steht für alle Zeugenaussagen, mit denen Lee Oswald als Tippits Mörder identifiziert wurde.

Natürlich gab es noch andere wichtige Zeugen. Unter ihnen waren der Krankenwagenfahrer und sein Gehilfe[15], die Aufschluß darüber hätten geben können, wann Tippit genau gestorben war und welche Zeugen sich am Tatort aufgehalten hatten; Mr. und Mrs. Donald Higgins[16], die dem Tatort direkt gegenüber wohnten und einen Teil der Geschehnisse beobachtet hatten; und T. F. Bowley[17], der über das Funkgerät im Wagen des toten Polizisten die Funkzentrale der Polizei informierte, daß Tippit gerade umgebracht worden war. Aber keiner von ihnen wurde je vor die Warren-Kommission geladen.

Es gab auch drei wichtige Augenzeugen des Mordes, die den ganzen Fall in einem anderen Licht erscheinen ließen. Ich entdeckte sie in der rapide wachsenden Sammlung von Erkenntnissen, die die Kritiker der Kommission zusammentrugen. Mark Lane, einer dieser Kritiker, der später nach New Orleans zog, um an unserer Untersuchung mitzuarbeiten, hatte so eine Zeugin aufgestöbert und mit ihr gesprochen – Acquilla Clemons.[18] Sie sah, bevor der erste Schuß fiel, daß *zwei* Männer an Officer Tippits Wagen standen, daß der Mann mit der Pistole den anderen fortscheuchte und dann zur Jefferson Street am anderen Ende des Blocks lief.

Der weglaufende Mann, der ihrer Beobachtung nach den Polizisten erschossen hatte, war ihren Worten zufolge »irgendwie klein, irgendwie untersetzt«. Den zweiten Mann beschrieb sie als groß und dünn, mit einem weißen Hemd und khakifarbenen Hosen bekleidet – einer Kleidung, wie Oswald sie nach keiner Zeugenaussage an diesem Tag getragen hatte. Mrs. Clemons sagte weiter aus, Polizisten aus Dallas hätten ihr gesagt, sie dürfe niemandem erzählen, was sie beobachtet hätte, wenn sie nicht umgebracht werden wolle. Ein vertraulicher Rat, den die Polizei von Dallas an diesem Tag öfter erteilte.

Durch Mark Lane[19] erfuhr ich auch von Frank Wrights[20] Existenz. Wright verfolgte den letzten Teil der Szene, die Mrs. Clemons beschrieben hatte. Es war Wrights Frau gewesen, die den Krankenwagen gerufen hatte, der Tippits Leiche dann abtransportierte.

Mr. Wright, der sich im Haus aufgehalten hatte, kam rechtzeitig nach draußen, um zu sehen, wie sich Officer Tippit auf dem Boden herumdrehte, wahrscheinlich die letzte Bewegung seines Lebens. Wright beobachtete einen anderen Mann, der auf den zu Boden gestürzten Polizisten herabsah. Dann ging der Mann um den Streifenwagen herum, stieg in einen alten, grauen Wagen, der auf der anderen Seite stand, und fuhr schnell weg.

Ich hielt es für ziemlich wahrscheinlich, daß dies der zweite Mann gewesen war, von dem Mrs. Clemons gesprochen hatte, derjenige, der von dem kleinen, untersetzten Mann weggescheucht worden war. Es dämmerte mir: Diese beiden Zeugen sagten etwas, was sonst niemand erzählt hatte. Officer Tippit war von zwei Männern getötet worden, von denen keiner Lee Oswald war. Ich erkannte, wie erschütternd die Folgen waren: Wenn Oswald an Tippits Ermordung unschuldig war, fiel die Grundlage des Regierungsverfahrens in sich zusammen.

FBI-Direktor J. Edgar Hoover mußte drei Jahre zuvor zum selben Schluß gekommen sein wie ich, da er dem leitenden Special Agent des Büros in Dallas ausdrücklich befahl, seinen Agenten nicht zu gestatten, Acquilla Clemons oder Mr. und Mrs. Wright zu verhören. Ich erfuhr erst davon, als viele Jahre später in einem Buch von Michael L. Kurtz[21] Hoovers FBI-Memorandum an Gordon Shanklin enthüllt wurde. Allerdings wußte ich zu dieser Zeit, daß ich im Material der Warren-Kommission nicht ein Fitzelchen der Clemons- oder der Wright-Aussage finden würde.

Als ich meine Recherchen fortführte, entdeckte ich, daß es neben den Augenzeugen noch einige Beweismittel gab, die die Mordkommission von Dallas gesammelt und manipuliert hatte und die zeigten, wie Oswald der Tippit-Mord angehängt worden war. Zum Beispiel las ich Abschriften der Meldungen, die kurz nach dem Mord über den Polizeifunk von Dallas gesendet worden waren.[22] Diese wurden automatisch mitgeschnitten. Nur Minuten, nachdem ein Bürger den Mord über Tippits Funkgerät gemeldet hatte, berichtete der Polizist H. W. Summers aus der Einheit 221 (die Kennzeichnung des Streifenwagens), daß man eine »Augenzeugenbeschreibung des flüchtigen Täters« erhalten habe. Der Verdächtige wurde wie folgt beschrieben: schwarzes, welliges Haar, bekleidet mit einer hellen Eisenhower-Jacke, dunklen Hosen und einem weißen Hemd. Er war »wahrscheinlich mit einer schwarzen, automatischen Pistole vom Kaliber .32« bewaffnet, die er in der rechten Hand trug. Augenblicke später berichtete Sergeant G. Hill: »...die am Tatort gefundenen Patronenhülsen lassen darauf schließen, daß der Verdächtige vermutlich mit einer .38er Automatik bewaffnet ist, nicht mit einer Pistole.«

Daraus ergab sich für mich, daß die Handfeuerwaffe, mit der Tippit erschossen worden war, eine Automatik gewesen sein mußte. Aber die Waffe, die Lee Oswald später angeblich abgenommen wurde, als er im Texas Theatre von der Polizei verhaftet wurde, war ein Revolver.[23] Wenn Oswald nicht unterwegs angehalten und die Waffen gewechselt hatte, was nie jemand behauptet hat, hat allein diese Tatsache das Verfahren der Regierung stark angeschlagen.

Die Kugeln, die in Officer Tippits Körper gefunden wurden, und die am Tatort sichergestellten Patronenhülsen waren ein weiterer Beweis für das Komplott. Die Gerichtsmedizin von Dallas hatte an Tippits Leiche eine Autopsie vorgenommen und vier Kugeln aus ihr entfernt.[24] Drei von ihnen besaßen einen Kupfermantel und waren von der Firma Winchester Western hergestellt worden. Die vierte jedoch war eine Bleikugel, die von der Firma Remington-Peters stammte.

Das war meiner Meinung nach sehr merkwürdig, da Patronen nie in einer gemischten Auswahl verkauft werden. Waffenbesitzer kaufen entweder eine komplette Schachtel Winchester oder eine komplette Schachtel Remington, aber nicht ein paar von jeder Sorte. Die Entdeckung zweier Kugelsorten in Tippits Leiche war für mich – und die meisten erfahrenen Polizisten – ein Hinweis, daß zwei Schützen geschossen hatten. Das stimmte mit Acquilla Clemons' und Mr. und Mrs. Wrights Aussagen überein.[25]

Geschieht ein Mord, ist es bei der Mordkommission ein Standardverfahren, Kugeln und Patronenhülsen zur Untersuchung und möglichen Identifizierung der Waffe ans FBI-Labor in Washington, D.C., zu senden. In diesem Fall schickte die Mordkommission von Dallas, die die Entdekkung des Gerichtsmediziners verständlicherweise nicht verbreiten wollte, nur *eine* Kugel an das FBI-Labor und teilte dem FBI mit, daß es sich hier um die einzige Kugel handele, die in Tippits Leiche gefunden worden war.

Zu jedermanns Überraschung fand das Labor heraus, daß die Kugel nicht zu Oswalds Revolver paßte. Daraufhin kam die Warren-Kommission auf die Idee, nach anderen Kugeln zu suchen, die vielleicht besser paßten. Obwohl die Kommission nie eine Kopie von Tippits Autopsiebericht erhielt, fand sie irgendwie heraus, daß in Tippits Leiche vier Kugeln gefunden worden waren – statt nur einer. Die sonst so gleichgültige Kommission bat das FBI, nach den drei fehlenden Kugeln zu suchen. Man fand sie nach vier Monaten, als sie in den Akten der Mordkommission von Dallas bereits Staub angesetzt hatten.

Die Kugeln wurden ins FBI-Labor geschickt. Aber Special Agent Courtlandt Cunningham, der Ballistikexperte des Labors, sagte vor der Kommission aus, das Labor sei zu der Erkenntnis gelangt, keine der vier in Tippits Leiche gefundenen Kugeln sei aus dem Revolver abgefeuert worden, den man Lee Oswald abgenommen hatte.[26]

Die am Tatort sichergestellten Patronenhülsen erwiesen sich als noch problematischer. Während sich die Kugeln von Anfang an in der Obhut des Gerichtsmediziners befanden, der sie aus Tippits Leiche geholt hatte, war die Mordkommission vom ersten Moment an für die Patronenhülsen – die Metallhülsen, in die das Pulver zum Antrieb der Kugeln gefüllt wird – verantwortlich.

Noch am Tag von Officer Tippits Ermordung hatte die Mordkommission eine Auflistung aller Beweismittel erstellt, die sie in dem Fall hatte – ein äußerst wichtiges Standardverfahren der Polizei. Obwohl eine Reihe von Zeugen aussagte, sie hätten nach der Schießerei Patronenhülsen herumliegen sehen, und die frühen mitgeschnittenen Funksprüche die Mordwaffe aufgrund der Auswerfmarkierungen auf den am Tatort gefundenen Patronenhülsen als Automatik beschrieben, schloß die Liste keinerlei Patronenhülsen ein.

Erst sechs Tage, nachdem die Mordkommission von Dallas die eine Kugel an das FBI-Labor in Washington geschickt hatte, fügte sie endlich die vier Patronenhülsen, die man angeblich am Tatort gefunden hatte, der Beweismittelliste im Fall Tippit hinzu.[27] Die Patronenhülsen wurden dann nach Washington geschickt, und das Labor sandte sofort einen Bericht zurück, dem zufolge sie tatsächlich aus dem Revolver abgefeuert worden waren, den Oswald angeblich unter dem Namen A. Hidell[28] bei einem Postversand bestellt hatte.

Die Polizei von Dallas mag dieses Ergebnis zwar mit Erleichterung aufgenommen haben, aber für mich stellte das späte Auftauchen der Patronenhülsen die Beweismittelmanipulationen der Mordkommission von Dallas einmal mehr unter Beweis.

Wenn die Patronenhülsen tatsächlich von Oswald vor seiner Verhaftung abgefeuert worden waren, hätte man sie routinemäßig in die Liste der Beweismittel aufgenommen und am Mordabend ins FBI-Labor gesandt. Doch die Patronenhülsen waren erst abgeschickt worden, nachdem das Morddezernat erfahren hatte, daß das Labor keine übereinstimmenden Markierungen an Oswalds Revolver und der einzelnen Kugel nachweisen konnte. (Diese Erkenntnis hätte das FBI-Büro Dallas normalerweise innerhalb von vierundzwanzig Stunden per Telex aus Washington erreicht.)

Mir war klar, was sich abgespielt hatte. Nachdem man keine positive Übereinstimmung zwischen der Kugel und Oswalds Revolver entdeckt hatte, dachte die Mordkommission nicht daran, Patronenhülsen mit den Auswerfmarkierungen einer automatischen Pistole wegzuschicken, selbst wenn es sich um die am Tatort gefundenen Patronenhülsen handelte. Statt dessen hatte ein Angehöriger der Mordkommission oder ein Helfer den konfiszierten Revolver nach Oswalds Verhaftung abgefeuert und so die benötigten Patronenhülsen erhalten, die Oswalds Abdrücke trugen. Dann wurden diese Patronenhülsen nach Washington weitergeleitet.

Kompetenz gehörte nicht zu den starken Seiten der Mordkommission von Dallas, nicht einmal bei der Erstellung falscher Beweise. Das FBI-Labor fand heraus, daß *zwei* der Patronenhülsen von Western hergestellt worden waren und *zwei* von Remington.[29] Da das Labor bereits zu dem Schluß gekommen war, daß *drei* der in Tippits Leiche gefundenen Kugeln Kupfermantelgeschosse von Western waren und *eine* ein Bleigeschoß von Remington, ging die Rechnung einfach nicht auf.

Noch schlimmer, bei den Anhörungen vor der Warren-Kommission erwies sich eindeutig[30], daß die Patronenhülsen, die die Mordkommission dem FBI-Labor eingereicht hatte, nicht die Patronenhülsen waren, die man tatsächlich am Ort von Tippits Ermordung sichergestellt hatte. Ein Zeuge, Domingo Benavides, fand zwei abgeschossene Patronenhülsen nicht weit vom Ort der Schießerei entfernt und übergab sie Officer J.M. Poe. Sergeant Gerald Hill befahl Poe, sie zu kennzeichnen, das heißt, seine Initialen in sie zu ritzen, um für den Fortbestand der Beweiskette zu sorgen. Das ist ein für alle Beamten einer Mordkommission übliches Verfahren.

Poe sagte vor der Warren-Kommission aus, er glaube zwar, sie gekennzeichnet zu haben, könne es aber nicht beschwören.[31] Bei der Anhörung vor der Kommission untersuchte Poe vier Patronenhülsen, die ihm gezeigt wurden, war aber nicht in der Lage, seine Kennzeichen auf ihnen zu identifizieren. Sergeant W. E. Barnes berichtete der Kommission, er habe im Polizeipräsidium von Officer Poe zwei Patronenhülsen bekommen und seine eigenen Initialen hinzugefügt. Er war jedoch gleichfalls nicht in der Lage, die beiden Patronenhülsen positiv zu identifizieren.[32]

Nachdem ich all diese Beweise durchgesehen hatte, wußte ich, daß ich angestrengt nachdenken mußte. Meinen Recherchen zufolge hatten zwei Männer Officer J. D. Tippit getötet. Das überraschte mich nicht. Die Planer des Präsidentenattentats hätten einen bösen Fehler gemacht, wenn sie einen Amateur mit einer Handfeuerwaffe vom Kaliber .38 losgeschickt hätten, um einen ausgebildeten Polizisten zu erschießen. Ein erfahrener Polizist, der ein- oder gar zweimal von einer Kugel vom Kaliber .38 getroffen wird – dem schwersten Kaliber, das beim Tippit-Mord benutzt wurde –, konnte immer noch mit etwas Glück seinen Angreifer zum Schluß in den Kopf schießen. Wenn die Ermordung Tippits also für das Komplott wichtig war – vielleicht um Oswald schuldig erscheinen zu lassen und zu zeigen, daß er tatsächlich auf brutale Weise gewalttätig war –, brauchte man mindestens zwei Mann, um den Job richtig auszuführen.

Die überwältigenden Beweise, daß Oswald den Mord an Tippit nicht begangen hatte, bestätigten all meine früheren Recherchen, denen zufolge Oswald eine ausgeglichene Person und zu solcher Gewalt nicht fähig war. Was den anstehenden Prozeß gegen Shaw betraf, wußte ich: Wenn ich die Geschworenen davon überzeugen konnte, daß Oswald nicht in der Lage gewesen war, John F. Kennedy oder J. D. Tippit zu ermorden, würde dies unsere Chancen einer Verurteilung außerordentlich erhöhen. Das würde die Geschworenen zwingen, eine mögliche Verschwörung als realistische Alternative zum Szenario der Warren-Kommission anzusehen.

Aber der Tippit-Fall war für mich auch deshalb bedeutsam, weil er das Ausmaß der Vertuschung enthüllte, die die Polizei von Dallas verübt hatte – beziehungsweise die Mordkommission. Ich durfte nicht vergessen, wie klein die Mordkommission einer so großen Stadt wie Dallas war. Sie bestand aus höchstens sechs bis neun Polizisten. Jede Person mit Erfahrung in solchen Dingen, die ein Attentat plante, hätte vorhersagen können, wer nach dem Verbrechen ermittelte, und konnte durchaus die Schlüsselpositionen kontrollieren. Aber nur, weil diese Abteilung, die seit über drei Jahrzehnten unter dem strengen Kommando von Captain Will Fritz stand, Beweismittel manipuliert und unterschlagen hatte, gab es noch keinen Grund, die ganze Dienststelle zu verurteilen.

Ich rief mir ins Gedächtnis, was ich über das Verhalten des Morddezernats im Fall Kennedy wußte. Die Beamten hatten eine mögliche Mordwaffe im »Versteck« im fünften Stockwerk des Texas-Schulbuchlagerhauses entdeckt, ein Mauser-Gewehr vom Kaliber 7.65, und sie sofort verloren (siehe Kapitel 7). Sie hatten Oswald zwölf Stunden lang verhört und nicht daran gedacht, ein Wort des Verhörs mitzuschreiben (siehe Kapitel 2). Sie hatten zugelassen, daß verschiedene Verdächtige, die in der Nähe der Dealey Plaza verhaftet worden waren, freigelassen wurden, ohne daß man ihre Namen notiert oder sie erkennungsdienstlich behandelt hätte (siehe Kapitel 2 und 16). Sie hatten versäumt, den Nash-Rambler-Kombi zu überprüfen, den Deputy Sheriff Roger Craig dabei beobachtet hatte, wie er Oswald vom Schulbuchlager wegbrachte. Was diesen Zwischenfall betrifft, hatten sie tatsächlich gelogen und bestritten, daß Craig sich jemals im Polizeipräsidium aufgehalten hatte (siehe Kapitel 7). Und das Schlimmste war: Sie hatten zugelassen, daß Oswald im Erdgeschoß ihres eigenen Präsidiums ermordet wurde, als er von Dutzenden von Polizisten umgeben war. Danach hatten sie den Fall sofort abgeschlossen und ihn als aufgeklärt angesehen.

Zu dieser erschreckenden »Erfolgsbilanz« gesellte sich jetzt noch die himmelschreiende Manipulation der Beweismittel im Fall Tippit – die drei Kugeln, die unterschlagen wurden; die am Tatort gefundenen Patronenhülsen aus einer Automatik, die man verschwinden ließ; die Revolverpatronenhülsen, die man später »entdeckt« hatte; die Spuren der beiden Männer, die von Augenzeugen gesehen worden waren, die zu verfolgen man aber versäumt hatte.

Zunächst schien es so, als wolle die Mordkommission von Dallas einen Fall gegen Oswald aufziehen, gegen den Mann, der ihrer schnellen Entscheidung nach der Attentäter gewesen war. Egal, was man dazu auch brauchte, man wollte Oswald den Mord an Tippit anhängen, um so die Behauptung zu nähren, er sei tatsächlich dazu fähig, ohne ersichtlichen Grund den Präsidenten zu töten.

Als ich mir aber diese »Erfolgsbilanz« betrachtete, kam mir ein zweiter, noch viel schrecklicherer Gedanke: Vielleicht hatte die Mordkommission von Dallas die Beweise nicht nur deshalb systematisch verändert, um Oswald mit einem Ausbruch von fehlgeleitetem Patriotismus festzunageln. Vielleicht hatte sie *bewußt* so gehandelt, um die tatsächlichen Mörder von John F. Kennedy und J. D. Tippit zu *schützen*. Wenn das stimmte, hatten wir es mit einer Sache zu tun, die weit über jede Inkompetenz und sogar über jeden Vertuschungsversuch hinausging. Im schlimmsten Fall bedeutete dies, daß die Mordkommission von Dallas – oder einige ihrer Schlüsselpersonen – in das Attentat verwickelt gewesen war. Im besten Fall hatte sie es anschließend tatkräftig gutgeheißen.

Kapitel 16
DIE FLUCHT DER ATTENTÄTER

Wer tatsächlich auf den Abzug drückte, hat mich nie so stark interessiert wie die Frage, wer das Attentat auf John F. Kennedy organisiert, finanziert und Vorteile daraus gezogen hat. Noch mehr interessierte mich die Tatsache, warum die Behörden von Dallas so vielen Verdächtigen, die sich am 22. November 1963 an der Dealey Plaza und in ihrer Nähe aufhielten, erlaubt hatten, ungeschoren von dannen zu ziehen. Ich war der festen Überzeugung, wenn die Behörden diese Verdächtigen ergriffen und verhört hätten, wie es sich gehörte, wären sie vielleicht zu den Urhebern des Attentats vorgedrungen.

Von Deputy Sheriff Roger Craig und anderen Zeugen hatte ich bereits von der Flucht dreier Verdächtiger erfahren, die das Schulbuchlager kurz nach den tödlichen Schüssen verlassen hatten (siehe Kapitel 7). Bei dem Fahrzeug, mit dem sie weggefahren waren, handelte es sich um einen hellen Nash-Rambler-Kombi mit Dachgepäckträger. Als die Schüsse fielen, stand er auf der Houston Street, gegenüber dem Hintereingang des Lagers und mit der Schnauze in *umgekehrter* Fahrtrichtung. Solange der Wagen dort stand, hatte niemand einen Fahrer in ihm beobachtet.

Nach den Schüssen kamen die drei Männer aus dem Hintereingang des Lagers gestürmt und sprangen in den Kombi. Er fuhr so schnell die Houston Street in nördliche Richtung davon, daß eine Tür noch offenstand. Von Craig wußte ich, daß der Wagen gedreht und direkt vor dem Schulbuchlager angehalten hatte, um einen weiteren jungen Mann aufzunehmen. Dieser junge Mann sprang in den Kombi, der dann schnell davonbrauste.

Erstaunlich an dieser kurzen Fahrt war nicht einmal, daß

die Behörden nicht dagegen einschritten, sondern, daß der Fahrer des Kombis so dreist vorging. Das deutet darauf hin, daß er keine Störung zu erwarten hatte. In der Tat war es für den amerikanischen Durchschnittsautofahrer schwieriger, an einem ganz normalen Nachmittag in die Innenstadt zu gelangen, als für diesen Fahrer, am Tatort der Ermordung des Präsidenten der Vereinigten Staaten mit überhöhter Geschwindigkeit entgegengesetzt zur Fahrtrichtung durch eine Einbahnstraße zu brausen. Wie wir uns erinnern, hatte Roger Craig diesen Zwischenfall zwar Will Fritz, dem Chef der Mordkommission von Dallas, gemeldet, doch dieser war der Spur nicht nachgegangen. Niemand machte sich die Mühe herauszufinden, wem der Kombi gehörte.

Zeugen, die dem Autokorso des Präsidenten folgten, hörten nicht nur Schüsse aus dem Schulbuchlager, sondern auch aus dem nahen Dal-Tex-Gebäude an der Ecke Houston und Elm Street. Mindestens ein Mann, der unmittelbar nach den Schüssen aus dem Dal-Tex-Gebäude gestürmt kam, war verhaftet worden, da er keine Erklärung für seine Anwesenheit dort hatte. Die örtlichen Behörden kamen nur wegen des Aufruhrs, den die Zuschauer verursachten, nicht um diese Verhaftung herum. Der Mann wurde ins Sheriff's Office gebracht und verhört. Der Sheriff nahm das Verhör des Verdächtigen jedoch nicht auf, falls überhaupt eines stattfand; auch der Name des Mannes ist in keiner Akte zu finden. Später begleiteten ihn zwei uniformierte Polizisten unter dem Gejohle der wartenden Menge hinaus. Sie steckten ihn in einen Polizeiwagen und fuhren davon. Anscheinend war dies der Abschied des Mannes aus Dallas, denn er verschwand einfach für immer.

Noch ein zweiter Mann wurde beim Dal-Tex-Gebäude verhaftet.[1] Den Behörden von Dallas zufolge gab er seinen Namen mit Jim Braden an; nach einer Überprüfung wurde er freigelassen.[2] Erstaunlicherweise bot die Bundesregierung in diesem Fall zahlreiche Informationen über den Verdächtigen an. Sein wirklicher Name, so hieß es, laute Eugene Hale Brading, und er sei ein Ex-Sträfling mit einem langen Vorstrafenregister. In den Monaten vor dem Attentat hatte er immer häufiger den Namen Jim Braden benutzt, unter dem auch seine Ölfirma in Los Angeles eingetragen war. Er erklärte den Behörden, er halte sich mit Billigung seines Bewährungshelfers geschäftlich in Dallas auf. Erst ein paar Tage zuvor hatte er einen Geschäftstermin mit einem Sohn des Ölmilliardärs H. L. Hunt gehabt. Braden behauptete, zur Zeit des Attentats im Dal-Tex-Gebäude gewesen zu sein, weil er telefonieren mußte. Als er feststellte, daß die Telefonzelle im Gebäude außer Betrieb war, sei er wieder hinausgegangen und sofort verhaftet worden.

Diese Geschichte enthielt mehrere Spuren, die, wie ich mittlerweile weiß, zu den »angeblichen Hintermännern«[3] des Attentats führen sollten. Nicht nur die Erklärung des Mannes für seinen Aufenthalt im Dal-Tex-Gebäude blieb verschwommen, sondern er hatte auch ein langes Vorstrafenregister mit angeblich intensiven Kontakten zum »organisierten Verbrechen«, einer Gruppe angeblicher Hintermänner, auf die sich die Medien immer wieder bezogen; und seine Spur führte zu H. L. Hunt, einem Repräsentanten der »Ölmagnaten des Südwestens«, der zweiten Gruppe der vorgeblichen Drahtzieher, die immer wieder genannt wurde. Nach genauer Analyse wurde jedoch klar, daß Braden mit dem Attentat absolut nichts zu tun hatte. Dies war, so schloß ich, wahrscheinlich auch der Grund, weshalb sein Name – und von allen Verdächtigen *nur* seiner – der Öffentlichkeit bekanntgegeben wurde.

Ich wußte, daß die örtlichen Behörden auch Verdächtige auf dem Grashügel vor dem Autokorso des Präsidenten ignoriert hatten. Schon lange zuvor hatte ich erfahren, daß Julia Ann Mercer eine Stunde vor dem Attentat gesehen hatte, daß ein Mann mit einem Gewehrkoffer den Grashügel hinaufgegangen war. Polizeibeamte, die auf der Eisenbahnunterführung ganz in der Nähe standen, beobachteten zwar das Geschehen, griffen jedoch nicht ein.

Erst viel später erfuhr ich von einem weiteren Verdächtigen, der sich unmittelbar nach den Schüssen entfernte und den Grashügel hauptsächlich auf dem Hosenboden zu seinem Wagen hinunterrutschte. Tom Tilson[4], ein Polizist, der zu diesem Zeitpunkt dienstfrei und im Autoradio von den Schüssen gehört hatte, sah, daß der Wagen des Präsidenten mit großer Geschwindigkeit davonraste. Als er durch die Unterführung hindurchfuhr, beobachtete er, wie ein Mann rechts von der Unterführung den Hang »hinabrutschte und -glitt« – also auf der entgegengesetzten Seite des Schulbuchlagers. Dies war der einzige Mann, den Officer Tilson vom Tatort weglaufen sah, und deshalb behielt er ihn im Auge. Der Mann prallte gegen die Seite eines am Fuß des Hügels abgestellten Wagens, warf etwas auf den Rücksitz, setzte sich dann schnell hinter das Lenkrad und raste davon.

Tilson folgte dem Wagen in einer wilden Jagd. Als er nahe genug herangekommen war, rief er seiner Tochter, die ebenfalls im Wagen saß, die Zulassungsnummer, das Baujahr und Modell des Wagens zu. Sie schrieb die Informationen auf, und nachdem der Wagen Tilson entwischt war, gab er sie telefonisch an die Mordkommission von Dallas weiter. Doch die Mordkommission unternahm nichts. Officer Tilson hörte nie wieder etwas von dem Verdächtigen, den er verfolgt hatte.

Als ich mich mit den entkommenen Verdächtigen befaßte, nahm ein Computerfachmann aus New York namens Richard E. Sprague Kontakt mit mir auf. Sprague hatte viele der rund fünfhundert Fotos und Filme, die am Tag des Attentats auf der Dealey Plaza aufgenommen worden waren, gesammelt und genau untersucht. Er wies mich insbesondere auf mehrere Zeitungsfotos hin, auf denen drei Männer zu sehen waren, die auf dem Güterbahnhof hinter dem Grashügel verhaftet und von mit Gewehren bewaffneten Polizisten abgeführt wurden.

Nachdem Sprague zahlreiche Fotos miteinander verglichen hatte, die vom Grashügel rechts vom Präsidenten aufgenommen worden waren, konnte er die Flucht dieser Männer vom Grashügel zu dem geschlossenen Güterwaggon auf dem Rangierbahnhof dokumentieren, wo sie dann festgenommen wurden. Aufgrund der Aussage von Sergeant Harkness vor der Warren-Kommission erinnerte ich mich an diese Männer (siehe Kapitel 2). Die »Tramps und Hobos«, wie Harkness sie beschrieb, waren aus einem geschlossenen Güterwaggon geholt worden, als der Güterzug – aus reinem Zufall oder aufgrund genauer Planung? – gerade den Rangierbahnhof verlassen wollte. Der anfahrende Zug war von Rangiermeister Lee Bowers von einem viereinhalb Meter hohen Turm aus angehalten worden. Dadurch konnten die verfolgenden Polizisten auf den Waggon klettern. Laut Harkness wurden die drei Verdächtigen »auf die Wache gebracht und verhört«. Doch es gibt keine Unterlagen über diese Verdächtigen – keine Namen, keine Fotos für die Verbrecherkartei, keine Fingerabdrücke, keine Nitrattests. Irgendwann wurden auch sie von den Behörden von Dallas freigelassen.

Die Fotos der »Tramps« waren von William Allen vom *Dallas Times Herald* und Joe Smith vom *Fort Worth Star* gemacht worden, als die Verdächtigen, angeblich auf dem Weg zum Verhör, am Schulbuchlager vorbeigeführt wurden.[5] Sprague nahm an, diese Fotos, die erstaunlicherweise nie publiziert worden waren, könnten dazu beitragen, einige Geheimnisse um das Attentat aufzuklären. Konnte man die »Tramps« oder die sie begleitenden Polizisten identifizieren, standen damit neue Wege für Ermittlungen offen.

Ich bat Sprague, mir umgehend Kopien der Fotos zu schicken. Zufällig wollte ich gerade nach New York fliegen, um in der Johnny-Carson-Show aufzutreten. Dieser Auftritt stellte eine seltene Gelegenheit für mich dar, der amerikanischen Öffentlichkeit unsere Ermittlungen selbst zu erläutern, und ich wollte die Fotos als Dokumente mitnehmen. Also sorgte Sprague dafür, daß ich sie am Flughafen von New Orleans in Empfang nehmen konnte.

Den Auftritt in der Carson-Show hatte mir Mort Sahl verschafft. Dieser wortgewandte Satiriker, der einen längeren Zeitraum in New Orleans verbrachte und die Behörde auf unterschiedlichste Art und Weise unterstützte, war sich meiner Kommunikationsprobleme mit der Öffentlichkeit via Medien bewußt. Selbst bei einer einfachen Pressekonferenz schien eine Art »Übersetzung« zu erfolgen, so daß in den Medien nie genau das stand, was ich gesagt hatte. Sahl, der im Showgeschäft arbeitete, verfügte über Verbindungen, die ich nicht hatte, zum Beispiel zur Johnny-Carson-Show. Als er eines Abends in der Sendung auftrat, wandte sich das Gespräch dem Attentat und meinen Ermittlungen zu. Plötzlich drehte sich Sahl zum Publikum um und fragte, ob sie nicht der Ansicht wären, man solle mich in die Show einladen, damit ich meine Sicht des Falles erläutern könne. Die Reaktion war so eindeutig zustimmend, daß Carson und dem Sender keine Wahl blieb. Ein paar Tage später erhielt ich ein Telegramm mit einer Einladung, die ich sofort akzeptierte.

Im Flugzeug nach New York öffnete ich das Päckchen mit Fotos, das Sprague mir geschickt hatte. Es handelte sich etwa um ein Dutzend. Ich betrachtete die Menschen auf den Fotos genau. Einer der drei Verhafteten war mittelgroß, breitschultrig, mit zerzaustem, hellem Haar und einem schwachen Lächeln auf dem Gesicht. Die beiden anderen waren kleiner; ihre Gesichter zeigten keine ernsthafte Besorgnis. Einer der beiden kleineren Männer trug einen zerknitterten Filzhut, hatte ihn jedoch ziemlich weit zurückgeschoben, so daß an den Schläfen kurzgeschnittenes Haar zu sehen war.

Dieses Detail warf sofort einige Fragen auf. Soweit ich wußte, tragen die Hobos und Tramps, die schwarz mit der Eisenbahn fahren, infolge des Lebens auf der Straße ihr Haar lang und zottig. Doch all diese Männer hatten sich erst vor kurzem das Haar auffällig kurz schneiden lassen. Und die Vergrößerungen im Format zwanzig mal fünfundzwanzig Zentimeter ließen keinen Zweifel daran, daß sie zudem alle glattrasiert waren.

Die drei Männer trugen grobe, zerlumpte Kleidung, aber sie schien ziemlich sauber zu sein. Und während die Schuhsohlen echter Hobos ihren wirtschaftlichen Umständen entsprechend dünn und abgetragen sind, waren die Sohlen dieser Männer völlig in Ordnung.

Mehrere Einzelheiten warfen auch Fragen zu den Polizisten auf. Zunächst einmal trugen die Verhafteten keine Handschellen. Das war seltsam. Selbst bei geringeren Vergehen als einem Präsidentenmord legen amerikanische Polizisten ihren Gefangenen routinemäßig Handschellen an. Wenn die Männer so gefährlich waren, daß sie von bewaffneten Beamten abgeführt werden mußten, waren sie auch so gefährlich, daß man ihnen Handschellen anlegte. Und doch wurden den Verdächtigen auf den Fotos die Unannehmlichkeiten erspart, die sich normalerweise ergeben, wenn man auf der Flucht vom Tatort eines Mordes geschnappt wird.

Des weiteren war bemerkenswert, daß keiner der Beamten auf den Fotos – wie üblich – das Gewehr schußbereit hochhielt, sondern jeder hielt seine Waffe anders, fast beiläufig, als wolle er auf Vogeljagd gehen.

Und dann war da noch die seltsame Tatsache, daß einem Polizisten die Uniformhose nicht zu sitzen schien. Die Polizei von Dallas hatte bestimmte Bekleidungsvorschriften, doch das äußere Erscheinungsbild dieses Beamten ging mit ihren Richtlinien auf keinen Fall konform.

Schließlich fiel mir noch etwas an dem Polizeibeamten auf, der vorneweg marschierte; anscheinend war er der ranghöchste der Gruppe. Dieser große, schlanke Mann trug einen Ohrstöpsel, einen Miniaturempfänger aus Plastik von kaum 1,2 mal 0,6 Zentimetern Größe.[6] Ich wußte zwar, daß 1963 die meisten Geheimdienste solche Geräte besaßen, doch bei örtlichen Polizeibehörden war mir dies unbekannt.

All diese Einzelheiten zusammen ließen in mir nicht nur die Frage entstehen, ob die schäbig gekleideten Verdächtigen wirklich Tramps waren, sondern auch, ob es sich bei den Uniformierten mit den Gewehren tatsächlich um Beamte der Polizei von Dallas handelte.[7]

Daß man die Verdächtigen freigelassen hatte, ohne daß es irgendwelche Unterlagen über ihre Verhaftung gab, trug natürlich nicht dazu bei, mich in dieser Hinsicht zu beruhigen.

Ich war mir nicht sicher, ob die Polizei von Dallas infiltriert worden war, ob sich diese Männer nur als Polizisten ausgaben, oder beides. Doch ich wußte, daß eine bemerkenswerte Anzahl von Verdächtigen auf geheimnisvolle Art und Weise verschwunden war, ohne eine Spur zu hinterlassen, und daß die Fotos, die Sprague geschickt hatte, mir helfen konnten, dies dem amerikanischen Volk auch zu beweisen. Als ich die Fotos von der Verhaftung auf dem Rangierbahnhof wieder in meinen Aktenkoffer legte, beschloß ich, daß jeder Amerikaner, der am folgenden Abend die Johnny-Carson-Show verfolgte, sie zu sehen bekommen würde.

Am nächsten Tag begab ich mich wie vereinbart am frühen Nachmittag in Carsons Büro bei der NBC. Die Sendung sollte am gleichen Abend ausgestrahlt werden. Jemand erklärte mir, daß man bei besonderen Gesprächspartnern schon vor dem Live-Auftritt mit dem Gast sprach, damit Carson wußte, worum sich das Gespräch drehen würde. Bereitwillig stimmte ich zu. Daraufhin betraten drei oder vier gut gekleidete Männer, offensichtlich ausnahmslos Anwälte, den Raum. Sie befragten mich mehrere Stunden lang darüber, wie meine Antworten ausfallen würden, wenn man mir Fragen zu bestimmten Themen stellte. Ich ging auf die Fragen ein, und meine Antworten wurden aufgezeichnet.

Carson selbst kam kurz vor der Show zur obligatorischen Begrüßung des Gastes herein. Er wirkte verkrampft und unbehaglich. Um etwas Small talk zu treiben, erwähnte ich, ich sei im Westen von Iowa geboren, nur ein paar Kilometer von seinem Geburtsort in Nebraska entfernt. Zur Erwiderung schaute er auf die Uhr und war wieder verschwunden. Es überraschte mich, daß jemand, der vor der Kamera so jovial und freundlich ist, hinter der Bühne ein so kalter Typ sein konnte.

An diesem Abend traf ich frühzeitig im Sender ein. Man hatte Carson für das Gespräch mit mir eine Stunde zur Verfügung gestellt. Nach kurzer Wartezeit in einer kleinen grünen Kammer führte mich jemand hinaus und zog einen sehr großen Vorhang beiseite. Dann stand ich im Licht zahlreicher Scheinwerfer auf der Fernsehbühne. Das Publikum applaudierte so freundlich, daß ich mich augenblicklich wohl fühlte, und ich lächelte breit und winkte den Leuten zu.

Als ich Carson gegenüber Platz nahm, bemerkte ich, daß sein Pult mit maschinengeschriebenen Fragen und Antworten bedeckt war. Es bedurfte nur eines Blickes, um zu erkennen, daß es sich um die Fragen handelte, die man mir am Nachmittag gestellt hatte – gefolgt von den Antworten, die ich den Anwälten gegeben hatte. Hinter den Antworten standen jeweils Vorschläge, was Carson auf sie erwidern sollte.

Carson begann, indem er mir eine lange, abschweifende Frage stellte etwa der Art: »Wann haben Sie aufgehört, Ihre Frau zu verprügeln?« Es war ein Mischmasch aus verrückten, widersinnigen Spekulationen über das Attentat, von denen keine auch nur irgendeiner Aussage nahekam, die ich je gemacht hatte.

Nach ein paar Minuten bemerkte ich, daß Carson fertig war und auf meine Antwort wartete. Seine kleinen, humorlosen Augen, die mich an zwei winzige, dunkle Murmeln erinnerten, waren auf mich gerichtet. Anscheinend glaubte er wirklich, ich sei der Urheber eines solchen Blödsinns. Plötzlich konnte ich mir ein Lachen kaum noch verkneifen und spürte, daß man es mir ansah.

»Johnny«, sagte ich, »wieviel Zeit habe ich, um das zu beantworten?«

Als er merkte, daß ich seine Frage völlig beiseite gewischt hatte, schaute er nach unten und las die nächste vor. Nun war mir klar, daß er wie ein Papagei jede Frage nachplappern, meine bereits bekannte Antwort abwarten und dann mit einem neuen Gehirnverdreher brillieren würde, den die Anwälte ihm vorgegeben hatten. Darauf konnte ich mich einstellen. Als Anwalt war ich daran gewöhnt, mich gegen Menschen durchzusetzen, die mir feindlich gesinnt waren. Von Carson hingegen wußte ich, daß er auf Gäste eingestellt war, die lächelnd allem beipflichteten, was er sagte.

Ich hatte mich wirklich auf einen offenen Gedankenaustausch mit Carson gefreut. Doch ich hatte nicht vor, mich auf Spielchen einzulassen, bei denen ich der Ball sein sollte. Also änderte ich prompt meine gesamte Vorgehensweise. So beiläufig, wie man in einem Gerichtssaal von einem Thema auf ein verwandtes kommen kann, wandelte ich nun die Antworten ab, die ich den Anwälten nachmittags gegeben hatte.

Natürlich änderte ich nicht den Inhalt, sondern nur die Form oder, in einigen Fällen, die Betonung. Wenn die Antwort zum Beispiel in zwei Teilen erfolgen sollte, kam ich nun auf den zweiten Teil zuerst zu sprechen – im Gegensatz zu meinem Vorgehen am Nachmittag. Nach einigen in dieser Weise beantworteten Fragen erkannte ich, daß Carson den Faden verloren hatte, da er seinen Zeigefinger hinauf- und hinabwandern ließ. Er fand ihn auch nicht wieder.

Ich unternahm keinen Versuch, nett zu sein. Auch ließ ich mich nicht darauf ein, meine Schlagfertigkeit mit der eines großen Komikers wie Carson zu messen. Als Anwalt tat ich einfach, was ich am besten konnte. Ich verlagerte ganz allmählich die Richtung unseres Gesprächs, bis schließlich ich die Fragen stellte. Natürlich hatte Carson sich auf ein so kompliziertes Thema nicht vorbereiten können. Als er mich frustriert fragte, warum die Regierung noch immer Beweise zurückhalte, wie ich behauptet hatte, wußte ich, daß der Augenblick gekommen war, die Fotos zu zeigen.

»Fragen Sie nicht mich, John«, sagte ich und öffnete meinen Aktenkoffer. »Fragen Sie Lyndon B. Johnson. Sie *wissen*, daß er die Antworten kennen muß.«

Er sah mich verständnislos an und antwortete nicht.

»Vielleicht zeige ich Ihnen lieber ein paar Fotos«, sagte ich und griff in den Aktenkoffer.

Bevor mich jemand daran hindern konnte, hielt ich eines der großen Fotos mit den drei Männern, die von den Polizisten mit den Gewehren abgeführt wurden, vor die Kamera. Carson brauchte einen Augenblick, um zu erkennen, um welche Szene es sich handelte, doch dann schnappte er wie eine Kobra nach meinem Arm und zog ihn so heftig nach unten, daß die Bilder nicht mehr von der Kamera erfaßt wurden.

»Solche Fotos kann man im Fernsehen nicht erkennen«, sagte er scharf.

Ich hielt das Foto wieder vor die Kamera. »Aber sicher doch«, erwiderte ich. »Die Kamera kann näher heranfahren.«

Diesmal zerrte er meinen Arm noch heftiger hinab. »Nein, das kann sie nicht«, schnappte er.

Trotzdem hielt ich das Foto zum drittenmal hoch. Diesmal jedoch sah ich, daß das rote Lämpchen nicht mehr leuchtete, und begriff, daß der Regisseur auf eine andere Kamera umgeschaltet hatte. Nun wurde wahrscheinlich die genehmere Einstellung auf das Publikum in die amerikanischen Haushalte ausgestrahlt.

»Die Festgenommenen«, sagte ich dann laut, bevor jemand das Thema wechseln konnte, »wurden nie wieder gesehen. Sie sind alle verschwunden.«

Auf dem Rückflug nach New Orleans dachte ich über die vorgefaßte Meinung Carsons und der Anwälte der NBC nach, die das Vorgespräch mit mir geführt hatten. Ich verstand, daß mein Standpunkt sie nicht deswegen nervös machte, weil er sich von dem ihren unterschied, sondern weil ich mit Nachdruck behauptete, es habe eine *Verschwörung* zur Ermordung Präsident Kennedys gegeben. Ich erinnerte mich an die kaum verhohlene Verachtung, die die Anwälte jedesmal gezeigt hatten, wenn ich die Verschwörung angesprochen hatte. Ich kam mir vor wie ein Deutscher, der Mitte der dreißiger Jahre in aller Öffentlichkeit Adolf Hitlers Geisteszustand in Frage stellte und routinemäßig verhört wurde, bevor man ihn ins nächste Irrenhaus steckte. Mir fiel ein, daß auch Carson in der Hitze des Gesprächs fast aus dem Leim gegangen war, als ich das Gespräch auf eine Verschwörung gebracht hatte.

Warum, so fragte ich mich, reagierten diese Menschen mitten im Zentrum der New Yorker Medienbranche so allergisch auf die Vorstellung einer Verschwörung? Warum war eine Verschwörung so unvorstellbar, so völlig undenkbar für sie?

Dann wurde mir, möglicherweise zum erstenmal, klar, wieso die Leute so versteinert waren und was ihre Gehirne zu Beton erstarren ließ. Hätten sie eingestanden, daß eine organisierte Verschwörung existierte, hätten sie auch eingestehen müssen, daß die Verschwörung ein bestimmtes Ziel verfolgt hatte – nämlich das, die Regierungspolitik zu ändern. Nachdem die Medien der Welt uns so viele Jahre weisgemacht hatten, wie gut es uns im großartigsten Land der Erde ging, wollten sie nicht zugeben, daß der Präsident unserer Nation brutal beseitigt worden war, um eine Änderung der Regierungspolitik durchzusetzen. Das hätte die amerikanische Demokratie Lügen gestraft, und so etwas durfte einfach nicht geschehen. Daher mußte das Attentat in ihrer Vorstellung ein willkürliches Ereignis sein, das Werk eines geistig gestörten Einzeltäters.

Ich sah mir die Fotos der Verhafteten erneut an. Die Fotografen hatten mit Sicherheit keinen Versuch unternommen, etwas zu verbergen. Sie waren eindeutig so schnell wie möglich zum Ort des Geschehens geeilt und hatten so viele Fotos wie möglich geschossen.

Und jedes dieser Fotos war ein möglicher Pulitzer-Preisträger. Allesamt zählten sie zu den wichtigsten Fotos, die je gemacht worden waren. Warum also hatten die Redakteure und Verleger der Zeitung nicht die Gelegenheit beim Schopf ergriffen, als erste diese wichtigen Fotos zu veröffentlichen?

Ich hielt die Vorstellung einer gigantischen, hundertprozentig durchorganisierten Medienverschwörung für unvorstellbar. So etwas wäre einfach nicht zu realisieren gewesen. Und doch hatten die Fotos aus irgendeinem Grund nie das Licht des Tages gesehen.

In New York City war auch mit mir selbst etwas passiert. Warum ein Vorgespräch, damit Carson sofort auf meine möglichen Antworten eingehen konnte? Warum hatte Carson meinen Arm weggezogen, so daß die Kamera die Fotos nicht ins Bild bringen konnte? Und warum hatte der Studioregisseur die Kamera ausgeschaltet, damit die Fotos nicht einem Millionenpublikum gezeigt wurden?

Die einzige vernünftige Erklärung, schloß ich, ließ sich mit einem Wort umschreiben: Kontrolle. Nicht jene Art Kontrolle, bei der ein kleiner Kreis in Washington oder New York alle Redaktionen anrief und ihnen vorschrieb, was sie drucken oder ausstrahlen durften. Es war eine viel lockerere Kontrolle: hier ein Anruf von einem hochrangigen Geheimdienstbeamten, der einem Zeitungsverleger die Folgen für die nationale Sicherheit verdeutlichte, die sich aus der nicht wiedergutzumachenden Veröffentlichung von Fotos ergaben, bevor die Regierung sie gesehen hatte; dort ein Anruf von einem texanischen Politiker, einem Jugendfreund Lyndon B. Johnsons, der dem Direktor eines großen Fernsehsenders erklärte, welch großer Schaden der Republik zugefügt würde, bekäme die Öffentlichkeit solche Fotos zu Gesicht.

Es fiel mir nicht leicht, dies zu akzeptieren, denn wäre ich Verleger gewesen und hätte einen solchen Anruf erhalten, ich hätte nicht nur dafür gesorgt, daß das Foto auf der Titelseite erschien, sondern auch, daß es so groß wie möglich gedruckt wurde, damit niemand es übersehen konnte. Doch ich muß eingestehen, daß ich nicht wie die meisten Verleger dachte, und die meisten Verleger schienen nicht wie ich zu denken.

Es war tragisch, doch ich mußte letztendlich einsehen, daß man die Medien irgendwie davon überzeugt hatte, die offizielle Lesart zu vertreten. Ob aus Unvermögen oder aus Absicht – sie haben das Attentat, ebenso wie die Behörden von Dallas, die so viele Verdächtige entkommen ließen, ebenfalls gutgeheißen.

Kapitel 17
DIE ZURÜCKHALTENDEN ERMITTLER

Einige der Attentatszeugen fanden den Weg zu uns, nachdem ersichtlich wurde, daß sich die Bundesagenten und die Polizei von Dallas tatsächlich nicht für das interessierten, was sie gesehen hatten. Julia Ann Mercer war eine solche Zeugin. In der Tat erhellte kein anderer Zeuge das Ausmaß der Vertuschung mehr als sie.

Mrs. Mercer hatte nur ein paar Meter entfernt gestanden, als einer der Männer mit den Gewehren kurz vor Ankunft der Wagenkolonne des Präsidenten vor dem Grashügel abgeladen wurde. Sie war also nicht nur Zeugin, als der Mord an Präsident Kennedy vorbereitet wurde, sondern hatte auch die Verschwörung beobachtet.

Sie sagte vor dem FBI und dem Sheriff von Dallas aus, kehrte dann zum FBI zurück und ergänzte ihre Aussage, doch sie wurde nie vor die Warren-Kommission geladen – nicht einmal, um eine eidesstattliche Erklärung abzugeben.

Vor geraumer Zeit hatte ich Julia Ann Mercers Aussagen[1] in den Beweismitteln der Warren-Kommission gelesen, doch hatte ich nie Gelegenheit gehabt, mit ihr persönlich zu sprechen. Eines Tages, Anfang 1968, rief mich dann ihr Ehemann im Büro an. Er sagte, er und seine Frau seien geschäftlich in New Orleans und hätten mir einiges zu sagen. Ich stimmte zu, sie im Fairmont Hotel zu treffen, in dem sie abgestiegen waren. Als ich ihre Suite betrat, fand ich ein äußerst beeindruckendes Ehepaar vor. Mr. Mercer, offensichtlich ein vermögender Mann mittleren Alters, war republikanisches Mitglied des Repräsentantenhauses von Illinois gewesen. Mrs. Mercer war ebenso beeindruckend – intelligent und schick gekleidet, jene Art von Zeugin, von der sich jeder Anwalt wünscht, daß sie vor einem Geschworenengericht zu seinen Gunsten aussagt. Nachdem Mr. Mercer aufgebrochen war, um sich um seine Geschäfte zu kümmern, gab ich seiner Frau Kopien ihrer Aussagen, die von der Warren-Kommission als Beweismittel veröffentlicht worden waren. Sie las sie genau durch und schüttelte dann den Kopf.

»Sie sind alle verändert worden«, sagte Mrs. Mercer. »Ich sage hier genau das Gegenteil von dem aus, was ich in Wirklichkeit erzählt habe.«

Etwa eine Stunde vor dem Attentat war sie in westlicher Richtung über die Elm Street gefahren und direkt hinter dem Grashügel in einem Verkehrsstau steckengeblieben. Zu ihrer Überraschung (da sie wußte, daß die Wagenkolonne des Präsidenten bald kommen würde) sah sie, daß rechts neben ihr ein junger Mann aus einem Lieferwagen stieg, mit einem Gewehr in der Hand, das irgendeine Umhüllung notdürftig verbarg. Dann beobachtete sie, daß er den »Grashügel, der einen Teil der Eisenbahnunterführung bildete«, hinaufging. Sie musterte den Fahrer des Wagen mehrmals, konnte sein rundes Gesicht und seine braunen Augen genau sehen, und er erwiderte den Blick geradeheraus.

Mrs. Mercer beobachtete auch, daß drei Polizisten neben einem Motorrad über ihr auf der Unterführung standen. Sie erinnerte sich, daß die Polizisten nicht die geringste Neugier dafür zeigten, daß ein junger Mann mit einem Gewehr den Grashügel hinaufstieg.

Als Mrs. Mercer diese Informationen nach dem Attentat den örtlichen Behörden zukommen lassen wollte, reagierten diese beinahe außer sich vor Wut. Im FBI-Büro, das sie einen Tag nach dem Attentat aufsuchte, zeigte man ihr eine Reihe von Verbrecherfotos. Unter mehreren Fotos, die sie herauslegte, da die auf ihnen abgebildeten Männer eine Ähnlichkeit mit dem Fahrer des Lieferwagens aufwiesen, befand sich auch eines von Jack Ruby. Als sie am Sonntag im Fernsehen sah, wie Ruby Oswald tötete, erkannte sie ihn eindeutig als Fahrer des Kleinlastwagens und benachrichtigte umgehend das örtliche FBI-Büro. Dennoch veränderte das FBI ihre Aussage dahingehend, daß die eindeutige Identifizierung verschwiegen wurde.

Sie lachte, als sie es mir erklärte. »Sehen Sie«, sagte Mrs. Mercer, »das FBI hat meine Aussage genau ins Gegenteil verkehrt.« Dann fügte sie hinzu: »Er war nur ein, zwei Meter von mir entfernt. Wie hätte ich Jack Ruby da nicht erkennen können, als ich im Fernsehen sah, wie er Oswald erschoß?«

Das Sheriff's Office von Dallas vollzog denselben ausgeklügelten Schwindel, fügte jedoch noch eine phantasievolle Abwandlung hinzu. Obwohl Mrs. Mercer nie vor einem Notar erschienen war, legte das Sheriff's Office eine eidesstattliche Erklärung zu den Akten, in der zu lesen war, sie habe den Fahrer nicht identifiziert, wenngleich sie »ihn vielleicht wiedererkennen würde«. Darüber hinaus waren noch andere wichtige Details abgeändert worden.

»Sehen Sie die vom Notar beglaubigte Unterschrift?« sagte sie. »Das ist nicht meine Unterschrift. Ich unterschreibe nicht mit einem so großen A.« Sie nahm einen Kugelschreiber und schrieb ihren Namen nieder. Es war auf den ersten Blick deutlich, daß die Unterschrift auf der abgeänderten Aussage des Sheriff's Office nicht einmal entfernte Ähnlichkeit mit der ihren besaß.

Julia Ann Mercer schrieb dann auf meine Kopien der Berichte des FBI und des Sheriff's Office die Beobachtungen nieder, die sie tatsächlich gemacht hatte. Diese Version war in Dallas zwar nicht akzeptabel gewesen, doch mir war sie mehr als willkommen. Eingedenk der plötzlichen Todesfälle einiger Zeugen, die mehr gesehen hatten, als gut für sie gewesen war, schlug ich vor, sie solle die berichtigte Aussage mit ihrem Mädchennamen unterzeichnen, wie sie es auch unmittelbar nach dem Attentat in Dallas getan hatte. Sie folgte meinem Vorschlag.

Als ich wieder in meinem Büro war, dachte ich über Julia Ann Mercer nach. Sie hatte sich nur ein paar Meter entfernt von einem der wichtigsten Vorfälle im Verlauf des Attentats befunden und sich vergeblich bemüht, den Bundesbehörden und den Behörden von Dallas die schlichte Wahrheit zu sagen. Ihre Erfahrungen waren von grundlegender Bedeutung. Zunächst einmal bildeten die Beobachtungen von Mrs. Mercer ein neues Glied in der Beweiskette, daß auf dem Grashügel vor dem Präsidenten ein weiterer Schütze postiert war.

Für mich waren die Reaktionen, die ihre Aussagen hervorgerufen hatten, geradezu unheimlich. Sie bewiesen, daß die Behörden früh erkannt hatten, daß es eine Verschwörung zur Ermordung des Präsidenten gab. Sowohl die örtlichen als auch die Bundesbehörden hatten die Aussagen von Mrs. Mercer manipuliert, um eben diese Tatsache zu verschleiern.

Ich war bereits zu dem Schluß gekommen, daß Teile der Behörden von Dallas wahrscheinlich in das Attentat oder dessen Vertuschung eingeweiht waren. Doch nun erkannte ich, daß auch das hochgeschätzte FBI darin verwickelt war. Schließlich mußte das FBI schon am Samstag, dem 23. November, als man Mrs. Mercer das Foto von Jack Ruby zeigte, gewußt haben, daß Ruby in eine Verschwörung verwickelt sein könnte.[2] Das war am Tag, *bevor* Ruby Oswald erschoß.

Die Unfähigkeit des FBI, Ruby augenblicklich zur Befragung ausfindig zu machen, und die Manipulation der Mercer-Aussage[3] jagten mir einen kalten Schauer über den Rücken. Wie weit, fragte ich mich, war mein Ex-Arbeitgeber in dieses Attentat verwickelt?

Die Antwort auf meine Frage erhielt ich ziemlich schnell. Mark Lane hatte in New Orleans an seinem Buch *A Citizen's Dissent* gearbeitet und mich bei den Ermittlungen unterstützt. Eines Abends hielt er an der Tulane University einen Vortrag über das Attentat. Danach begegnete er zufällig einem ehemaligen FBI-Agenten namens William S. Walter. Im Laufe des Gesprächs erwähnte Walter, er habe am 17. November 1963 – fünf Tage vor dem Attentat – Nachtdienst im FBI-Büro von New Orleans gehabt, als über Fernschreiber eine Warnung vor einem möglichen Attentat auf den Präsidenten einging. Walter benachrichtigte augenblicklich die fünf Agenten, denen die betreffenden örtlichen Ermittlungseinheiten unterstanden, und hielt seine Pflicht damit für erfüllt. Als Lane dies hörte, zog er Walter augenblicklich beiseite, sprach mit ihm und legte eine schriftliche Aussage über den Inhalt dieses Gesprächs nieder.[4] Später machte ich Walter ausfindig und unterhielt mich mehrmals ausführlich mit ihm.[5]

1976 stellte Walter dem Geheimdienstausschuß des Senats unter Vorsitz von Senator Richard Schweiker aus Pennsylvania eine Kopie des FBI-Telex zur Verfügung. Nachdem der Freedom of Information Act in Kraft getreten war, besorgte Lane sich ebenfalls eine Kopie der per Telex übermittelten Warnung und händigte sie mir aus. Das Fernschreiben lautete:

»DRINGEND: 1:45 UHR OESTLICHE AMERIKANISCHE ZEIT 17.11.63, ½ SEITE
AN: ALLE BEFEHLSHABENDEN SA [Special Agents]
VON: DEM DIREKTOR
MORDDROHUNG GEGEN PRAESIDENT KENNEDY IN DALLAS TEXAS 22./23. NOVEMBER NEUNZEHNHUNDERTDREIUNDSECHZIG. INFORMATIONEN VERSCHIEDENER BUREAS [sic] LIEGEN VOR. BUREAU KAM ZUM SCHLUSS, DASS MILITANTE REVOLUTIONAERE GRUPPE VERSUCHEN KOENNTE, PRAESIDENT KENNEDY BEI GEPLANTER REISE NACH DALLAS, TEXAS, AM 22./23. NOVEMBER NEUNZEHNHUNDERTDREIUNDSECHZIG ZU ERMORDEN. ALLE EMPFAENGER SOLLEN AUGENBLICKLICH KONTAKT MIT ALLEN SPITZELN UND INFORMANTEN IN DEN EINSCHLAEGIGEN GRUPPEN AUFNEHMEN UND FESTSTELLEN, OB GRUNDLAGE FUER DROHUNG BESTEHT. BUREAU SOLL PER FERNSCHREIBER UEBER ALLE ENTWICKLUNGEN AUF DEM LAUFENDEN GEHALTEN WERDEN. ANDERE NIEDERLASSUNGEN WURDEN BENACHRICHTIGT. ENDE UND BESTAETIGUNG.«

Wir erfuhren von Walter, daß er zum Zeitpunkt des Attentats gerade zu Mittag aß, aber augenblicklich in das FBI-Büro von New Orleans zurücklief. In den Akten fand er das Telex mit der Warnung sowie ein Duplikat, das etwas später eingetroffen war. Er schrieb den Text mit der Warnung wortwörtlich ab und steckte den Zettel ein. Kurz darauf überprüfte er die Akte noch einmal, um zu sehen, ob das Telex mit der Warnung noch vorhanden war. Es war aus der Akte entfernt worden. Auch in den anderen Akten ließ sich kein Hinweis darauf finden.

Das Telex war eindeutig gewesen und hatte sowohl Ort als auch Zeit des geplanten Attentats auf den Präsidenten genannt. Es war an alle befehlshabenden Special Agents adressiert, und damit war jeder einzelne im Land gemeint, auch die in Dallas. Und doch hatte das FBI nichts unternommen. Es gibt keine Unterlagen darüber, daß es irgend jemanden informierte – nicht einmal den Secret Service, der als die Organisation, die für den Schutz des Präsidenten verantwortlich ist, umgehend hätte informiert werden müssen.

Wäre die Warnung vom 17. November, so überlegte ich, an die relevanten Geheimdienste weitergegeben worden, hätte man die Änderung der Fahrtroute in letzter Minute vielleicht genauer untersucht, als Falle entlarvt und die Fahrt durch die Stadt abgesagt. Und wenn die Fahrt doch stattgefunden hätte, hätte man vielleicht die Plexiglaskuppel der Präsidenten-Limousine, die Kennedy eventuell geschützt hätte, nicht abgenommen.

Und der Secret Service hätte vielleicht strenger auf die Befolgung der eisernen Regel geachtet, daß sämtliche Fenster der Häuser entlang der Fahrtroute geschlossen und sämtliche Dächer leer sein mußten. Doch als sich die Wagenkolonne auf der neuen Paradestrecke dem Dal-Tex-Gebäude und dem Schulbuchlager näherte, ließen die zahlreichen geöffneten Fenster und die offene Limousine keinen Zweifel aufkommen, daß die Sicherheitsvorkehrungen für den Präsidenten sträflich vernachlässigt worden waren.[6]

Als ich über William Walter von dem Telex mit der Warnung erfuhr, waren fast fünf Jahre seit dem Attentat vergangen. Doch in dieser Zeit hatte keiner der fünf Agenten, die Walter am Morgen des 17. November angerufen hatte, der Öffentlichkeit oder der Warren-Kommission gegenüber angedeutet, daß das FBI fünf Tage vor dem Attentat eine eindeutige Warnung erhalten hatte. Noch war dies einem der anderen leitenden Special Agents in den Sinn gekommen, an die die Warnung adressiert gewesen war. Noch hatte das FBI oder sein Direktor J. Edgar Hoover, unter dessen Namen die Warnung herausgegangen war, etwas darüber verlauten lassen. Wenn ein solch verdächtiges Schweigen nicht nach Vertuschung roch, wußte ich nicht mehr, was Vertuschung war.

Das Telex mit der Warnung gewann bald zusätzlich an Bedeutung, als ich verspätet von einer bemerkenswerten Information erfuhr, mit der sich Jahre zuvor C. A. Hamblen[7], der Spätschicht-Leiter der Niederlassung der Western Union in Dallas, an die Öffentlichkeit gewandt hatte. Ich fand heraus, daß Hamblen etwa eine Woche nach dem Attentat einigen Personen gegenüber behauptet hatte, Lee Oswald sei etwa zehn Tage vor dem Attentat in der Geschäftsstelle der Western Union gewesen und habe ein Telegramm nach Washington aufgegeben. Er habe den Eindruck gehabt, Oswalds Telegramm sei an das Marineministerium gerichtet gewesen. Ich wußte bereits, daß Oswald zwar ein relativ ruhiger Mensch, aber auch selbstbewußt genug gewesen war, um Beschwerden an das Marineministerium zu richten – eine Tatsache, von der Hamblen eigentlich nichts geahnt haben konnte.[8]

Hamblen erinnerte sich auch, daß Oswald mehrmals die Niederlassung der Western Union aufgesucht hatte, um Postanweisungen über bescheidene Beträge einzulösen. Hamblen zufolge wies sich Oswald mit einem Bibliotheks- und einem Marine-Ausweis aus. Dabei handelte es sich genau um das, womit Oswald sich regelmäßig auswies: um einen Bibliotheks- und einen Marine-Ausweis.

Aufgrund von Hamblens Informationen ergab sich eine faszinierende Situation. Etwa *zehn Tage vor* dem Attentat hatte Lee Oswald ein Telegramm ans Marineministerium geschickt. Dann, *fünf Tage vor* dem Attentat, hatte das FBI-Hauptquartier per Fernschreiber eine detaillierte Warnung über den bevorstehenden Versuch, den Präsidenten zu ermorden, an alle Büros versandt. Ich fragte mich, ob zwischen den beiden Nachrichten irgendein Zusammenhang bestand.

Meine früheren Nachforschungen über Oswalds Beziehungen zum FBI schienen mir bei dieser Frage weiterhelfen zu können. Ich wußte seit langem, daß sich in Oswalds Adreßbuch der Name des FBI-Agenten James Hosty aus der Dallas-Niederlassung befand.[9] Direkt hinter Hostys Namen hatte Oswald eine Telefonnummer eingetragen. Ich besorgte mir eine Ausgabe des Telefonbuchs von Dallas aus dem Jahre 1963 und stellte fest, daß es sich dabei nicht um die Nummer des örtlichen FBI-Büros handelte. Doch wie ich herausfand, war Hostys Privatnummer nicht im Telefonbuch verzeichnet. Anscheinend hatte Oswald also Hostys Geheimnummer oder die eines Message-Centers notiert. Ich vermutete, daß Hosty die Nummer Oswald persönlich gegeben hatte.

Fest stand auch, daß bei der Auflistung des Inhalts von Oswalds Adreßbuch, die das FBI der Warren-Kommission zur Verfügung gestellt hatte, der von Oswald eingetragene Name und die geheime Telefonnummer von Special Agent Hosty fehlten.[10] Selbst die Warren-Kommission zeigte sich über diese Unterlassung ungehalten. Das FBI erklärte, es sei zu der Auslassung gekommen, da die Person, die das Adreßbuch abschrieb, nur an »Schlüsselinformationen« interessiert gewesen sei.[11]

Dann erschien Jahre nach der Untersuchung der Warren-Kommission ein Artikel in der Presse[12], der einen Besuch Oswalds im FBI-Büro von Dallas kurz vor dem Attentat beschrieb. Der Zeitungsbericht führte aus, Oswald habe eine Nachricht für Agent Hosty abgegeben. Die Frau in der Niederlassung, die die Nachricht entgegennahm, sagte aus, sie habe Oswalds Drohung enthalten, das FBI-Büro in die Luft zu jagen. Hosty hingegen erklärte, es habe sich lediglich um eine Warnung gehandelt, Oswalds Frau nicht mehr in ihrer Wohnung zu verhören, wenn Oswald nicht anwesend war. Falls es sich um die Drohung handelte, das FBI-Büro in die Luft zu jagen, hätte Oswald sofort in die Liste der »gefährlichen Personen« aufgenommen werden müssen, die man vor der Ankunft des Präsidenten in Dallas zusammengestellt hatte. Auch wenn die Nachricht eine viel mildere Drohung enthalten hätte, hätte man Oswald normalerweise sofort zum Verhör aufgreifen, wenn nicht sogar während des Präsidentenbesuchs in der Stadt unter Hausarrest stellen müssen. Doch in diesem Fall hat das FBI von Dallas gar nichts unternommen.

Es wird nie bekanntwerden, welchen Inhalt die Nachricht tatsächlich hatte. Hosty behauptet, der leitende Special Agent Gordon Shanklin habe ihm befohlen, sie zu vernichten[13], was er auch umgehend getan haben will. Interessanterweise erklärte Hosty, er habe vor der Warren-Kommission die Nachricht nie erwähnt, da »er vom FBI angewiesen worden war, keine freiwilligen Informationen herauszugeben«.

Das entsprach ganz dem früheren Zwischenfall in New Orleans, als FBI-Agent John Quigley die Aufzeichnung seines Gesprächs mit Oswald in der Wache des Ersten Bezirks vernichtete, nachdem Oswald wegen seiner Reibereien mit den Exilkubanern auf der Canal Street verhaftet worden war (siehe Kapitel 2). Was, so fragte ich mich, veranlaßte das FBI, das normalerweise geradezu versessen darauf ist, Notizen und Aufzeichnungen zu archivieren, alles zu vernichten, was Begegnungen zwischen dem anscheinend harmlosen Lee Harvey Oswald und jedwedem Agenten dieser Behörde betraf?

Die Vorstellung, daß Oswald im FBI-Büro eine Nachricht für Hosty hinterließ, ist einleuchtend. Ich weiß noch aus meiner kurzen Zeit beim FBI in Seattle und Tacoma, wie inoffizielle Informanten mit ihren Kontaktagenten kommunizierten: Die meisten Informanten hinterlegten Nachrichten oder Informationen in einem verschlossenen, an ihren Kontaktagenten adressierten Umschlag am Empfangsschalter. Die Informanten wurden zwar nicht üppig, aber regelmäßig für die geheimen Informationen bezahlt, die sie über die verschiedensten Projekte weitergaben. Und ihre Identität wurde sorgfältig geschützt. Selbst in den FBI-Akten wurden Namen von Informanten immer nur verschlüsselt angegeben.

Auf jeden Fall fragte ich mich, ob Lee Oswald in den Wochen vor dem Attentat als verdeckter FBI-Informant gearbeitet und Special Agent James Hosty Bericht erstattet hatte.

Diese Möglichkeit hatte Anfang des Jahres 1964 Waggoner Carr aufgeworfen, damals Justizminister des Bundesstaates Texas. Als Mann von hoher Integrität und gutem Ruf hatte Carr der Warren-Kommission in einer geheimen Sitzung am 22. Januar 1964 mitgeteilt, er habe von Allan Sweatt, dem Chef der Criminal Division des Sheriff's Office in Dallas, Beweise erhalten, laut denen Lee Oswald Undercover-Agent gewesen sei. Genauer gesagt, Oswald sei als »Confidential Agent« Nr. 179 vom FBI für zweihundert Dollar monatlich beschäftigt worden, und zwar über ein Jahr lang, bis zur Ermordung Präsident Kennedys.

Diese schockierende Nachricht sickerte natürlich an die Medien durch. Artikel von Joe Houlden im *Philadelphia Inquirer* vom 8. Dezember 1963, von Lonnie Hudkins in der *Houston Post* vom 1. Januar 1964 und von Harold Feldman in *The Nation* vom 27. Januar 1964 berichteten darüber. Nach einer langen Debatte gelangte die Warren-Kommission übereinstimmend zu dem Schluß, gründliche Anhörungen zu diesem Thema abzuhalten. Leider fanden solche Anhörungen nie statt. Von den drei obengenannten Journalisten wurde keiner von der Kommission als Zeuge vorgeladen. Ebensowenig wurde die ursprüngliche Quelle, der Chef der Criminal Division, je vorgeladen.

Im Verlauf der Jahre waren Waggoner Carrs Anschuldigungen in der Flut der Informationen, Theorien und Spekulationen über das Attentat untergegangen. Doch nun machte die Vorstellung, Oswald sei ein vertraulicher Informant des FBI gewesen, die ich zuerst als zu weit hergeholt abgetan hatte, plötzlich Sinn. Dadurch wurden Hostys Name und seine nicht eingetragene Telefonnummer in Oswalds Adreßbuch erklärt sowie Oswalds Besuch im FBI-Büro von Dallas und sein Drohbrief an Hosty.

Die Möglichkeit, daß er ein vertraulicher Informant gewesen war, warf ein sehr interessantes Licht auf eine andere seltsame Tatsache: Das FBI erwähnte Lee Oswald als Tatverdächtigen erst zweieinhalb Stunden, nachdem die Schüsse gefallen waren – kurz nachdem die Air Force One mit dem neuen Präsidenten Lyndon B. Johnson und John F. Kennedys Leichnam an Bord nach Washington abgeflogen war. Der Aussage von Police Lieutenant Jack Revill zufolge[14] war ein FBI-Agent um 14.50 Uhr zu ihm ins Polizeipräsidium von Dallas gekommen und hatte ihm mitgeteilt, das FBI habe »Informationen, der Verdächtige sei imstande gewesen, das Attentat zu begehen«. Der Agent, der diese willkommene Nachricht brachte und als erster den Namen Lee Harvey Oswald erwähnte, war kein anderer als James Hosty.

War Hosty nur ein unschuldiger Bote, oder waren er und möglicherweise andere im FBI-Büro an einer Verschwörung beteiligt gewesen, um Oswald als Sündenbock zu präsentieren? Wenn Angestellte des FBI an der Verschwörung teilgenommen hatten, erklärte dies, weshalb das FBI seltsamerweise nichts unternommen hatte, als es fünf Tage zuvor die Warnung über Fernschreiber erhalten hatte, und warum niemand auf den warnenden Brief reagiert hatte, den Richard Case Nagell angeblich an J. Edgar Hoover geschickt hatte (siehe Kapitel 14). Es würde auch erklären, warum Oswald, der offenbar mit Hosty nicht zurechtkam und vielleicht gespürt hatte, daß er hereingelegt werden sollte, zehn Tage vor dem Attentat ein Telegramm an das Marineministerium geschickt hatte.

Ich arbeitete ein mögliches Szenario aus. Schon lange zuvor hatten die Urheber des Attentats den idealistischen und leichtgläubigen Oswald als Sündenbock ausgewählt. Seine geheimgehaltene Geheimdienst-Vergangenheit trug nicht nur dazu bei, den Erfolg des Unternehmens zu sichern, sondern auch, sich der nachfolgenden Unterstützung der Regierung zu vergewissern, die nicht eingestehen wollte, daß die Hintermänner des Attentats in ihren eigenen Geheimdiensten zu suchen waren.

Falls Oswald als vertraulicher Informant in Dallas und New Orleans auf der Gehaltsliste der Regierung gestanden hatte, hätte er vielleicht angenommen, sein Job bestünde darin, subversive Organisationen zu unterwandern, darunter auch das Fair Play for Cuba Committee und vielleicht Guy Banisters Organisation, um dem FBI darüber Bericht zu erstatten. Dabei gestattete man ihm einen marginalen Einblick in das Attentatsvorhaben, abermals unter der Vorgabe, er solle für die Behörden Informationen darüber sammeln. Vielleicht berichtete er seinem Kontaktagenten James Hosty sogar über die Verschwörung zur Ermordung des Präsidenten. Als Oswald spürte, daß Hosty kein ehrliches Spiel trieb, hat er ihn vielleicht übergangen und eine Warnung an das Marineministerium telegrafiert, das daraufhin das FBI-Hauptquartier in Washington benachrichtigte, das das Telex mit der Warnung hinausschickte.

Doch es war genausogut möglich, daß Oswald auch für einen anderen Geheimdienst als Informant gearbeitet hatte, zum Beispiel für das ONI oder die CIA, repräsentiert durch Guy Banister, und daß er vor Hosty und dem FBI wichtige Informationen über die Verschwörung zurückhielt. Als Hosty dann ahnungslos begann, Oswald und seine Frau um mehr Informationen zu bedrängen, reagierte Oswald mit dem Drohbrief und dem Telegramm an das Marineministerium.

Man konnte unmöglich wissen, was in Lee Harvey Oswalds Kopf vorging. Doch was er auch zu tun glaubte, er wußte eindeutig mehr, als die Urheber des Attentats dulden konnten. Deshalb mußte er so plötzlich in Dallas sterben, nicht einmal zweiundsiebzig Stunden nach John F. Kennedy.

Ich wußte, daß ich mit diesem Material nie vor Gericht gehen konnte. Es bestand keine echte Verbindung zu Clay Shaw, und es handelte sich hauptsächlich um Schlußfolgerungen. Doch ich hatte den Eindruck, daß es keine bessere Möglichkeit gab, Oswald in die Sache zu verwickeln und zum Sündenbock zu machen, als ihn davon zu überzeugen, er sei einem bedeutenden Attentat auf der Spur und könne die maßgeblichen Behörden fünf Minuten vor zwölf warnen.

Nur eine Frage störte mich und hatte vielleicht auch Oswald gestört: Wenn die Polizei und das Sheriff's Office von Dallas, der Secret Service, das FBI und die CIA möglicherweise alle an der Verschwörung beteiligt waren – welche Behörden waren dann zuständig?

Kapitel 18
DAS VERFAHREN GEGEN CLAY SHAW

Sie erinnern sich vielleicht an Ernest Hemingways Roman *Der alte Mann und das Meer.* In diesem Roman gelingt es dem alten Santiago, einen riesigen Fisch zu fangen, der so groß ist, daß er ihn an seinem Boot vertäuen und an Land ziehen muß. Als Santiago das Ufer erreicht, ist der Fisch längst von den Haien gefressen worden. Nur das Skelett ist übrig.

Wenn ich heute zurückblicke, denke ich mir, daß es uns recht ähnlich ergangen ist, als wir Clay Shaw vor dem Criminal District Court (Strafkammer) endlich den Prozeß machten. Es war ein langer, mühsamer und frustrierender Kampf gewesen, überhaupt so weit zu kommen. Unsere Behörde war von der Bundesregierung unterwandert worden, und Bill Boxley hatte uns zahlreiche Akten gestohlen. Aber damit noch nicht genug, hatte Lou Ivon ein, zwei Wochen vor Prozeßbeginn herausgefunden, daß der junge Engländer aus Oxford, der unser Archiv leitete, der Verteidigung Kopien zahlreicher Unterlagen zur Verfügung gestellt hatte. Fast ebensowichtig war, daß einige unserer Schlüsselzeugen – zum Beispiel David Ferrie, Gordon Novel, Sandra Moffett – gestorben oder aus Angst oder anderen Gründen aus New Orleans weggezogen waren und ich keine Möglichkeit hatte, ihre Vorführung zu erwirken.

Vor dem Prozeß hatten wir uns entscheiden müssen, welche Zeugen wir nicht vorladen wollten. Ein Ankläger kann nicht einfach Zeugen aufrufen, weil sie zufällig zur Verfügung stehen und ihre Aussage unter direkter Prüfung der Staatsanwaltschaft nutzt. Der Staatsanwalt muß vorher überlegen, ob einer dieser guten Zeugen den Fall beim Kreuzverhör platzen lassen könnte.

Nehmen wir zum Beispiel Richard Case Nagell. Er traf kurz vor Prozeßbeginn ein und war bereit, gegen Shaw auszusagen. Ich verabredete mich mit ihm im New Orleans Athletic Club und führte ein langes Gespräch mit ihm. Er war so kooperativ wie damals, als ich zum letztenmal mit ihm gesprochen hatte, und erinnerte sich ebenso genau an die Einzelheiten. Nagell war sich sicherer als je zuvor, daß J. Edgar Hoover nach seinem frühen Brief mit der Warnung vor dem Unternehmen zur Ermordung Präsident Kennedys nichts von sich hatte hören lassen.

Doch er war auch so unbeugsam wie eh und je, was die Benennung des Geheimdienstes betraf, mit dem er verbunden gewesen und vielleicht noch verbunden war. Ich verstand seine Besorgnis über die Vereinbarung, die er offenbar schriftlich mit seinem Arbeitgeber getroffen hatte und die ihm verbot, diesen Arbeitgeber zu nennen. Doch ebenso genau wußte ich, daß sich die Verteidigung ins Fäustchen lachen würde, wenn sie beim Kreuzverhör herausfand, daß er den Geheimdienst, dem er angehörte, namentlich nicht zu nennen bereit war. Man würde so über ihn herfallen, wie die Haie über Santiagos Fisch, und wenn sie mit Nagell fertig waren, mußten die Geschworenen den Eindruck haben, sie hätten es mit einem Spinner zu tun. Ein einziger solcher Zwischenfall, eine einzige derartige Diskreditierung, und der gesamte Fall konnte platzen. Ich kam zu dem Schluß, daß wir bei Nagell dieses Risiko nicht eingehen konnten.

Dann war da Julia Ann Mercer, wahrscheinlich die wichtigste Zeugin überhaupt, die wir während unserer Ermittlungen ausfindig gemacht hatten. Sie hatte gesehen, daß Jack Ruby eine Stunde vor dem Attentat einen der Schützen am Grashügel an der Stelle aussteigen ließ, an der Kennedy später erschossen wurde. Was Mrs. Mercer gesehen hatte, lief allem Anschein nach auf eine Verschwörung hinaus. Doch ihre Aussage würde bei unserem Fall gegen Clay Shaw, der nur einen kleinen Teil der allgemeinen Verschwörung darstellte, lediglich am Rande eine Rolle spielen können. Da eine Reihe von Zeugen ermordet worden oder sonstwie bei »Unfällen« umgekommen war, entschied ich, daß wir ihr Leben nicht unnötig in Gefahr bringen durften. Aus demselben Grund hatte ich ihren neuen Familiennamen und ihren Wohnort weder der Presse noch den Bundesbehörden mitgeteilt.

Was die Zeugen betraf, die wir aufrufen wollten, so hatten Jim Alcock, den ich zum Chefankläger ernannt hatte, und die anderen Angehörigen der Sonderkommission die Reihenfolge ihres Auftretens bestimmt. Sie wußten auch, wie sie mit ihnen umzugehen hatten. Ein Zeuge aus New York, ein Buchhalter namens Charles Spiesel, meldete sich in einer späten Phase der Ermittlungen bei uns und brachte uns in eine Zwickmühle. Er behauptete, Ferrie und Shaw während einer Reise nach New Orleans begegnet zu sein und gehört zu haben, daß sie über ein mögliches Attentat auf den Präsidenten sprachen. Alcock zeigte mir Spiesels Aussage und fragte, was ich davon hielte, ihn als Zeugen aufzurufen. Mittlerweile war ich aufgrund der zahlreichen Fallen, die man uns gestellt hatte, sehr mißtrauisch geworden. Da mir an der Aussage auf den ersten Blick nichts auffiel, meinte ich zu Alcock, sie käme mir eine Spur zu passend vor. Doch Alcock entschloß sich, Spiesel aufzurufen, und da ich keine Zeit hatte, selbst mit dem Zeugen zu sprechen, stimmte ich zu. Wir sollten diese Entscheidung bald bereuen.

Am 29. Januar 1969 kam der Fall des *Staates Louisiana gegen Clay Shaw* endlich zur Verhandlung. Als wir an diesem Morgen den majestätischen Gerichtssaal betraten, legte ich die Hand auf eine der massiven weißen Eichenbänke. Ich verspürte eine gewaltige Nostalgie. Das war der Saal, in dem ich vor etwa fünfzehn Jahren meinen ersten Fall als stellvertretender Ankläger vertreten hatte.

Wie bei der Voruntersuchung kam mir der Gerichtssaal auch dieses Mal wie ein Zirkus und, falls es überhaupt möglich war, noch überfüllter vor. Nachdem wir uns am Eingang durch die Journalistenhorde gekämpft hatten, mußten wir uns durch eine noch dichtere Menschenmenge zum Tisch der Anklage drängen. Die Zuschauer waren bis an die Grenze ungebührlichen Verhaltens laut. Plötzlich verstummten sie und reckten die Hälse, als Clay Shaw und seine Anwälte den Gerichtssaal betraten. Der große, makellos gekleidete Shaw erregte natürlich ihre Aufmerksamkeit. Er war ein Mann mit dunklem Teint. Er überragte seine Verteidiger, und seine hohen Wangenknochen waren auffallender denn je.

Shaws Gruppe hatte kaum am anderen Ende des Saals Platz genommen, als der Hammer ertönte. Die Menge wurde still: Richter Edward Aloysius Haggerty betrat in seiner schwarzen Robe den Gerichtssaal und nahm Platz. Haggerty, ein stämmiger, rotgesichtiger Mann mit wachsamen Augen unter buschigen Brauen, war im Herzen des Irish Channel von New Orleans geboren und aufgewachsen und wohnte noch immer dort. Ich kannte ihn gut aus meiner Zeit in diesem ehrwürdigen Gebäude.

Der Richter leitete die Verhandlung mit einem Thema ein, das die einheimischen Zuschauer sehr interessierte. Im Gegensatz zu allen Gepflogenheiten war der Prozeß auf einen Zeitpunkt gelegt worden, an dem der Mardi Gras, der Karneval von New Orleans, seinem Höhepunkt entgegenstrebte. Haggerty war anscheinend sehr daran gelegen, daß die Geschworenen nicht auf den Spaß verzichten mußten, besonders nicht auf die Straßenumzüge. Der Rex-Umzug, der den König des Mardi Gras präsentierte, war der wichtigste und meist auch der schönste. Als Rex trat stets ein prominenter Bürger von New Orleans auf, dessen Name erst am Morgen des Umzugs bekanntgegeben wurde, wenn sein Foto und das der Königin auf der Titelseite der *Times-Picayune* erschienen. Der »Lastwagenumzug« der Elks Crew, der traditionell dem des Königs folgte, war wahrscheinlich der ausgelassenste. Er bestand aus hundert oder mehr Lastwagen, und auf jedem fand den ganzen Tag über eine Mardi-Gras-Party statt. Er bot jedesmal einen überschwenglichen, phantasievollen Anblick, und man wußte nie im voraus, was einen im jeweiligen Jahr erwartete.

Richter Haggerty erklärte stolz, er habe Vorkehrungen

getroffen, daß die Geschworenen nicht nur den Rex-Umzug, sondern auch den »Lastwagenumzug« der Elks Crew vom Balkon eines Hauses an der St. Charles Avenue aus beobachten konnten. Nachdem diese wichtige örtliche Angelegenheit geklärt war, konnte der Prozeß beginnen.

Ich überließ die Auswahl der Geschworenen Jim Alcock und dem stellvertretenden Staatsanwalt Alvin Oser, fuhr zurück ins Büro und konzentrierte mich darauf, zögernde Zeugen zu überreden, aus Dallas und noch weiter entfernten Städten zum Prozeß anzureisen.

Bis die Geschworenen ausgewählt waren, war es bereits Februar geworden, und ich gesellte mich wieder zu Alcock und Oser in den Gerichtssaal. Dann und wann zogen Zecher auf der Tulane Avenue vorbei, und man hörte die Geräusche des Mardi Gras bis zu uns hinaufdringen.

Nachdem sich Richter Haggerty vergewissert hatte, daß beide Parteien bereit waren, nickte er mir zu und deutete damit an, das Einleitungsplädoyer der Anklage zu halten. Ich ging zu den Geschworenen hinüber, schritt langsam vor ihnen auf und ab und erklärte, worum es bei diesem Fall ging. Ich führte aus, was das Gesetz über Verschwörungen besagt und welche Beweise wir vorlegen würden, um zu zeigen, daß Clay Shaw gegen das Gesetz verstoßen hatte. Da dramatische Auftritte im Gerichtssaal noch nie mein Fall waren, sprach ich leise und verzichtete auf Effekthaschereien.

Als ich fertig war, hielt F. Irvin Dymond, einer der besten Prozeßanwälte in New Orleans, das Eröffnungsplädoyer der Verteidigung. Schon oft war ich vor Gericht gegen ihn angetreten. Er beugte sich stets vor, wenn er zu den Geschworenen sprach, hielt die Beine leicht gespreizt, die Schultern leicht eingefallen und untermalte seine Worte stets mit Handbewegungen. Er wich selten von diesem Habitus ab. Dymond pflegte diesen Stil zwar unbewußt, doch er war überaus wirksam und überzeugte die Geschworenen von seiner großen Ernsthaftigkeit und Betroffenheit.

Nach den Einleitungsplädoyers riefen wir als erste Zeugen die Bewohner der Kleinstadt Clinton, Louisiana, auf, die Lee Oswald zwei Monate vor dem Attentat dort in Begleitung von Clay Shaw und David Ferrie gesehen hatten (siehe Kapitel 8). Da Andrew Sciambra die Zeugen aus Clinton für uns ausfindig gemacht hatte und diesen Aspekt des Falles besser kannte als jeder andere, ließ ich ihn die Befragung durchführen. Er konnte seinen kräftigen Körper, das Ergebnis jahrelangen Boxens an der Louisiana State University, kaum in einen Anzug zwängen. Doch bei der Befragung ging er sehr behutsam vor. Außerdem hatte er ein ausgezeichnetes Einvernehmen mit den Zeugen von Clinton erlangt – sowohl mit den konservativen Weißen wie auch mit den liberalen Schwarzen.

Reeves Morgan, ehemals Angehöriger der staatlichen Legislative, sagte aus, er habe das FBI nach dem Attentat über Oswalds Anwesenheit in Clinton informiert. Morgan fuhr fort, der Special Agent habe ihm zwar gedankt, aber auch gesagt, das FBI wisse schon von Oswalds Besuch im Raum Clinton. Danach habe er nichts mehr vom FBI gehört.[1]

John Manchester, der Town Marshal von Clinton, berichtete, er habe bei der Wählererfassung alle fremden Wagen in Clinton »überprüft«, darunter auch die große, schwarze Limousine, die am Eingang des Wahlregistraturbüros stand.[2] »Ich ging hinüber und sprach mit dem Mann am Steuer«, sagte Manchester. »Es war ein großer Mann mit grauem Haar und einem rötlichen Gesicht. Er unterhielt sich freundlich mit mir und sagte, er sei Repräsentant des International Trade Mart in New Orleans.«

Manchester identifizierte Clay Shaw als den Mann, mit dem er geredet hatte. Shaw erwiderte seinen Blick unbeeindruckt. Wie Sciambra in Clinton erfahren hatte, hatte Manchester bei der Staatspolizei nachgefragt und die Bestätigung erhalten, die Limousine sei auf den International Trade Mart in New Orleans zugelassen.

Auf Sciambras Fragen hin identifizierten die Zeugen aus Clinton nicht nur Shaw als den Mann hinter dem Steuer der schwarzen Limousine, sondern sie identifizierten auch David Ferrie anhand von Fotos als den Mann, der neben ihm gesessen hatte. Alle erinnerten sich an die auffällige Szene, als Lee Oswald, der mit ihnen nach Clinton gekommen war, in einer langen Schlange von Schwarzen gestanden hatte, die sich ins Wählerverzeichnis eintragen lassen wollten. Als einziger Weißer in der Schlange – und darüber hinaus noch als Ortsfremder – hatten sie ihn nicht vergessen.

Während der Aussagen sah ich zu dem Beklagten und seinem Anwaltsstab hinüber. Shaw war so unnahbar wie zuvor und hielt seine Zigarette, wie immer, schräg nach oben; ihr Rauch kräuselte sich zur Decke. Seine vornehmen Manieren –er war bis zu den Haarspitzen ein Gentleman – brachten mich auf den Gedanken, daß Ludwig XVI. seinen Prozeß ähnlich gelassen hingenommen haben mußte. Er wirkte losgelöst, fast gelangweilt vom weltlichen Geschehen, das ihn umgab.

Neben ihm saß Irvin Dymond, sein erster Rechtsberater. Wie Shaw war auch er Kettenraucher, und er kniff jedesmal, wenn er einen Zug nahm, die Augen zusammen. Ebenfalls am Tisch der Verteidigung anwesend waren Edward Wegmann und sein Bruder William, der sich um die rechtliche Seite von Shaws Geschäften kümmerte. Edward, der ältere der beiden Wegmann-Brüder, lächelte nur selten, machte sich aber pausenlos Notizen. William, der lebhaftere der beiden, beriet sich häufig mit Dymond.

Ein Anwalt namens Richard Matthews schien ein weiteres Mitglied von Shaws Verteidigertruppe zu sein. Er war nicht vor Gericht zugelassen und saß auch nicht am Tisch der Verteidigung. Doch Tag für Tag nahm er direkt hinter Shaw in der ersten Zuschauerreihe Platz, und gelegentlich sprach er den Beklagten an. Matthews kauerte sich neben Shaws Stuhl nieder, und sie flüsterten lange miteinander. Dieses Phänomen, das ich noch in keinem Gerichtssaal beobachtet hatte, setzte sich über die Dauer des gesamten Prozesses fort.

Ich kannte Matthews aus vergangenen Zeiten, bevor er nach Japan gegangen war. Damals, als er gerade im Begriff war, seine Kanzlei aufzulösen, hatte ich ihn gefragt, wie er denn in Japan als Anwalt praktizieren wolle. Seine Antwort war mir sehr ausweichend erschienen, und ich hatte mich gefragt, was er wirklich im Fernen Osten wollte. Nun sah ich ihn plötzlich zum erstenmal seit seiner Abreise wieder. Mir kam es seltsam vor, daß er einfach bei diesem Prozeß auftauchte und, offiziell oder inoffiziell, als einer von Shaws wichtigsten Beratern fungierte.

Das Wiedersehen mit Matthews in diesem Zusammenhang warf ein neues Licht auf seinen geheimnisvollen Umzug nach Japan. Ich hatte keine Beweise, doch mein Instinkt sagte mir, daß dieser Mann für die Central Intelligence Agency gearbeitet hatte. Sein merkwürdiges Auftreten bei diesem Prozeß führte mich zu der Schlußfolgerung, daß er noch immer für sie arbeitete. Irgend jemand auf Shaws Seite mußte die Interessen der Geheimdienste vertreten.

Obwohl Matthews unmittelbar nach dem Prozeß wieder verschwand und ich ihn nie direkt mit der Agency in Verbindung bringen konnte, bestätigte sich Jahre später meine Annahme, die CIA habe Shaws Verteidigung unterstützt. Als ich in New Orleans die Ermittlungen zum Attentat auf Präsident Kennedy leitete, war Victor Marchetti ein hochrangiges Stabsmitglied im CIA-Hauptquartier gewesen. In einem Artikel, den Marchetti 1975 im Magazin *True*[3] veröffentlichte, bezog er sich auf die Besorgnis der Agency während des Verfahrens gegen Shaw:

»Ich nahm unter anderem an den morgendlichen Lagebesprechungen des Direktors teil, den allmorgendlichen Stabskonferenzen. Der damalige Direktor war Richard Helms, der jeden Morgen um 9.00 Uhr ein Treffen abhielt, an dem zwölf oder vierzehn seiner führenden Stellvertreter und drei oder vier Stabsangehörige teilnahmen – die Stellvertreter der drei wichtigsten Männer in der Agency sowie der Leiter der Abteilung Presse und Öffentlichkeitsarbeit. Ich machte mir bei diesen Versammlungen oft Notizen [...], was eigentlich ein reiner Witz ist, da ständig Dinge ausgelassen oder so verschwommen formuliert wurden, daß sie völlig bedeutungslos waren. Doch ich erinnere mich, daß der Direktor während des Prozesses gegen Clay Shaw mehrmals Fragen stellte wie – Sie wissen schon: ›Bekommen sie alle erdenkliche Hilfe von uns?‹ Ich wußte nicht, wer *sie* waren. Ich wußte aber, daß sie Garrison nicht mochten, denn sie ließen eine Menge abfälliger Bemerkungen über ihn fallen. Sie sprachen stets in Halbsätzen wie ›Da unten läuft alles glatt…, ja …, aber sprechen Sie nach der Konferenz mit mir darüber…‹, oder ›Wir diskutieren das später in meinem Büro‹. Nach mehreren derartigen Gesprächen im Verlauf von ein, zwei Wochen fragte ich mich also, was da los war, warum sie sich solche Sorgen machten. Ich stellte ein paar Fragen […] und sagte zu einem der damaligen Konferenzteilnehmer: ›Weshalb zerbrecht ihr euch den Kopf über den Prozeß und Shaw?‹

Dann erfuhr ich: ›Na ja, Shaw […] war mal vor langer Zeit Kontaktmann der Agency. […] Er war in der Export-Import-Branche […] und kannte Leute, die in gewissen Gegenden ein und aus gingen – der Domestic Contact Service –, er hat sich mit ihnen abgegeben […], aber dieser Dienst wurde schon vor langer Zeit eingestellt…‹ Und dann erfuhr ich: ›Natürlich will die Agency nicht, daß das jetzt herauskommt, weil Garrison es verzerrt darstellen und die Öffentlichkeit es mißverstehen würde.‹«[4]

Selbstverständlich konnten wir damals nicht beweisen, daß Shaw Kontakt mit der Agency hatte, und wir wußten auch nicht, in welchem Ausmaß die Agency ihm »half«. Wir betrieben den Prozeß, als hätten wir eine faire Chance, eine Verurteilung zu erzielen.

Um die Beziehung zwischen Shaw und Oswald aufzuzeigen, riefen wir Vernon Bundy in den Zeugenstand.[5] Bundy hatte bei der Voruntersuchung ausgesagt, beobachtet zu haben, Lee Oswald und Clay Shaw hätten sich auf dem Kai des Lake Pontchartrain getroffen (siehe Kapitel 12). Der rundgesichtige, ruhige, etwa fünfundzwanzig Jahre alte Schwarze hatte einen Teilzeitjob als Bügler bei der Firma Avondale Cleaners. Ausgeglichen und beherrscht wiederholte er in allen Einzelheiten die Geschichte, die er schon bei der Anhörung zu Protokoll gegeben hatte: Wie er sich einen Heroinschuß setzte, als er Oswald und Shaw zusammen sah und ihr Gespräch mithörte; wie Shaw Oswald Geld gab; wie Oswald es einsteckte und dabei eines der gelben Flugblätter zu Boden fiel, in denen er zu Castros Unterstützung aufrief; wie Bundy dieses Flugblatt benutzt hatte, um sein Heroinbesteck einzuwikkeln.

Diesmal fügte Bundy jedoch einen unerwartet dramatischen Auftritt hinzu. Ohne Vorwarnung bat er den Richter, ihm zu gestatten, vorzuführen, wieso er genau wisse, daß er Clay Shaw am Seeufer gesehen habe.

»Würden Sie den Herrn dort bitten, ans andere Ende des Gerichtssaals zu gehen?« fragte er.

Nach einem Augenblick der Überraschung und des Zögerns nickte der Richter zustimmend. Shaw gehorchte und wurde von zwei Gerichtsdienern begleitet.

Bundy verließ den Zeugenstuhl, drehte Shaws Stuhl um, nahm seitlich darauf Platz und schaute zur Tür des Gerichtssaals, an der Shaw stand. »Würde der Herr zu mir kommen?« bat Bundy. Shaw und die Gerichtsdiener gingen los.

»Hier sitze ich mit meinem Löffel auf dem Kai«, sagte Bundy. Shaw, der aufgebracht und verwirrt wirkte, schritt durch den Mittelgang des Gerichtssaals.

Er hatte beobachtet, daß Shaws Fuß beim Gehen zuckte. »So habe ich den Mann identifiziert, als ich ihn beim nächstenmal sah«, sagte er.

Alle Anwesenden im Gerichtssaal konnten feststellen, daß der Beklagte leicht humpelte – die Folge, wie er später erklärte, einer Rückenverletzung, die er sich zugezogen hatte, als er bei der Army eine Lazarettpritsche hochhob.

Richter und Geschworene waren gleichermaßen von Vernon Bundys Aussage beeindruckt. Ich hatte mit Sicherheit zum erstenmal erlebt, daß ein Zeuge bei einem Prozeß den Gerichtssaal übernahm. Ich sollte hinzufügen, daß ich bis zu dem Augenblick, in dem Bundy mir erzählte, was er gesehen hatte, als Shaw und Lee Oswald sich am Seeufer trafen, keine Ahnung gehabt hatte, daß Shaw fast unmerklich hinkte.

Mittlerweile hatten wir die Beziehung zwischen Shaw, Oswald und Ferrie nachgewiesen, wir hatten nachgewiesen, daß Oswald von Shaw heimlich Geld bekommen hatte. Uns hätte auffallen müssen, daß die Dinge einfach zu glatt liefen.

Die Bombe, die unseren Fall in Stücke riß, explodierte kurz darauf. Und sie trug einen Namen: Charles Spiesel. Der Buchhalter aus New York, den wir verspätet in unsere Zeugenliste aufgenommen hatten, sagte als nächster aus. Er erklärte, er habe David Ferrie auf einer Reise nach New Orleans in Laffite's Blacksmith Shop im French Quarter kennengelernt. Später trafen sie Clay Shaw in einem Gebäude in der Nähe der »Dauphine and Esplanade«, wie sich Spiesel erinnerte, was ungefähr Shaws Wohnsitz beschreibt. Nachdem alle in ausgelassener Stimmung ein paar Gläser getrunken hatten, sprachen – so Spiesel – Ferrie und Shaw über die Möglichkeit eines Attentats auf John F. Kennedy. Obwohl Spiesel überrascht war, als das Thema zur Sprache kam, hatten alle so viel getrunken, daß ihm ihre Unbedachtsamkeit, ein solches Gespräch zu führen, durchaus einsichtig war. Er erinnerte sich an zahlreiche Einzelheiten des Gesprächs zwischen Shaw und Ferrie, das sich darum drehte, weshalb Kennedy ermordet werden sollte und wie man den Mord durchführen könnte.

Beim Kreuzverhör schien der Anwalt der Verteidigung ein geradezu unheimliches Gespür dafür zu entwickeln, welche Fragen er Spiesel stellen mußte.[6] Zuerst erkundigte sich Dymond, ob Spiesel sich je öffentlich darüber beklagt habe, man hätte ihn »Hypnose und psychologischer Kriegführung« ausgesetzt. Spiesel erwiderte, er sei in den Jahren zwischen 1948 und 1954 in New York, New Jersey und auch während mehrerer Besuche in New Orleans tatsächlich hypnotisiert worden.

Auf die Frage, wer ihn hypnotisiert habe, sagte Spiesel, das wisse er nicht in jedem Fall. Er fuhr fort, ob Hypnose im Spiel sei, könne man daran erkennen, »wenn jemand versucht, Ihre Aufmerksamkeit zu erregen, wenn er Ihnen in die Augen sieht. Das ist ein erster Hinweis.«

Daraufhin fragte Dymond, was unter Hypnose geschehe. Spiesel erwiderte: »Man bekommt gewisse Gedanken in den Kopf gepflanzt und hat die Illusion, daß diese Gedanken wahr sind.« Er fügte hinzu, er sei »ein ziemlicher Experte« geworden und würde sofort bemerken, wenn jemand ihn zu hypnotisieren versuche.

Im Verlauf des Kreuzverhörs brachte Dymond Spiesels feste Überzeugung an den Tag, die Polizei von New York City habe ihn hypnotisiert, geistig gefoltert und gezwungen, seine Laufbahn als Buchhalter aufzugeben.

»Hatten Sie in letzter Zeit Schwierigkeiten mit einer kommunistischen Verschwörung?« fragte Dymond. »Werden Sie verfolgt, wird Ihr Telefon abgehört?«

»Na ja«, erwiderte Spiesel zögernd, »in letzter Zeit nicht mehr.«

Dann holte Dymond zum Todesstoß aus. Ob es zutreffe, fragte er, daß Spiesel seiner Tochter die Fingerabdrücke abgenommen habe, als sie New York verlassen hatte, um an der Louisiana State University zu studieren. Spiesel bestätigte dies.

Daraufhin fragte Dymond, ob es nicht auch zutreffe, daß er seiner Tochter regelmäßig die Fingerabdrücke abnehme, wenn sie in den Semesterferien nach New York zurückkäme.[7] Der Zeuge bejahte auch diese Frage.

Daraufhin fragte Dymond, warum er ihr die Fingerabdrücke abnehme. Spiesel erklärte, er wolle sich auf diese Weise vergewissern, ob die Tochter, die aus Louisiana zurückkehre, auch die gleiche sei, die er dorthin geschickt habe.

Ich bin mir zwar sicher, daß mein Gesicht keine Besorgnis zeigte, doch einen Augenblick lang erfaßte mich Übelkeit. Ich begriff, daß die verdeckte Operation der Gegenseite so zynisch, so ausgeklügelt und gleichzeitig so subtil war, daß sie bei ihrem Versuch, einen altmodischen Gerichtsprozeß unmöglich zu machen, buchstäblich mit Kanonen auf Spatzen schoß.

Unsere einzige Hoffnung war nun, daß unsere nachfolgenden Zeugen die Erinnerung an Spiesel verdrängen konnten. So riefen wir als nächsten Perry Russo auf[8], unseren vielleicht wichtigsten Zeugen. Russo bestätigte im wesentlichen die Aussage, die er bei der Voruntersuchung gemacht hatte (siehe Kapitel 12). Doch während des Prozesses war er viel länger im Zeugenstand – zwei Tage, und davon die meiste Zeit im Kreuzverhör. Am Ende blieb Russo jedoch unerschütterlich bei seiner Aussage, er habe gesehen, daß sich Clay Shaw und David Ferrie mit einem jungen Mann namens »Leon Oswald« trafen, um mit ihm in allen Einzelheiten die Ermordung des Präsidenten zu besprechen.

Im Verlauf von Dymonds Kreuzverhör kamen Themen zur Sprache, die der Journalist James Phelan aufgeworfen hatte (siehe Kapitel 13). Phelan hatte geschrieben – und sagte dies auch später für die Verteidigung aus –, daß es zwischen den beiden Memoranden, die Andrew Sciambra über seine Gespräche mit Russo verfaßt hatte, und Russos Aussage bei der Anhörung, Unterschiede gebe. Russo erwiderte, keines der Memoranden enthielte alle Einzelheiten, die er hätte beisteuern können. Doch er habe die Berichte nicht verfaßt, und es sei nicht seine Pflicht, sie zu korrigieren. Er setzte hinzu, er halte *das* für wichtig, was er gerade unter Eid vor den Geschworenen ausgesagt habe. Dann sah er Clay Shaw geradewegs an und sagte: »Ich bin absolut sicher, daß sich der Angeklagte dort befunden hat«, womit er sich auf die Besprechung des Attentats in Ferries Wohnung bezog.

Phelan hatte mit seiner Behauptung, Russo habe Clay Shaw fälschlicherweise identifiziert, einen kleinen Karrieresprung getan. Mit seiner offensichtlich ehrlichen und nachdrücklichen Aussage hatte der junge Zeuge nun Phelans Bemühungen völlig zunichte gemacht. Phelan war so unwichtig geworden, daß wir später, als die Verteidigung ihn als Zeugen aufrief, Andrew Sciambra nicht einmal in den Gerichtssaal schickten, um ihn ins Kreuzverhör zu nehmen, obwohl Sciambra natürlich gerade darauf brannte.

Um den Beweis zu führen, daß der Präsident von mehr als einem Schützen getroffen worden war und es daher eine Verschwörung gegeben haben mußte, riefen wir eine Reihe von Zeugen aus Dallas auf, die gesehen und gehört hatten, daß von einer Stelle vor der Wagenkolonne des Präsidenten aus Schüsse gefallen waren. William E. Newman, ein junger technischer Zeichner aus Dallas, sagte, er habe nur drei bis fünf Meter von der Limousine entfernt gestanden, als er sah, wie der erste Schuß den Präsidenten von vorne in die Stirn traf.[9] Kennedy wurde heftig zurückgeworfen. Die Schüsse, so erinnerte sich Newman, waren von dem Grashügel direkt hinter seinem Standort gekommen. Seine Aussage wurde von seiner Frau Frances Newman und von James Simmons bestätigt, einem Angestellten der Union Terminal Railway. Außerdem von Mrs. Mary Moorman und von Mrs. Philip Willis.

Richard Randolph Carr, der wegen eines Unfalls im Rollstuhl saß, reiste trotzdem aus Dallas an und sagte aus, er habe Schüsse vom Grashügel gehört und dann eine Furche gesehen, die eine Kugel, die die Limousine des Präsidenten verfehlt hatte, östlich durch das Gras der Dealey Plaza gezogen hatte.[10] Carr war dann zur Feuertreppe des Gebäudes gelaufen, auf dem er arbeitete, und hatte zufällig beobachtet, wie vier Männer aus dem Schulbuchlager liefen. Einer entfernte sich zu Fuß, doch die anderen bestiegen einen auf der Houston Street stehenden Nash-Rambler-Kombiwagen und fuhren in entgegengesetzter Fahrtrichtung davon. Als er diese Geschichte dem FBI erzählte, so Carr, hätten die Agenten ihm mitgeteilt, er solle die Klappe halten.

Deputy Sheriff Roger Craig bestätigte einen Teil von Carrs Aussage[11] und wiederholte unter Eid, er habe gesehen, daß ein von einem Latino gelenkter Nash Rambler vor dem Schulbuchlager an der Elm Street anhielt und, bevor er schnell weiterfuhr (siehe Kapitel 7), einen jungen Mann einsteigen ließ, den er später als Lee Oswald identifizierte.

Danach riefen wir einen Sachverständigen auf, um die offizielle Erklärung der Warren-Kommission über die

Schußverletzungen des Präsidenten zu entmystifizieren. Dr. John Nichols, außerordentlicher Professor für Pathologie an der University of Kansas, hatte Zapruders Film studiert und Dias von einzelnen Filmbildern und von Fotos des Attentats hergestellt. Das Gericht bescheinigte Dr. Nichols, Experte auf dem Gebiet der Pathologie und forensischen Pathologie zu sein.

Um den Geschworenen zu helfen, Dr. Nichols' Aussage zu verstehen, hatten wir per Gerichtsbeschluß erwirkt, daß uns Zapruders Film und einundzwanzig Farbfotos der Zeitschrift *Life* im Format zwanzig mal fünfundzwanzig Zentimeter zur Verfügung gestellt werden mußten.[12] Bei dieser Gelegenheit wurde Zapruders Film zum erstenmal, nachdem er vor fünf Jahren gedreht worden war, öffentlich vorgeführt. Zwar hatte das FBI der Warren-Kommission eine Kopie des Films überlassen, doch zwei entscheidende Einzelbilder waren auf geheimnisvolle Weise vertauscht worden, um den falschen Eindruck zu erwecken, der Schuß, der Kennedys Kopf getroffen hatte, sei von hinten abgefeuert worden.[13]

Die National Archives verfügten ebenfalls über eine Kopie, stellten sie jedoch nicht über Fernleihe zur Verfügung, sondern zeigten sie nur in Washington. Es hatte also bis dahin keine echte öffentliche Vorführung von Zapruders Film gegeben. All die Jahre hatte er in einem Tresor des Time-Life-Gebäudes an der Avenue of the Americas in New York City gelegen.

Nun bat Al Oser, der die Befragung von Dr. Nichols vornahm, das Gericht um Erlaubnis, Zapruders Film vorzuführen. Als die stellvertretenden Staatsanwälte den Projektor und die Leinwand aufbauten, drängten sich die Zuschauer in Scharen von einer Seite des Gerichtssaals zur anderen, um die erste »öffentliche Vorführung« der bewegten Bilder vom Tod des Präsidenten zu sehen. Der Film, der in schrecklichen Einzelheiten eindeutig zeigt, wie Präsident Kennedy von dem tödlichen Schuß getroffen wird, wurde immer wieder gezeigt, bis jeder Geschworene verstanden hatte, was geschehen war. Danach bat Oser Dr.

Nichols um seine sachverständige Aussage, aus welcher Richtung der Schuß gekommen sei.

»Nachdem ich mir die Dias, Fotos und Zapruders Film angesehen habe«, sagte Dr. Nichols, »bin ich zu dem Schluß gelangt, daß sie einen von vorne kommenden Schuß zeigen.«

Dr. Nichols sagte weiter aus, der Präsident sei nicht nur von vorne, sondern auch von hinten getroffen worden. Mit für Laien verständlichen Worten beschrieb Dr. Nichols genau, daß die von hinten kommenden Kugeln aus verschiedenen Richtungen in Kennedys Körper eingedrungen waren, was bedeutete, daß Schützen von zwei unterschiedlichen Standorten aus auf ihn geschossen haben mußten.

Wir hofften, Dr. Nichols' Aussage würde den Geschworenen ein für allemal begreiflich machen, daß die offizielle Geschichte der Warren-Kommission, derzufolge die sieben Ein- und Austrittsverletzungen bei Präsident Kennedy und John Connally, dem Gouverneur von Texas, von einer einzigen Kugel stammten, überhaupt nicht den Tatsachen entsprach. Die Regierung hatte sich der offiziellen Darstellung angeschlossen, die als »Zauberkugel-Theorie« bekannt werden sollte, nachdem man aufgrund von Zapruders Film einen maximalen Zeitraum von 5,6 Sekunden für die Schüsse bestimmen konnte.[14] Da die Regierung bereits eingestanden hatte, daß eine Kugel ihr Ziel verfehlt hatte[15] – einer ihrer Splitter traf den Zuschauer James Tague in die Wange – und eine zweite Kugel den Präsidenten in den Kopf getroffen und seinen Schädel zerschmettert hatte, mußte die dritte, die »Zauberkugel«, das Kommissions-Beweisstück Nummer 399, als Erklärung für die restlichen sieben Verletzungen bei Kennedy und Connally herhalten.

Der Regierungsschilderung zufolge erklären sich die sieben Verletzungen wie folgt[16]:

Die Kugel drang in einem Winkel von etwa siebzehn Grad nach unten in den Hals oder Nacken des Präsidenten ein (Verletzung 1). Dann bewegte sie sich nach *oben* und verließ Kennedys Körper durch seine Kehle (Verletzung 2). Sie drang hinten in Connallys rechte Achsel ein (Verletzung

3). Da der Gouverneur Connally direkt vor Präsident Kennedy saß, muß man davon ausgehen, daß die Kugel irgendwie weit genug nach rechts geriet, um dann in Connally einzuschlagen. Nun wurde die Kugel in einem Winkel von siebenundzwanzig Grad abgelenkt, zertrümmerte Connallys fünfte Rippe und trat aus seiner rechten Brustseite aus (Verletzung 4). Die Kugel senkte sich weiter, schlug in Connallys rechtes Handgelenk ein (Verletzung 5) und zerschmetterte den Speichenknochen. Nachdem sie aus der anderen Seite des rechten Handgelenks des Gouverneurs ausgetreten war (Verletzung 6), drang sie in seinen linken Oberschenkel ein (Verletzung 7), aus dem sie später herausfiel.

Der offiziellen Darstellung nach wurde diese Kugel später in fast einwandfreiem Zustand auf einem Gang des Parkland Hospital gefunden[17], nachdem sie offenbar von einer Pritsche gefallen war.[18] Die Kugel war fast makellos und nur am untersten Teil leicht verformt. Seltsamerweise wurden mehr Splitter in Gouverneur Connallys Handgelenk gefunden, als an der Kugel, Beweisstück Nummer 399, fehlten.[19]

Wir baten Dr. Nichols nicht, die Theorie von der Zauberkugel mit einem Haufen Fachjargon abzutun. Er sollte die Geschworenen lediglich darauf hinweisen, daß diese Erklärung, die für das Einzeltäter-Szenario der Regierung von wesentlicher Bedeutung war, sowohl gegen die Gesetze der Physik als auch gegen die des gesunden Menschenverstandes verstieß. Unsere Strategie war einfach: Sobald die Geschworenen akzeptiert hatten, daß die Zauberkugel auf keinen Fall alle sieben Verletzungen bei Präsident Kennedy und Gouverneur Connally verursacht haben konnte, mußten sie daraus schließen, daß es einen zweiten Schützen – und damit eine Verschwörung gegeben hatte.

Die Reaktion der Geschworenen zeigte mir, daß unsere Präsentation der Beweise für eine Verschwörung in Dallas einen tiefen Eindruck hinterlassen hatte. Ich wußte nicht, ob wir uns je ganz von dem Spiesel-Kreuzverhör erholen konnten, doch nun mußten wir uns daranmachen, Shaw mit der Verschwörung von Dallas in Zusammenhang zu bringen.

Ob uns dies gelang, hing größtenteils davon ab, ob der dicke Hippie-Anwalt Dean Andrews eingestanden hatte, einen Anruf »Clay Bertrands« mit der Aufforderung entgegengenommen zu haben, Lee Oswald in Dallas zu vertreten. Wir hofften, daß sich die Stücke des Puzzles in der Vorstellung der Geschworenen zusammenfügen würden, wenn wir überzeugende Beweise vorlegen konnten, daß »Clay Bertrand« in Wirklichkeit Clay Shaw war. Und so riefen wir als nächste Zeugin Mrs. Jesse Parker[20] auf, die Hosteß aus dem VIP-Raum des New Orleans International Airport. Sie sagte aus, im Dezember 1966 gesehen zu haben, daß Clay Shaw sich im Gästebuch als »Clay Bertrand« eintrug. Nachdem Mrs. Parker den Vorfall beschrieben hatte, suchte sie die Unterschrift im Gästebuch heraus und deutete dann auf Shaw als den Mann, der sie dort geleistet hatte.

Dann riefen wir Mrs. Elizabeth McCarthy[21] auf, eine Handschriftenexpertin aus Boston, die »Clay Bertrands« Unterschrift im Gästebuch des VIP-Raumes analysiert hatte. Ich fragte sie, ob sie in bezug auf diese Unterschrift zu einer Schlußfolgerung gekommen sei. »Meines Erachtens«, erwiderte sie, »ist es sehr wahrscheinlich, daß diese Unterschrift von Clay Shaw stammt.«

Um uns ein dramatisches Finale zu verschaffen, hatten wir als letzten Zeugen den Police Officer Aloysius Habighorst aus New Orleans vorgesehen. Er war der Beamte, der Clay Shaw ins Gefängnis eingewiesen hatte, nachdem wir ihn verhaftet hatten (siehe Kapitel 11). Habighorst hatte Shaw routinemäßig gefragt, ob er ein Pseudonym benutze, und Shaw hatte, von der Verhaftung anscheinend sehr mitgenommen, »Clay Bertrand« geantwortet. Das war natürlich eines der wichtigsten Beweisstücke unseres Falles, da es von Shaw selbst kam und ihn in eine direkte Verbindung zu dem Anruf bei Dean Andrews und der Bitte brachte, Oswald in Dallas zu vertreten.

Wir wiesen den Gerichtsdiener an, Officer Habighorst

aufzurufen. Doch bevor Habighorst in den Zeugenstand treten konnte, befahl Richter Haggerty plötzlich den Geschworenen, den Saal zu verlassen. Dann informierte er Jim Alcock, der den Zeugen befragen sollte, daß er die von Shaw unterschriebene Karte mit den Fingerabdrücken, auf der in dem für »Decknamen« vorgesehenen Feld maschinenschriftlich der Name »Clay Bertrand« eingetragen war, als Beweismittel nicht zulassen würde.[22] Außerdem, fuhr Haggerty fort, glaube er Officer Habighorst sowieso nicht, was immer er auch aussage.

Alcock lief knallrot an, sprang auf und protestierte gegen die richterliche Entscheidung und den unglaublichen Kommentar über Habighorst. Haggerty erwiderte, Shaw sei eines verfassungsmäßigen Rechts beraubt worden, als er – ohne daß ein Anwalt anwesend war – im Polizeigefängnis gefragt worden war, ob er einen Decknamen führe.

Seit urdenklichen Zeiten gehört diese Frage zur Einweisungsroutine. Die Verfassung verlangt nicht, daß bei der Einlieferung ins Polizeigefängnis bei einer routinemäßigen Befragung ein Anwalt anwesend sein muß. Das war damals nicht gesetzlich vorgeschrieben, und ist es auch heute nicht. Doch Richter Haggerty beugte das Gesetz vor unseren Augen.

Alcock erklärte daraufhin, er werde beim Obersten Gerichtshof von Louisiana eine Verfügung beantragen[23], doch ich wußte, daß dies eine vergebliche Geste war. Zu jener Zeit erließen in Louisiana die Berufungsgerichte bei laufenden Prozessen nie solche Verfügungen.

Damit war die Beweisführung des Staates im Verfahren gegen Clay Shaw praktisch beendet. Der Richter kündigte eine Pause an, nach der die Verteidigung ihre Sicht präsentieren würde. Als wir den Gerichtssaal verließen, warf ich einen Blick durch die riesigen Fenster, die zur Abwechslung geöffnet waren. Ein Gefühl von Trauer überkam mich. Ich malte mir aus, wie unser Fall wie ein riesiger Vogel mit träge schlagenden Schwingen durch die geöffneten Fenster ins Blaue hinausflog.

Steht ein Geschäftsmann vor Gericht, fahren die Anwälte der Verteidigung als erstes fast immer Zeugen auf, die den hervorragenden Ruf ihres Klienten in seiner Heimatstadt belegen sollen. Damit wollen sie in den Köpfen der Geschworenen den Eindruck erwecken, daß die Anklagevertretung – ob aus Bosheit oder aus Versehen – einen schrecklichen Fehler begangen und den Falschen angeklagt hat.

So überraschte es nicht, daß Shaws Anwälte mit einer Reihe von Zeugen begannen, die seine Reputation bestätigten. Danach folgten weitere Zeugen, die verschiedene Punkte widerlegen sollten, die die Anklage aufgeführt hatte, darunter auch Dean Andrews, der aussagte, Shaw sei nicht der »Clay Bertrand«, der ihn angerufen und gebeten habe, Lee Oswald in Dallas zu verteidigen.[24]

Ich verzichte hier darauf, die ganze Litanei wiederzugeben, und konzentriere mich statt dessen auf die Aussage der beiden wichtigsten Zeugen der Verteidigung. Der erste war Lieutenant Colonel Pierre Finck, einer der drei Pathologen, die an der vom Militär durchgeführten Autopsie Präsident Kennedys im Marinekrankenhaus Bethesda in Maryland teilgenommen hatten.

Die Autopsie war in mehrfacher Hinsicht so schlecht durchgeführt worden, daß wir uns vor dem Prozeß gefragt hatten, ob die Verteidigung einen der Pathologen dem Risiko eines Kreuzverhörs im Gerichtssaal aussetzen würde. Zunächst hätte die Leiche nach texanischem Recht gar nicht aus der Stadt gebracht werden dürfen, bevor nicht ein Pathologe eine Autopsie in der Leichenhalle von Dallas durchgeführt hatte.[25] Beamte des Staates Texas hatten den Secret Service davon in Kenntnis gesetzt, als die Leiche in einen Krankenwagen gelegt wurde. Doch statt zur Leichenhalle zu fahren, hatte der Secret Service den Toten zum Flughafen gebracht, wo er in die Air Force One verladen und zum Marinekrankenhaus Bethesda geflogen wurde.

Zweitens hatten schon die zivilen Ärzte im Parkland Hospital die Wunde in Kennedys Kehle als Eintrittsverletzung einer Kugel diagnostiziert, doch die drei Militärpathologen untersuchten sie nicht, wie es üblich gewesen wäre, um die Kugel zu finden oder den Weg nachzuvollziehen, den sie genommen hatte.[26]

Drittens waren während der Autopsie fünfzehn bis zwanzig Fotos und Röntgenbilder von Präsident Kennedys Leiche gemacht und Agent Roy H. Kellerman vom Secret Service übergeben worden; trotzdem hatte die Warren-Kommission keine einzige dieser Aufnahmen je untersucht.[27] Statt dessen ließ der Chefpathologe, Commander James Humes, für die Kommission Bilder der verschiedenen Autopsieteile von Zeichnern anfertigen. Nicht einmal die Zeichner durften die Fotos und Röntgenbilder sehen. Sie zeichneten ihre Bilder nach den mündlichen Angaben der Pathologen.[28] Und schließlich hatte Commander Humes nach eigenem Eingeständnis[29] am Sonntag, dem 24. November 1963, seine gesamten Autopsienotizen verbrannt.[30]

Wir wußten natürlich, daß die Verteidigung Commander Humes nach dem, was er sich geleistet hatte, kaum als Zeugen aufrufen konnte. Damit blieben Dr. J. Thornton Boswell und Lieutenant Colonel Finck übrig. Die Verteidigung entschied sich für Finck, der seltsamerweise auch an der Autopsie von Präsident Kennedys jüngerem Bruder Robert nach dessen Ermordung am 6. Juni 1968 teilgenommen hatte.[31]

Bei der Prozeßvorbereitung hatten wir alle zur Verfügung stehenden Informationen über die Verletzungen des Präsidenten gründlich geprüft. Wir waren darauf vorbereitet, Dr. Finck ins Kreuzverhör zu nehmen, doch wußten wir im voraus nicht genau, welche Position er vertreten würde.

Wegen sich widersprechender Beweise gab es zwei verschiedene offizielle Erklärungen, wo Kennedy von hinten getroffen worden war.[32] Die eine, die auf der Aussage von Secret-Service-Agenten basierte, die sich während des Attentats in unmittelbarer Nähe des Präsidenten befunden hatten, aber auch von FBI-Agenten, die der Autopsie beiwohnten, plazierte die hinteren Verletzungen etwa zehn

Zentimeter unterhalb der Kragenlinie und etwa fünf Zentimeter rechts des Rückgrats. Für diese Erklärung sprachen auch eindeutig Kennedys Hemd und Jacke, die beide etwa zehn Zentimeter unter der Kragenlinie Einschußlöcher aufwiesen.

Die andere offizielle Erklärung, die von der Regierung mit ähnlicher Ernsthaftigkeit vertreten wurde, besagte, Präsident Kennedy sei von der von hinten kommenden Kugel in den *Hals* getroffen worden. Diese Hypothese plazierte die Verletzungen nicht nur fast fünfzehn Zentimeter über den Einschußlöchern in Hemd und Jacke des Präsidenten, die, wie behauptet wurde, an seinem Rücken hochgerutscht sein mußten, sondern stand auch in direktem Gegensatz zur vorherigen Erklärung. Die zweite Position stimmte aber eher mit der angeblichen Schußverletzung vorne im Hals überein, da sie zumindest nicht verlangte, daß diese Kugel *nach oben* gewandert sein mußte, nachdem sie in einem Winkel von siebzehn Grad heruntergekommen war. Doch sie warf andere Probleme auf: Es war nie ein Foto veröffentlicht worden, das eine Einschußwunde hinten im Hals zeigte. Überdies entsprach, wie die Löcher in den Kleidungsstücken ergaben, die Größe der »Eintrittswunde« praktisch genau der der »Austrittswunde« unterhalb des Adamsapfels. Da Austrittswunden unweigerlich größer sind als Eintrittswunden, ergab dies keinen Sinn.

Wir lauschten aufmerksam Dr. Fincks Erwiderung[33] auf die Fragen Irvin Dymonds, um festzustellen, welche Theorie er vertrat. Dr. Finck saß kerzengerade da und sprach mit großer Exaktheit. Ich konnte mir vorstellen, daß sein Schreibtisch wahrscheinlich perfekt aufgeräumt war; keine unerledigte Korrespondenz, kein überflüssiger Kram verdeckte die glänzende Nußbaumplatte. Er war offenbar überaus penibel, was sich auch in seiner Angewohnheit verriet, medizinische Fachbegriffe zu buchstabieren, nachdem er sie ausgesprochen hatte – anscheinend ein Relikt seiner Lehrpraxis.

Wie sich herausstellte, war Dr. Finck als Vertreter des »Hinten-im-Hals«-Eintritts aus Washington angereist. Im

Prinzip sagte er aus, die Autopsie unterstütze stark die Wahrscheinlichkeit, daß der Präsident von einem Einzeltäter getötet worden sei, der von hinten auf ihn geschossen habe. Der erste Schuß habe Kennedy in den Hals getroffen, der zweite, der ihn getötet habe, in den Hinterkopf. Im Verlauf der Aussage wurde deutlich, daß er den Begriff »Hinterkopf« im weitestmöglichen Sinne des Wortes benutzte und damit auch jenen Teil des Rückens meinte, der von der Schulter in den Hals übergeht.

Ich warf einen Blick auf Oser, um mich davon zu überzeugen, daß er bereit war. Er nickte grimmig. Oser war ein großer, schlanker junger Mann mit blauen Augen und blondem Haar. Sein Vater war seit Jahren Richter an diesem Bezirksgericht, und vom ersten Tag seines Jurastudiums an war es Osers Ziel gewesen, als Anwalt vor Gericht zu gehen. Zu seinen zahlreichen guten Eigenschaften als Prozeßanwalt gehörte auch, wie Dr. Finck noch herausfinden sollte, die Fähigkeit, beim Kreuzverhör wie eine Schnappschildkröte zuzubeißen.

Als Oser zum Zeugenstand schritt, begrüßte er Dr. Finck mit einem freundlichen Lächeln, doch schon ein paar Minuten später hatte er den Autopsie-Pathologen in die Enge getrieben. Da Dr. Finck die Theorie vertrat, die Eintrittswunde befände sich hinten im Hals, kam Oser schnell auf die Frage zu sprechen, ob die Halsverletzung bei der Autopsie untersucht worden sei. Als Dr. Finck verneinte, setzte Oser den Bohrer an:

»DR. FINCK: Darf ich Sie daran erinnern, daß ich diese Autopsie nicht geleitet habe? Ich wurde lediglich hinzugezogen...

MR. OSER: Sie waren aber Mitverfasser des [Autopsie-] Berichts, nicht wahr, Herr Doktor?

DR. FINCK: Moment mal! Ich wurde als Berater hinzugezogen, um mir die Verletzungen anzusehen; das bedeutet nicht, daß ich die Untersuchung geleitet habe.

MR. OSER: Hat Dr. Humes die Untersuchung geleitet?

DR. FINCK: Nun, ich hörte, daß Dr. Humes sagte, daß...

Er sagte ›Wer hat die Leitung?‹, und ich hörte, daß ein Armygeneral, ich erinnere mich nicht mehr an seinen Namen, sagte: ›Ich.‹ Sie müssen verstehen, daß es sich dabei um Offiziere des Militärs handelte, um Militärpersonal mit unterschiedlichem Rang, und man mußte die Operation den Anweisungen entsprechend koordinieren.

MR. OSER: Aber Sie waren einer der drei ausgebildeten Pathologen, die am Autopsietisch standen, nicht wahr, Herr Doktor?

DR. FINCK: Ja.

MR. OSER: War dieser Armygeneral ein ausgebildeter Pathologe?

DR. FINCK: Nein.

MR. OSER: War er Arzt?

DR. FINCK: Nein, meines Wissens nicht.

MR. OSER: Können Sie mir seinen Namen nennen, Colonel?

DR. FINCK: Nein, kann ich nicht. Ich erinnere mich nicht.

MR. OSER: Haben Sie zufällig die Fotos und Röntgenaufnahmen bei sich, die bei der Autopsie und kurz darauf von Präsident Kennedys Leiche gemacht wurden? Haben Sie sie?

DR. FINCK: Ich habe keine Röntgenaufnahmen oder Fotos von Präsident Kennedys Leiche bei mir.«

Natürlich hatte er keine Röntgenaufnahmen oder Fotos von Präsident Kennedy dabei. Unser Pathologie-Sachverständiger, Dr. Nichols, hatte die Regierung gebeten, Einsicht in die Röntgenaufnahmen und Fotos von Präsident Kennedys Autopsie nehmen zu dürfen, doch seine Gesuche waren abgelehnt worden.[34] Dr. Nichols hatte auch ausgesagt, er habe gebeten, die Limousine sehen zu dürfen, in der Präsident Kennedy gesessen hatte, und die Regierung habe auch dieses Gesuch zurückgewiesen.[35]

Oser kam nun darauf zu sprechen, wer die Autopsie geleitet hatte, eine Frage, die mich schon seit langem interessierte.

»MR. OSER: Welches Militärpersonal war sonst noch im Autopsieraum anwesend?

DR. FINCK: Der Autopsieraum war ziemlich voll. Es ist ein kleiner Autopsieraum, und wenn man unter solchen Umständen hinzugezogen wird und sich die Verletzungen des Präsidenten der Vereinigten Staaten ansehen soll, der ermordet wurde, dann schaut man sich nicht um und fragt die Leute nach ihrem Namen oder schreibt sich auf, wer und wie viele es waren. Ich habe es jedenfalls nicht getan. Der Raum war voller Militär, Zivilpersonal und Bundesagenten, Agenten des Secret Service und des FBI, die die Autopsie teilweise beobachtet haben, aber ich kann ihnen keine genaue Schätzung der Zahl der Anwesenden in diesem Autopsieraum im Marinekrankenhaus Bethesda geben.

MR. OSER: Colonel, hatten Sie das Gefühl, daß Sie Befehle des Armygenerals entgegennehmen mußten, der die Autopsie leitete?

DR. FINCK: Nein, denn es waren auch andere da; es waren Admirale da.

MR. OSER: Es waren Admirale da?

DR. FINCK: Oh, ja, es waren Admirale da, und wenn man Lieutenant Colonel in der Army ist, befolgt man nur Befehle. Am Ende der Autopsie wurde uns ausdrücklich gesagt – ich erinnere mich, daß Admiral Kinney, der Marinechirurg, ausdrücklich gesagt hat, diese Autopsie unterliege der Geheimhaltung –, wir dürften nicht über diesen Fall sprechen.

MR. OSER: Hatten Sie Gelegenheit, den Weg der Kugel im Körper des Opfers zu verfolgen, als der Leichnam auf dem Autopsietisch lag?

DR. FINCK: Ich habe die Verletzung im Hals nicht untersucht.

MR. OSER: Warum nicht?

DR. FINCK: Das führt zur Enthüllung medizinischer Unterlagen.

MR. OSER: Euer Ehren, ich hätte gern eine Antwort des Zeugen und bitte das Gericht, ihn anzuweisen, sie mir zu geben.

DAS GERICHT: Das ist richtig. Sie müssen antworten, Herr Doktor.

DR. FINCK: Wir haben die Organe des Halses nicht entfernt.

MR. OSER: Warum nicht?

DR. FINCK: Da man uns gesagt hat, wir sollten die Kopfverletzungen untersuchen und…

MR. OSER: Soll das heißen, jemand hat Ihnen gesagt, Sie sollen den Hals nicht untersuchen?

DAS GERICHT: Lassen Sie ihn seine Antwort beenden.

DR. FINCK: Wie ich mich erinnere, hat man mir gesagt, die Familie wolle eine Untersuchung des Kopfes, ja richtig, des Kopfes und der Brust. Doch wenn ich mich recht erinnere, haben die Prosektoren[36] bei dieser Autopsie die Organe des Halses nicht entfernt.

MR. OSER: Sie haben gesagt, Sie hätten sie nicht entfernt. Ich möchte wissen, warum Sie als Pathologe bei einer Autopsie nicht versucht haben, den Weg einer Kugel durch eine Leiche, die vor Ihnen auf dem Autopsietisch lag, festzustellen, um die Todesursache oder die Todesursachen zu bestimmen. Warum nicht?

DR. FINCK: Die Todesursache war mir bekannt.

MR. OSER: Warum haben Sie nicht untersucht, welchen Weg die Kugel durch den Körper genommen hat?

DR. FINCK: Wie ich mich erinnere, habe ich die Organe nicht aus dem Hals entfernt.

MR. OSER: Ich habe Sie nicht verstanden.

DR. FINCK: Ich habe die Verletzung untersucht, aber die Organe nicht aus dem Hals entfernt.

MR. OSER: Sie sagen, Sie haben die Organe nicht entfernt? Ich frage Sie, warum Sie als Pathologe das nicht getan haben?

DR. FINCK: Wie ich mich erinnere, habe ich mir die Luftröhre angesehen, und die Luftröhre war verletzt, aber ich habe diese Organe nicht anatomisch zerlegt oder entfernt.

MR. OSER: Euer Ehren, ich möchte Sie bitten, den Zeugen anzuweisen, meine Frage zu beantworten. Ich werde Ihnen die Frage noch einmal stellen: Warum haben Sie nicht den Weg der Kugel untersucht, die die Schußverletzung verursachte, die Sie hier und heute beschrieben haben und die Sie zur Zeit der Autopsie sahen, als Sie die Leiche untersuchten? Warum nicht? Ich bitte Sie, die Frage zu beantworten.

DR. FINCK: Wie ich mich erinnere, hat man mir gesagt, ich solle diese Verletzung nicht untersuchen, aber ich kann mich nicht daran erinnern, wer dies gesagt hat.«[37]

Es überraschte uns nicht, daß die routinemäßige Untersuchung des Halses nicht durchgeführt worden war. Doch es überraschte uns, daß offenbar ein General der Army diesen Befehl gegeben hatte, der kein Arzt war, und daß ein Admiral den Ärzten befohlen hatte, nicht über die Autopsie zu reden.

Noch schockierender war für mich der nächste wichtige Zeuge der Verteidigung. Ich saß neben Jim Alcock am Tisch der Anklage und zündete gerade meine Pfeife an, als ich hörte, daß Irvin Dymond sagte: »Clay Shaw.« Die Pfeife fiel mir fast aus dem Mund. Ich war im Leben nie erstaunter gewesen. Shaw brauchte nicht auszusagen, denn niemand kann gezwungen werden, gegen sich selbst auszusagen. Und doch mußte ihm mittlerweile klar sein, daß wir einen Zeugen nach dem anderen aufgetrieben hatten, der Auskunft über seine Beziehung zu David Ferrie und Lee Oswald geben konnte, und daß wir ihn, sobald er den Zeugenstand erst einmal betreten hatte, ausführlich ins Kreuzverhör nehmen würden.[38]

Vielleicht waren Shaws Anwälte zu zuversichtlich, nachdem Spiesel ausgesagt hatte, er nähme seiner Tochter die Fingerabdrücke ab, und nachdem der Richter die von Shaw unterschriebene Karte mit dem Decknamen »Clay Bertrand« als Beweismittel nicht zugelassen hatte. Vielleicht beharrte aber auch Shaw darauf, um sein ohnehin schon strahlendes Image in der Öffentlichkeit noch ein wenig mehr aufzupolieren. Auf jeden Fall betrat er den Zeugenstand und sagte – unter Eid – aus, er habe Oswald nie gekannt, nie den Decknamen Clay Bertrand benutzt und nie Dean Andrews angerufen. Am erstaunlichsten war, daß er auch behauptete, David Ferrie niemals getroffen zu haben.

Normalerweise hätte Shaw sich uns mit diesem Fehler als Geschenkverpackung mit Schleifchen für die nächste Strafverfolgung wegen Meineids ausgeliefert. Und er hätte im aktuellen Fall seiner Glaubwürdigkeit beträchtlichen Schaden zugefügt, denn zahlreiche Zeugen hatten bestätigt, ihn zusammen mit Ferrie gesehen zu haben. Doch es handelte sich nicht um einen normalen Fall, und mittlerweile war klar, daß kein Geschworenengericht ein äußerst angesehenes, prominentes und führendes Gemeindemitglied einer Mordverschwörung für schuldig befinden würde, besonders dann nicht, nachdem sich ein Zeuge der Anklage auf unvergeßliche Weise als echter Verrückter erwiesen hatte.

Am frühen Samstagmorgen, dem 1. März 1969, kurz nach Mitternacht, betraten die Geschworenen den Gerichtssaal und erklärten, sie hätten Clay Shaw für nicht schuldig befunden. Ich war auf dieses unausweichliche Urteil vorbereitet und reagierte gefühlsmäßig kaum darauf. Ich war noch immer der festen Überzeugung, daß Shaw an der Verschwörung zur Ermordung des Präsidenten teilgenommen und in erster Linie die Aufgabe erfüllt hatte, Lee Oswald als Sündenbock aufzubauen. Aber ich empfand Shaw gegenüber keine Rachegelüste. Ich verabscheute ihn nicht einmal. Er hatte seine Aufgabe als Mitglied der Geheimdienstwelt so ausgeführt, wie ich die meine als gewählter Repräsentant der Bürger von New Orleans.

Nach dem Urteilsspruch befragte Mark Lane die Geschworenen[39], ein Vorgehen, das in Louisiana erlaubt ist. Ihre Antworten wiesen darauf hin, daß sie bei Shaw kein Motiv erkannt hätten, sich an einer Verschwörung zur Ermordung Kennedys zu beteiligen, zumal er seine Bewunderung für den Präsidenten öffentlich immer eingestanden hatte. Das überraschte mich nicht. Ich hatte von Anfang an gewußt, daß es uns nicht gelingen würde, Shaws Motive offenzulegen, und war davon überzeugt, daß diese Motive auf seiner Vergangenheit als CIA-Mitarbeiter und dem Verlangen beruhten – das der harte Kern der kalten Krieger in Geheimdienstkreisen übrigens mit ihm teilte –, Kennedys Versuch zu stoppen, die amerikanische Außenpolitik zu ändern. Doch zur Zeit des Prozesses gab die CIA nicht zu, daß Shaw etwas mit ihr zu tun hatte, und ich hatte auch keine unabhängigen Beweise dafür, so daß ich nicht einmal seine möglichen Motive andeuten konnte. Erst sehr viel später entdeckte ich in der italienischen und kanadischen Presse Artikel über Shaws Rolle beim Centro Mondiale Commerciale und der Permindex (siehe Kapitel 6). Und erst 1975 sprach Victor Marchetti über die Besorgnis, die die Agency um Shaw an den Tag legte, und erst 1979 gestand Richard Helms, 1963 stellvertretender CIA-Planungsdirektor (für verdeckte Operationen), unter Eid, daß es Verbindungen zwischen Shaw und der Agency gegeben hatte.

Bei einem Prozeß im Jahre 1979 wurde Helms gefragt, ob er Clay Shaw kenne.

Er antwortete unter Eid[40]:

»Ich erinnere mich, was Clay Shaw und die Agency betrifft, nur, daß er wohl früher als Geschäftsmann ein Teilzeitkontakt der Domestic Contact Division war, einer jener Leute, die mit Geschäftsleuten, Professoren und so weiter reden und im ganzen Land hin- und herreisen.«

In einem späteren Prozeß[41] im Jahre 1984 wurde diese Antwort Helms vorgelesen, und er wurde gefragt: »Erinnern Sie sich, diese Aussage am 17. Mai 1979 unter Eid gemacht zu haben?« Er erwiderte: »Wenn dort steht, daß ich sie unter Eid geleistet habe, wird es wohl stimmen.« Helms gestand auch ein, daß er in seiner Amtszeit als Direktor der Agency diese Tatsache öffentlich geleugnet hatte.

Hätten die Geschworenen von Shaws Verbindungen zur Agency gewußt, wäre das Urteil vielleicht anders ausgefallen. Doch auch so räumte jeder von Lane befragte Geschworene ein, die Anklage habe bewiesen, Präsident Kennedy sei aufgrund einer Verschwörung ermordet worden. Die Geschworenen hatten Shaw als Person freigesprochen, jedoch die Lüge der Bundesregierung über das Attentat *nicht* akzeptiert.

Die überregionale Presse bezeichnete das Urteil trotzdem als vollständige Ehrenrettung der Warren-Kommission. Natürlich hatten die Geschworenen in New Orleans nur Beweise über einen kleinen Eckpfeiler eines zwangsläufig viel größeren Gebildes zu hören bekommen. Überdies war lediglich eine Person unter Anklage gestellt worden, deren Mitwirkung marginal gewesen war. Doch das spielte keine Rolle. In diesem Augenblick war der Mythos vom Einzeltäter wieder auferstanden. Er saß, mit dem Rouge des Bestattungsunternehmers auf den Wangen, neben dem Fenster und schaukelte sanft vor sich hin.

In New Orleans konnte man die Reaktion der *Times-Picayune* und des *States-Item* am ehesten mit zurückhaltender Freude umschreiben. Im Gegensatz zu ihrer überregionalen Konkurrenz hatten die örtlichen Medien die ganze Zeit über gewußt, daß wir eine erstklassige Staatsanwaltschaft waren, so daß sie sich von den Beschuldigungen, wir hätten Zeugen »brutal« behandelt, gar nicht erst blenden ließen.

Trotzdem forderte die örtliche Presse meinen Rücktritt. In einem Leitartikel des Chefredakteurs auf der Titelseite des *States-Item* vom 1. März 1969 hieß es:

»Bezirksstaatsanwalt Jim Garrison sollte zurücktreten. Er hat sich als unfähig erwiesen, das Amt des Bezirksstaatsanwalts oder irgendein anderes Amt zu führen.

Mr. Garrison hat die gewaltigen Machtbefugnisse seines Amtes mißbraucht und nicht das Gesetz gehütet, sondern pervertiert. Sein Verfahren gegen Clay L. Shaw war eine Verdrehung des Rechtswesens, wie wir sie noch nicht sehr oft erlebt haben. [...]

Clay L. Shaw wurde freigesprochen, doch der Schaden, den Mr. Garrisons Hexenjagd seinem Ruf zugefügt hat, läßt sich vielleicht nie wieder reparieren. Es ist eine Schande. Diese Travestie von Gerechtigkeit stößt alle anständigen Menschen ab und darf nicht unbeantwortet bleiben. Mr. Garrison sollte persönlich auf die Anklagebank gebracht werden und sich dort für sein Verhalten verantworten.«

Am nächsten Tag besagte der etwas milder gehaltene

Leitartikel der *Times-Picayune* mehr oder weniger dasselbe. Wie sich zeigte, handelte es sich hierbei lediglich um die ersten von zahlreichen Rücktrittsforderungen seitens der Lokalpresse. Aber ich wollte nicht zurücktreten, nur weil ich meine Pflicht getan hatte.

Für mich war der nächste Schritt klar. Obwohl Clay Shaw einen Fall gewonnen hatte, hatte er damit nur die Voraussetzungen für einen besseren geschaffen. Am Montagmorgen, dem 3. März, erhob ich gegen Shaw Anklage wegen Meineids. Ich beschuldigte ihn insbesondere, unter Eid ausgesagt zu haben, David Ferrie nie begegnet zu sein. In Wirklichkeit hatte Shaw Ferrie nicht nur gekannt, sondern war häufig in seiner Gesellschaft beobachtet worden. Wir verfügten über mehr Zeugen, um diesen eindeutigen Meineidfall beweisen zu können, als ich als Bezirksstaatsanwalt bei jedem anderen Fall gehabt hatte.

Wäre es nach mir gegangen, hätte ich die Sache ein für allemal auf sich beruhen lassen. Am Morgen des vergangenen Samstag hatten die Geschworenen mir eine große Last von den Schultern genommen. Und um die Wahrheit zu sagen, ich war es leid, mit der Regierung einen Tanz aufzuführen, mit ihrer geistlosen Geheimdienst-Maschinerie und den unzähligen Journalisten-Bataillonen, die mithalfen, die Täuschung der amerikanischen Öffentlichkeit über den Kennedy-Mord aufrechtzuerhalten.

Doch ich hatte keine Wahl. Die Entscheidung wurde mir aus der Hand genommen, nachdem Shaw in den Zeugenstand getreten war und – im Gegensatz zu den zahlreichen Aussagen in unseren Akten – auf seine elegante, höfliche Art das Gesetz verhöhnt hatte, indem er unter Eid die Unwahrheit sprach. Bei meiner Entscheidung, diese Anklage einzureichen, waren nicht mehr Gefühle im Spiel als bei der eines Flugzeugpiloten, wenn er über schlechtes Wetter an seinem Zielort informiert wird und deshalb mit seiner Maschine einen anderen Flughafen ansteuert. Verständlicherweise suchte Shaw in dieser Geschichte sofort Zuflucht bei der Bundesregierung. Seine Anwälte beantragten beim Bundesgerichtshof, mir eine Anklage gegen ihren Mandanten wegen Meineids zu untersagen. Doch die Gesetzbücher enthalten ausdrücklich einen Paragraphen, der es einem Bundesgericht fast unmöglich macht, sich auf Staatsebene in die Prozeßführung einzumischen.

Zu Shaws Glück verschloß das Bundesgerichtssystem die Augen vor diesem Gesetz eines Bundesstaates. Der United States District Court untersagte mir tatsächlich, Shaw wegen Meineids anzuklagen, und die Berufungsinstanzen schlossen sich diesem Beschluß bis ganz oben hin an. Wenn der Mord an einem Präsidenten von der amtierenden Bundesregierung gutgeheißen wird, werden kleine Einzelheiten wie das Gesetz schnell unwichtig.

Auf jeden Fall bekamen die Leitartikel in den örtlichen Zeitungen, in denen mein Rücktritt verlangt worden war, von den Bürgern New Orleans' die Antwort, die sie verdienten: Bei der später in diesem Jahr stattfindenden Wahl zum Bezirksstaatsanwalt erhielt ich 81 000 Stimmen, der zweitplazierte Kandidat 61 000 und der drittplazierte 7000.

Kapitel 19
DIE ERHABENHEIT DES GESETZES

Meine Verhaftung durch Bundesagenten erfolgte ohne jede Vorwarnung.

Es war früh am Morgen des 30. Juni 1971, ich hatte gerade gefrühstückt und las die *Times-Picayune*. Ich trug noch Schlafanzug und Bademantel und stand im Begriff, nach oben zu gehen und mich anzuziehen, als es klingelte.

Ich öffnete die Tür, und die Männer der Bundesregierung drängten herein. Der Einsatzleiter zeigte eine Dienstmarke der Steuerfahndung und hielt mir ein Formular hin. Während die anderen Agenten im Haus ausschwärmten, informierte er mich, ich sei verhaftet, und fragte mich, ob ich bewaffnet sei.

»Wie kann ich bewaffnet sein, wenn ich gerade nach oben gehen und mich anziehen wollte?« fragte ich.

»Nun, wir gehen mit Ihnen hinauf, weil wir Sie in die Innenstadt und aufs Revier bringen müssen.«

Nachdem ich mich angezogen hatte, wobei mich mehrere Agenten genau beobachteten, ging ich wieder hinunter. Meine Frau und meine Kinder waren sehr aufgeregt. Ich sagte ihnen, sie bräuchten sich keine Sorgen zu machen.

Als ich, von Bundesagenten flankiert, das Haus verließ, war ich entsetzt darüber, daß die Bürgersteige und Auffahrten in der Nähe meines Hauses von einer großen Zahl neu hinzugekommener Funkwagen besetzt waren. Überall schienen sich Männer mit Walkie-talkies aufzuhalten. Ich bemerkte, daß einige Nachbarn aus den Fenstern spähten, aber das konnte ich ihnen schlecht vorwerfen. Plötzlich war mir die ganze Sache ungeheuer peinlich.

Ich wurde in einem Wagen voller Agenten zum Bundesgerichtshof in der Innenstadt gebracht. Dort wurde ich fotografiert; man nahm mir die Fingerabdrücke ab und steckte mich in eine grün gestrichene Wartezelle. Kurz darauf führte mich ein Wärter in einen Gerichtsraum, in dem mir ein Polizeirichter die formelle Anklage vorlas. Danach wurde ich beschuldigt, an einem organisierten Verbrechen teilgenommen zu haben, genauer gesagt, Schmiergelder von einer Spielhalle angenommen zu haben.

Es ist kaum verwunderlich, daß jemand, der von der Regierung angeklagt wird, von sich sagt, unschuldig zu sein. Doch eine solche Behauptung, ich sei unschuldig, wäre bei mir eine Untertreibung von gigantischem Ausmaß gewesen.

Ganz davon abgesehen, daß ich als Staatsanwalt nie einen illegalen Dollar angenommen hatte und dies auch nicht meinem Wesen entsprach, war nicht zu bestreiten, wie die Mitglieder meines Stabs und die Staatsanwälte benachbarter Bezirke gemerkt hatten, daß gerade ich gegen Spielhallenbesitzer, die Schmiergelder zahlten, entschiedener vorgegangen war als jeder Bezirksstaatsanwalt vor mir. Dies hatte ich nicht aufgrund eines überwältigenden Gefühls der Tugendhaftigkeit oder eines besonderen Hasses auf die Spielhallen getan, sondern weil ich in meinem Amt gegen jede Verfehlung einschritt, ob es sich nun um eine Straftat handelte oder – wie bei Schmiergeldzahlungen – um eine Übertretung, ein minderes Vergehen.

Die Bundesregierung hatte dies anscheinend nicht begriffen und nahm an, daß ich, wie viele Bezirksstaatsanwälte in Louisiana, ein Auge zudrückte, wenn es um solche Schmiergeldzahlungen ging. Ich fand schnell heraus, daß sie sich für diese Anklage entschieden hatte, da Spielhallen unter das Bundesrecht fallen – und damit in ihre Zuständigkeit. Die Begründung dafür war recht dünn – die Bundesregierung kann nur tätig werden, wenn das Verbrechen nicht auf einen Staat beschränkt ist – und beruhte einzig und allein auf der Tatsache, daß die Spielautomaten des betreffenden Casinos in Illinois hergestellt worden waren. Doch ohne eine so weit hergeholte Begründung konnte die

Bundesregierung mich nicht verhaften lassen, es sei denn, sie rückte mit der wirklichen Begründung heraus, und die bestand meiner Ansicht nach darin, daß ich bei meinen Ermittlungen bezüglich des Attentats auf John F. Kennedy beträchtlichen Ärger verursacht hatte.

Nachdem ich selbst die Kaution gestellt hatte und freigelassen worden war, holte Frank Klein mich ab und fuhr mich ins Büro. Sobald sich die erste Aufregung gelegt hatte, war es ein normaler Arbeitstag – abgesehen davon, daß ich mit F. Lee Bailey in Boston sprach, einem angesehenen, mir befreundeten Prozeßanwalt. Lee sagte, er wäre zwar erfreut und geehrt, mich vertreten zu dürfen, doch hätte die Sache einen Haken.

»Welchen?« fragte ich.

»Ich nehme kein Honorar«, erwiderte er.

Die sechsundzwanzig Monate zwischen Verhaftung und Prozeß waren wie üblich damit ausgefüllt, mit einer unterbesetzten und unterbezahlten Behörde einer endlosen Arbeitsüberlastung Herr zu werden. Von Zeit zu Zeit mußte ich als Beklagter im örtlichen United States District Court erscheinen, um den Anhörungen zu meinem eigenen Verfahren beizuwohnen. Baileys Kanzlei verfügte über ausgezeichnete Anwälte, und ihre Vorbereitungen und Auftritte vor Gericht waren, um es zurückhaltend auszudrücken, hervorragend und ermöglichten mir, mich auf meine Arbeit als Staatsanwalt zu konzentrieren. Im Laufe der Zeit wurde uns allen jedoch klar, daß die Regierung es nicht besonders eilig hatte, meinen Fall vor Gericht zu bringen.

Das gab uns um so mehr Zeit, das Material zu studieren, das wir von der Regierung erhalten hatten. Wie vom Obersten Gerichtshof beim Musterprozeß *Brady gegen Maryland* entschieden, ist die Bundesregierung verpflichtet, einem Angeklagten bei einem Strafprozeß Kopien des gesamten, seinen Fall betreffenden Materials zur Verfügung zu stellen. In meinem Fall handelte es sich um eine unglaubliche Menge von Material, das enthüllte, daß die Ermittlung gegen mich – an der über vierzig Steuerfahnder aus fünf Staaten des Südens der USA mitgewirkt hatten – schon mindestens einige Jahre lief. Dabei hatten die Steuerfahnder in erster Linie das Problem lösen müssen, wie sie den Anschein erwecken konnten, ich hätte gegen irgendein Gesetz verstoßen. Dies war auf die übliche Art und Weise nicht möglich – indem sie Aussagen von Personen sammelten, die im Spielhallengewerbe tätig waren –, da mich in diesem Gewerbe überhaupt niemand kannte.

Dementsprechend schienen die Bundesagenten, die meinen Fall bearbeiteten, zu dem Schluß gekommen zu sein, ihre einzige Alternative bestünde darin, einen »Indizienfall« gegen mich zu konstruieren. Wie die meisten Menschen, die sich mit verdeckten Operationen beschäftigt haben, zugeben werden, sind sich die Geheimdienste nicht zu fein, solche Dinge um ein Opfer zu stricken, wenn die Umstände es erfordern.

Als Kern der Regierungsanklage erwies sich mein alter Kriegskamerad Pershing Gervais. Sie erinnern sich, daß Gervais einst mein Chefermittler gewesen war und über die Kennedy-Ermittlung mit Frank Klein aneinandergeraten war (siehe Kapitel 10). Ich hatte Gervais aus meinem Stab entfernt, nachdem mich ein Anwalt informiert hatte, Gervais habe ihm angeboten, für siebenhundertfünfzig Dollar in bar ein Verfahren einstellen zu lassen.

Obwohl Gervais die Beschuldigung energisch bestritt, vertrat ich die Auffassung, daß meine Behörde sauberer dastehen mußte als Frau Saubermann. Es reichte nicht, daß die Staatsanwaltschaft unbescholten war, ihre Unbescholtenheit durfte auch nicht in Frage gestellt werden. Da ich zögerte, meinen alten Freund einer Lüge zu bezichtigen, und ihn auch nicht feuern wollte, gab ich ihm zu verstehen, ich hätte schon seit einiger Zeit den Eindruck, er sei nicht der richtige Mann für den Posten eines Chefermittlers. Nach einem langen Gespräch erklärte er sich bereit, seinen Rücktritt einzureichen.

Gleichzeitig erzählte mir Gervais von seinen finanziellen Problemen. Ich stand gerade zur Wiederwahl an und hatte, zumindest kurzfristig, mehr Geld in der Wahlkampfkasse, als ich im Augenblick benötigte – obwohl ich schon absehen konnte, daß ich in der Endphase des Wahlkampfs wesentlich mehr Geld brauchen würde.

In den nächsten Tagen zweigte ich fünftausend Dollar von dem Geld ab, das ich auf das Wahlkampfkonto einzahlen wollte. Ich gab sie Gervais, betonte aber, es handele sich um einen Kredit und er müsse das Geld zurückzahlen. Er akzeptierte bereitwillig und dankte mir.

Als die Bundesagenten Anfang 1970 bereits ihren Fall gegen mich zu konstruieren begannen, wurde ich neugierig, was Gervais getrieben hatte, nachdem er unsere Behörde verlassen hatte. Ich wußte, daß sein Markenzeichen, ein großer Cadillac, oft vor dem Fontainbleau Motel an der Kreuzung Tulane und South Carrollton Avenue stand. Er schien viel Zeit zu haben und sich außerdem einen Luxusschlitten sowie eine teure Unterkunft leisten zu können. Ich bat Lou Ivon, sich mit der Sache zu befassen. Er hörte sich bei seinen Kontaktleuten bei der Polizei um, die Gervais kannten, und nach ein paar Wochen sah es so aus, als hätte er die Antwort herausgefunden. Augenscheinlich war Gervais in einer recht ungewöhnlichen Branche tätig geworden. Sein Büro war die Lobby oder der Speisesaal eines Motels, in dem er sich den ganzen Tag aufhielt. Die einfallsreiche Grundlage seines Unternehmens schien die Tatsache zu sein, daß er früher mein Chefermittler gewesen war und die halbe Polizeitruppe kannte.

Pershing Gervais war anscheinend Meister in einem Spiel geworden, das man »Vortäuschung falscher Tatsachen« nennen könnte. Er suchte sich ein Verfahren aus, von dem er über Freunde bei der Polizei oder Gerichtsbedienstete wußte, daß es auf tönernen Füßen stand und daß die Staatsanwaltschaft wahrscheinlich nicht gewinnen würde. Dann nahm er mit der Familie des Beklagten Kontakt auf und informierte sie über seine besonderen Beziehungen zum Bezirksstaatsanwalt.

Nachdem er das Vertrauen der Familie gewonnen hatte, ließ Gervais durchblicken, er könne trotz der ernsten Beschuldigungen gegen den Sohnemann vielleicht dafür sorgen, daß die Staatsanwaltschaft den Fall verlöre. Gehen wir einmal davon aus, daß die Staatsanwaltschaft vor dem Geschworenengericht zwei von fünf solcher Fälle verlor. Anschließend schaute Gervais bei den Familien vorbei, deren Angehöriger freigesprochen worden war, und erklärte, der Sohnemann sei nur dank seiner Beteiligung mit heiler Haut davongekommen. Dann kassierte er fünftausend Dollar, oder was auch immer als Honorar vereinbart worden war. Ein Teil davon, so deutete Gervais an, ginge als Schmiergeld an den Staatsanwalt.

Schließlich kam die Steuerfahndung hinter seine Machenschaften und baute einen Fall gegen ihn auf. Wie sich herausstellte, war die »Vortäuschung falscher Tatsachen« nur die Spitze des Eisbergs von Gervais' verdächtigen Aktivitäten. Er hatte auch beträchtliche Geldsummen kassiert, indem er verschiedene Personen »bevollmächtigte«, alle möglichen Betriebe zu eröffnen, und zwar vom Bordell über einen Massagesalon bis hin zum hochkarätigen Spielklub. Nachdem die Bundesagenten die Ermittlung gegen Gervais abgeschlossen hatten, schien er gewaltig in der Klemme zu stecken. Und da die meisten seiner Aktivitäten auf seinen angeblich guten Beziehungen zu mir beruhten, erkannten sie, daß Gervais eine Möglichkeit darstellte, an mich heranzukommen.

Wie wir anhand der Papiere erfuhren, die man uns aufgrund der *Brady*-Entscheidung zur Verfügung stellen mußte, sagte Gervais zunächst vor den Steuerfahndern aus, er könne ihnen nichts über mich sagen, da ich kein Geld nähme und er mich nicht dazu bringen könne, etwas Illegales zu tun. Als sie die Schlinge jedoch enger zogen, erfuhren sie von dem Geld, das ich Gervais geliehen hatte. Das war es, wonach die Bundesagenten gesucht hatten. Mehr brauchten sie nicht als Grundlage für ihr Luftschloß der »Bestechlichkeit«.

Irgendwann Anfang 1971 kam Gervais vorbei und erzählte mir, er habe es in letzter Zeit gut getroffen. Freunde in der Spielhallenbranche hätten ihm geholfen, ein Unternehmen aufzubauen, über dessen Einzelheiten er sich nicht ausließ. Doch er sei endlich imstande, mir einen Teil des Geldes zurückzuzahlen, das ich ihm geliehen hatte. Er werde zwar nicht alles auf einmal beschaffen können, doch von Zeit zu Zeit könne er mir tausend Dollar geben. Ich war damit einverstanden und dachte nicht weiter darüber nach.

Danach kam Gervais gelegentlich zu mir nach Hause. Doch nun war er immer »verwanzt«: Er trug einen Sender unter dem Hemd, und der Empfänger befand sich irgendwo draußen, zum Beispiel im Wagen eines vor dem Haus parkenden Bundesagenten.

Da ich mich gerade einer schmerzhaften Rückenoperation unterzogen hatte, lag ich während seiner Besuche normalerweise im Bett. Er fragte mich, wie es mir ginge, und wir unterhielten uns über alles mögliche. Dann sagte er so etwas wie: »Ich habe übrigens wieder tausend für Sie. Was soll ich damit machen?« Woraufhin ich normalerweise etwas wie »Legen Sie es einfach auf den Kamin!« erwiderte.

Diese Gespräche – an drei oder vier erinnere ich mich – waren für die Bundesagenten ein Problem. Es fehlte jedesmal der Aufhänger, mit dem sie Gervais' Tausend-Dollar-Zahlung eine ominöse Bedeutung verleihen konnten. Wir sprachen nie darüber, ob ich etwaige Gesetzesverstöße der Spielhallenbesitzer decken würde, da er vielleicht besser als jeder andere wußte, daß ich dabei nie mitmachen würde.

Doch als wir uns die Kopien der Tonbänder anhörten, die wir aufgrund des *Brady*-Urteils ebenfalls erhalten hatten, stellten wir fest, daß auf jedem Band genau an der richtigen Stelle ein oder zwei interessante Sätze eingefügt worden waren, so daß der Rest des Gesprächs eine ominöse Bedeutung erhielt. Ich erinnere mich ganz deutlich an eine der letzten Unterhaltungen, die Gervais aufgenommen hatte. Sie war etwa folgendermaßen verlaufen:

»GERVAIS: Wissen Sie, die kommende Legislaturperiode in Baton Rouge könnte ziemlich hart werden. Einige meiner Freunde in der Spielhallenbranche könnten wirklich etwas Hilfe brauchen.

GARRISON: Warum erzählen Sie mir das? Wieso sollte ich ihnen helfen?«

Ich erinnere mich an das Gespräch, weil ich seit langem immer wieder deutlich gemacht hatte, mich nicht in die Gesetzgebung einmischen zu wollen – abgesehen von ein paar seltenen Gelegenheiten, bei denen ich zum Beispiel nach Baton Rouge fuhr, um bei der Durchsetzung eines Gesetzes zu helfen, das Ex-Häftlingen verbot, geladene Revolver bei sich zu tragen. Dementsprechend war ich völlig verblüfft, als ich mir die Regierungsaufzeichnung dieses Gesprächs anhörte. Was ich in Anwesenheit von Anwälten aus Lee Baileys Kanzlei und Mitarbeitern meiner Staatsanwaltschaft hörte, war nicht das, was ich in Wirklichkeit gesagt hatte, sondern klang so:

»GERVAIS: Wissen Sie, die kommende Legislaturperiode in Baton Rouge könnte ziemlich hart werden. Einige meiner Freunde in der Spielhallenbranche könnten wirklich etwas Hilfe brauchen.

GARRISON: *Da sehe ich kein Problem. Vergessen Sie es.*«

Ich konnte mich zwar nicht entsinnen, von welchem anderen Tonband man die neue Antwort übernommen hatte, doch mir fiel sofort auf, daß meine angebliche Antwort eingefügt worden war. Wir waren zwar betroffen darüber, daß die Regierung so weit ging, doch ich freute mich auch über die offensichtliche Verzweiflung ihrer Agenten. Wenn sie sich so sehr bemühten, wenn sie solche Schwierigkeiten bei ihrem Versuch gehabt hatten, Beweise gegen mich zu konstruieren, dann war ihr Verfahren gegen mich wirklich nicht wasserdicht.

Mein Prozeß war ein ausgeklügeltes Regierungsschauspiel in der Tradition eines Franz Kafka. Das große Thema, über das ein Urteil zu fällen war, lautete, ob ich ein korrupter Bezirksstaatsanwalt war oder nicht.

Das Justizministerium legte schließlich den 20. August 1973 als Prozeßbeginn fest, und das Verfahren sollte etwa vier bis sechs Wochen dauern. Die Wahl, bei der ich für eine vierte Amtsperiode kandidierte, sollte am 10. November stattfinden. Damit konnte ich mich glücklich schätzen, nach dem Prozeß noch fünf oder sechs Wochen für den Wahlkampf zu haben, obwohl man in New Orleans normalerweise wenigstens fünf oder sechs Monate benötigt.

Noch vor Prozeßbeginn trat mein großer Widersacher – ein ehemaliger stellvertretender Staatsanwalt der Vereinigten Staaten – in Fernsehspots auf. Seine Aussagen boten der Öffentlichkeit einen farbigen Kontrast. Morgen für Morgen stand ich als Angeklagter in einem unsauberen Bestechungsprozeß der Bundesregierung auf der Titelseite der *Times-Picayune*, und jeden Abend verlangten die Herren Plisch und Plum im Fernsehen, in die Bezirksstaatsanwaltschaft müsse endlich wieder Anstand einkehren.

Das war die Grundlage für den Fall *Vereinigte Staaten gegen Jim Garrison et. al.*[1] Das »et. al.« war die juristische Bezeichnung für meine Mitangeklagten, von denen ich die meisten vor dem Prozeß nie gesehen hatte.[2]

Gerald Gallinghouse, der Generalstaatsanwalt der Vereinigten Staaten, erklärte, er werde die Anklagevertretung persönlich übernehmen. Das bedeutete, daß sein Gerichtsbezirk möglicherweise sechs Wochen ohne die Führung eines Generalstaatsanwalts auskommen mußte. Doch er hatte offenbar erkannt, von welch überragender Bedeutung der Spielhallen-Prozeß für das Justizministerium war, und so war er schon während der Vorverhandlung ständig präsent – immer einen kleinen Formularstapel in der Hand, immer eine kleine amerikanische Flagge am Ärmelaufschlag.

Der Richter war Herbert Christenberry, seinerzeit Oberster Richter der Vereinigten Staaten im Bezirk Ost-Louisiana. Es standen zwar weit kompliziertere und bedeutendere Fälle an, doch er hatte sie beiseite gelegt, um sich in den folgenden sechs Wochen um die Spielhallen kümmern zu können.

Richter Christenberry war ein ernster Mann mit starrem Gesicht, dessen gefrorener Ausdruck ein hitziges Temperament verbarg. Vor Jahren, als ich privat praktiziert hatte, hatte ich einmal in seinem Büro nur einen Meter von ihm entfernt gestanden, als er ein großes Gesetzbuch nach einem meiner Mitarbeiter warf, der gegen eine Anweisung Christenberrys protestiert hatte. Bestimmt hätte er auch mich mit einem Buch beworfen, doch es lag keines mehr auf seinem Schreibtisch.

Christenberry war zufällig auch der Richter gewesen, der die Anweisung unterschrieben hatte, ich dürfe Clay Shaw nicht wegen Meineids belangen, obwohl sie gegen das gültige Bundesgesetz verstieß, das der Bundesbehörde die Einmischung in einen Prozeß des Staates verbot.

Über zwei Jahre nach meiner Verhaftung war der erste Prozeßtag endlich angebrochen. Als ich an diesem Morgen das Haus verlassen wollte, kamen meine Frau und meine Kinder an die Tür. Meine Kinder waren damals noch sehr jung – Jim junior war vierzehn, Virginia zwölf, Lyon zehneinhalb, Elizabeth neun und Darrow sieben. Die Kinder spürten zwar, daß etwas nicht stimmte, wußten aber nicht genau, was. Sie sollten es später an diesem Tag erfahren, als meine Frau sie ins Gericht mitnahm. Ich küßte sie alle. »Macht euch keine Sorgen«, sagte ich, »es ist ein ganz normaler Tag für den Staatsanwalt.«

Als vor Gericht die üblichen Dinge abgehandelt wurden, die den Beginn eines Prozesses kennzeichnen, informierte ich Richter Christenberry, ich würde mich in diesem Prozeß selbst vertreten. Der Richter wies augenblicklich alle Anwälte an, zu ihm ins Büro zu kommen. In dem kleinen Raum, der sich direkt neben dem Gerichtssaal befand, setzte ich mich mit meinen Anwälten Louis Merhige und Fred Barnett an die eine Tischseite; die Anklagevertreter nahmen auf der anderen Seite Platz, während wir auf den Richter warteten. Sie sahen mich völlig ungläubig an, denn sie kannten mich nur als Staatsanwalt, der seine Fälle an Prozeßanwälte weitergab. Sie hatten nie von meinen ersten Jahren gehört, in denen ich mein Brot damit verdient hatte, täglich Prozesse vor dem Geschworenengericht zu führen.

Ich hatte die Entscheidung, mich selbst zu vertreten, getroffen, nachdem ich mich mit Lee Baileys Anwälten durch den Materialberg hindurchgearbeitet hatte, auf dem die Anklage der Regierung gegen mich aufbaute. Es war zunehmend deutlich geworden, daß die ganze Angelegenheit ein aus zwei verschiedenen Teilen bestehendes Hirngespinst war. Der erste Teil, eine Art finanzielle Übereinkunft, die zweifellos zwischen einer Reihe von Spielhallenbesitzern und mindestens einem Mitglied der Polizeitruppe getroffen worden war, war der größere. Die Spielhallenvereinbarung war laut Bundesgesetz eine Verschwörung, und damit war sie für die Bundesregierung wertvoll, falls es ihr gelang, mich irgendwie mit hineinzuziehen.

An dieser Stelle kamen die von Pershing Gervais und von der Regierung gefälschten Tonbänder – der zweite Teil des Falls – ins Spiel. Das war der kleine Fall, den sie mit dem größeren, schon vorher existierenden, verbunden hatten, damit sie vor Gericht die große Bombe platzen lassen konnten.

Mir war klar, daß es sich bei dem Regierungsschwindel, mich mit dem schon vorher bestehenden Spielhallenfall in Zusammenhang zu bringen, um eine kriminelle Aktivität handelte. Doch ich erkannte auch, daß man von den Geschworenen, die unter einer Regierung aufgewachsen waren, die sie sehr schätzten, beinahe zu viel verlangte, dies zu glauben. Ein Anwalt aus einer anderen Stadt – selbst ein so fähiger wie F. Lee Bailey – war vielleicht nicht fähig, die im Prinzip unglaubliche Tatsache zu verdeutlichen, daß die korrupte Regierung mich hereingelegt hatte.

So war ich zu dem Schluß gekommen, daß ich es *selbst* tun mußte. Da die meisten Bürger von New Orleans von meinem langen Kampf gegen die Bundesregierung wußten, war ich sicher, daß viele von ihnen spürten, daß meine Motive ehrlich waren. Dementsprechend entschied ich, daß meine Verteidigung nicht weniger als eine Fortsetzung des Kampfes gegen Washington sein durfte – und ich den Kampf selbst führen mußte.

Nun kam Richter Christenberry ins Büro und nahm am Kopf des Tisches Platz. Er war zwar nicht begeistert von der Entwicklung, doch er konnte mich nicht davon abhalten, meine Verteidigung selbst zu übernehmen. Ich erklärte ihm, meine Prozeßbevollmächtigten hätten zwar ausgezeichnete Arbeit geleistet, doch wären wir uneins, wie der Prozeß gehandhabt werden sollte.

Merhige und Barnett bestätigten das.

Richter Christenberry wandte sich an mich und erklärte, er sei einverstanden, daß ich mich selbst verteidige, solange ein weiterer Anwalt am Tisch der Verteidigung säße. Er betonte, aus den Unterlagen dürfe nicht hervorgehen, daß ich mich dem Prozeß ohne Rechtsbeistand gestellt hätte.

Dagegen hatte ich nichts einzuwenden. Als der Prozeß fortgesetzt wurde, saß mein langjähriger Freund Lou Merhige neben mir am Tisch der Verteidigung. Der erste Zeuge der Regierung war ein Spielhallenbesitzer. Ich hatte weder diesen Mann noch einen der bei ihm Beschäftigten je zuvor gesehen, und auch er kannte mich nicht.

Staatsanwalt Gallinghouse, ein großer, imposanter Mann in blauem Anzug, begann vorsichtig die Befragung. Ja, sagte der Spielhallenbesitzer, er habe Geld in einen Fonds eingezahlt, der die Einmischung der Behörden in die Spielhallengeschäfte der Stadt so gering wie möglich halten sollte. An wen dieses Geld gegangen sei? An Sergeant Fred Soule vom New Orleans Police Department, erwiderte der Spielhallenbetreiber.

Dann war es an der Zeit für das Kreuzverhör. An wen hatte Sergeant Soule das Geld weitergeleitet? Er hatte keine Ahnung. Hatte er mir je Geld gegeben? Nein, hatte er nicht. Hatte er einem Angehörigen meiner Behörde je Geld gegeben? Nein. Hatte irgendein Angehöriger meiner Behörde ihm je irgendeinen Gefallen bezüglich seines Spielhallenunternehmens erwiesen? Nein, niemand. Es gab keine weiteren Fragen. Ein Spielhallenbesitzer nach dem anderen sagte nach dem immer gleichen Muster aus.

Am nächsten Morgen nahm ich ein Buch mit in den Gerichtssaal. Lou Merhige ergriff es. »Was ist das?« fragte er. »Etwas Lektüre für mich«, sagte ich. »Wenn der Ankläger der Vereinigten Staaten seinen Spielhallenfall fortsetzt. Glauben Sie wirklich, ich würde die ganze Zeit so tun, als hätten die Aussagen irgendeine Bedeutung?«

»Das können Sie bei Christenberry nicht machen«, sagte er. »Er wird es Ihnen verbieten.«

»Nein, wird er nicht«, erwiderte ich. Und er tat es auch nicht. Ich spürte, daß der Richter zuerst aufgebracht war, daß ich las, während die Spielhallenbesitzer ausführlich aussagten, doch anscheinend gewöhnte er sich daran. Während sich die nicht enden wollenden Aussagen aneinanderreihten, schaute ich gelegentlich zu den Geschworenen hinüber und sah, daß mehrere von ihnen gähnten.

Wenn jeder der Spielhallenbesitzer seine langatmige Aussage beendet hatte, legte ich mein Buch beiseite und befragte ihn kurz. Ich stellte klar, daß wir uns nicht kannten, daß weder ich noch meine Behörde je etwas für ihn im Zusammenhang mit seinem Spielhallenunternehmen getan hatten und daß er weder mir noch jemandem, der für mich arbeitete, je Geld gegeben hatte. Nachdem ich anschließend zum Ausdruck gebracht hatte, daß der Zeuge für meinen Fall völlig irrelevant war, entließ ich ihn, griff wieder nach meinem Buch und las weiter.

Schließlich war die Regierung mit dem Aufmarsch der Spielhallenbesitzer durch. Gallinghouse ließ Sergeant Frederick Soule aufrufen.

Soule war ein ordentlich gekleideter, kleiner Mann mit Schnurrbart. Er trug eine Fliege. Er hockte sich vorsichtig auf die Kante des Zeugenstuhls, so daß er mich an einen Sittich in einem Vogelkäfig erinnerte. Seine Aussage für die Anklage lief darauf hinaus, daß er bestätigte, von den Spielhallenbesitzern »Schutzgelder« erhalten zu haben. Seine Aussage mündete in das Eingeständnis, daß er seinen Anteil gespart und in einem großen Kanister in seinem Garten vergraben hatte. Nach seiner Verhaftung hatte er ihn wieder ausgegraben und den Behörden übergeben.

Seine Aussage bestätigte zwar, daß die Spielhallenbesitzer Schutzgelder in einen Fonds eingezahlt hatten, Soule führte jedoch nicht aus, wer das Geld von ihm bekommen hatte und welche Leistung die Empfänger erbracht hatten. Kurz gesagt, sie schloß das *andere* Ende der Bestechungstransaktion nicht ein.

Aus der Zeugenliste wußte ich, daß die Anklage keinen weiteren Polizeibeamten aufrufen wollte. Daher hatte ich angenommen, Soule würde die Hintermänner in den Behörden nennen. Er tat es jedoch nicht.

Daher erwies sich Sergeant Soules Kreuzverhör als unerwartet kurz. Der Ex-Commander des Sittendezernats bezeugte, daß ich ihn nie gebeten hatte, etwas Unrechtes zu tun. Er bestätigte ferner, daß meine Behörde keinerlei Kenntnisse von Razzien in Spielhallen hatte und wir bei Verfahren gegen Spielhallenbesitzer einen hohen Prozentsatz an Verurteilungen vorweisen konnten.

Nun war die Zeit für den Starzeugen der Anklage gekommen.

»Ich rufe Pershing Gervais auf«, verkündete Gallinghouse mit überlauter Stimme.

Nach einigem Geraune an der Tür des Gerichtssaals erschien Gervais. Sein Haar war jetzt grau, und er war hagerer als damals, als wir gemeinsam in Camp Shelby bei der Army gedient hatten. Er trug einen ordentlichen beigen Anzug, ein dazu passendes Hemd und eine dunkelbraune Krawatte. Als er gemächlich den Gang entlangschritt, wirkte er so lässig, als gehöre er zu den Vertretern der Anklage. Gervais machte es sich im Zeugenstuhl bequem und nickte den Geschworenen mit einem breiten Grinsen zu.

Ich hörte seiner langen Aussage aufmerksam zu. Gallinghouse, der sehr wohl wußte, daß mein Name in den letzten Prozeßtagen kein einziges Mal gefallen war, machte Gervais' Aussage zum Kronjuwel seines Falls. Gervais beschrieb ausführlich, wie man das verborgene Aufnahmegerät und den Sender an seinem Körper befestigt hatte. Dann wurden die Tonbandaufnahmen als Beweismittel den Geschworenen vorgespielt. Jeder Geschworene, der Richter, die Ankläger und ich trugen Ohrstöpsel, und wir mußten uns anhören, wie der Vertreter der Anklage bei Nacht und Nebel ein Vergehen der Spielhallenbesitzer und eines Polizisten namens Soule zu einer großen Bestechungsverschwörung zusammengestrickt hatte, in die ein Bezirksstaatsanwalt verwickelt war. Und mit den Zaubermitteln der Elektronik machte er eindeutige Fortschritte in diese Richtung.

Mein Magen drehte sich jedesmal um, wenn ich auf den Tonbändern nach Gervais' versteckten Andeutungen meine Stimme mit Bemerkungen wie »Klar!« und »Klingt doch ganz in Ordnung!« hörte. Ich wußte natürlich, daß jeder Satz von einem anderen Band stammte und hier, völlig aus dem Zusammenhang gerissen, eingespielt worden war. Doch die Geschworenen wußten es nicht. Die Geheimdienstagenten, die mit dem Projekt betraut worden waren, hatten gute Arbeit geleistet. Sie hatten mich nicht nur in den Sack gesteckt, sondern den Sack auch noch zugebunden.

Ich hatte nicht den geringsten Zweifel, daß die Geschworenen mich, hätten sie in diesem Augenblick abstimmen müssen, einstimmig für schuldig befunden hätten. Und mir war auch klar, daß mich der Mann in der schwarzen Robe und mit dem steinernen Gesicht nach ihrem Schuldspruch nicht in einen »Country Club« mit minimalen Sicherheitsvorkehrungen eingewiesen hätte, in denen manche Prominente nach der Verurteilung ihre Strafen absitzen. Nein, für mich wäre nur eine Bundesstrafanstalt in Frage gekommen. Selbst Lou Merhige, der immer locker und ermutigend gewesen war, wirkte in diesem Augenblick deutlich geknickt.

Gervais' Aussage enthielt nur sehr wenig, worauf ich nicht vorbereitet gewesen war. Doch ich war maßlos erstaunt, als Gervais im Zeugenstand ganz ruhig sagte, ich hätte von den Spielhallenbesitzern hundertfünfzigtausend Dollar erhalten. Ich wußte, daß er sich auf die drei oder vier Zahlungen von jeweils tausend Dollar berufen würde, die er mir gegeben hatte, als unsere Gespräche aufgezeichnet worden waren. Doch ich hatte nicht die geringste Ahnung, wieso er die unglaubliche Summe von hundertfünfzigtausend Dollar nannte.

Je länger ich allerdings darüber nachdachte, desto klarer wurde mir, daß diese Riesensumme sich als nützlich für mich erweisen konnte. Die Spielhallenbesitzer hätten – wie natürlich auch jeder andere – für eine solche Summe ungeheure Dienste erwartet. Ich schrieb auf den vor mir liegenden Notizblock »Dienste?« – und hatte den Arbeitstitel für die Präsentation meines Falls.

Ich begann das Kreuzverhör mit Pershing Gervais äußerst zurückhaltend, damit er spürte, daß seine Aussage mich nicht aufgebracht hatte.

Wahrscheinlich hatte ihm die Steuerfahndung aufgrund seiner höchst zweifelhaften Vermittlerdienste im Fontainbleau Motel die Daumenschrauben angelegt. Weiter nahm ich an, daß er keine andere Wahl gehabt hatte, als die Fragen des Generalstaatsanwalts, wodurch dann die Tonbänder in den Prozeß einbezogen wurden, ausführlich zu beantworten.

Er sollte wissen, daß mich all dies nicht verändert hatte. Ich war noch immer der Bursche, der mit ihm zusammen in der Army gewesen war.

»Wissen Sie noch«, fragte ich, »wo wir uns kennengelernt haben?«

»In der Jackson Kaserne«, sagte er.

»Wissen Sie noch, wann das war?«

»Es muß vor dem Zweiten Weltkrieg gewesen sein.«

»Erinnern Sie sich, wohin man uns von der Jackson Kaserne versetzte?«

»Ich erinnere mich, daß wir nach Camp Shelby in Mississippi kamen.«

»In welcher Einheit waren wir?« fuhr ich fort.

»In der Washington-Artillerie der Nationalgarde von Louisiana.«

Am Tonfall seiner Stimme erkannte ich, daß er nicht mit mir auf einer Wellenlänge lag. Er wollte mich unterschwellig warnen, daß die Beziehung, von der ich hoffte, sie existiere noch, nicht mehr bestand. Ich wischte den Gedanken beiseite und machte weiter. Dieser Mann war früher in der Army mein bester Freund gewesen.

»Welche Beziehung hatten wir damals?« fragte ich.

»Wie meinen Sie das?« fragte Gervais.

»Sie haben neulich ausgesagt, wir wären Bekannte«, sagte ich. »Würden Sie sagen, daß wir damals in der Army gute Freunde waren?«

»Mein guter Freund war Charlie Weiss«, gab Gervais zurück. »Sie waren *ein* Freund. Wir haben nichts gemeinsam unternommen.«

Diese Antwort bedeutete das Ende meines zurückhaltenden Vorgehens. Ich wußte nicht, wo der Mann geblieben war, den ich in der Army gekannt hatte, doch der Mensch vor mir war es nicht. Der, so begriff ich, war ebenso kalt wie die Metallfassung seiner Brillengläser.

Ich ließ die Vergangenheit dahinfahren und kam auf das anstehende Thema zu sprechen, indem ich seine Aufmerksamkeit auf den Zeitpunkt lenkte, an dem er noch nicht für die Bundesregierung gearbeitet hatte. Ich fragte ihn, ob es stimme, daß er den Steuerfahndern erzählt habe, ich hätte nichts mit dem Geld zu tun. Das bestätigte er. Ich fragte ihn, ob er den Steuerfahndern nicht auch gesagt habe, falls ich einen Fehler bei meiner Steuererklärung gemacht hätte, handele es sich höchstens um eine Unaufmerksamkeit, und es entspräche ebenso meinem Charakter, eher zu viel statt zu wenig Steuern zu zahlen. Gervais bestätigte, dies gesagt zu haben. Sei es nicht auch eine Tatsache, fragte ich, daß er geäußert habe, er könne mich nicht dazu bringen, überhaupt etwas für ihn zu tun? Er bestätigte das ebenfalls.

Nun holte ich eine Handvoll Material vom Tisch und ging wieder zu ihm zurück. Ich fragte ihn, ob die Bundesregierung ihm nicht einen Job bei General Motors in Kanada besorgt hätte? Und obwohl er dort jede Woche nur ein paarmal erschienen sei, habe er ein Jahresgehalt von zweiundzwanzigtausend Dollar bezogen? Er bejahte beide Fragen.

Ich fragte ihn, welchen Posten er dort bekleide. Er sei Direktor des Divisionstabs und habe den höchsten Posten im Werk inne. Dann befragte ich ihn nach seiner Qualifikation für diesen Job. Als er erwiderte, er habe keine, kehrte ich an meinen Tisch zurück.

Ausführlich suchte ich nach einigen Beweismitteln. Obwohl ich genau wußte, wo sie lagen, wollte ich, daß sich die Tatsache, daß Gervais ein Jahresgehalt von zweiundzwanzigtausend Dollar bezog und er sich dafür nur ein paarmal in der Woche an seiner Arbeitsstelle sehen lassen mußte, in den Köpfen der Geschworenen festsetzte.

Ich holte Kopien von zwei Geburtsurkunden hervor und ging zum Zeugenstand zurück. Die Urkunden hielt ich so, daß Gervais sie sehen konnte.

Nun fragte ich ihn, ob die Regierung von ihm verlangt habe, seinen Namen zu ändern, als er ins Zeugenumsiedlungsprogramm eingetreten sei.

Ja, erwiderte er, er habe seinen Namen in Mason geändert, und das Justizministerium habe ihm neue Geburtsurkunden für seine Kinder ausgehändigt, auf denen dieser Nachname eingetragen sei.

Dann fragte ich ihn, ob die Geburtsurkunden den Geburtsort seiner Kinder korrekt angaben, und er erwiderte, das sei nicht der Fall.

Daraufhin fragte ich ihn, ob das nicht bedeute, daß die beiden Geburtsurkunden, die das Justizministerium ihm gegeben hatte, Fälschungen seien. Gervais betrachtete die beiden Urkunden in meinen Händen und stimmte mir zu. Woraufhin ich die beiden gefälschten Urkunden den Geschworenen gab, damit sie begutachten konnten, wie professionelle Fälschungen aussehen. Ich blieb stumm, solange sie die Kunstwerke des Justizministeriums betrachteten. Als die Geschworenen damit fertig waren, bat ich um eine Pause. Ich wollte, daß die Geschworenen genug Zeit hatten, sich zu fragen, warum das Justizministerium der Vereinigten Staaten so sehr daran interessiert war, jemanden zu verurteilen, daß es sogar Geburtsurkunden fälschte, um eine Verurteilung zu gewährleisten. Ich wollte, daß sie über die Erhabenheit des Gesetzes nachdachten.

Als Gervais wieder in den Zeugenstand trat, fragte ich ihn, ob er sich an Einzelheiten der Vereinbarung erinnere, die er mit dem Justizministerium getroffen hatte. Er bejahte die Frage.

Dann zeigte ich ihm einen Brief, den John Wall[3] an ihn geschrieben hatte, der Leiter der Abteilung des Ministeriums zur Bekämpfung des organisierten Verbrechens und der Geschäftemacherei durch verbrecherische Methoden. Gervais erinnerte sich, den Brief erhalten zu haben.

Das bedeutete, ich konnte ihn zu den Beweismitteln nehmen und den Geschworenen vorlesen, was ich dann auch tat. Der letzte Absatz enthielt die Bedingungen dafür, daß Gervais seinen Posten mit zweiundzwanzigtausend Dollar Jahresgehalt (hier als »Unterhalt« bezeichnet) bei General Motors of Canada behalten konnte. Dieser Absatz besagte:

»Des weiteren wurde am 8. September 1971 beschlossen, daß der Unterhalt *unter der Bedingung* gewährt wird, *daß Sie nicht ohne vorherige Zustimmung der Kriminalpolizei in die USA einreisen,* daß alle zukünftigen Zahlungen eingestellt werden und das Justizministerium von jeder Verantwortung freigestellt wird, falls Sie gegen diese Einreisebestimmung verstoßen.« (Hervorhebung durch den Verfasser)

Das Zeugenumsiedlungsprogramm war eine Maßnahme, die die Bundesregierung hauptsächlich im Kampf gegen das organisierte Verbrechen einsetzte. Die Namensänderung eines Zeugen sollte diesen zum Beispiel davor schützen, vom Mob ermordet, belästigt oder anderweitig bedroht zu werden. Der Rückgriff auf ein solch rigoroses Mittel, wenn es sich bei dem Beklagten um einen Staatsanwalt handelte, kam mir absurd vor. Ich ging davon aus, daß die Regierung Gervais nur in das Programm aufgenommen hatte, damit ich ihn nicht zu einem Gespräch oder Verhör vorladen konnte. Obwohl ein Beklagter (oder sein Anwalt) das Recht hat, vor seinem Prozeß mit allen Zeugen zu sprechen, die möglicherweise gegen ihn aussagen werden, war es auf diese Weise nicht möglich gewesen, diesen Mann ausfindig zu machen, der seinen Namen geändert hatte und sogar in ein anderes Land geschickt worden war.

Am Ende seines kanadischen Exils lehnte Pershing Gervais sich gegen die Beschränkungen durch das Justizministerium auf und gab im Mai 1972 einer Reporterin namens Rosemary James in Kanada ein Interview für den Fernsehsender WWL-TV in New Orleans. Ich hatte mir eine Kopie der Niederschrift besorgt und befragte Gervais nun dazu.

Ich zeigte ihm die Niederschrift, las sie dann laut vor und fragte ihn, ob er bestätigen könne, die folgenden Aussagen gemacht zu haben:

»ROSEMARY JAMES: Sie wurden gezwungen, für die Regierung zu arbeiten?

GERVAIS: Mehr als das, ich wurde gezwungen, für sie zu lügen, das ist eine bessere Beschreibung.

ROSEMARY JAMES: Wozu wurden Sie gezwungen?

GERVAIS: Na ja, am Anfang wurde klar, es war rätselhaft, ist es seither immer geblieben, Sie wissen, was wir wollen, Sie wissen, was wir getan haben, verstehen Sie?... Na ja, am Anfang wurde ich belästigt, bis dann die Zeit kam, wo ich, wenn man es so ausdrücken will, vom Justizministerium verführt wurde, verstehen Sie? Falls ich verführt werden konnte, als ob es da eine Frage gab ... Na ja, es wurde klar, daß sie sich in Wirklichkeit nur für einen ganz bestimmten Mann interessierten, Jim Garrison, und in ihrer Vorstellung wußten sie, daß ich der Mann war, mit dessen Hilfe sie ihn packen konnten.

ROSEMARY JAMES: Und Sie sagen, Sie hätten ihn zu pakken gekriegt?

GERVAIS: O ja, da besteht gar kein Zweifel.«

Gervais erinnerte sich an das Gespräch und bestätigte, dies gesagt zu haben. Ich las ihm einen weiteren Abschnitt vor und forderte ihn auf, ihn zu bestätigen:

»ROSEMARY JAMES: Sie weichen mir ständig aus, was diese Leute betrifft. Wollte man gegen Leute in der Spielhallenbranche und gegen Jim Garrison ermitteln?

GERVAIS: Man wollte Jim Garrison.

ROSEMARY JAMES: Was meinen Sie damit, wenn Sie sagen, man wollte Jim Garrison?

GERVAIS: Sie wollten Jim Garrison zum Schweigen bringen. Das war ihr oberstes Ziel; wenn es nicht stimmte, wäre ich noch in New Orleans.

ROSEMARY JAMES: Behaupten Sie damit, Sie hätten daran mitgewirkt, ihm absichtlich etwas in die Schuhe zu schieben?

GERVAIS: Ganz genau. Sie wollten ihn hereinlegen, nur aus politischen Gründen.«

Er erklärte zwar, dies seien seine Antworten, fügte jedoch hinzu, es sei »unverantwortlich« gewesen, ein solches Interview überhaupt zu geben. Ich bat ihn um Bestätigung, ob er die folgenden Sätze ebenfalls zu der Reporterin gesagt hatte:

»ROSEMARY JAMES: Sie behaupten also ausdrücklich, der gesamte Fall der Regierung gegen Jim Garrison ist ein Schwindel?

GERVAIS: Das steht außer Frage. Alles, was rein auf politischen Gründen basiert, kann nur Schwindel sein.

ROSEMARY JAMES: Es ist ein einziger Betrug?

GERVAIS: Die ganze Sache.«

Er gestand ein, im Laufe des Interviews diese Aussagen gemacht zu haben. An dieser Stelle entglitt das Verfahren der Regierung gegen mich völlig ihrer Kontrolle und landete dort, wohin es schon von Anfang an gehört hatte: auf dem Müll.

Aber ich war noch nicht fertig. Ein für allemal wollte ich klären, daß die gefälschten und manipulierten Tonbänder der Regierung völlig wertlos waren. Mit Lou Merhiges Hilfe hatte ich einen Experten ausfindig gemacht, Dr. Louis Gerstman, einen Professor für Sprach- und Hörkunde an der City University von New York.

Als ich Dr. Gerstman in den Zeugenstand rief, protestierte der Bundesstaatsanwalt heftig. Doch der Richter erkannte Dr. Gerstman als Gutachter an.

Dr. Gerstman sagte aus, die wichtigsten Regierungsbeweise bestünden aus verschiedenen Tonbandaufnahmen, die man neu zusammengesetzt habe. Als Beispiel führte er an, daß meine Stimme mitten im Gespräch etwas sagte, das völlig aus dem Zusammenhang gerissen sei, und daß »technische Unvereinbarkeiten« zwischen meiner und Gervais' Stimme und dem ihnen unterliegenden Geräuschpegel bestünden. Zusammenfassend sagte Dr. Gerstman aus, die Tonbänder der Regierung seien manipuliert worden.

Dann rief ich Leon Hubert als Zeugen auf, einen Juraprofessor und Ex-Bezirksstaatsanwalt aus Tulane, der aussagte, meine Behörde habe im Rahmen der Gesetze des Staates Louisiana alles erdenklich Mögliche getan, um gegen Spielhallenbesitzer vorzugehen. Um die unterschiedlichen Auffassungen anderer Bezirksstaatsanwälte aufzuzeigen, rief ich den Präsidenten der Vereinigung der Bezirksstaatsanwälte des Staates Louisiana auf. Er sagte aus, seine Politik sei es gewesen, nicht gegen die Besitzer von Spielhallen einzuschreiten. Ich rief den Staatsanwalt des Bezirks Jefferson auf, der den anderen Teil des Großraums New Orleans bildet, und er erklärte, seine Behörde habe nie Spielhallenprozesse angestrebt, da es zu viele andere Verbrechen gebe, die höhere Priorität hätten.

Mein Abschlußplädoyer dauerte drei Stunden. Meine beiden Mitangeklagten und ich wurden für nicht schuldig befunden.[4] Leider blieb mir nicht mehr genug Zeit, um einen anständigen Wahlkampf zu führen, und mein Herausforderer gewann mit einem Vorsprung von zweitausend Stimmen.

Mein letzter Tag im Amt, in dem ich zwölf Jahre lang als Bezirksstaatsanwalt gearbeitet hatte, war ein Samstag. Die Behörde war nahezu menschenleer. Überall auf dem Boden lagen zusammengeknüllte Zettel, und die Papierkörbe quollen von den Hinterlassenschaften einer Gruppe von Leuten über, die hier jahrelang zusammengearbeitet hatten.

Als ich meinen Schreibtisch ausräumte, merkte ich plötzlich, daß Andrew Sciambra vor mir stand. Er hatte Tränen in den Augen.

»Jim«, sagte er. »Ich muß Ihnen eine Frage stellen, bevor Sie gehen. Ich wollte es schon seit Jahren tun.«

Ich sah ihn an. »Nur zu«, sagte ich.

»Während all der Jahre, die wir am Kennedy-Fall gearbeitet haben...«

»Ja?«

»Haben Sie da wirklich geglaubt, wir könnten die Bundesregierung schlagen?«

Ich legte die Hand auf seine Schulter. »Andrew«, sagte ich, »ich habe keinen Augenblick daran gezweifelt.«

Kapitel 20
DIE HEIMLICHEN DRAHTZIEHER

Wenn man das Unmögliche ausgeschieden hat, muß das, was übrigbleibt, wie unwahrscheinlich es auch erscheint, die Wahrheit sein.

Das Zeichen der Vier
Sir Arthur Conan Doyle

Seit dem Verfahren gegen Clay Shaw und meinem Prozeß ist viel geschehen. Führende Persönlichkeiten wie Lyndon B. Johnson, Earl Warren, Allen Dulles, Charles und Earle Cabell sind gestorben. Und wichtige Beteiligte an meinen Ermittlungen in New Orleans – wie der gehässige Antikommunist Guy Banister und der von ihm beschäftigte Privatdetektiv Jack Martin – sind tot, ohne daß die Öffentlichkeit Notiz davon genommen hat.

Andere sind zweifellos unter mysteriösen Umständen gestorben.[1] George de Mohrenschildt, Lee Oswalds Freund und Babysitter in Dallas, wurde, ein paar Stunden nachdem er einem Gespräch mit einem Ermittler des Untersuchungsausschusses des Repräsentantenhauses über Attentate zugestimmt hatte, erschossen aufgefunden – mit einem Gewehr neben sich. Der Gerichtsmediziner, der die Obduktion vornahm, entschied auf Selbstmord.[2]

David Ferrie wurde, wie in Kapitel 11 beschrieben, tot in seiner Wohnung in New Orleans aufgefunden, mit zwei nicht unterschriebenen Abschiedsbriefen neben sich. Der Gerichtsmediziner gelangte zu dem Ergebnis, daß Tod durch natürliche Ursachen vorlag.

Deputy Sheriff Roger Craig verließ nach einem Anschlag auf sein Leben Dallas und zog nach New Orleans. Er bekam jedoch Heimweh und kehrte nach Dallas zurück. Sein Wagen wurde in die Luft gesprengt, als er darin saß, doch er überlebte. Dann wurde er zu Hause erschossen aufgefunden. Das Urteil des Gerichtsmediziners lautete auf Selbstmord.[3]

Nachdem Jack Ruby im Sheriff's Office wegen einer Erkältung behandelt worden war, ging es ihm immer schlechter, und er wurde ins Krankenhaus eingeliefert. Kurz darauf hieß es, er habe Krebs, und nicht lange danach wurde erklärt, er sei an Krebs gestorben.

Lee Harvey Oswald wurde vor einem Fernsehpublikum von Millionen Zuschauern erschossen, als ihn eine lebendige Mauer aus Polizisten beschützen sollte. Obwohl die genaue Todesursache zweifelsfrei feststeht, bleibt das von Ruby genannte Motiv für den Mord an Oswald – er wolle Mrs. Kennedy die Belastung ersparen, am Prozeß gegen Oswald teilzunehmen – so fraglich wie eh und je, besonders hinsichtlich Rubys Beziehungen zum organisierten Verbrechen einerseits und zu FBI und CIA andererseits.

Clay Shaw starb am 14. August 1974, ebenfalls unter geheimnisvollen Umständen. Eines Tages sah ein Nachbar Shaws, daß ein paar Männer eine Leiche auf einer Bahre zum Vorderausgang von Shaws mondänem Haus hinaustrugen. Die Leiche war, einschließlich des Kopfes, mit einem Tuch bedeckt. Der Nachbar, dem dies ungewöhnlich erschien, informierte die Gerichtsmedizin, die augenblicklich Ermittler zu Shaws Haus schickte. Als sie dort eintrafen, war der Wohnsitz verlassen. Nach eintägiger Ermittlung erfuhr der Gerichtsmediziner des Bezirks New Orleans, Shaw sei gerade in Kentwood, Bezirk Tangipahoa, wo er auch geboren worden war, begraben worden.

Laut des von einem Dr. Hugh Betson ausgestellten Totenscheins war Shaw an Lungenkrebs gestorben.[4] Den Gerichtsmediziner von New Orleans, Dr. Frank Minyard, beschäftigten die Umstände und das Tempo der Beerdigung, und er beabsichtigte, einen Gerichtsbeschluß zur Exhumierung von Shaws Leiche in Kentwood zu erwirken, um sich zu vergewissern, daß bei Shaws Tod tatsächlich alles mit rechten Dingen zugegangen war. Doch bevor er sich den Beschluß besorgen konnte, bekamen die Medien Wind von seiner Absicht. Augenblicklich veröffentlichten die Zeitungen wütende Leitartikel, in denen sie gegen die Entweihung von Shaws sterblichen Überresten protestierten, auf sein Recht hinwiesen, in Frieden zu ruhen, und andeuteten, dabei handele es sich um den Versuch, meine Beschuldigung, Shaw sei am Attentat auf Präsident Kennedy beteiligt gewesen, wieder aufleben zu lassen. Der Gerichtsmediziner gab nach[5], und die Exhumierung fand nicht statt.

Ich weiß nicht, was aus anderen wichtigen Beteiligten der Geschichte geworden ist: aus Kerry Thornley, Oswalds Doppelgänger und Bekannten aus Marinetagen; aus dem ehemaligen FBI-Agenten James Hosty; aus Oswalds Freundin Ruth Paine und unserem Zeugen Vernon Bundy.

Einigen ist es gut ergangen. Richard McGarrah Helms[6], zum Zeitpunkt des Attentats stellvertretender Planungsdirektor (für verdeckte Operationen) bei der CIA, wurde 1966 zum Direktor der Agency befördert. 1973 trat er zurück, um Botschafter im Iran zu werden. Er hatte diesen Posten bis 1977 inne und übernahm dann Beratertätigkeiten in der Privatwirtschaft. Johnny Carson ist zu einer Ikone des Abendprogramms im Fernsehen geworden. NBC, CBS, *Newsweek, Time, Life* und die *New York Times* haben so weitergemacht, als sei nichts geschehen.

Dies trifft auch auf einige wichtige Zeugen zu. Perry Russo zum Beispiel betreibt einen Requisitenverleih in New Orleans und fährt nebenher Taxi. Julia Ann Mercer ist mit einem erfolgreichen Geschäftsmann verheiratet und lebt als Hausfrau im Mittelwesten. Und Pershing Gervais leitet ein Kautionsbüro in Baton Rouge.

Mit einer Ausnahme haben die Mitglieder der Sondereinheit, die in der Staatsanwaltschaft von New Orleans die Ermittlungen im Fall John F. Kennedy führten, noch in der einen oder anderen Weise mit dem Gesetz zu tun. Andrew Sciambra ist nun Polizeirichter in New Orleans. Lou Ivon gehört der gesetzgebenden Körperschaft des Staates an. Al

Oser arbeitete bis zur Pensionierung als Polizeirichter und ist nun Seniorpartner einer Kanzlei in New Orleans. Jim Alcock wurde ebenfalls Polizeirichter in New Orleans und praktiziert heute als Anwalt in Houma, Louisiana. Charles Ward ist Richter am Berufungsgericht des vierten Bezirks von Louisiana. D'Alton Williams hat sich als Anwalt für Grundbesitzfragen in New Orleans niedergelassen. Numa Bertel ist Leiter des Anwaltsdienstes für Mittellose am Polizeigericht. Frank Klein kehrte zu unserer Behörde zurück und wurde später stellvertretender Staatsanwalt im Bezirk Placquemine südlich von New Orleans, ist aber leider 1986 an Krebs gestorben.

Was mich betrifft, praktizierte ich nach der Niederlage im Wahlkampf und meinem Freispruch in dem getürkten Prozeß der Regierung wegen Steuerhinterziehung vier Jahre lang als Anwalt, schrieb einen Roman[7] und wurde dann in mein derzeitiges Amt als Richter am Berufungsgericht des vierten Bezirks des Staates Louisiana gewählt.

Doch mein Interesse an der Ermordung Präsident Kennedys und den sich daraus ergebenden Folgen erlahmte nie. Die Journalisten haben neue Informationen über das Attentat ausgegraben, die die Regierung der Vereinigten Staaten weiterhin nicht zur Kenntnis nimmt. Für mich zählt zu den bedeutsamsten Enthüllungen die verspätete Entdeckung, daß bei der Autopsie eine weitere Kugel in Präsident Kennedys Leichnam gefunden wurde, das Verschwinden von Präsident Kennedys Gehirn und natürlich die Bestätigungen von Victor Marchetti und Richard Helms, daß Clay Shaw Agent der CIA war (siehe Kapitel 18).

1978 und 1979 führte der Untersuchungsausschuß des Repräsentantenhauses über Attentate Anhörungen durch, und obwohl er allem Anschein nach dem im Sterben liegenden Bericht der Warren-Kommission neues Leben einhauchen wollte, stolperte er widerstrebend der Schlußfolgerung entgegen, Kennedy sei »wahrscheinlich infolge einer Verschwörung ermordet« worden.[8] Bevor der Ausschuß sich auflöste, forderte er das Justizministerium auf, die Ermittlungen neu aufzunehmen[9], und erstellte einen Geheimbericht über die Spuren, die er aufgedeckt hatte. Als Antwort auf diese Aufforderung folgte fast ein Jahrzehnt des Schweigens.[10]

Mehr als alles andere hat sich in den Jahren seit dem Attentat auf Präsident Kennedy das nationale Bewußtsein der USA geändert. Amerika hat sehr viel durchgemacht. Es gab zum Beispiel die geglückten Attentate auf Martin Luther King jr., Robert Kennedy, Medgar Evers und Malcolm X. Es gab die Attentatsversuche auf den Präsidentschaftskandidaten George Wallace und die Präsidenten Gerald Ford und Ronald Reagan. Wir haben neun schreckliche Jahre des Vietnamkrieges durchlebt, das Watergate-Trauma, die Enthüllungen der siebziger Jahre über die CIA und in jüngster Vergangenheit die Iran/Contra-Affäre. Durch diese außerordentliche Abfolge von Ereignissen haben wir unsere Unschuld verloren.

Wenn wir heute aufgrund neuer Informationen und neuen Verständnisses zurückschauen, ist es möglich, eine begründete historische Spekulation darüber anzustellen, was mit Präsident Kennedy passierte und warum es passierte. Ich glaube, am 22. November 1963 fand an der Dealey Plaza in Dallas ein Staatsstreich statt. Ich glaube, er wurde schon lange zuvor von fanatischen Antikommunisten in den Geheimdiensten der USA geplant und vorbereitet. Ausgeführt wurde er, höchstwahrscheinlich ohne offizielle Billigung, von Einzelpersonen aus dem Apparat für verdeckte Operationen der CIA und anderen, außerhalb der Regierung stehenden Kollaborateuren. Vertuscht wurde er von Einzelpersonen ähnlicher Gesinnung in FBI, Secret Service, der Polizei von Dallas und dem Militär. Sein Zweck war, Kennedy davon abzuhalten, Entspannung mit der Sowjetunion und Kuba zu suchen und den kalten Krieg zu beenden.

Ein Staatsstreich wird definiert als »plötzliche Handlung, mit der eine Einzelperson oder eine Gruppe normalerweise unter Einsatz beschränkter Gewalt eine Regierungsposition übernimmt, ohne sich den formellen Erfordernissen eines Amtswechsels zu unterwerfen, wie sie das Gesetz oder die Verfassung vorschreiben«[11]. Ein erfolgreicher Staatsstreich erfordert eine Reihe von Elementen: intensive Planung und Vorbereitung durch Drahtzieher (jene, die für den Staatsstreich verantwortlich sind); die Mithilfe der Prätorianergarde[12] (das sind Beamte, deren Aufgabe es ist, die Regierung einschließlich des Präsidenten zu schützen); ablenkende Vertuschungsmaßnahmen nach dem Anschlag; die Billigung des Attentats durch die neue Regierung und die Verbreitung gezielter Falschinformationen durch bedeutende Nachrichtenmedien. Wenn Ihnen diese Abfolge der Ereignisse bekannt vorkommt, dann deswegen, weil genau das geschah, als John F. Kennedy ermordet wurde.

Ich weiß nicht genau, wann die Planung und Vorbereitung des Staatsstreiches begann. In gewisser Hinsicht vielleicht schon Ende 1960, als die CIA ein Dossier über die mögliche Wiederwahl des Präsidenten erarbeitete. Ein solches psychologisches Profil wird bestimmt nicht zum Attentat auf den Präsidenten aufgefordert haben, doch sein Zweck war es, die CIA – oder gewisse Kreise der CIA – dem Ziel näherzubringen, die Außenpolitik zu manipulieren. Wahrscheinlich zogen bestimmte kalte Krieger in hohen CIA-Positionen ein Attentat erst später in Betracht, nachdem sich Kennedy für die Entspannung ausgesprochen hatte und konventionelle Methoden zur Manipulation der Politik versagt hatten.

Wer genau für die Planung zuständig war, ist ebenfalls nicht klar. Doch mit Sicherheit war Guy Banister schon sehr früh in zweifelhafte, auf ein Attentat abzielende Aktionen verwickelt. Mitarbeiter seiner Organisation, der Friends of Democratic Cuba – der Freunde des demokratischen Kuba –, waren die ersten, die sich als Lee Oswald ausgaben, als sie im Januar 1961 versuchten, beim Ford-Händler Bolton in New Orleans zehn Lieferwagen für die Invasion in der Schweinebucht zu kaufen (siehe Kapitel 4). Im Sommer 1963 war Banister tief in Anti-Castro-Aktivitäten verstrickt, angefangen von Guerilla-Ausbildungslagern nördlich von Lake Pontchartrain bis hin zum Waffenschmuggel für Überfälle auf Kuba. Daß Banister zu dieser Zeit mit der CIA zusammenarbeitete, kann nicht mehr ernsthaft in Frage gestellt werden.

Neben anderen gehörte es im Sommer 1963 zu Banisters Aufgaben, Lee Oswald zu präparieren und ihn als überzeugten Kommunisten darzustellen. Obwohl es nie gelungen ist, in New Orleans eine Zweigstelle des Fair Play for Cuba Committee ausfindig zu machen, ließ Banister Oswald in dessen Namen auf der Straße Flugblätter verteilen. Er stellte Oswald einen Raum im zweiten Stock des Newman Building zur Verfügung und traf sich von Zeit zu Zeit mit ihm in seinem eigenen Büro. Diese Präparierung glückte dank Banister wie geplant. Nach dem Attentat wurde Oswald sofort als Kommunist gebrandmarkt, und als wichtigster Beweis dafür wurden seine Flugblattaktionen in New Orleans angeführt.

Die Drahtzieher des Attentats arrangierten auch zahlreiche Auftritte, bei denen sich andere Personen als Oswald ausgaben, um ihm so eine lange Spur belastender Beweise anzuhängen (siehe Kapitel 5). Das bedeutendste dieser Ereignisse trug sich im Oktober 1963 in Mexiko-Stadt zu, als Oswald vorgeblich wiederholt mit der Sowjetischen Botschaft und dem Kubanischen Konsulat Verbindung aufnahm, um eine Reise in die Sowjetunion zu arrangieren. Seine besondere Bedeutung gewinnt dieser Zwischenfall dadurch, daß alle »Dokumente«, die ihn beweisen sollten, von der CIA vorgelegt wurden. Diese Beweise – darunter interne CIA-Hausmitteilungen, Fotos eines Mannes, bei dem es sich eindeutig nicht um Oswald handelt, sowie Tonbänder von aufgezeichneten Telefongesprächen mit der Sowjetischen Botschaft, auf denen Oswalds Stimme nicht zu hören war – waren geradezu peinlich dünn. Für mich bedeutet dies alles, daß zwar einige Leute der CIA an den Verkleidungsscharaden teilnahmen, bei denen andere Personen sich als Oswald ausgaben, um damit einen Sündenbock für das Attentat zu präparieren, daß jedoch andere Personen innerhalb der Agency nichts von der Verschwörung wußten, da sie sonst tatsächlich versucht hätten, die Wahrheit herauszufinden.

Oswald scheint über einen langen Zeitraum hinweg vor dem Attentat geschickt von der CIA manipuliert worden zu sein und hat vielleicht tatsächlich geglaubt, für die Regierung zu arbeiten. Oswald war auch ein verdeckter FBI-Informant, ein Job, der es seinen Auftraggebern ermöglichte, ihn zusätzlich unter Kontrolle zu halten, und der ihm vielleicht Grund zu der Annahme gab, wirklich einer Verschwörung zur Ermordung des Präsidenten auf der Spur zu sein. Seine Verbindung zum FBI wirft eine Frage auf: In welchem Ausmaß waren das FBI und der Secret Service an den Vorbereitungen des Attentats beteiligt? Ich habe den Eindruck, daß keiner dieser Dienste vor dem Attentat eine eindeutig positive Haltung eingenommen hat – wenngleich sie allerdings ausgesprochene Passivität an den Tag legten, als aktives Handeln gefragt war.

Das bringt uns zu dem zweiten – unerläßlichen – Element für einen erfolgreichen Staatsstreich: die Kooperation der Prätorianergarde. Ein Staatsstreich bedarf weder der Unterstützung durch eine große Anzahl von Regierungsbeamten noch der durch eine breite Bevölkerungsschicht. Die Urheber des Staatsstreichs können durchaus nur die Ansichten einer Bevölkerungsminderheit repräsentieren, denn wenn sie Schlüsselfiguren der Prätorianergarde auf ihrer Seite haben, wird die Mehrheit irrelevant.

In den USA stellt die Geheimpolizei der Nachrichtendienste das moderne Gegenstück zur Prätorianergarde dar, angefangen beim kleinen, allgegenwärtigen Secret Service über das FBI bis hin zu den Geheimdienstabteilungen der verschiedenen Bundesbehörden, der Defense Intelligence Agency und der Central Intelligence Agency. Ohne Schlüsselfiguren dieser modernen Prätorianergarde wäre in den Vereinigten Staaten ein Staatsstreich unmöglich. Mit ihnen kann er jedoch unaufhaltbar sein.

Die Prätorianergarde ist für einen erfolgreichen Staatsstreich von entscheidender Bedeutung, da sie die Möglichkeit hat, im kritischen Augenblick den Schutz des Staatsführers aufzuheben. Die sekundenschnelle Eliminierung von Kaiser Caligula, nach der der stotternde Claudius als einziger Kandidat für den Kaiserthron zur Verfügung stand, erfolgte geradezu beiläufig, nachdem die Garde sich leise zurückgezogen hatte.

Und fast ebenso beiläufig wurde Präsident Kennedy beseitigt, in nicht einmal sechs Sekunden, nach denen Lyndon B. Johnson als neuer Präsident feststand.

Anscheinend war ein Telex mit der Warnung vor einem Attentatsversuch auf den Präsidenten am 22. oder 23. November in Dallas zwar an jeden leitenden Special Agent des FBI im ganzen Land geschickt, aber einfach ignoriert worden (siehe Kapitel 17). Der Secret Service hatte auf die Schutzkuppel der Präsidentenlimousine verzichtet. Die Fenster und Dächer der Gebäude entlang der Fahrtroute waren nicht gesichert (siehe Kapitel 2). Und die Fahrtroute selbst war in letzter Minute geändert worden, damit die Wagenkolonne scharf abbiegen und ihre Geschwindigkeit dabei auf knapp fünfzehn Stundenkilometer verringern mußte (siehe Kapitel 7). All das bedeutet im Prinzip, daß dem Präsidenten der Schutz durch die moderne Prätorianergarde entzogen und er dadurch dem Gewehrfeuer ausgesetzt wurde, das von dem Grashügel vor ihm und von mindestens zwei Gebäuden hinter ihm kam.

Die Frage, wie viele Schüsse genau von welchen Standorten aus und von wem abgegeben wurden, bleibt unbeantwortet.

Doch ich bin mir ziemlich sicher, daß Lee Harvey Oswald am 22. November 1963 keinen einzigen Schuß abgefeuert hat. Der negativ ausgefallene Nitrattest, seine schlechten Leistungen als Schütze bei der Marine, sein wenig aggressiver Charakter und die armselige Qualität des Mannlicher-Carcano-Gewehrs, das er angeblich bei einem Versandhandel gekauft und bei dem Attentat benutzt haben soll, sowie das Fehlen jeglicher Beweise für seine Verwicklung in den Mord an dem Polizisten Tippit bestätigen, daß er niemanden getötet hat, sondern lediglich, wie er behauptete, »hereingelegt worden« war.

Der Leichnam des Präsidenten war noch nicht erkaltet, als man bereits mit der gut organisierten Verschleierung begann. Durch die Entführung seiner Leiche in einem Krankenwagen zur Air Force One – trotz der heftigen Einwände von Beamten des Staates Texas im Parkland Hospital – konnte man den Toten schnell verschwinden lassen, bevor die erforderliche Autopsie vor Ort enthüllte, daß Kennedy sowohl von vorne als auch von hinten getroffen worden war. Lyndon B. Johnson wurde sofort als neuer Präsident der Vereinigten Staaten vereidigt, um die beunruhigende Möglichkeit eines nationalen Sicherheitsnotstands auszuschließen. Dann hob die Maschine vom Flughafen in Dallas ab und nahm Kurs auf das Marinekrankenhaus in Bethesda, Maryland. Dort wurden der hippokratische Eid und jede ernsthafte Suche nach der Wahrheit plötzlich vom obersten Gesetz der Militärs hinweggewischt: Befehlen zu gehorchen, ohne Fragen zu stellen (siehe Kapitel 18).

Nachdem die Air Force One gestartet war und sich Kennedys Leiche in der Luft befand, konnte offiziell erklärt werden, der Präsident sei von hinten erschossen worden. Man konnte bekanntgeben, daß es sich um das Werk eines Einzeltäters handelte, eines jungen, aus der Bahn geworfenen Marxisten ohne Motiv und ohne Helfer, und daß die Polizei von Dallas ihn schon verhaftet hatte und er sich im Büro von Captain Will Fritz befand, dem Chef der Mordkommission. Der befürchtete Notstand war beendet, noch ehe er richtig begonnen hatte. Die Regierung der Vereinigten Staaten lag in guten Händen.

Der Staatsstreich hatte sein Ziel mit der Präzision eines Uhrwerks erreicht. Man hatte das höchste Regierungsmitglied der Vereinigten Staaten getötet, und bedeutende Veränderungen in der amerikanischen Außenpolitik würden nicht erst nach Monaten oder Wochen, sondern binnen weniger Tage eintreten.

Mittlerweile war man eifrig mit der Vertuschung beschäftigt. Der Secret Service schickte Gouverneur John Connallys Kleidung mit allen Beweisen, die sie vielleicht enthalten hatte, in die Wäscherei und säuberte dann die Präsidentenlimousine, wobei er wiederum alle wichtigen Blut-, Kugel- und Knochenspuren beseitigte (siehe Kapitel 17). Später »untersuchten« seine Agenten Lee Oswalds Büro in Guy Banisters Operationsbasis und fanden dabei keinerlei verdächtige Spuren (siehe Kapitel 3).

Das FBI vertuschte die Tatsache, daß es fünf Tage vor dem Attentat vor einer Verschwörung zur Ermordung des Präsidenten gewarnt worden war, bedrängte Zeugen wie Fenella Farrington (siehe Kapitel 5) und versuchte andere, wie Richard Randolph Carr (siehe Kapitel 18), zum Schweigen zu bringen. Das FBI ging sogar so weit, die Aussagen der Zeugin Julia Ann Mercer zu verändern, die Jack Ruby als den Mann identifiziert hatte, der den Lieferwagen fuhr, aus dem eine Stunde vor dem Attentat ein Mann mit einem Gewehr am Grashügel ausgestiegen war.

Der Polizei von Dallas gelang es, zwei Gewehre zu »verlieren«, die sie im Schulbuchlager sichergestellt hatte, darunter eine hochwertige Präzisionswaffe, eine 7.65er Mauser. Sie machte sich auch nie die Mühe, der Meldung von Deputy Sheriff Roger Craig nachzugehen, der gesehen hatte, daß ein Nash-Rambler-Kombi mit vier Personen – eine davon Oswald – vor dem Schulbuchlager gestanden hatte und dann losgefahren war; sie stritt sogar ab, je davon gehört zu haben (siehe Kapitel 16). Sie verschwieg zehn Monate lang, daß Oswalds Nitrattest negativ ausgefallen war (siehe Kapitel 7); sie unterschlug und manipulierte wichtige ballistische Beweise beim Mord an Tippit (siehe Kapitel 15). Und sie ließ zu, daß Jack Ruby Oswald im Keller des Polizeipräsidiums töten konnte, obwohl dieser von Dutzenden Beamten umringt war. Ruby hatte zumindest geholfen, das Attentat vorzubereiten, und wurde vielleicht von den Urhebern des Attentats deshalb in eine Lage manövriert, in der ihm keine Alternative mehr blieb, als Oswald zu eliminieren. Rubys Gewalttat, mit der er den einzigen Menschen zum Schweigen brachte, der die Drahtzieher des Attentats vielleicht hätte identifizieren können, bildete die Krönung der Vertuschung. Auf diese Weise wurden die Vertuschungsmanöver selbst perfekt kaschiert.

Nachdem die Verschleierung mit derart durchschlagendem Erfolg abgeschlossen war, konnte das Attentat nun bedenkenlos »gebilligt« werden. Die überlebenden Angehörigen der neuen Regierung – von Lyndon B. Johnson über J. Edgar Hoover und Earl Warren abwärts – erkannten schnell die Vorteile, die ihnen eine Unterstützung des Szenarios bot, es habe gar keinen Staatsstreich gegeben, die amerikanische Demokratie sei ungefährdet und intakt wie eh und je, und ein verrückter Einzeltäter habe den Präsidenten in einem sinnlosen, willkürlichen Gewaltakt umgebracht. Und sie begriffen schnell die Botschaft der Drahtzieher hinter dem Attentat; man war sich darin einig, den kalten Krieg so intensiv fortzusetzen wie vor Kennedys Zeiten. Es gibt keine Beweise, daß Johnson, Hoover, Warren oder Allen Dulles von dem Attentat wußten oder darin verstrickt waren, doch ich würde nicht zögern, sie als Mitschuldige zu bezeichnen, nachdem sie vor vollendete Tatsachen gestellt worden waren.

Als die Mitglieder jener Geheimdienste, die an der Verschwörung nicht teilgenommen hatten, erkannten, daß ein Staatsstreich stattgefunden hatte, unterstützten sie schnell die offiziell verbreitete Version des Tathergangs und des Täters. In einigen Fällen waren sie vom Selbsterhaltungstrieb motiviert, in anderen von der Annahme, Kennedy habe das Attentat selbst heraufbeschworen, da er zu oft Kompromisse mit den Sowjets eingegangen war.

Die verbliebenen Mitarbeiter der Kennedy-Administration – von hohen gewählten Beamten bis hin zu Ministern und Geheimdienstleitern – reihten sich in die Schlange und stimmten in den immer lauter werdenden Chor ein, der die große Lüge unters Volk brachte.

So verlaufen alle erfolgreichen Staatsstreiche. Im frühen 17. Jahrhundert schrieb der englische Dichter Sir John Harington[13]:

»Verrat gedeihet nie. Aus welchem Grund?
Wenn er gedeiht, wagt keiner, ihn Verrat zu nennen.«

Die offizielle Billigung nahm ihren Anfang, als der Kongreß Präsident Johnson, dem Erben der Macht, erlaubte, die Warren-Kommission zur Aufklärung des Mordes einzusetzen, der unter anderem der ehemalige CIA-Direktor Dulles angehörte. Der Bericht der Kommission, der vom Prestige und der Glaubwürdigkeit seines angesehenen Vorsitzenden lebte, drückte dem Märchen vom Einzeltäter den offiziellen Beglaubigungsstempel der Regierung auf. Der Regierung, die sich nicht mit den früheren Attentatsversuchen der CIA und der Mitwirkung anderer Geheimdienste bei deren Vertuschung befassen wollte, muß eine solche Billigung als der einfachste Ausweg erschienen sein. Noch viele Jahre später gaben Bundesbeamte ihr Bestes, den in sich zusammenfallenden Bericht zu stützen, während die Kritiker ihn Stück für Stück zerrissen, bis schließlich kaum noch jemand an das Szenario vom Einzeltäter glaubte.

Obwohl der Mord nicht eindeutig aufgeklärt wurde, unternahmen die nachfolgenden Präsidenten und Staatsanwälte, denen ausnahmslos das FBI und die gesamten Mittel der Bundesregierung zur Verfügung standen, keinen Versuch, die Wahrheit herauszufinden.

Im Gegenteil, als ich eine vorbehaltlose Untersuchung des Attentats durchführen wollte, versuchten Bundesbeamte, die Wahrheit zu unterdrücken. Ich erhielt keine Unterstützung, als ich versuchte, Schlüsselzeugen wie Allen Dulles vorzuladen. Ich mußte feststellen, daß wichtige Unterlagen der Bundesregierung vernichtet, verändert, als geheim eingestuft worden waren oder für fünfundsiebzig Jahre unter Verschluß gehalten werden sollen. Ich sah mich vom Präsidenten, vom Generalstaatsanwalt und vom Justizminister denunziert. Meine Ermittlungen wurden von Bundesagenten torpediert und unterwandert. Und schließlich fand ich mich als Opfer in einem an den Haaren herbeigezogenen Prozeß der Bundesregierung wieder. So ergeht es demjenigen, der sich der Billigung des Staatsstreichs durch die neue Regierung nicht anschließt.

Die Vertuschung und Billigung des Attentats durch die Regierung wurde durch eine Flut von Falschinformationen gestützt, die in den Medien erschienen. Das Ausstreuen von Desinformationen ist das letzte Element eines erfolgreichen Staatsstreichs und zufälligerweise auch eine der Spezialitäten der CIA.[14] Viele Jahre lang standen insgeheim Journalisten auf der Gehaltsliste der Firma, die angeblich für die Medien arbeiteten, in Wirklichkeit jedoch das amerikanische Volk manipulierten. Die CIA hat auch die Veröffentlichung von über tausend Büchern unterstützt.[15] Wie Richard Barnet es ausdrückte[16], der Co-Direktor des Institute for Policy Studies:

»Bei den Produkten im Gewerbe der Geheimdienst-Unterwelt handelt es sich um Täuschungsmanöver. Sie sollen erfundene Wirklichkeiten schaffen und mittels Manipulation und Subversion die Dinge anders erscheinen lassen, als sie tatsächlich sind. Über zweihundert Agenten [...] geben sich als reisende Geschäftsleute aus. Die CIA hat eingestanden, daß seit dem Zweiten Weltkrieg mehr als dreißig Journalisten auf ihrer Gehaltsliste standen. ›Inhabergesellschaften‹ wie die Air America und sonstige Tarnfirmen der Agency, ›Scheinstiftungen‹, Studentenorganisationen, Kirchenorganisationen und so weiter gehörten zu dieser doppelbödigen Welt, die letztendlich nicht nur das amerikanische Volk, sondern auch Regierungen anderer Länder in die Irre geführt und getäuscht hat.«

Fünfundzwanzig Jahre lang hat man das amerikanische Volk mit einer Propaganda bombardiert, die beharrlich auf eine Vielzahl irrelevanter, vorgeblicher »Hintermänner« als vermeintliche Drahtzieher des Kennedy-Attentats hinwies. Den Amerikanern wurden mit solchen Falschinformationen, für die sie auch noch mit ihren Steuergeldern bezahlten, dermaßen die Gehirne gewaschen, daß viele heutzutage nur noch traurig aufstöhnen können, daß sie »die Wahrheit wahrscheinlich nie erfahren« werden.

Inzwischen verstärkten ein endloser Strom an Erklärungen seitens der Nachrichtendienste, Zeitungsartikel, Fernseh-»Dokumentationen«, Illustriertenbeiträge und Bücher diese Verwirrung und lenkten die Aufmerksamkeit der Öffentlichkeit weiterhin in die falsche Richtung. Die unglaublich zahlreichen vorgeblichen Hintermänner, die dem amerikanischen Volk zugemutet wurden, schlossen Lee Harvey Oswald ein, den KGB, Howard Hughes, Ölbarone aus Texas, das organisierte Verbrechen und Fidel Castro.

Der erste angebliche Drahtzieher war der Sündenbock selbst: Lee Harvey Oswald. Er, der von den Geheimdiensten für diese Rolle vorgesehen war, wurde von der Warren-Kommission und anderen höchsten Stellen der Regierung der Vereinigten Staaten offiziell für schuldig befunden. Doch mit der Zeit wurde zunehmend deutlich, daß das Märchen vom Einzeltäter auseinandergefallen war, und die meisten seiner Anhänger verstummten.

Dementsprechend überrascht war ich, als die Zeitschrift *Time,* die immer vehement die Einzeltäter-Version vertrat, den ursprünglichen Sündenbock auch weiterhin als Täter darstellte. Man muß der Zeitschrift erstaunliche Konsequenz in der unbegrenzten Stützung dieser Theorie bescheinigen, aber natürlich auch absoluten Mangel an eigenständigem Denken. In der Ausgabe vom 1. August 1988 wurde der Roman *Libra* von Don DeLillo rezensiert, bei dem es sich um eine zwar fiktive, aber interessante und provokante Darstellung des Kennedys-Mordes und seines vermeintlichen Mörders handelt. *Time* bemängelte die Feststellung des Romans, daß »die Verschwörung zur Ermordung des Präsidenten noch breiter und düsterer [war] als bislang angenommen«. Es gebe eine einfachere Möglichkeit, belehrt die Zeitschrift besserwisserisch: »Ein frustrierter, wütender Mann schaute aus einem Fenster, sah den Präsidenten vorbeifahren und erschoß ihn.«

Als ich diese kurze Abhandlung über eines der kompliziertesten und bedeutendsten Ereignisse unserer Geschichte las, wurde mir klar, daß nicht mehr viel über eine Zeitschrift zu sagen bleibt, die bereits alle Antworten kennt.

Einer der interessantesten angeblichen Drahtzieher ist Fidel Castro. Im Laufe der Jahre bin ich – besonders an Universitäten – häufig Menschen begegnet, die mir nachdrücklich beipflichteten, es sei unmöglich gewesen, daß Oswald Kennedy ohne Hilfe ermordet habe. Doch dann fügten sie hinzu, sie nähmen an, Fidel Castro habe das Attentat in Auftrag gegeben. Ich entgegnete stets darauf, daß ich die Logik dieser Mutmaßung in Zweifel ziehen würde.

Zuerst wies ich darauf hin, daß in einem kritischen Augenblick der von der CIA gesteuerten Invasion Kubas im Jahre 1961[17] der diensthabende Leiter der Agency[18] den Präsidenten bekniet hatte, Kampfflugzeuge der Navy einzusetzen. Kennedy hatte sich geweigert, und die Invasion endete mit einem katastrophalen Fehlschlag. Danach erklärte ich, daß sich Kennedy während der Kuba-Krise im Jahre 1962[19] geweigert hatte, Kuba bombardieren zu lassen oder eine Invasion zu befehlen, wie es ihm einige seiner Militär- und Geheimdienstberater nahelegten. Schließlich erinnerte ich die Zuhörer daran, daß einer der wichtigsten Faktoren, die zur Beendigung der Kuba-Krise führten, Kennedys persönliche Zusage an die Sowjetunion war, die USA würden keine weiteren Invasionsversuche unternehmen – eine Entscheidung, die die führenden Leute in der CIA tief traf, da sie genau zu diesem Zweck Exilkubaner in Guerilla-Lagern in Florida und Louisiana ausbilden ließen. An diesem Punkt reichte es dann normalerweise, wenn ich die Frage stellte: »Glauben Sie wirklich, daß Fidel Castro Kennedy beseitigen lassen wollte und lieber Lyndon B. Johnson an der Macht gesehen hätte?«

Man könnte den Vertretern der Auffassung, Castro stecke als Drahtzieher hinter dem Kennedy-Attentat, noch viele solcher Fragen stellen. Hätten kubanische Kommunisten wirklich die notwendige Operationsbasis bereitstellen und Schlüsselpositionen der Polizei von Dallas – einer der konservativsten Städte der USA – unterwandern können?

Hätten diese Kommunisten auf eine weitgehende Zusammenarbeit der Behörden von Dallas, des FBI und der CIA zählen können, auf die die tatsächlichen Täter offenbar bauen konnten? Und sollen wir wirklich glauben, daß Fidel Castro Oswald die aufrührerischen Flugblätter in New Orleans verteilen ließ und dem gleichen Burschen später befahl, nach Dallas zu fahren und Präsident Kennedy zu ermorden? Und sollen wir glauben, daß Castros Mordkommando nur aus einem Mann bestand? Zum Glück kommt Castro als Drahtzieher nicht mehr in Betracht, vielleicht gerade wegen der Absurdität einer solchen Annahme.

Ich habe natürlich erfahren, daß kurzzeitig die »Ölmilliardäre des Südwestens« als Hintermänner sehr im Gespräch waren. Doch für mich kamen sie nie in Frage, nicht einmal kurz, denn sie paßten einfach nicht zu meiner ursprünglichen – und noch immer gültigen – Annahme, daß das Attentat ohne Mitwirkung der Geheimdienste nicht möglich gewesen wäre. Sicher, George de Mohrenschildt war im Ölgeschäft tätig und Mitglied des Petroleum Club von Dallas. Doch meine Gespräche mit ihm zeigten, daß er nur benutzt worden war – allerdings nicht von den Ölmilliardären des Südwestens, sondern von den Geheimdiensten. Seine Pflichten beschränkten sich darauf, Oswald zu beaufsichtigen. Als dann die letzten Vorkehrungen getroffen wurden, um Oswald als Sündenbock des Attentats erscheinen zu lassen, wurde er nach Haiti geschickt, wo er ein »regierungsorientiertes« Unternehmen betrieb (siehe Kapitel 4).

Der Besuch von »Jim Braden«[20] (Eugene Hale Brading) in den Geschäftsräumen der Familie Hunt wenige Tage vor dem Attentat scheint ein einmaliger und kurzfristiger Täuschungsversuch gewesen zu sein (siehe Kapitel 16). Auch Jack Ruby stattete den Büros der Hunts einen Besuch ab – ebenfalls kurz vor dem Attentat –, und Ruby war ebensowenig im Ölgeschäft tätig wie Braden. Diese Lockvögel wurden eingesetzt, um den Spekulationen Nahrung zu geben, die texanische Ölbranche könne das Attentat finanziert haben.

Natürlich war der erste angebliche Drahtzieher, auf den man beharrlich deutete, das organisierte Verbrechen – die Mafia, der Mob. Viele Bücher, die vorgeblich die offizielle Erklärung der Regierung zum Attentat kritisieren, scheinen nur zu dem Zweck geschrieben worden zu sein, den Leser davon zu überzeugen, das organisierte Verbrechen habe John F. Kennedy ermordet. Wie bei jedem langlebigen Mythos stecken auch in diesem ein paar Bröckchen Wahrheit. Die CIA hat jahrelang mit der Mafia zusammengearbeitet, und es gibt Beweise dafür, daß viele Mob-Führer Präsident Kennedy und seinen Bruder, den Justizminister Robert Kennedy, gehaßt haben. Und einzelne Personen, die Verbindung zum Mob haben, passen tatsächlich in das Szenario.

Denn Teilen des organisierten Verbrechens bot das Kuba vor Castro mit seinen Spielkasinos für amerikanische Touristen reiche Weidegründe. Bei ihrem Privatkrieg gegen Castro traf die CIA später Vereinbarungen mit einigen dieser Mobster – hauptsächlich mit Santos Trafficante und John Rosselli –, die Fidel Castro im Auftrag der Agency ermorden sollten.[21] Andere mit dem Mob verbundene Einzelpersonen wie Jack Ruby wurden eingesetzt, um Waffen und Munition für Anti-Castro-Abenteuer aufzutreiben.[22] Da überrascht es kaum, daß die Agency nach Präsident Kennedys Ermordung weiterhin ihren hilfreichen neuen Freund, den Mob, benutzte, da allein schon sein Name ihn zu einem potentiellen Drahtzieher machte. Die unbestreitbare Kriminalität der verschiedensten Unternehmungen des organisierten Verbrechens trug einen Großteil zu der anhaltenden Verwirrung bei, die die Desinformations-Maschinerie der Agency erzeugte, und veranlaßte viele, sich von der »Firma« als möglichem Drahtzieher abzuwenden. Für die Mobster wiederum war die Agency zu einem neuen und großzügigen Paten geworden.

Die Agency setzte ihre neuen Freunde nicht nur bei Morden und Waffenschmuggel ein, sondern auch für andere Zwecke. Stellen Sie sich zum Beispiel meine Überraschung vor, als ich einen Band des Untersuchungsausschusses des

Repräsentantenhauses über Attentate durchblätterte und dabei einen vom CIA zur Verfügung gestellten Bericht entdeckte.[23] Darin hieß es, daß sich »Jim Garrison, als er noch Bezirksstaatsanwalt von New Orleans war, insgeheim in einem Hotel in Las Vegas mit John Rosselli getroffen« habe. Das war natürlich absolut falsch, doch ich erachtete es als nicht geringe Ehre, daß mich die Desinformations-Maschinerie des wichtigsten Geheimdienstes der Regierung mit dem Mob in Verbindung brachte.

Weit größere Bedeutung als dieser kleine Schlenker hat der Erfolg der Agency, viele ansonsten kritisch denkende Amerikaner davon überzeugt zu haben, dem organisierten Verbrechen sei es irgendwie gelungen, die ausgeklügelte Logistik zu bewältigen, die letztendlich zur Ermordung Präsident Kennedys führte. Ich schlage vor, daß wir diese Ansicht einmal mit anscheinend aus der Mode gekommener Vernunft betrachten.

Man erinnere sich, daß die ursprüngliche Route der Wagenkolonne nicht direkt am Schulbuchlager vorbeiführte, in dem Oswald seit Oktober, nachdem Ruth Paine ihm dort einen Job besorgt hatte (siehe Kapitel 5), arbeitete. In der Tat führte noch am Morgen des Attentats das Schaubild der Fahrtroute auf der Titelseite der *Dallas Morning News* geradeaus über die Dealey Plaza und die Main Street weiter (siehe Kapitel 7). Kann man wirklich davon ausgehen, daß der Mob die Fahrtroute am Attentatsmorgen ändern konnte?

Glauben Sie nicht den zahlreichen Büchern, die »enthüllen«, das organisierte Verbrechen sei der Drahtzieher des Attentats auf Kennedy gewesen (siehe Nachwort). Wenn man erklären könnte, wie der Mob imstande gewesen sein soll, am Morgen des Attentats die Fahrtroute zu ändern – nur diesen einzigen, einfachen Beweis –, könnte ich zumindest die Möglichkeit akzeptieren, der Mob habe Präsident Kennedy ermordet. Ohne diese Erklärung reagiere ich auf Menschen, die der Mafia das Attentat in die Schuhe schieben wollen, argwöhnisch.

Ich habe den Eindruck, daß jemand mit erheblicher

Macht und beträchtlichem Einfluß Lee Oswald in der Nähe der Wagenkolonne haben wollte. Wer immer es war, er hat letztendlich entschieden: »Wenn wir Oswald nicht an die Fahrtroute bringen können, bringen wir die Fahrtroute eben zu Oswald.« Wer könnte diese Streckenänderung wohl eher durchsetzen – die Unterbosse, die für Anthony (Fat Tony) Salerno arbeiteten, oder jene Personen in den Geheimdiensten, die verdeckte Operationen ausführen? Angestellte von Tony (Big Tuna) Accardo oder Mitglieder der Prätorianergarde, die – da es ihnen oblag, den Präsidenten zu schützen – auch die Macht hatten, zu entscheiden, wo, wann und auf welche Weise er fährt?

Es wäre nur für denjenigen von Wert gewesen, Lee Oswald in die Nähe der Fahrtroute zu plazieren, der ihn als Sündenbock präpariert und als Kommunisten und Anhänger Fidel Castros hingestellt hat. Hat ihn das organisierte Verbrechen präpariert oder Guy Banister, der Ex-Mitarbeiter des ONI, des FBI und der CIA? War Oswalds Operationsbasis ein Mafia-Restaurant oder Guy Banisters Büro, in dem auch David Ferrie, eine kleine Guerilla-Armee aus Exilkubanern und eine Reihe von Geheimdienstagenten verkehrten?

Konnte das organisierte Verbrechen dafür sorgen, daß die Titelseite der *Dallas Morning News*, die der Warren-Kommission als Beweismittel vorgelegt wurde, nicht mehr den vorgesehenen Weg zeigte (siehe Kapitel 7)? Konnte der Mob nach dem Eintreffen der Präsidentenlimousine im Parkland Hospital Gouverneur Connallys Kleidung beiseite schaffen und sie in die Reinigung bringen, um so alle Einschußspuren zu beseitigen? Konnte die Mafia Kennedys Leichnam an den Behörden von Texas vorbeischleusen, die, wie es das Gesetz dieses Bundesstaates verlangt, eine Autopsie durchführen wollten, und an Bord der Air Force One bringen? Konnte die Mafia einen Armygeneral, der kein Arzt war, zum Leiter der Autopsie des Präsidenten einsetzen? Konnte die Mafia im Verlauf der Autopsie die Pathologen anweisen, die Halsverletzung nicht zu untersuchen, weil man sonst vielleicht eine Kugel, die von vorne eingeschlagen war, in den Nackenwirbeln gefunden hätte? Konnte die Mafia danach dem Chefpathologen, Commander Humes, befehlen, seine Autopsie-Aufzeichnungen zu verbrennen? Konnte die Mafia dafür sorgen, daß das Gehirn des Präsidenten aus den National Archives verschwand?

Bei genauer Untersuchung brechen alle vermeintlichen Drahtzieher unter ihrem eigenen Gewicht zusammen. Als einzig wahrscheinlicher Drahtzieher, der sowohl ein Motiv als auch die Möglichkeit besaß, den Präsidenten zu ermorden, bleiben Elemente in der Central Intelligence Agency übrig, die mit der Durchführung verdeckter Operationen vertraut waren.

Der CIA-Apparat für verdeckte Aktionen ist ebenso unsichtbar wie gefährlich. Er wurde mittlerweile zur weitaus mächtigsten Abteilung der Geheimdienstwelt, steht den höchsten Regierungsebenen am nächsten und hat, zumindest seit den fünfziger Jahren, eine ständig wachsende Rolle bei der Festlegung der Außenpolitik eingenommen.

Bei verdeckten Operationen geht es nicht darum, Informationen zu sammeln. Sie schließen die Entwicklung und Verbreitung von Propaganda ein (der Euphemismus umschreibt Falschinformationen), das Ausheben geheimer Armeen, das Inszenieren von Staatsstreichen und sogar Morde – überall auf der Welt, international und im eigenen Land, aber immer im verborgenen. Solche verdeckten Operationen machen mehr als zwei Drittel der gesamten CIA-Aktivitäten aus, und infolgedessen hat sich die Abteilung für verdeckte Operationen, wie es der ehemalige CIA-Beamte Philip Agee einst ausdrückte, »als geheime politische Polizei« etabliert, als »die Gestapo und SS unserer Zeit«[24].

Es ist unwahrscheinlich, daß ein ausgeklügelter Plan zur Ermordung des Präsidenten offiziell von John McCone, dem damaligen CIA-Direktor, oder von Richard Helms, dem stellvertretenden Planungsdirektor (für verdeckte Operationen), gebilligt wurde. Aber er kann durchaus in den unteren Etagen der Agency geplant und in Zusammenarbeit mit nicht direkt bei der Regierung angestellten Einzelpersonen oder Organisationen ausgeführt worden sein, vielleicht auch, um keine Spur zu den höchstrangigen CIA-Beamten zurückzulassen, die vielleicht bequemerweise einfach in die andere Richtung schauten. Wir sind erst vor kurzem wieder auf ein solches Quasi-Regierungsgebilde gestoßen, das sich aus Regierungsbeamten und normalen Bürgern zusammensetzte, und zwar bei der Iran/Contra-Affäre, über die der Kongreß 1987 ermittelt hat. Diese spezielle Verquickung von staatlicher Macht und ziviler Unterstützung, die auch bei der Watergate-Affäre zutage trat, wurde von einem hochrangigen, in die Sache verwickelten Beamten als »Unternehmen« bezeichnet.

Ich bin der Ansicht, das Iran/Contra-Unternehmen ist durchaus der Nachkomme eines viel mächtigeren Unternehmens, dem Präsident Kennedy zum Opfer fiel. Beide Operationen waren die geistigen Kinder der CIA-Abteilung für verdeckte Operationen; beide bestanden aus einer Mischung aus Agency-Veteranen und geheimnisvollen Zivilisten, um diese finsteren illegalen Operationen durchzuführen; beide traten für eine weit rechts stehende Ideologie ein; und beide waren nicht dingfest zu machen. Die hier vorliegende Kontinuität ist wirklich erschreckend. Für mich erweckt dies den Anschein, daß der Traum des verstorbenen CIA-Direktors William Casey von einer durchgehend geheimen Operation, die als nicht zurückzuverfolgendes Instrument der Agency äußerst heikle, verdeckte Aktionen steuert, schon seit einem Vierteljahrhundert Wirklichkeit ist und wenigstens bis zur Ermordung Präsident Kennedys zurückreicht.

Im Gegensatz zu den vermeintlichen Drahtziehern besaß die CIA eindeutig die Mittel, das Attentat durchzuführen.

1975 fand ein Senatsausschuß unter Vorsitz von Frank Church heraus, daß die Agency eine Reihe von Attentaten geplant hatte, bei denen sie alles mögliche, von Gift über Maschinengewehre bis hin zu Profi-Killern der Mafia, einsetzen wollte.[25]

Der Ausschuß hatte zwar keine Befugnis, über Attentate im eigenen Land zu ermitteln, stellte aber fest, daß die Agency wiederholt Komplotte geschmiedet hatte, um ausländische Staatsführer zu eliminieren, mit deren Politik sie nicht einverstanden war.

1953 führte die CIA einen gutorganisierten, von Allen Dulles von Genf aus über Funk geleiteten Coup gegen die Regierung des Iran aus.[26] Premierminister Mohammed Mossadegh wurde gestürzt, und auf den erneut installierten Pfauenthron wurde der Schah gesetzt.

1954 betrieb Jacobo Arbenz in Guatemala eine entschieden liberale, obgleich nicht-kommunistische Politik. Als sich einige führende Militärs gegen den demokratisch gewählten Führer verschworen, griff die Agency ein und unterstützte sie mit bewaffneten Kampfflugzeugen. Arbenz mußte aus dem Land fliehen.[27]

1960 wurde Patrice Lumumba, ein starker nationaler Führer und der erste Ministerpräsident des Kongo (des heutigen Zaire), zum Ziel der Agency.[28] Wie Mossadegh im Iran und Arbenz in Guatemala war Lumumba kein Kommunist. Trotzdem genehmigte CIA-Direktor Dulles die Ausgabe von hunderttausend Dollar, um Lumumba zu »beseitigen«. Kurz darauf forderte Richard Bissell, der damalige stellvertretende Planungsdirektor, den CIA-Wissenschaftler Joseph Scheider auf, Vorbereitungen zu treffen, einen nicht genannten »afrikanischen Politiker« zu ermorden. Scheider stellte eine Liste von giftigen biologischen Stoffen zusammen, die bei eingeborenen Afrikanern tödliche Krankheiten auslösen sollten. In seiner Aussage vor dem Church-Komitee gestand Scheider ein, dem Abteilungsleiter der Agency im Kongo einen tödlichen Blumenstrauß zugestellt und ihn angewiesen zu haben, Lumumba zu ermorden.

Doch das Gift mußte nicht eingesetzt werden. Im Januar 1961 wurde Lumumba – mittlerweile politischer Gefangener und nicht mehr im Amt – in ein Flugzeug gesetzt, das angeblich nach Bakwanga in der Provinz Katanga fliegen sollte. Auf halber Strecke wurde es nach Elisabethville in derselben Provinz umgeleitet, in eine Gegend, von der man wußte, daß ihre Bewohner Lumumba nicht wohlgesinnt waren. Einige Wochen später wurde gemeldet, Lumumba sei entkommen und danach von feindseligen Dorfbewohnern umgebracht worden. Es wurde nicht geklärt, ob die CIA direkt in die Ermordung Lumumbas verwickelt war, doch 1978 behauptete John Stockwell, der ehemalige Afrika-Spezialist der CIA, ein hoher Beamter der Agency habe ihm erzählt, wie er mit Lumumbas Leiche in seinem Wagen herumgefahren sei und »überlegte, was ich mit ihr machen sollte«[29].

Das Church-Komitee fand heraus, daß die CIA nicht nur die Ermordung Patrice Lumumbas, sondern auch mehrfach die Eliminierung Fidel Castros geplant hatte, bei der sie so neuartige Entwicklungen wie vergiftete Tauchanzüge und Zigarren einsetzen wollte.[30] Überdies stellte das Komitee fest, daß die Agency aktiv zur Ermordung anderer ausländischer Staatsführer ermutigt hatte, darunter 1961 in der Dominikanischen Republik Rafael Trujillo Molina, 1963 in Südvietnam Präsident Ngo Dinh-Diem und 1970 in Chile General René Schneider. Die ernüchternde Schlußfolgerung des Komitees besagte, die CIA habe wiederholt geplant, eine Reihe ausländischer Staatsführer zu ermorden, oder an der Ermordung mitgewirkt.[31]

Dies wurde von anderen Ex-Agenten der Agency bestätigt. Einem dieser Männer – William Harvey[32] – zufolge schloß das Programm der CIA zur Beseitigung ausländischer Staatsführer die »Fähigkeit [ein], Attentate durchzuführen«.

Richard Bissell, ehemaliger stellvertretender Planungsdirektor, gestand ebenfalls[33], Attentate seien im »breiten Spektrum der zur Verfügung stehenden Maßnahmen« enthalten, um Staatschefs zu beseitigen, die ein Problem darstellten. Daher kann man davon ausgehen, daß die CIA aufgrund ihrer langen Erfahrung durchaus die Möglichkeiten besaß, Präsident Kennedy zu ermorden.

Genauso wichtig ist, daß sie auch ein Motiv hatte. Im Gegensatz zur Ansicht der meisten Amerikaner wurde die CIA nicht nur deswegen geschaffen, um Informationen zu sammeln.[34] Seit ihrer Gründung im Jahre 1947 dient sie, wie die dominierende Rolle ihrer Operationsdirektoren nahelegt, in erster Linie dem Zweck, zum Untergang dessen beizutragen, was sie für kommunistisch hält.

Die kompromißlose Kalte-Kriegs-Besessenheit der CIA zu Zeiten der Regierungen Truman und Eisenhower, die davon ausging, die Sowjetunion habe sich dem Ziel verschworen, die Vereinigten Staaten zu vernichten und die gesamte Welt zu erobern, wurde von ihrer Schwesterbehörde, dem FBI, unter J. Edgar Hoover und vielen anderen Geheimdiensten der Regierung geteilt.

Präsident Kennedy hatte seinen Wahlkampf mit Äußerungen geführt und gewonnen, die darauf schließen ließen, seine Regierung werde die kompromißlose Politik gegenüber den Sowjets fortsetzen. Doch allmählich wurde klar, daß er nicht die seit langem durchgesetzte harte Linie verfolgte.

Mit seiner Weigerung, General Cabell die angeforderten Kampfflugzeuge für die zum Scheitern verurteilte CIA-Invasion in der Schweinebucht zur Verfügung zu stellen, seine Ablehnung des Vorschlags, Kuba während der Raketenkrise zu bombardieren und zu besetzen, seinem Beharren gegen den anfänglichen Widerstand seiner Militärberater, den Atomteststoppvertrag von Moskau zu unterzeichnen, und den Beschlüssen von 1963, sich aus Vietnam zurückzuziehen und die diplomatischen Beziehungen zu Kuba wiederaufzunehmen, setzte Kennedy andere politische Akzente.

Für die Hardliner, die kriegsorientierten Elemente in der amerikanischen Machthierarchie, für die die Abteilungen für verdeckte CIA-Operationen geschaffen worden waren und für die sie arbeiteten, war dies nichts anderes als ein »Ausverkauf an die Kommunisten«.

In der Rückschau bleibt der Grund für das Attentat kaum rätselhaft. Aus dem Kurs, den die amerikanische Außenpolitik unmittelbar nach dem 22. November 1963 einschlug, wird ersichtlich, warum die verdeckt arbeitenden CIA-Elemente John F. Kennedy aus dem Oval Office entfernen und Lyndon B. Johnson hineinhieven wollten.

Der neue Präsident, der die Gewalt über die amerikanische Außenpolitik aufgrund von Gewehrschüssen erhielt, gehörte zu den enthusiastischsten kalten Kriegern des Landes, wenn auch, bedingt durch sein Vizepräsidentenamt, ein kalter Krieger auf der Bank der Ersatzspieler. Lyndon B. Johnson wurde von dem Schriftsteller Fred Cook, einem hochangesehenen Beobachter der Washingtoner Szene, als »Mann mit begrenzten außenpolitischen Kenntnissen« beschrieben, der »aufgrund seiner Erfahrung und seines Naturells daran gewöhnt war, in militärischen Begriffen zu denken«[35].

Johnson war ursprünglich auf dem Wellenkamm des antikommunistischen Kreuzzugs an die Macht gelangt, der die amerikanische Politik nach dem Zweiten Weltkrieg kennzeichnete. Kurz nach dem Ende dieses Krieges erklärte er, daß »wir die Atomkraft einsetzen müssen, entweder um die Welt zu bekehren, oder um sie zu pulverisieren«[36] – ein wahrhaft christlicher Wunsch, falls es je einen gegeben hat. Der von Johnson an den Tag gelegte Enthusiasmus für amerikanische Militärinterventionen in anderen Ländern, der ihm den Beinamen »der Senator aus dem Pentagon« einbrachte, stand in starkem Gegensatz zu Präsident Kennedys Absicht, sich ganz aus Vietnam zurückzuziehen.

Dementsprechend ist es keine Überraschung, daß nach John F. Kennedys Tod und Lyndon B. Johnsons Vereidigung als Präsident einige dramatische Veränderungen in der amerikanischen Außen- und Militärpolitik stattfanden. Kennedys Anordnung, bis zum Dezember die ersten tausend Amerikaner aus Vietnam zurückzuholen, wurde prompt aufgehoben.

Von noch größerer Bedeutung war ein Gespräch, das Johnson am Sonntagnachmittag nach dem Attentat, unmittelbar nach seinem Auftritt bei der Kennedy-Trauerfeier im Rundbau des Kapitols, mit Henry Cabot Lodge, dem amerikanischen Botschafter in Südvietnam, im Executive Office Building führte.[37] Er informierte Lodge, daß er Vietnam nicht verlieren wolle und deshalb nicht zulassen werde, daß Südostasien an China falle; daß »Saigon auf uns zählen« könne.

Im August 1964 ereignete sich der Zwischenfall im Golf von Tongking – oder zumindest machte man dies der amerikanischen Öffentlichkeit weis. Die gesamte Affäre roch eindeutig nach Beteiligung der Geheimdienste. »Während sich der amerikanische Zerstörer *Maddox* auf einer Routinepatrouille in internationalen Gewässern befand«, erklärte Washington, »sah er sich einem nicht provozierten Angriff ausgesetzt.« Dem Anschein nach hatte ein unsichtbares feindliches Schiff einen unsichtbaren Torpedo – der das Schiff allerdings verfehlte – auf die vor der Küste Nordvietnams kreuzende *Maddox* abgefeuert. Kurz darauf fand ein ähnlicher Zwischenfall statt, in den ein anderes Schiff der amerikanischen Marine verwickelt wurde. Erneut ließ der Feind, so trügerisch wie eh und je, keine Spuren zurück.[38]

Johnson brandmarkte diese »offene Aggression«[39] lautstark. Er wandte sich im Fernsehen an die Nation, um die Bevölkerung der USA zu informieren, daß »wiederholte feindliche Aktionen gegen Schiffe der Vereinigten Staaten auf hoher See im Golf von Tongking mich heute gezwungen haben, die militärischen Streitkräfte der Vereinigten Staaten anzuweisen, mit geeigneten Mitteln zurückzuschlagen«. Die Kongreßführer beider Parteien, so fuhr er fort, hätten ihm zugesichert, eine Resolution zu erlassen, die eindeutig klarstellt, »daß unsere Regierung in ihrer Entschlossenheit vereint ist, alle notwendigen Maßnahmen zu ergreifen, um die Freiheit in Südostasien zu unterstützen und den Frieden zu verteidigen«.

Die Resolution über den Golf von Tongking, die am 7. August 1964 bei nur zwei Gegenstimmen verabschiedet wurde, gab Johnson die Befugnis, in Südostasien alle militärischen Schritte zu ergreifen, die er für notwendig hielt. Diese – wenn auch inoffizielle – Kriegserklärung an Nordvietnam war nur zustande gekommen, gut ein Jahr nachdem John F. Kennedy in einer Rede an der American University beredt seine Hoffnung auf Frieden ausgedrückt hatte.

Unmittelbar im Anschluß an die Kongreßresolution[40] begannen amerikanische Flugzeuge mit dem ersten Bombardement Nordvietnams. Die amerikanischen Pazifiktruppen wurden in Kampfbereitschaft versetzt. 1965 wurden mehr als zweihunderttausend amerikanische Soldaten nach Südvietnam geschickt. 1966 und 1967 folgten bis zu dreihunderttausend weitere. Als die USA im Januar 1973 das Pariser Abkommen unterzeichneten, waren über fünfundfünfzigtausend Amerikaner und Millionen von Vietnamesen infolge des Krieges ums Leben gekommen.[41]

So konnte man Präsident Kennedys Außenpolitik zurücknehmen, »ohne sich den offiziellen Erfordernissen eines Amtswechsels zu unterwerfen, wie sie das Gesetz oder die Verfassung vorschreiben«. Genau das ist die Definition eines Staatsstreichs. Es war die wichtigste Konsequenz des Attentats auf John F. Kennedy, und der wahre Grund dafür.

Ist all dies plausibel? Vor achtundzwanzig Jahren hatte es vielleicht noch nicht den Anschein. Doch nachdem wir heute einen Teil der wahren Geschichte der CIA und ihrer verdeckten Operationen kennen, ist die Antwort ein entschiedenes Ja. Die Agency versteht sich bestens auf Attentate und hat sie überall auf der Welt durchgeführt, um politische Ziele durchzusetzen.

Im Laufe der Zeit haben wir begriffen, welche anhaltenden Folgen das Attentat auf Präsident Kennedy gehabt hat. Die Nation versucht sich noch immer von ihrem tragischen neunjährigen Abenteuer in Vietnam zu erholen. Die CIA lenkt weiterhin ohne wirksame Kontrolle durch den Kongreß oder den Präsidenten unsere Außenpolitik; doch hält sich die Agency weit hinten im Schatten, scheint sich von den laufenden Unternehmen zu distanzieren und setzt dafür ganz normale Bürger und Vermittler ein, damit sie mit diesen Aktionen nicht in Verbindung gebracht werden kann. Das Justizministerium weigert sich in Kenntnis alles dessen, was wir jetzt wissen, immer noch, eine gründliche Ermittlung des wichtigsten politischen Attentats unserer

Zeit durchzuführen. Achtundzwanzig Jahre nach der Ermordung Präsident Kennedys ist es vielleicht auch schon zu spät dafür.

Doch es ist noch nicht zu spät für uns, aus den Lektionen der Geschichte zu lernen, zu begreifen, wo wir heute stehen und wer dieses Land regiert. Wenn mein Buch dazu beiträgt, dies einer jüngeren Generation zu verdeutlichen, die John F. Kennedy nie kannte, hat es seinen Zweck erfüllt.

IST DIE MAFIA-THEORIE EINE VERTRETBARE ALTERNATIVE?

Nachwort von Carl Oglesby[1]

Seit fast zwei Jahrzehnten ist die Mehrheit der amerikanischen Bürger im Gegensatz zur Warren-Kommission der Überzeugung, daß Präsident Kennedy durch eine Verschwörung ums Leben kam. Weite Teile der Öffentlichkeit stehen der Einzeltäter-Theorie zwar ablehnend gegenüber, doch gibt es unter ihnen große Meinungsunterschiede darüber, wie die Verschwörung eventuell ausgesehen hat.

In seinem Buch *John F. Kennedy. Auf der Spur der Mörder von Dallas* hat Jim Garrison die Theorie vorgestellt, die meiner Meinung nach von den meisten ernsthaften Erforschern dieses Themas als umfassendste, naheliegendste und ehrlichste Version anerkannt und akzeptiert wird, wie man die derzeitig vorliegenden Beweise in ihrer Gesamtheit interpretieren muß. Als Autor, der sich seit vielen Jahren mit dem Fall Kennedy befaßt, stieß ich auf aktenkundige Belege, die Garrisons wegweisende Ideen zwingend stützen. Seine Vorstellungen interpretiere ich folgendermaßen:

1. Fanatisch antikommunistische Elemente in den Operationsabteilungen der CIA, die sich oft auf Nebenkanälen der Regierung bewegen, waren tief in die oberste Ebene der Attentatsplanung und -vorbereitung verstrickt und scheinen den Beschluß gefaßt zu haben, den Präsidenten zu töten.

2. Die Verschwörung war politisch motiviert. Ihr Ziel war es, John F. Kennedys Annäherung an eine Beendigung des kalten Krieges zu verhindern, und dieses Ziel wurde

auch erreicht. Deshalb muß sie als Staatsstreich angesehen werden.

3. Oswald war unschuldig. Man hat ihn gekonnt in eine Position gebracht, in der er als schuldig erschien. So wie er es ausdrückte: »Ich bin hereingelegt worden.«

Garrisons Theorie über das Verbrechen ist trotz ihrer logischen Struktur und des vernehmbaren Nachhalls, den sie in gegenwärtigen amerikanischen Erfahrungen findet, vielleicht zu herausfordernd, zu beängstigend und steht zu sehr im Widerspruch zu dem fundamentalen amerikanischen Mythos (wir sind eine gesetzestreue Republik), als daß sie eine Chance hätte, sich offiziell durchzusetzen oder etwa von den Intellektuellen und den Medien in zivilisierter Form in Betracht gezogen zu werden.

Garrisons Argumentationskette stellt grundsätzliche Fragen zur Legitimität des amerikanischen Staates. Man sollte sich nicht daran stören, daß Garrison als überzeugter Patriot tief mit dem Land verwurzelt ist und eine lange, glückliche Karriere in der US-Army und in J. Edgar Hoovers FBI absolvierte, bevor er bei der Staatsanwaltschaft von New Orleans zu arbeiten anfing. Seine Vorstellung vom Ablauf dieses Verbrechens ist meiner Meinung nach trotzdem die radikalste und überzeugendste Darstellung, die es zur mißlichen Lage des amerikanischen Konstitutionalismus gibt. Man kann Garrisons Argumentation nicht mit heiterer Gelassenheit folgen. Obwohl er nicht das geringste mit einem Marxisten gemein hat, kann sich kein Amerikaner mit seiner Analyse auseinandersetzen, ohne Gefahr zu laufen, das Vertrauen in die Politik zu verlieren.

Er droht alle, die ihm zuhören, in Hamlets zu verwandeln – Kinder einer ermordeten Vaterfigur, deren Mörder, soweit wir wissen, den Thron insgeheim noch immer besetzt halten. Er konfrontiert uns mit dem verborgenen Geheimnis im Kern des zeitgenössischen amerikanischen Dilemmas. Seine erschreckende Geschichte zwingt uns unangenehme Fragen auf. Hat unsere Verfassung Substanz? Was sind unsere vielgerühmten Bürgerrechte wert? Welche Zukunft hat die Demokratie eines Landes, dessen Präsident ermordet werden kann und dessen Maschinerie der staatlichen Gewalt darüber kaum ins Beben gerät?

Das ist ein scheußliches Nebenprodukt. Garrisons Rekonstruktion des Präsidentenmordes verrät uns wortgewaltig, daß das, was wir Verfassung nennen, für manche von uns schändlicherweise und insgeheim zu einer lächerlichen Sache geworden ist. Eine geheime Macht, die wir nur schwach erkennen können und der wir kaum Widerstand zu leisten wissen, scheint Schlüsselpositionen der Regierung, die für das integre Verhalten der Nachrichtendienste entscheidend sind, in Besitz genommen und manipuliert zu haben.

Vielleicht wird sich Garrisons politischer und historischer Realismus als zu provozierend erweisen, um von der Allgemeinheit akzeptiert werden zu können. Wir Amerikaner sehen uns in politischen Dingen gern als Pragmatiker, aber dadurch neigen wir anscheinend dazu, das zu glauben, was uns glücklich macht, und abzulehnen, was uns traurig stimmt und verwirrt.

Garrisons Analyse der Ermordung John F. Kennedys drängt uns unbehagliche Empfindungen gegenüber unserem politischen Umfeld und eine Perspektive auf, die uns ohne Umschweife veranlassen könnte, gegen dieses Umfeld zu opponieren. Auf diese Weise gewinnt man keine Popularität.

Aus diesem Grund ist Garrisons Theorie nicht die offizielle Theorie, obwohl sie die logischste, realistischste und in der Gesamtheit der Beweise am sichersten verankerte Theorie ist. Die offizielle Theorie entsprach der Vorstellung der Warren-Kommission. Danach erschien Oswald wie ein Herzanfall: Er kam aus heiterem Himmel und besaß keine über sich selbst hinausweisende Bedeutung. Aber die Theorie der Warren-Kommission wurde Stück für Stück durch die Grabungsarbeiten geduldiger, freiwilliger Forscher abgetragen, und 1976 entschied sich das Repräsentantenhaus nach einer Abstimmung zur Bildung eines Untersuchungsausschusses – dem Select Committee on Assassinations –, um den Fall neu aufzurollen. Diese Abstimmung war im Grunde ein Mißtrauensvotum gegen die Warren-Kommission.

Dieser Untersuchungsausschuß benötigte über drei Millionen Dollar und über ein Jahr, um den Fall John F. Kennedy ein weiteres Mal zu durchleuchten und die offizielle Theorie neu zu formulieren.

Die neue offizielle Theorie – vielleicht sollte man sie halboffizielle Theorie nennen, da das FBI immer noch nichts von ihr wissen will – wurde 1979 vom Untersuchungsausschuß in seinem Abschlußbericht[2] vorgestellt und angenommen. 1981 wurde sie dann vom Ausschußvorsitzenden G. Robert Blakey und dem leitenden Schriftführer Richard Billings (der selbst eine wichtige Nebenperson in Garrisons Schilderung darstellt; siehe Kapitel 8 und 13) in dem Buch *The Plot to Kill the President* ausgeschmückt und erweitert.

Für einen Vergleich mit Garrisons Theorie lassen sich die Hauptgedanken Blakeys wie folgt zusammenfassen:

1. Oswald schoß als einziger auf John F. Kennedy und tötete ihn; ganz wie die Warren-Kommission es ermittelt hat.
2. Allerdings schoß ein unbekannter Vertrauter Oswalds ebenfalls auf den Präsidenten, und zwar von dem berühmten »Grashügel« aus. Dieser Schuß ging fehl.
3. Die Frage nach der Zahl der Attentäter einmal außer acht gelassen, handelte Oswald als Werkzeug einer wesentlich größeren Verschwörung.
4. Die Verschwörung, die hinter Oswald stand, hatte ihre Wurzeln im organisierten Verbrechen und war besonders durch Kennedys Programm zur Verbrechensbekämpfung provoziert worden. Allein oder in irgendeiner Kombination gibt es folgende Hauptverdächtige: Carlos Marcello und Santos Trafficante, die Paten der Mafiafamilien von New Orleans und Tampas, sowie James Hoffa, der kriminelle Vorsitzende der Transportarbeitergewerkschaft Team-

sters. Jeder von ihnen hatte ein Motiv, die Mittel und die Möglichkeit, John F. Kennedy zu ermorden.

Blakey ist ein gebildeter Akademiker und Anwalt aus Washington, der über beträchtliche Erfahrung und Verbindungen verfügt. Er steht den Kennedys sehr nahe und war Mitglied von Robert Kennedys Einsatzgruppe gegen das organisierte Verbrechen. Blakey entwarf das RICO-Gesetz, demzufolge der Bürger das organisierte Verbrechen wegen Verschwörung anzeigen kann. Vor seiner Tätigkeit im Ausschuß lehrte Blakey an der Cornell Law School; heute arbeitet er an der Notre Dame Law School. Er ist zwar kein von Haus aus arroganter Mensch, doch stellt er sich gerne als Verkörperung gelehrter Werte dar und neigt dazu, herablassend über jene zu urteilen, die seine Ansichten nicht teilen.

Blakey kann Garrison in seinem Buch nicht ohne weiteres ignorieren, da Garrisons Untersuchung Schlüsselpersonen aufgespürt hat (Ferrie und Banister), die für Blakeys eigene Theorie von entscheidender Bedeutung sind. Statt dessen greift Blakey den Ex-Staatsanwalt von New Orleans bösartig an. Garrison war auf »landesweite Schlagzeilen aus, als er einwilligte, Vertreter von *Life* und CBS zu informieren«, beschreibt Blakey dessen Motivation.[3] Doch Blakey weiß, daß »landesweite Schlagzeilen« in der Natur der Sache lagen, daß man die starke Anteilnahme der Medien und der Öffentlichkeit brauchte, um den Stein der bundesstaatlichen Vertuschung ins Rollen zu bringen, und daß *Life* und alle anderen zuerst zu Garrison kamen, und nicht umgekehrt. Blakeys Mitverfasser Billings war jener *Life*-Redakteur, der 1967 vom leitenden Management losgeschickt wurde, um Garrisons Bereitschaft, gegen die Verschwörung vorzugehen, auf den Zahn zu fühlen.

Aber Blakey kann es nicht ertragen, Garrisons Arbeit anzuerkennen, selbst wenn er zugeben muß, wie wichtig sie für die seine war. Garrison »ist durch sein Verhalten [...] gebrandmarkt«, schreibt Blakey; es mache keinen Unterschied, welche »redlichen Beweise« in der Kette seiner Anklagepunkte existieren. Und er fährt fort:

»Erst die überraschende Enthüllung der Erkenntnisse eines Senatsausschusses, der die Geheimdienste 1976 untersuchte, sollte verhindern, daß Garrisons Ermittlungen jegliche Hoffnung zunichte machten, die Bundesregierung werde sich die Ergebnisse der Warren-Kommission noch einmal ansehen. Kurz gesagt, Garrisons Fall war ein Schwindel.«[4]

Von allen Leuten ausgerechnet Garrison dafür verantwortlich zu machen, daß die Bundesregierung sich weigerte, diesen Fall richtig anzupacken, ist absurd. Blakey versucht vorzutäuschen, durch Garrisons »Verhalten« wurden irgendwie die »Beweise gebrandmarkt«. Es hat jedoch nichts mit Garrisons »Verhalten« als Staatsanwalt zu tun, wenn sich Bundesbeamte in Washington, D.C., weigern, seine Vorladungen zuzustellen. Der Gouverneur von Ohio hat sich nicht geweigert, einen außerordentlich wichtigen Zeugen (Gordon Novel) nach Louisiana auszuliefern, weil Garrisons Vorwürfe unbegründet waren: Dies alles geschah, weil die Bundesregierung nicht wollte, daß das Volk die Wahrheit über das Attentat auf John F. Kennedy erfährt. Außerdem waren es nicht das Church-Komitee oder irgendwelche seiner »überraschenden Enthüllungen«, die das Repräsentantenhaus dazu bewegten, den Fall John F. Kennedy wiederaufzunehmen; es waren vielmehr die zunehmende Beharrlichkeit des öffentlichen Interesses und die Ermordung von John Rosselli und Sam Giancana im Anschluß an die Watergate-Affäre. Beide standen als vereidigte Zeugen unter dem Schutz der Regierung.

Im Grunde beschuldigt Blakey Garrison – beziehungsweise spielt er darauf an, da er zu sehr Anwalt ist, Garrison offen zu verleumden –, den Fall Kennedy als Handlanger Carlos Marcellos angegangen zu haben. Wie Blakey und Billings in ihrem Buch schreiben:

»Was den Aspekt von Oswalds Verbindungen zum organisierten Verbrechen in New Orleans angeht: Wo ihn das FBI und die Warren-Kommission übersehen haben, wurde er vom Staatsanwalt geflissentlich aus Gründen gemieden, die unserer Meinung nach offensichtlich geworden sind.«[5]

Was waren das für Gründe, die laut Blakeys Meinung »offensichtlich« geworden sind? Ohne es je offen auszusprechen, vermittelt Blakey den Eindruck, daß Garrison heimlich von Marcello beherrscht wurde. Blakey gräbt sogar Anklagen aus, von denen Garrison vor langer Zeit freigesprochen wurde, und tut so, als seien sie bestätigt worden:

»Garrison wurde 1971 unter Bundesanklage gestellt, Bestechungsgelder von Spielhallenbesitzern der Unterwelt angenommen zu haben. Er wurde freigesprochen, obwohl es Beweise gab, die belastende Tonbandaufnahmen und in seinem Haus sichergestellte tausend Dollar in gekennzeichneten Scheinen einschlossen.«[6]

Blakey hält es für richtig, auf die Erklärungen zu verzichten, warum die »belastenden Tonbandaufnahmen« und das »markierte Geld« die Geschworenen nicht von Garrisons Schuld überzeugten. Blakey verschweigt seinen Lesern, daß Pershing Gervais, der Hauptbelastungszeuge gegen Garrison im Spielhallenprozeß, öffentlich zugab, unter Druck gesetzt worden zu sein, und daß man ihn dafür bezahlt hatte, einen Meineid gegen Garrison zu schwören. Warum geht Blakey schweigend über die reichlich vorhandenen Hinweise hinweg, denen zufolge Feinde auf Bundesebene, die Garrison aus der Staatsanwaltschaft entfernt sehen wollten, ihm den Spielhallenfall anzuhängen versuchten?

Doch wie steht es mit Blakeys Theorie, daß Oswald der Agent und John F. Kennedy das Opfer Marcellos waren?

Auf den ersten Blick spricht vieles dafür. Die Einstellung gewisser Mobster zur einzigen Administration in der amerikanischen Geschichte, die den Versuch unternahm, das organisierte Verbrechen auszurotten, ist ein faszinierender und vielleicht alles entscheidender Aspekt dieses Falles (und Blakey war kaum der erste, der ihn bemerkt hat). Aber Blakey weiß nur zu gut, daß seine Mafia-Hypothese nie ernsthaft untersucht oder angezweifelt wurde.[7]

Die Mafia ist in John F. Kennedys Tausend-Tage-Drama deutlich nachzuweisen. Sie taucht in Kennedys Leben vor seiner Zeit als Präsident auf, sie war in seine Administration verstrickt und überlebte den Versuch, sie niederzuwerfen. Die heutzutage bekannten Beispiele ihrer Präsenz sind in der Hauptsache die folgenden:

1. Die Mafia besorgte 1960 die Stimmen aus Illinois für Kennedys Wahlliste und sorgte so für seinen Einzug ins Weiße Haus.

2. Die Mafia versorgte Kennedy mit Geliebten, wie Judith Campbell-Exner, im ersten Jahr seiner Amtszeit im Weißen Haus.

3. Attentäter der Mafia folgten dem Ruf der CIA, als diese 1961 und 1962 versuchte, Castro zu ermorden. Sie wurden offizielle Agenten der US-Regierung.

Aber paradoxerweise lieferte sich die gleiche Mafia in Kennedys Amtszeit eine noch nie dagewesene Schlacht mit dem Justizministerium, das ihr Fortbestehen in der Tat für einige Zeit bedrohte.

Des weiteren war Jack Ruby mit Sicherheit ein Laufbursche der Mafia. Er führte vielleicht einen Mafia-Auftrag aus, als er Oswald erschoß. Wenn es tatsächlich die Mafia war, die Oswald umgebracht hat, dann deshalb, weil sie diesen Fall nicht vor Gericht sehen wollte. Welchen Grund könnte es für dieses Interesse geben? Wieso sollte Oswald für die Mafia so gefährlich gewesen sein, daß sie ihn liquidieren ließ? Warum sollte die Mafia sich überhaupt für Oswald interessieren, wenn sie nichts mit der Ermordung Kennedys zu tun gehabt hatte? Die Annahme, die Mafia hatte etwas zu verbergen, ist nur zu natürlich; man kann schnell zu dem Schluß gelangen, daß sie der Hauptschuldige sein muß.

Die langfristige historische Perspektive verdeutlicht jedoch ebenso, daß aus der Verwicklung der Mafia in gesetzeswidrige Staatsaffären nicht unbedingt auch hervorgeht, daß sie alleine, ohne jede Unterstützung gehandelt hat. Neben der bereits erwähnten Patenschaft für Mafia-Killer seitens der CIA im Fall Castro sind die am eindeutigsten erwiesenen historischen Beispiele für eine positive Zusammenarbeit zwischen Mafia und Teilen der amerikanischen

Regierung diejenigen, bei denen die Mafia als Juniorpartner fungierte:

1. Die Navy-Operation Unterwelt in den Jahren des Zweiten Weltkrieges, bei der die Regierung der Vereinigten Staaten sich den Schutz der Mafia gegen Nazi-Sabotage auf den Docks der Ostküste erkaufte, indem sie zu Zugeständnissen im Fall Lucky Luciano bereit war.

2. Das Bündnis der Army mit der Mafia während General George Pattons Sizilien-Feldzug im Zweiten Weltkrieg.

3. Der Einsatz von Mafia-Schlägern durch die CIA, um in der Anfangszeit des kalten Krieges von Kommunisten dominierte Gewerkschaften in Marseille zu zerschlagen.

In keinem dieser Fälle war die Mafia der Regierung gegenüber tonangebend, in keinem stellte sie den Grund der Beziehung dar oder leitete die Aktion. Zum Beispiel nahm die Mafia nicht von sich aus am Geheimkrieg der CIA gegen die kubanische Revolution teil. Vielmehr wurde die Mafia von Richard Bissell und Colonel Sheffield Edwards – beides hochrangige CIA-Außendienstagenten – für diesen Feldzug rekrutiert. Wenn die Mafia gleichermaßen am Attentat an der Dealey Plaza beteiligt war, muß sich erst noch zeigen, ob als Hauptverantwortlicher oder als Agent; ob sie die treibende Kraft war oder zweitrangige technische Hilfe leistete und einer größeren Vereinigung verantwortlich war, die unzufriedene Angehörige der nationalen Geheimdienste insgeheim ins Leben gerufen hatten.

Die Mafia-Theorie über das Attentat auf Kennedy ist sehr hilfreich und interessant, wenn man sie als einen Schritt in der Entwicklung der offiziellen Sicht des Falles betrachtet. Sie ist zwar ein Fortschritt gegenüber der Einzeltäter-Theorie, aber ihr faktisches Fundament wirkt immer noch sehr dürftig.

Falls Marcello Oswald überhaupt kannte – er hätte ihn zudem so gut kennen müssen, um zu wissen, welche Figur er als Attentäter abgab – und er oder seine Unterführer deshalb nach Oswald griffen, um ihn entweder direkt zu rekrutieren oder indirekt zu kontrollieren (was Blakey alles andeutet und was für seine Theorie notwendig ist), muß es irgendeine Art Verbindung zwischen Marcello und Oswald gegeben haben. Wie hat Marcello von Oswald erfahren oder etwas über ihn gehört?

Der Untersuchungsausschuß des Repräsentantenhauses machte insgesamt vier Personen ausfindig, die sowohl Oswald als auch Personen der mittleren und unteren Ebenen der Marcello-Organisation kannten. Die erste war Oswalds Mutter Marguerite, die einst mit Männern ausgegangen war, die man mit Marcellos Organisation in Zusammenhang brachte. Die zweite war Oswalds Onkel und Ersatzvater Charles Murret, der angeblich Buchmacher im Glücksspielzweig von Marcellos Organisation gewesen war. Die dritte kannte Oswald nicht einmal. Es war ein Mann namens Emile Bruneau, der für den abwesenden Murret einsprang und Oswald 1963 nach dem Zwischenfall mit der Flugblattaktion half, aus dem Gefängnis zu kommen (siehe Kapitel 2).

Das einzige Verbindungsglied zwischen Marcello und Oswald, das wenigstens etwas Substanz hatte, stellte die vierte Person dar: David Ferrie. Der ist allerdings außerordentlich interessant. Ferrie soll Marcello aus Guatemala ausgeflogen haben, nachdem ihn Justizminister Robert F. Kennedy dorthin deportiert hatte. Er war gelegentlich als Ermittler für den Anwalt G. Wray Gill tätig, der Marcello hin und wieder vertrat.

Aber die Untersuchung ergab auch, daß Ferrie (zur Zeit der Schweinebucht-Invasion auf Vertragsbasis) ebenfalls für die CIA geflogen war und faszinierenden Personen nahestand, die *keine* Mafiosi waren und sich *nicht* durch irgendwelche Verbindungen zu Marcello auszeichneten. Darunter befand sich ein Führer des Kubanischen Revolutionsrates gegen Castro (Cuban Revolutionary Council – CRC), Sergio Arcacha Smith. Ein anderer war W. Guy Banister, Ex-FBI-Agent und Berufsantikommunist, der mit der Ausbildung und Ausrüstung von Kommandotrupps für paramilitärische Unternehmen auf Kuba beschäftigt war. Oswald kannte Banister persönlich und traf sich mit CRC-Exilanten.

So eignet sich die einzige Person, die Oswald möglicherweise mit Marcello in Verbindung bringen konnte, nämlich David Ferrie, eher dazu, über Arcacha Smith und Banister Oswalds Kontakte zur CIA hergestellt zu haben. Sowohl Banister als auch Arcacha Smith hatten Verbindungen zur CIA.

Außerdem erklärt die Mafia-Theorie nicht die offensichtliche Komplizenschaft der Bundesregierung bei der Vertuschung. Einer der wichtigsten Aspekte des Falls ist die Tatsache, daß Angehörige der nationalen Geheimdienstwelt – CIA, FBI, womöglich auch der Marinenachrichtendienst – ständig bemüht waren, Informationen zu unterdrücken, die für die Kernfragen von Bedeutung waren: etwa weitere Attentatsprojekte der CIA, Oswalds Vergangenheit bei der militärischen Gegenspionage und Rubys Verbindungen zum Mob. Wenn es nur einige Mafia-Bosse und ihre Handlanger waren, die den Präsidenten zum Tode verurteilt hatten, wieso reagierte dann der gesamte Untersuchungsapparat der Bundesregierung wie gelähmt?

Blakeys zweifelhaftester Schritt beim Entwurf seiner Mafia-Theorie war jedoch, einen zweihundertfünfundachtzig Seiten starken Bericht als geheim einstufen zu lassen (oder schweigend zuzulassen, daß er für geheim erklärt wurde). Dieser Bericht wurde von seinem eigenen Hauptermittler, einem jungen Anwalt namens Edwin Juan López, für den Untersuchungsausschuß erstellt. Darin wurde Oswalds angebliche Reise im Spätseptember oder frühen Oktober 1963 nach Mexiko-Stadt untersucht.

Diese Reise ist wichtig für Blakeys Fall gegen Oswald, da dieser zu jener Zeit in Mexiko-Stadt angeblich mit der Sowjetischen Botschaft und dem Kubanischen Konsulat telefoniert und beide aufgesucht haben soll. Dabei soll er laut seinen Namen und – einem umstrittenen Bericht zufolge – seine Meinung verkündet haben, man solle John F. Kennedy umbringen. Einige Leute sind tatsächlich der Ansicht, Oswald sei während seines Aufenthalts in Mexiko-Stadt definitiv mit dem Meisterkiller des sowjetischen KGB zusammengetroffen.

Die Ermittlungen des Untersuchungsausschusses erbrachten jedoch, daß der Oswald, den man in Mexiko-Stadt gesehen hatte, eine völlig andere Person war als der Oswald, den alle kannten. 1. Eine CIA-Fotografie, auf der Oswald angeblich die Sowjetbotschaft verläßt, entspricht nicht Oswalds Erscheinung. 2. Eine Tonbandaufnahme, auf der Oswald mit einem Sowjetdiplomaten spricht, läßt eine andere Stimme als die Oswalds laut werden. 3. Ein kubanischer Diplomat, der dreimal mit Oswald aneinandergeriet, sagte wiederholt und detailliert aus, daß der Oswald in Mexiko-Stadt nicht der Oswald aus Dallas war. 4. Der einzige Augenzeuge, der behauptete, Oswald im Kubanischen Konsulat gesehen zu haben, konnte ihn, Oswald, Beamten des Untersuchungsausschusses nicht richtig beschreiben.

All das endete damit, daß López, der Verfasser des unterdrückten Berichts, riskierte, seine Geheimhaltungspflicht zu verletzen, um öffentlich und unter Eid auszusagen, Oswald sei seiner Meinung nach in Mexiko-Stadt von Leuten verkörpert worden, die versuchten, ihm etwas anzuhängen.[8] Wenn jemand in Oswalds Rolle schlüpfte, damit dieser als gefährliche Person im Gedächtnis haftenblieb, mußte allein diese Tatsache – von den vielen anderen Beweisen zu Oswalds Entlastung einmal abgesehen – seinem Protest, man habe ihn hereingelegt, große Glaubwürdigkeit verleihen.

Wären das keine neuen, wichtigen Erkenntnisse? Daß eine Einzelperson oder eine Gruppe Oswald die Schuld für das Attentat in die Schuhe geschoben hat? Würde uns dies nicht verpflichten, die öffentliche Verurteilung Oswalds erneut anzuzweifeln? Säße er jetzt im Gefängnis, und man würde diese Fakten finden, hätte er nicht eine neue Anhörung verdient? Müßte man dann nicht wieder von seiner Unschuld ausgehen, bis das Gegenteil erwiesen wäre? Blakey zufolge nicht.

Blakey gibt vor, unparteiisch, objektiv und nur an der Wahrheit interessiert gewesen zu sein, als er 1977 Mitglied des Untersuchungsausschusses wurde. Er begann seine Amtszeit mit dem Versprechen, »Licht auf alles zu werfen«, was er herausfand. Trotzdem unterdrückte Blakey den López-Bericht. Er widmete den Zweifeln, die dieser aufwarf, keine Aufmerksamkeit und verzichtete sogar darauf, ihn in den mehr als vierhundert Seiten seines Buches zu erwähnen. Er stürzte sich direkt auf den übernommenen Mythos, Oswald sei nicht nur so verrückt gewesen, den Präsidenten zu ermorden, sondern auch so verrückt, seine Absichten zuvor offen und ausführlich vor den Augen der amerikanischen Geheimdienste zu verbreiten.

Als zweiter Direktor des Assassination Information Bureau (Büro zur Materialsammlung über Attentate) in Washington, das in den siebziger Jahren gegründet wurde, um eine neue Untersuchung des Falles Kennedy in Gang zu setzen, beobachtete ich Blakey eineinhalb Jahre lang aus nächster Nähe, wie er seine Attentatstheorie vorbereitete und dann vor dem Untersuchungsausschuß darstellte, damit dieser sie prüfen und billigen konnte.

Zuerst unterstützte ich seine Mafia-Theorie aus grundsätzlichen, strategischen Gründen.[9] Es handelte sich dabei wenigstens um eine Verschwörungstheorie, die sich nicht auf die Rechtsradikalen konzentrierte; sie konnte sich der offiziellen Zustimmung sicher sein und erschien deshalb stark genug, das Justizministerium zu zwingen, den Fall auf richtige Weise erneut aufzurollen. Blakey glaubte, die damals frischen Spuren des Untersuchungsausschusses wiesen in Richtung Mafia. Viele von uns Beobachtern glaubten, daß er sich irrte und daß die Spuren den Deckmantel der Mafia durchstießen und direkt zu einigen Abteilungen der offiziellen amerikanischen Nachrichtendienste führten. Dem lag von unserer Seite die Meinung zugrunde: Soll die Bundesregierung doch an der Mafia-Strippe ziehen, dann werden wir sehen, was sonst noch daran hängt.

Dann brach die Reagan-Ära an, und alle Sympathie seitens der Bundesregierung für jedes wie auch immer geartete Projekt, das an die Kennedys erinnerte, fror ein. Blakey wehrte sich nicht, als das FBI die Tür zum Justizministerium vor seiner Nase zuschlug und ihm und dem Untersuchungsausschuß damit im Prinzip mitteilte: »Wir wollen das Zeug nicht haben; da habt ihr halt Pech gehabt.«

Warum kämpfte Blakey nicht härter und in aller Öffentlichkeit dagegen an? Warum schien er sich aus dem Kampf zurückzuziehen? Und andererseits: Warum versuchte er, Garrison zur Schnecke zu machen? Warum konnte er nicht den Beitrag anerkennen, den Garrison zur Aufhellung dieses Falles beigesteuert hatte, obwohl ihm nur ein Bruchteil von Blakeys Möglichkeiten zur Verfügung stand, und dies unter dem immensen Druck einer aktiven, geheimdienstlichen Opposition?

Warum ignorierte Blakey die Beweise, die seine eigenen Ermittler beigebracht hatten: daß die Gemeinde der Exilkubaner über die gleiche Möglichkeit wie die Mafia verfügte, den Präsidenten zu ermorden? Warum ignorierte er die Fakten, daß der Kreis der Exilkubaner eine Schöpfung der Operationsabteilung der CIA war?

Vielleicht gibt es doch eine einfache Erklärung für diese merkwürdigen Fehler. Am Ende des Buches von Blakey und Billings, zwischen den Quellennachweis und die Bibliographie gequetscht, steht folgender Absatz:

»Gemäß der Vereinbarung mit dem Untersuchungsausschuß des Repräsentantenhauses überprüften die Central Intelligence Agency und das Federal Bureau of Investigation das Manuskript dieses Buches, damit nicht die als geheim eingestuften Informationen, die es enthält, zur Veröffentlichung gelangen und kein Informant identifiziert werden kann. Die Fakten werden weder von der CIA noch vom FBI bestätigt; die hier dargestellten Ansichten entsprechen auch nicht ihrer Meinung.«[10]

Das ist vielleicht einer der wichtigsten Absätze des Buches. Man hätte ihn vorne abdrucken sollen, nicht am Schluß, damit jeder ihn liest und im Gedächtnis behält, wenn er Blakeys Argumentation folgt.

Auf jeden Fall ist Jim Garrisons Bericht nicht mit einem

derartigen Zusatz versehen. Der Leser kann sicher sein, daß *John F. Kennedy. Auf der Spur der Mörder von Dallas* nicht von der CIA und dem FBI überprüft, zensiert und anschließend zur Veröffentlichung freigegeben worden ist. Tatsächlich hören wir hier Garrisons Stimme als eine der wenigen großen, unzensierten Stimmen unserer Zeit.

ANMERKUNGEN

Ich habe versucht, im Anmerkungsteil Quellen für alle Zitate im Text anzugeben, dabei jedoch gleichzeitig bewußt vermieden, den Erzählfluß durch allzu viele Zitate zu stören. Ein Großteil der Anmerkungen bezieht sich auf den vollständigen Bericht der Warren-Kommission aus dem Jahr 1964 oder den Bericht des Untersuchungsausschusses des Repräsentantenhauses über Attentate des Jahres 1979. Im Zusammenhang mit diesen beiden Ausschüssen habe ich Abkürzungen verwendet:

CD: Commission Documents = Dokumente der Warren-Kommission in den National Archives in Washington, D. C.

CE: Commission Exhibits = Beweismittel der Warren-Kommission

HSCH1, 2 usw.: House Select Committee Hearings = die 14 Bände mit den Zeugenaussagen und Beweismitteln dieses Ausschusses

HSCR: House Select Committee Report = Bericht des Untersuchungsausschusses des Repräsentantenhauses, Washington 1979

Name Ex.: Niederschriften einer eidesstattlichen Aussage

WCH: Warren Commission Hearing = 26 Bände der Anhörungen und Beweismittel der Warren-Kommission; die der Abkürzung jeweils vorangestellte Zahl bezeichnet die Bandnummer

WCR: Warren Commission Report = Report of the President's Commission on the Assassination of President John F. Kennedy, Washington 1964

Allerdings muß ich auch auf einige Lücken in der Dokumentierung hinweisen. Viele Gespräche, die ich mit Kollegen, potentiellen Zeugen und anderen Informanten führte, wurden weder auf Band aufgenommen noch schriftlich festgehalten. Andere Gespräche oder Verhöre wurden in der einen oder anderen Form niedergeschrieben, doch die Aufzeichnungen gingen verloren oder wurden gestohlen. Zum größten Teil handelte es sich bei diesem Material um Karteikarten oder Zettel, auf die ich mir Notizen gemacht hatte. Obwohl mir meine persönlichen Aufzeichnungen noch zur Verfügung stehen, bin ich nicht mehr im Besitz zahlreicher Originaldokumente, aus denen ich abschnittweise zitiert habe.

Um den Erzählfluß trotzdem nicht zu behindern und den Lesern einen Eindruck davon zu vermitteln, wie sich die Ereignisse allmählich entwikkelten, habe ich gelegentlich Gespräche aus dem Gedächtnis rekonstruiert oder, wenn das Original nicht mehr verfügbar war, aus meinen Aufzeichnungen zitiert. Wo noch Quellen dieser Gespräche zur Einsichtnahme vorlagen, werden sie in den Anmerkungen aufgeführt; wenn ein Gespräch aus der Erinnerung wiedergegeben wurde, nicht. Auch alle noch existierenden Dokumente werden angegeben; wenn etwas aus den später gestohlenen Aufzeichnungen stammt, wird diese Tatsache vermerkt.

Vier Bücher, aus denen häufig zitiert wird, werden nur mit den Nachnamen der Autoren angeführt. Dabei handelt es sich um: Warren Hinckle und William Turner, *The Fish Is Red, The Story of the Secret War Against Castro* (New York 1981); Henry Hurt, *Reasonable Doubt* (New York 1985); Mark Lane, *Rush to Judgement* (New York 1966) und Anthony Summers, *Conspiracy* (New York 1981). Mein Buch *A Heritage of Stone* (New York 1970) wird als *Heritage* angegeben. Einige Aspekte werden in allen Büchern über die Ermordung des Präsidenten abgehandelt; in diesen Fällen habe ich ein paar repräsentative Zitate aufgeführt.

EINFÜHRUNG

1 Siehe Hurt, S. 432-434; Lane, S. 229; *New York Herald Tribune* vom 18. Dezember 1964. Hurt schrieb 1985, daß »von den 375 Kubikfuß an versiegelten Beweisen lediglich zwölf Fuß für die Öffentlichkeit freigegeben wurden« (S. 434).

2 Eine Umfrage von Harris ergab, daß 66 Prozent aller Amerikaner glauben, das Attentat sei die Folge einer Verschwörung; *New York Times*, 30. Mai 1967. 1981 ergab eine weitere Umfrage von Harris, daß 80 Prozent aller Amerikaner dieser Auffassung waren; Hurt, S. 34.

3 HSCR, *Findings and Recommendations*, S. 1.

4 Rede an der American University am 10. Juni 1963, *Public Papers of the President of the United States, John F. Kennedy*, 1963 (Washington 1964, S. 462); *New York Times*, 11. Juni 1963, S. 16.

1. IN DER HEITEREN GELASSENHEIT DER UNWISSENHEIT

1 Das vom 22. November 1963 stammende Protokoll über die Körperverletzung befindet sich unter der Nummer K-12634-63 bei den Akten des Polizeipräsidiums New Orleans.

2 Meine Aufzeichnungen der ausführlichen Verhöre Ferries und seiner Aktivitäten am Tag des Attentats befinden sich unter den gestohlenen Akten.
3 Als der Ausschuß des Repräsentantenhauses 1979 das Ergebnis seiner Untersuchungen bekanntgab, führte er aus, Präsident Kennedy sei wahrscheinlich »einer Verschwörung« zum Opfer gefallen. Er räumte ein, Lee Oswalds anscheinende Bekanntschaft mit David Ferrie in New Orleans sei ein möglicher Hinweis auf eine Verschwörung.

2. DAS ERWACHEN

1 Siehe weiter unten in diesem Kapitel.
2 WCR, S. 43. Die Warren-Kommission fand heraus, daß das Kuppeldach nicht kugelsicher war und der Himmel sich aufgeklart hatte.
3 Die Warren-Kommission wurde am 29. November 1963 eingesetzt. Ihren letzten Bericht gab sie am 24. September 1964 heraus. WCR, S. VIII.
4 Der Kommission gehörten weiterhin an: der Oberste Bundesrichter Earl Warren, der Kongreßabgeordnete Hale Boggs aus Louisiana und Senator John Sherman Cooper aus Kentucky.
5 Sylvia Meagher und Gary Owens, *Master Index to the J.F.K. Assassination Investigations*, Metuchen, N.J., 1980.
6 Siehe die Karte auf Vor- und Nachsatz.
7 19WCH, Decker Ex. 5323, S. 483f.
8 Hurt, S. 114ff.
9 6WCH, S. 286f.
10 24WCH, CE2003, S. 222; 19WCH, Decker Ex. 5323, S. 492.
11 7WCH, S. 353.
12 6WCH, S. 243f.
13 3WCH, S. 274.
14 22WCH, CE1381, S. 638.
15 7WCH, S. 557.
16 6WCH, S. 338.
17 7WCH, S. 572.
18 Ebd., S. 345.
19 24WCH, CE2003, S. 219.
20 19WCH, Decker Ex. 5323, S. 516.
21 Ebd., S. 500.
22 6WCH, S. 211.
23 Ebd., S. 288.
24 Ebd., S. 312.
25 7WCH, S. 535.
26 Ebd.
27 WCR, S. 52, S. 446.
28 6WCH, S. 312.
29 Hurt, S. 119.
30 WCR, S. 180
31 Chief Curry »erkannte«, daß »wir gegen jedes Prinzip einer guten Befragung verstießen«, WCR, S. 200; 4WCH, S. 152.
32 8WCH, S. 307; 19WCH, Folsom Ex., S. 622.
33 23WCH, CE1414, S. 3.
34 Meine Aufzeichnungen sind nicht mehr vorhanden. Auch die Warren-Kommission hat Steele befragt; siehe 10WCH, S. 62 u. 64.
35 4WCH, S. 432f.
36 Es sollte erwähnt werden, daß Quigley vor der Warren-Kom-

mission aussagte, es sei »die übliche Praxis«, Notizen nach Abschluß eines Berichts zu vernichten. Ebd., S. 433.

37 Nachdem Oswald nach Dallas zurückgekehrt war, versetzte das FBI zeitweilig auch Special Agent Quigley nach Dallas. 4WCH, S. 440.

38 WCR, S. 408; Summers, S. 307f.

39 WCR, S. 403.

40 Summers, S. 313.

41 Später sagte Alba über mehr als nur Oswalds Besuche in dem Parkhaus aus. 1978 sagte er vor dem Untersuchungsausschuß des Repräsentantenhauses, er habe »Oswald oft in Mancuso's Restaurant im ersten Stock des Gebäudes 544 Camp Street« gesehen. Der Ausschuß räumte ein, daß auch David Ferrie und Guy Banister Stammgäste von Mancuso's waren. HSCR, *Findings and Recommendations*, S. 146.

42 10WCH, S. 220.

43 Anfang der sechziger Jahre logierte das FBI ebenfalls im Freimaurer-Tempel.

3. KRIEGSSPIELE

1 Die Aufzeichnungen über dieses Gespräch wurden gestohlen.

2 Die Staatspolizei gab Ivon auch ein Buch, das sie in Banisters Büro gefunden hatte, eine nostalgische Erinnerung an seine Zeit beim ONI. Es stammte von Admiral Ellis Zacharias, einem berühmten Nachrichtendienstexperten des Zweiten Weltkrieges, und trug den Titel *Naval Intelligence.* Auf dem Vorsatz fand sich die Widmung: »Für Guy Banister, mit besten Grüßen – Ellis Zacharias.«

3 Diese Aufzeichnungen wurden ebenfalls gestohlen, aber erst nach der Veröffentlichung von *Heritage*; s. dort S. 113.

4 Einer der Amerikaner war Rich Lauchli, ein Abenteurer und Mitbegründer der rechtsextremen Vereinigung Minutemen. Der andere war Sam Benton, offenbar ebenfalls ein Abenteurer, der früher in den Spielkasinos Havannas arbeitete. Die neun Kubaner sind alle im Exil ausgebildet worden. Die wahren Umstände der Verhaftung beschreiben Hinckle und Turner, S. 198-203.

5 Diese Abschrift befand sich bei den Akten, die gestohlen wurden.

6 Dabei handelte es sich gewissermaßen um eine Umkehrung des üblichen Vorgehens. Normalerweise belauschen Bundesnachrichtendienste staatliche und städtische Beamte.

7 Siehe Kapitel 14: Die Firma.

8 Laut *New Orleans States-Item* vom 25. April 1967 wurden »50 bis 100 Kisten mit der Aufschrift Schlumberger« mit Munition, Gewehren, Granaten, Tretminen und dergleichen in Guy Banisters Lagerraum gefunden. Siehe Paris Flammonde, *The Kennedy Conspiracy*. New York 1969, S. 119.

9 Dieses Team bestand mittlerweile aus Frank Klein, Lou Ivon und dem jungen Assistant District Attorney James Alcock.

10 23WCH, CE1414, S. 828.

11 Die Zusammenfassung des Secret Service führte aus: »Bei den bislang durchgeführten gründlichen Ermittlungen ließ sich nicht feststellen, ob das FAIR PLAY FOR CUBA COMMITTEE Büroräume im Haus 544 Camp Street in New Orleans gemietet hatte. Es war ebenfalls unmöglich, jemanden zu finden, der sich erinnert, Lee Harvey Oswald je in diesem Gebäude gesehen zu haben.«
Die Tür der Secret-Service-Büros befand sich etwa 15 Meter vom Haus 544 Camp Street entfernt. Wenn zwei Secret-Service-Agenten diese 15 Meter zurückgelegt hätten und dann die Treppe hinaufgegangen wären, hätten sie sich auf dem Gang vor Guy Banisters Bürotür wiedergefunden. Falls sie das zuvor nicht gewußt hatten, stand Banisters Name groß an der Tür.
Hätten sie Delphine Roberts verhört, Banisters Sekretärin, hätte sie ihnen vielleicht erzählt, was sie später anderen erzählte (Summers, S. 324f.): daß Banister sich hinter verschlossenen Türen mit Lee Oswald getroffen und ihm ein Zimmer im zweiten Stock besorgt hatte. Doch die Ermittler des Secret Service unternahmen derartige Schritte nicht. Statt dessen trieben sie, wie ihr siebenseitiger Bericht enthüllt, ein paar Leute auf, deren oberflächliche Verbindung mit dem Haus 544 Camp Street schon 1961 oder 1962 ein Ende gefunden hatte. Die Agenten befragten diese Personen beiläufig über Dinge, die in keinem ersichtlichen Zusammenhang mit dem Attentat auf Präsident Kennedy standen. Das war die Summe und Substanz der »gründlichen Ermittlungen« des Secret Service.

4. DER GESELLSCHAFTLICHE AUFSTIEG DES LEE HARVEY OSWALD

1 WCR, S. 23, 390, 423.

2 8WCH, S. 133.

3 Ebd., S. 237, S. 246.

4 Ebd., S. 285f.

5 Ebd., S. 293.

6 Ebd., Donald Peter Camarata, S. 316f.; Peter Francis Connor, S. 317; Allen D. Graf, S. 317f.; John Rene Heindel, S. 318; Mack Osborne, S. 322; Richard Dennis Call, S. 323.

7 11WCH, S. 82-115.

8 Siehe Michael R. Beschloss, *Mayday*. New York 1986, S. 46.

9 Siehe *Heritage*, S. 37.

10 CD steht für Commission Document – Dokument der Kommission.

11 WCR, S. 688f.

12 26WCH, CE2665, S. 21; CE2673, S. 29; WCR, S. 690.

13 WCR, S. 690; 18WCH, CE946, S. 162.

14 26WCH, CE2676, S. 32.
15 *New York Times*, 27. März 1978, S. A14; HSCR, S. 198f.; Hurt, S. 203; Summers, S. 159f.
16 Wilcott sagte unter Eid aus, er habe die Bereitstellung der Finanzmittel für das Projekt übernommen, mit dem Oswald beauftragt wurde. Wie zu erwarten war, bestritten zahlreiche andere Zeugen der Agency, deren Namen Wilcott erwähnt hatte, jegliche Kenntnis eines solchen Projekts. Der Ausschuß verfolgte die Spur nicht.
17 WCR, S. 327.
18 WCR, S. 691; Hurt, S. 214.
19 WCR, S. 747; 18WCH, CE908, S. 97f.
20 WCR, S. 748.
21 Ebd.; 26WCH, CE2718, S. 92.
22 WCR, S. 748.
23 16WCH, CE24, S. 98f.
24 18WCH, CE931, S. 133f., S. 102.
25 16WCH, CE24, S. 102.
26 22WCH, CE1111, S. 72f.
27 WCR, S. 709.
28 Ebd., S. 752-760.
29 Ebd., S. 709-712, 770-773.
30 Ebd., S. 757; 18WCH, CE979, S. 382.
31 Als Oswald im Juni 1963 erneut seinen Paß beantragte – WCR, S. 773f. –, erhielt er ihn innerhalb von 24 Stunden. Eine so schnelle Paßausgabe ist schon im Normalfall ungewöhnlich, wäre aber völlig unmöglich, wäre Oswald tatsächlich »übergelaufen«.
32 WCR, S. 751.
33 Summers, S. 217; 26WCH, CE2655, S. 2-10, WCR, S. 713.
34 WCR, S. 713.
35 Ebd., S. 715f.
36 Hurt, S. 220.
37 WCR, S. 718.
38 Ebd.; 19WCH, Cunningham Ex., S. 397-405.
39 Hurt, S. 219.
40 Ebd.
41 Ebd., S. 220.
42 WCR, S. 719ff.
43 Ebd.
44 WCR, S. 282; wegen der Amtsenthebung von de Mohrenschildt siehe 9WCH, S. 166-284.
45 Die CIA und Schlumberger hatten ein gemeinsames Interesse an der OAS, einer von französischen Ex-Generälen geführten Organisation, die 1961, als Algerien vor der Unabhängigkeit stand, gegen Präsident Charles de Gaulle revoltierte. Die Agency unterstützte die französische Bewegung gegen de Gaulle tatkräftig, wenn auch nicht offen.
46 9WCH, S. 219.
47 8WCH, S. 382.
48 Meller informierte die Polizei von Dallas allerdings erst nach dem Attentat, das FBI habe ihm mitgeteilt, Oswald sei »in Ordnung«. Diese Tatsache enthüllte Harold Weisberg, einer der unbeugsamsten Kritiker des Warren-Berichts, in seinem Buch *Whitewash II*. New York 1966. S. 45-50.
49 George de Mohrenschildt beging im März 1977 Selbstmord, ein paar Stunden nachdem er zugestimmt hatte, mit einem Ermittler des Untersuchungs-

ausschusses des Repräsentantenhauses über Attentate zu sprechen (siehe Summers, S. 499). Es ist theoretisch möglich, daß de Mohrenschildt für einen anderen Teil der Geheimdienstwelt gearbeitet hat. Doch die Tatsache, daß er so gut getarnt war und später von einigen Mitgliedern der Warren-Kommission und den Bundesermittlern geschützt wurde, deutet darauf hin, daß er bei der Agency war. Die Warren-Kommission rief diesen Weltbürger nie als Zeugen auf. Statt dessen wurde seine Aussage den Mitgliedern der Kommission schriftlich vorgelegt: 9WCH, S. 166 bis 284.

50 Summers, S. 499f.; HSCH12, S. 61.

51 »Babysitter« ist ein Begriff der amerikanischen Geheimdienste für einen Agenten, der eine bestimmte Person beschützen oder allgemein für ihr Wohlergehen sorgen soll. Diese Person ist normalerweise für den Abschluß eines Auftrags unerläßlich. Von der Natur des jeweiligen Unternehmens hängt ab, ob der Babysitter ein »eingeweihter« Teilnehmer ist (also weiß, wie sein Schützling eingesetzt werden soll) oder ein »uneingeweihter« (also keine Vorkenntnisse darüber hat, was das »Baby« in seiner Obhut erwartet).

52 21WCH, Rachal Ex., S. 282; 22WCH, CE1398, S. 736; 23WCH, CE1943, S. 741; 23WCH, CE1945, S. 745; 23WCH, CE1949, S. 747; 23WCH, CE1950, S. 752; 23WCH, CE1951, S. 753.

53 Es besteht beträchtliche Verwirrung über Oswalds Größe. Aufgrund von Dokumenten, die bei seiner Verhaftung in seiner Brieftasche gefunden wurden, gehe ich davon aus, daß er einen Meter und achtzig Zentimeter groß war. Mit einer Ausnahme stammen alle Papiere, die seine Größe mit einem Meter achtzig angeben, aus der Zeit, da John F. Kennedy Präsident war, was mit der Theorie übereinstimmt, daß während dieser Zeit jemand seine Rolle gespielt hat.
Bei der Ausnahme handelt es sich um Oswalds Musterungskarte des Marine Corps vom 24. Oktober 1956, die seine Größe mit einem Meter fünfundsiebzig angibt. Die Karte wurde nur ein paar Tage nach seinem siebzehnten Geburtstag ausgestellt, und es ist durchaus wahrscheinlich, daß er im Verlauf der nächsten drei Jahre um fünf Zentimeter gewachsen ist.

54 Nachdem Lee Harvey Oswald nach New Orleans zurückgekehrt war und anfing, Pro-Castro-Flugblätter zu verteilen, war der Mann mit der Narbe am Rand der Menge stets präsent. Es entspricht dem üblichen Vorgehen, daß sich in der Nähe eines Geheimdienstagenten, der provokative Tätigkeiten ausübt, immer ein Leibwächter befindet, der ihn vor einer ge-

walttätigen Reaktion der Menge beschützen soll. Da der Mann mit der Narbe regelmäßig anwesend war und immer eine Sonnenbrille trug – die Zeugenaussagen, die dies bestätigen, wurden ebenfalls gestohlen –, handelt es sich bei ihm wahrscheinlich um Oswalds Leibwächter. Wir erfuhren von seiner ständigen Anwesenheit, indem wir Zeugen befragten, die beim Verteilen der Flugblätter anwesend waren; viele von ihnen konnten wir anhand der Zeitungsfotos identifizieren.

55 Man kann davon ausgehen, daß die Lieferwagen für die unmittelbar bevorstehende Invasion in der Schweinebucht vorgesehen waren und indirekt erworben wurden, um eine Beteiligung der CIA bei der Planung und Durchführung der Organisation zu verschleiern.

56 William R. Corson, *The Armies of Ignorance*. New York 1977, S. 30f.

5. DIE PRÄPARIERUNG DES SÜNDENBOCKS

1 »Zu einer bestimmten Zeit waren viele AID-Außenbüros von oben bis unten von CIA-Leuten unterwandert.« John Gilligan, Direktor der AID unter der Regierung Carter, zitiert nach George Cotter, »Spies, Strings and Missionaries«. In: *The Christian Century* (Chicago), 25. März 1981.

2 WCR, S. 729f.

3 Ebd., S. 736.

4 Ebd., S. 739.

5 Ebd., S. 737f.

6 Eine außergewöhnliche Anzahl von Dokumenten, die die Paines betreffen, wurde als geheim eingestuft. Siehe *Heritage*, S. 134f.

7 Siehe WCR, S. 730-736.

8 Hurt, S. 231-235; HSCH4, S. 219.

9 Hurt, gegenüber von S. 263.

10 HSCH3, S. 82, S. 157, S. 232f.; HSCH11, S. 203f.

11 Summers, S. 377.

12 Ebd., S. 374.

13 Hurt, S. 233f.

14 Summers, S. 386.

15 »On Trial: Lee Harvey Oswald«, LWT Productions, London 1986. In den Vereinigten Staaten im November 1986 und Januar 1987 auf dem Kabelsender Showtime ausgestrahlt. López' Bericht mit 285 Seiten wurde nicht freigegeben.

16 Aus meinen Notizen der Ermittlung im Fall Farrington, in meinem Besitz.

17 Michael L. Kurtz, *Crime of the Century*. Knoxville, Tenn., 1982, S. 219.

18 Ebd., S. 220.

19 Ebd.

20 10WCH, S. 353.

21 26WCH, CE3078, S. 685.

22 Ebd.

23 10WCH, S. 353f.

24 Ebd.

25 Ebd., S. 349.

26 Die Feststellung ist interessant, daß das FBI, das unmittelbar nach dem Attentat über »Lee

Oswalds« Besuch bei der Downtown Lincoln Mercury informiert wurde, nach Oswalds Verhaftung keinen der Zeugen von der Autohandlung zur Gegenüberstellung mit Oswald lud.

27 26WCH, CE3078, S. 685.

28 WCR, S. 320.

29 11WCH, S. 481.

30 Ebd., S. 82-115.

31 Meine ursprünglichen Notizen über diesen Aspekt der Ermittlung sind nicht mehr erhalten.

32 Desgleichen.

33 11WCH, S. 89.

34 Am 24. April half Oswald seiner Frau, zu Mrs. Paine umzuziehen; dann nahm er den Bus nach New Orleans. Marina stieß dort am 11. Mai zu ihm. WCR, S. 726-730.

35 Die Warren-Kommission und der Untersuchungsausschuß des Repräsentantenhauses über Attentate kamen jeweils zur Schlußfolgerung, daß es sich um echte Fotos von Oswald handelte, die vor dem Attentat aufgenommen wurden (siehe WCR, S. 127; HSCR, *Findings and Recommendations,* S. 55). Doch Robert Groden, der Foto-Sachverständige des Untersuchungsausschusses, schrieb ein Gegengutachten, das im Anhang der Anhörungsbände abgedruckt ist (siehe HSCR, S. 295).

36 Die Spencer-Notizen befanden sich unter den gestohlenen Akten.

37 Dieses Dokument befand sich unter den gestohlenen Akten.

38 Angehörige des organisierten Verbrechens wie Rosselli erwiesen sich nach Kennedys Eliminierung als wertvoll und nutzbringend für die CIA. Ihre Namen lenkten die Aufmerksamkeit der Öffentlichkeit auf den Mob als möglichen Drahtzieher. Weitere Informationen zur Benutzung vorgeblicher Hintermänner nach dem Attentat in Kapitel 20.

39 Summers, S. 263.

40 Ebd., S. 503.

41 Ebd., S. 502f.

42 Eine zweite Figur des organisierten Verbrechens, Sam Giancana (siehe ebd., S. 502), der in bezug auf Kuba auch einige Geschäfte mit der CIA getätigt hatte, sollte vor dem gleichen Ausschuß erscheinen, wurde aber kurz vor dem vereinbarten Termin umgebracht. Er wurde ziemlich brutal in seinem Haus getötet, was ebenfalls auf theatralische Art und Weise eine traditionelle Hinrichtung durch das organisierte Verbrechen andeuten sollte.

43 Dieser Brief gehört zu den fehlenden Thornley-Akten.

6. PERFEKTE TARNUNG

1 11WCH, S. 331ff.

2 Ebd., S. 325-339.

3 Ebd., S. 335.

4 26WCH, CE3094, S. 704f.

5 11WCH, S. 334.

6 Ebd.

7 »Feebees« bedeutete in Andrews' ureigener Sprache »FBI«.
8 *Paesa Sera* (Rom), 4., 11., 12., 14., 16. und 18. März 1967; siehe Roberto Faenza und Edward Bekker, *Il Malafare Dall'America di Kennedy all'Italia, a Cuba, al Vietnam.* Mailand 1978 (in der Folge zitiert als Faenza und Becker), S. 128, S. 326, S. 330, S. 389; Roberto Faenza und Marco Fini, *Gli Americani in Italia.* Mailand 1976; Robert D. Morrow, *Betrayal. A Reconstruction of Certain Clandestine Events from the Bay of Pigs to the Assassination of John F. Kennedy.* Chicago 1976, S. 92.
9 Dies war nicht nur wegen seiner Spionagevergangenheit von Bedeutung, sondern auch wegen eines seltsamerweise nicht verzeichneten Fluges, den Clay Shaw und David Ferrie Anfang 1961 oder 1962 zu Bloomfields Heimatstadt Montreal unternahmen.
10 Paris Flammonde, *The Kennedy Conspiracy.* New York 1969, S. 214 bis 224.
11 *Le Devoir,* Montreal, 16. März 1967; Faenza und Becker, S. 320.
12 *Le Devoir,* 16. März 1967.
13 4. März 1967.
14 Ebd.; Faenza und Becker, S. 321.

7. DIE TITELSEITE

1 17WCH, CE392, S. 11f.
2 2WCH, S. 165-190.
3 6WCH, S. 177-191.
4 In einer eidesstattlichen Aussage für die Kommission erinnerte sich Mrs. Rowland (24WCH, S. 181), ihr Gatte habe ihr von dem Mann mit dem Gewehr im fünften Stock des Schulbuchlagers erzählt. Sie erinnerte sich ferner, ihr Mann habe auf das Fenster (von der Dealey Plaza aus gesehen) *links außen* gezeigt. Sie sah weder zu den Fenstern hoch, noch erinnerte sie sich, einen zweiten Mann gesehen zu haben.
5 24WCH, CE2086, S. 522.
6 Ebd., CE2089, S. 524.
7 2WCH, S. 201-210.
8 6WCH, S. 313.
9 2WCH, S. 207.
10 Lane, S. 281.
11 2WCH, S. 207.
12 Ebd.
13 Ebd., S. 208.
14 Den bei weitem besten Blick auf den fünften Stock des Schulbuchlagers hatte man vom Bezirksgefängnis an der Houston Street. Die Insassen drängten sich an den Fenstern, um die Wagenkolonne des Präsidenten zu sehen. Der Anwalt Stanley Kaufman sagte vor der Warren-Kommission aus (15WCH, S. 526), einer seiner Klienten, Willie Mitchell, habe niemanden gesehen, als er »zu diesem Fenster« hinübersah. Doch Kaufman fuhr fort, es habe »Gefängnisinsassen gegeben, die den Mord gesehen hatten«.
Die Gefängnisinsassen wurden weder von der Warren-Kommission vorgeladen noch vom FBI oder vom Secret Service ver-

hört. Doch die Aussage eines der Insassen, John Powell, wurde später bekannt (Summers, S. 74f.). Powell, der wegen kleinerer Vergehen nur einige Tage im Gefängnis war, meldete sich nicht freiwillig zur Aussage; statt dessen erzählte er Bekannten, was er im fünften Stock des Schulbuchlagers gesehen hatte. Schließlich informierte einer von ihnen die Medien.

Powell und seine Mithäftlinge befanden sich im fünften Stock des Gefängnisses, so daß sie genau in den fünften Stock des einige hundert Meter entfernten Schulbuchlagers sehen konnten. Ein paar Minuten vor dem Attentat sahen Powell und die anderen Häftlinge von ihrem Fenster in das genau gegenüberliegende Fenster und beobachteten dort zwei Männer mit einem Gewehr. Zuerst hielten sie die beiden für Angehörige des Sicherheitsdienstes – bis die Schüsse fielen. Powell erinnerte sich, daß einer der beiden Männer einen dunklen Teint hatte.

15 6WCH, S. 260-273; und in zahlreichen Gesprächen mit mir.

16 Ebd., S. 267.

17 Ebd., S. 270.

18 Ein paar Monate, nachdem ich seine Aussage gelesen hatte, suchte Craig mich in New Orleans auf. Ich führte zahlreiche Gespräche mit ihm, die allesamt seine Aussage vor der Warren-Kommission bestätigten bzw. vertieften. Der wachsame und idealistische junge Mann, der eher wie ein Cheerleader denn wie ein Hilfssheriff wirkte, war von den Behörden aus Dallas vertrieben worden. Nach seiner ehrlichen Aussage war es mit seiner Karriere bei der Polizei vorbei, und er hatte sich entschlossen, Dallas zu verlassen, nachdem jemand auf ihn geschossen hatte; die Kugel hatte seinen Kopf gestreift. Ich besorgte ihm einen Job bei der Firma Willard Robertson Volkswagen, und Craig traf sich häufig mit mir und berichtete mir in allen Einzelheiten, was er an der Dealey Plaza und nach dem Attentat im Polizeipräsidium von Dallas gesehen hatte.
Nachdem er erfahren hatte, daß ein Verdächtiger verhaftet worden war, begab er sich sofort zum Polizeipräsidium von Dallas, um der Mordkommission seine Hilfe bei der Identifizierung anzubieten. Er berichtete Captain Will Fritz (6WCH, S. 270) von dem Zwischenfall mit dem Nash Rambler, den er gesehen hatte. Die beiden gingen in Fritz' Büro, in dem Oswald saß. Fritz deutete auf Craig und sagte zu Oswald: »Dieser Mann hat gesehen, daß Sie abgehauen sind.« Oswald erwiderte: »Das habe ich euch doch gesagt.« Fritz sagte zu Oswald, er wolle nur herausfinden, was passiert sei, und fuhr fort: »Was ist mit dem Wagen?« Oswald erwiderte: »Der Kombi

gehört Mrs. Paine. Versuchen Sie nicht, sie in diese Sache hineinzuziehen.«
Später fuhr Deputy Sheriff Buddy Walthers (6WCH, S. 271) zum Haus der Paines im Vorort Irving und stellte fest, daß Mrs. Ruth Paine tatsächlich ein Nash-Rambler-Kombi mit einem Dachgepäckträger gehörte, wie Craig ihn gesehen hatte. Es gibt keine Unterlagen darüber, ob Captain Fritz oder ein anderer Beamter der Mordkommission von Dallas dieser Spur je nachgegangen ist. Fritz stritt später sogar ab (Hurt, S. 125), daß Craig im Polizeipräsidium war oder ihm von dem Nash Rambler erzählt hatte. Doch auf einem Pressefoto, das sechs Jahre nach dem Attentat in der Autobiographie Jesse Currys, des Polizeichefs von Dallas, erschien (Hurt, neunte Fotoseite nach S. 138), ist Craig eindeutig im Polizeipräsidium zu sehen, was seine Geschichte bestätigt.

19 6WCH, S. 267.

20 Hurt, S. 119. Carr sagte auch beim Prozeß gegen Shaw aus; siehe Kapitel 18: Das Verfahren gegen Clay Shaw.

21 In Briefen von Zeugen aus Dallas an meine Behörde.

22 Der Zwischenfall mit dem »Epileptiker« erregt in mehrfacher Hinsicht Argwohn. Erstens stand nach diesem Zwischenfall nicht mehr der Krankenwagen zur Verfügung, der für den Fall bereitgestellt war, daß der Präsident verletzt wurde; er brachte den Epileptiker ins Parkland Hospital. Zweitens sorgte der Zwischenfall für Ablenkung und veranlaßte den Polizisten Joe Smith, seinen Posten an der Ecke des Schulbuchlagers zu verlassen, wodurch es möglich wurde, daß jemand auf dem Grashügel Position bezog, als die Wagenkolonne von der Main Street auf die Houston Street bog. Drittens hielt es eine Reihe von Zeugen, die unserer Behörde schrieben, für seltsam, daß die Frau, die augenblicklich auftauchte, sich als Krankenschwester bezeichnete und den Epileptiker bis zum Eintreffen des Krankenwagens behandelte – er hatte sich bei dem Sturz leicht den Kopf aufgeschlagen –, ihr Taschentuch im Goldfischteich befeuchtete, bevor sie seinen Kopf damit abwischte. Einige dieser Zeugen beschrieben den Epileptiker als Südamerikaner in Armeemontur. Viertens stellte unsere Behörde bei Nachforschungen im Parkland Hospital fest, daß der angebliche Epileptiker nach Eintreffen des Krankenwagens einfach davonging und sich weigerte, sich behandeln zu lassen oder auszuweisen.

23 Um Mitternacht des 22. November brachte das FBI die Mannlicher-Carcano, die angeblich Oswald gehörte, ins FBI-Labor von Washington. Die Labortechniker fanden keine Fingerabdrücke, nicht einmal partielle, die als die Oswalds zu identifi-

zieren waren (4WCH, S. 23). Am folgenden Tag gab das FBI das Gewehr an die Polizei von Dallas zurück. Später erklärte die Polizei von Dallas aufgeregt, man habe »Oswalds Handflächenabdruck« auf dem Gewehr gefunden (WCR, S. 566). Die wissenschaftliche Genauigkeit dieser verspäteten Entdeckung der Polizei von Dallas wurde in einem FBI-Memorandum (Hurt, S. 198; vgl. HSCR, S. 53) vom 28. August 1964 (das allerdings erst 1968 veröffentlicht wurde) bezweifelt, in dem die Aussage J. Lee Rankins, des Obersten Rechtsberaters der Warren-Kommission, zitiert wurde: »Wegen der mittlerweile eingetretenen Umstände bestehen nach Ansicht der Kommission ernsthafte Zweifel, ob der Handflächenabdruck, den die Polizei von Dallas vorgelegt hat, wirklich vom Gewehrlauf oder von einem anderen Gegenstand abgenommen wurde. Aus diesem Grund muß dieser Punkt noch geklärt werden.« Doch die Warren-Kommission unternahm keine Anstrengungen, diesen Punkt zu klären. Sie stellte den »Handflächenabdruck« in ihrem Bericht als bedeutende Entwicklung im Fall gegen Oswald dar.
1984 wurde Agent Vincent Drain, der das Gewehr für das FBI entgegennahm, von Henry Hurt über den vorgeblichen Handflächenabdruck befragt (Hurt, S. 109). Drain sagte, er glaube nicht, daß es solch einen Abdruck je gegeben habe: »Ich kann mir nur erklären, daß es sich dabei [bei Oswalds Abdruck] um eine Art Beschwichtigung handelte, denn man bekam am Sonntagabend eine Menge Druck. Man hätte den Abdruck von Oswalds Karteikarte nehmen und auf das Gewehr drücken können. So ungefähr wird es gewesen sein.«

24 7WCH, S. 105-109; 24WCH, CE2003, S. 228.

25 Hurt, S. 102.

26 7WCH, S. 108.

27 Hurt, S. 102; und zahlreiche Gespräche mit mir.

28 19WCH, Decker Ex. 5323, S. 507.

29 24WCH, CE2169, S. 831.

30 WCR, S. 79.

31 Hurt, S. 103f.

32 26WCH, CE2724, S. 104.

33 Dieser Film wurde mir von Richard E. Sprague gezeigt. Er befindet sich nun zusammen mit den zahlreichen fotografischen Beweisen, die Sprague zusammengetragen hat, im Archiv des Western New England College, Springfield, Massachusetts.

34 WCR, S. 151f.

35 4WCH, S. 266.

36 WCR, S. 560f. Die Kommission stellte fest, daß »Oswalds Hände positiv auf den Test [reagierten]. Der Test auf der rechten Wange ergab keine Reaktion.« WCR, S. 560. Auf die Komplikationen, die das letztere Ergebnis mit sich brachte, reagierte die Kommission, indem sie einfach ausführte: »Der

Test ist völlig unzuverlässig...« WCR, S. 561.

37 Sowohl die Angaben darüber, weshalb, als auch, wann die Route geändert wurde, widersprechen sich. Die Warren-Kommission erfuhr, daß die Änderung nötig gewesen sei, um einer engen Kurve hinter der Eisenbahnunterführung auszuweichen, um über den Stemmons Freeway zum Trade Mart zu kommen. 4WCH, S. 168ff.; 7WCH, S. 336ff.; 24WCH, CE2116, S. 546. Doch dieses Argument ist nicht einsichtig. Wäre die Wagenkolonne auf der Main Street geblieben, hätte sie hinter der Unterführung auf völlig freier Strecke eine Kurve von hundert Grad durchfahren müssen; der Verkehr war umgeleitet worden, und dort drängte sich auch keine Menschenmenge zusammen. Statt dessen entschied man sich auf einem äußerst leicht zugänglichen Streckenteil, auf dem sich die Menschen drängten, für eine Kurve von hundertzwanzig Grad. Einige Personen haben ausgesagt, eine Karte der berichtigten Strecke sei vor dem 22. November veröffentlicht worden, doch bislang ist ein solches Dokument noch nicht aufgetaucht.

38 22WCH, CE1365, S. 617.

39 Hinckle, S. 82-95.

40 Ebd., S. 112.

41 Ebd.

8. VERDECKTE OPERATIONEN

1 Siehe Kapitel 18: Das Verfahren gegen Clay Shaw.

2 *New Orleans Times-Picayune*, 7. Februar 1969, S. 15.

3 Ebd., siehe außerdem *New Orleans Times-Picayune*, 1. März 1969, S. 20.

4 Summers, S. 337f.

5 WCR, S. 726-730.

6 Rechnung der Bell Telephone Company in New Orleans: »Chicago, Ill – WH-4-4970 – Betrag 3.85 $ – Ihre Nummer – 524-0147«.

7 25WCH, CE2267, S. 191f.; 25WCH, CE2266; siehe auch HSCH9, S. 805-941.

8 Diese Notizen, die Teil unserer ausführlichen Ermittlungen zu David Ferrie waren, wurden alle gestohlen. Ivon und Alcock haben mir den Inhalt dieser Passagen bestätigt.

9 Ebd.

10 Ebd.

11 Ebd.

9. FREUNDSCHAFTSBANDE

1 Von Kimble am 10. Oktober 1967 unterschriebene Erklärung.

2 HSCR, S. 392.

3 Kimble soll angeblich in Kanada die Bekanntschaft James Earl Rays gemacht haben, aber dies wurde nie bewiesen; siehe HSCR, S. 392.

4 Man darf daran erinnern, daß Major L.M. Bloomfield aus

Montreal stammte und wie Shaw Mitglied der internationalen Geheimdienstzwillinge Centro Mondiale Commerciale (Welthandelszentrum) und Permindex war. Siehe Kapitel 6: Perfekte Tarnung.

5 Diese Notizen wurden ebenfalls gestohlen.

6 Wie oben.

7 Wie oben.

8 Memorandum vom 18. September 1967 von James L. Alcock an Jim Garrison.

10. DIE IDEN DES FEBRUAR

1 Zu keiner Zeit hatte Gervais etwas mit den Ermittlungen zur Ermordung Präsident Kennedys zu tun. Er war nicht einmal Mitglied der Sondereinheit.

11. SCHACHMATT

1 Ferrie war »Bischof« einer obskuren Sekte mit dem Namen Orthodoxe Altkatholische Kirche Nordamerikas. Hurt, S. 263f.

2 Nur ein Abschiedsbrief wurde in der Presse zitiert. Siehe *New Orleans States-Item*, 23. Februar 1967, und die *New Orleans Times-Picayune*, 23. Februar 1967.

3 Ebd.

4 *New Orleans States-Item*, 24. Februar 1967.

5 Alle Notizen über Shaws Verhöre befanden sich unter den gestohlenen Akten.

6 16WCH, CE58, S. 58.

7 Das teilte uns das Hauptpostamt von Dallas im Jahre 1966 mit.

12. KONFRONTATION

1 *New York Times*, 3. März 1967.

2 Undatierte Erklärung, die ein Sprecher des Justizministeriums in Erwiderung einer Forderung nach einer öffentlichen Erklärung vorbereitete, die von Shaws Anwalt Edward F. Wegmann eingereicht wurde.

3 In juristischen Begriffen lautete die Anklage – siehe *New Orleans Times-Picayune*, 23. März 1967 –, daß er »sich wissentlich und ungesetzmäßig zusammen mit David Ferrie, hier benannt, aber nicht angeklagt, und Lee Harvey Oswald, hier genannt, aber nicht angeklagt, und anderen, hier nicht benannt, verschworen hat, John F. Kennedy zu ermorden.«

4 *New Orleans States-Item*, 14. März 1967, S. 1.

5 Bezüglich Russos kompletter Aussage siehe *New Orleans States-Item*, 14. März 1967, S. 1, S. 14,; und 15. März 1967, S. 1, S. 4, S. 6.

6 Anscheinend wurde Präsident Kennedy ermordet, indem man sich der Technik des Triangulationsschießens bediente: Mindestens ein Schuß kam von dem Hügel vor ihm, und mindestens zwei von den Gebäuden hinter ihm. Aber das be-

deutet nicht unbedingt, daß Ferrie bereits im voraus über diese Einzelheiten Bescheid wußte. Die Eliminierung einer wichtigen Person durch die verdeckte Operation eines Regierungsgeheimdienstes spielt sich auf der Basis der »unbedingt erforderlichen Kenntnisse« ab. Es ist zu bezweifeln, ob Ferrie tatsächlich wußte, daß man Triangulationsschüsse gegen Kennedy einsetzen würde. Siehe Kapitel 2: Das Erwachen, und 7: Die Titelseite.

7 Wie sich herausstellte, fuhr Ferrie zur Universität von Hammond, wo er im Studentenwohnheim übernachtete. Das war allerdings nach seiner seltsamen Texas-Reise, und zu diesem Zeitpunkt war das Attentat längst geschehen. Andererseits war Clay Shaw tatsächlich an die Westküste gereist, als das Attentat stattfand. Er sollte in San Francisco eine Rede halten, die Mario Bermudez, der Leiter der Abteilung für Internationale Beziehungen der Stadt New Orleans und ein enger Freund Shaws, für ihn arrangiert hatte.

8 *New Orleans States-Item*, 15. März 1967, S. 1, S. 4, S. 6; 17. März 1967, S. 12.

9 Eines der diversen Gespräche, die ich mit Russo im Sommer 1988 führte.

10 *New Orleans States-Item*, 18. März 1967, S. 12.

13. DER GEGENSCHLAG

1 United Press International, Depesche vom 4. September 1967 aus Tokyo.

2 Babœuf rief Lynn Loisel an, den Mitarbeiter unserer Dienststelle, der ihn angeblich bedroht hatte, und sagte, er habe die Nase voll davon, unter Druck gesetzt zu werden, schlecht über mich zu sprechen. Dann kam er mit seinem Anwalt Hugh Exnicios in mein Büro. Ich schickte sie zu Lou Ivon und Charles Ward. Sie erhielten schließlich von Babœuf eine beeidete Aussage, in der er angab, nie von der Staatsanwaltschaft bedroht worden zu sein; derartige Behauptungen seien unwahr.

3 *Saturday Evening Post*, 8. Juni 1963, S. 67-71.

4 Ebd., 6. Mai 1967, S. 21-25.

5 *Life*, 1. September 1967, S. 15; 8. September 1967, S. 91.

6 *Life*, 8. September 1967, S. 94f.

7 3. März 1967; 10. März 1967; 30. Juni 1967 in der Sendung der NBC.

8 11. September 1966, S. 52, S. 154.

9 Siehe Kapitel 14: Die Firma.

10 Nachdem ich diese Zusammenfassung aus dem Memorandum kopiert hatte, wurde das Original zu den Akten gelegt, die dann gestohlen wurden.

11 Ebd.

12 NBC, 15. Juli 1967.

13 Siehe Kenneth Bilby, *The General. David Sarnoff and the Rise of*

the Communications Industry. New York 1986, S. 156, S. 167.

14. DIE FIRMA

1 Im allgemeinen wird die CIA in Geheimdienstkreisen als »Firma« bezeichnet.
2 Siehe dazu grundsätzlich Hinckle, S. 96-102.
3 Kenneth O'Donnell und David F. Powers, *Johnny, We Hardly Knew Ye.* Boston 1970, S. 382.
4 Howard Zinn, *A People's History of the United States.* New York 1980, S. 462.
5 O'Donnell und Powers, S. 383.
6 Ebd.
7 Nach dem Desaster in der Schweinebucht sagte Präsident Kennedy, er wolle »die CIA in tausend Stücke zerschlagen und in alle Winde zerstreuen«. *New York Times,* 25. April 1966.
8 Die *New Orleans States-Item* vom 25. April 1977 bezeichnete Novel als »einen der geschwätzigsten Flüchtige der Geschichte«.
9 Ebd.
10 Ebd.
11 Die Idee, in einem Strafprozeß eine Verteidigung aus der Tatsache abzuleiten, die CIA habe über die Aktivitäten des Angeklagten Bescheid gewußt, ist gar nicht so weit hergeholt. 1982 wurden fünf amerikanische Iren von einem Bundesgeschworenengericht in Brooklyn von der Anklage des Waffenschmuggels freigesprochen, weil sie darlegen konnten, daß die CIA seit Jahren davon gewußt und es toleriert hatte. Siehe Shana Alexander: »The Patriot Game«. In: *New York Magazine,* 22. November 1982, S. 58.
12 Siehe Michael Canfield und Alan J. Weberman, *Coup d'État in America.* New York 1975, S. 37f.; siehe auch bei E. Howard Hunt, *Give Us This Day.* New Rochelle, N.Y., 1973, S. 46; siehe Rosemary James und Jack Wardlaw, *Plot or Politics.* New Orleans 1967, S. 11.
13 HSCR, S. 192f.
14 CD197. Für die Darstellung von Nagells Geschichte siehe Hinckle, S. 226-229. Meine eigenen Notizen über das Treffen mit Nagell existieren nicht mehr. Hinckle und Turner hatten Zugang zu einigen seiner schriftlichen Aussagen, als sie an ihrem Buch arbeiteten.
15 Das Flugticket mußte ich von nun an ebenso wie das Hotel selbst bezahlen, da die Zeitungen unsere Kautions- und Spesenkonten im Auge behielten.
16 Er hatte drei Jahre abgesessen. Zwei Jahre später wurde seine Verurteilung rückgängig gemacht, weil es keinen Beweis für die Absicht eines Raubes gegeben hatte. Siehe Hinckle, S. 228.
17 Dieser Ausschnitt befand sich unter den gestohlenen Akten.

15. TRICKSEREIEN

1 WCR, S. 156-176.
2 Hurt, S. 139.
3 6WCH, S. 448; 24WCH, CE2003, S. 202, S. 215; Lane, S. 188.
4 WCR, S. 163f.
5 WCR, S. 165, räumt ein, daß man mindestens fünfzehn Minuten zu Fuß braucht.
6 6WCH, S. 452.
7 11WCH, S. 435f.
8 Ebd., S. 437.
9 3WCH, S. 304-321, S. 340ff.; 7WCH, S. 488-506.
10 20WCH, Markham Ex. Nr. 1, S. 583, S. 590.
11 Lane, S. 180.
12 7WCH, S. 503f.
13 WCR, S. 167.
14 3WCH, S. 310.
15 Lane, S. 194.
16 Ebd.
17 24WCH, CE2003, S. 254.
18 Lane, S. 193f.; Lane interviewte, filmte und nahm die Aussage von Mrs. Clemons auf Band auf, und zwar im März 1968 in Dallas.
19 Das Auffinden und die Befragung der Schlüsselzeugen der Ermordung von Officer Tippit durch Mark Lane war die früheste und bemerkenswerteste Arbeit, die von den Kritikern der offiziellen Ergebnisse über das Attentat durchgeführt wurde. Siehe Lane, S. 171 bis 208.
20 Lane, S. 194; *New York Times*, 12. Oktober 1964; *New Leader*, 12. Oktober 1964.
21 Michael L. Kurtz, *Crime of the Century*. Knoxville, Tenn., 1982, S. 138.
22 25WCH, CE1974, S. 832-940; *Heritage*, S. 71f.
23 3WCH, S. 301; 7WCH, S. 54.
24 3WCH, S. 473, S. 475.
25 Lane, S. 195-200.
26 3WCH, S. 475.
27 Ebd., S. 474ff.
28 Ebd., S. 511.
29 WCR, S. 172.
30 6WCH, S. 450f.; 7WCH, S. 47.
31 7WCH, S. 68f.
32 Ebd., S. 275f.

16. DIE FLUCHT DER ATTENTÄTER

1 Siehe Hurt, S. 122-124.
2 Siehe 24WCH, CE2003, S. 202.
3 Angebliche Hintermänner sind frei erfundene Verdächtige, die die Desinformationsmaschinerie der Geheimdienste nach einer verdeckten Operation routinemäßig in die Welt setzt, um den Unbedachten von den Geheimdiensten fort auf eine falsche Spur zu führen. Siehe Kapitel 20.
4 »On Trial: Lee Harvey Oswald«, LWT Productions, London 1986.
5 Auch Jack Bears von der *Dallas Morning News* machte Fotos von dieser Szene. Später kaufte Sprague Bears die Fotos ab. Alle Fotos befinden sich nun im Archiv des Western New England College, Springfield, Massachusetts. Eine repräsentative Auswahl erscheint im Schwarzweiß-Tafelteil dieses Buches.

6 Eine Reihe weiterer Fotos, die Jim Murray vom Blackstar Photo Service und William Allen vom *Dallas Times Herald* kurz nach dem Attentat auf der Dealey Plaza machten, zeigt eine weitere Person, die exakt die gleiche Art von Funkempfänger in einem nur halb sichtbaren Ohrstöpsel trägt. In dieser Fotoserie sieht man Deputy Sheriff Buddy Walthers, der zu einer Kugel hinabschaut, als ein adrett gekleideter blonder Mann sich bückt, um sie aufzuheben. Am Ohrläppchen des nicht identifizierten blonden Mannes ist ein Empfänger aus Plastik befestigt. Die Kugel wurde nie wieder gesehen. Die Warren-Kommission fragte Walthers nicht nach der Kugel oder dem blonden Mann mit dem Ohrstöpsel, und von sich aus machte er keine Aussagen darüber.
Walthers wurde später ermordet.

7 Die Warren-Kommission befaßte sich nie mit dieser Frage. Sie erwähnte die »Tramps« nicht einmal. Dies tat jedoch der Untersuchungsausschuß über Attentate (siehe HSCH4, S. 367-386). Man könnte sich fragen, wie er die Verdächtigen identifizieren wollte. Vereinbarte sein Stab vielleicht mit den Behörden von Dallas, mit den uniformierten Beamten auf den Fotos sprechen zu dürfen? Die Bewacher der Gefangenen hätten vielleicht einige Hinweise über deren Identität geben können. Schließlich fragen Polizeibeamte zunächst einmal, auch wenn es sich nur um einen Taschendiebstahl handelt, nach dem Namen des vermeintlichen Täters. Zudem hätten die Beamten, die die drei Männer gestellt hatten, vielleicht erklären können, wieso ihre Gefangenen sorgloser herumspazieren konnten als jeder Ladendieb.
Leider existieren keine Unterlagen darüber, ob der Ausschuß irgendeinen Versuch unternommen hat, die Uniformierten zu identifizieren. Auch wurden keine Angehörigen der Kommandoebene der Polizei vorgeladen, die die Bewacher der verschwundenen Gefangenen auf einen Blick hätten identifizieren können.
Statt dessen faßte der Untersuchungsausschuß die Sache so an, als mache er dies zum erstenmal. Man bildete ein Team aus bekannten Anthropologen, denen man das Foto der Verhafteten zur Verfügung stellte. Die Anthropologen vermaßen sorgfältig Nase, Stirn und andere Gesichtsmerkmale der Verhafteten. Diese Ergebnisse verglichen sie mit den Daten verschiedener Personen, von denen man annahm, sie hätten etwas gegen John F. Kennedy gehabt. Nachdem der Vergleich negativ ausgefallen war, sagte der Leiter des Anthropologenteams bei der Anhörung aus,

die Verdächtigen hätten sich nicht unter den Verhafteten befunden.
In einem Land mit über zweihundert Millionen Einwohnern kann ein solches Verfahren sehr lange dauern. Der Untersuchungsausschuß über Attentate – oder zumindest sein Ermittlerstab – hatte eine wissenschaftliche Methode ausgeheckt, um sicherzustellen, daß die Männer, die nach dem Attentat verhaftet worden waren, nie identifiziert wurden.

17. DIE ZURÜCKHALTENDEN ERMITTLER

1 19WCH, Decker Ex. 5323, S. 483ff.

2 Jack Ruby hatte eine besondere Beziehung zum FBI-Büro in Dallas (siehe Hurt, S. 177; Summers, S. 456-465; HSCR, S. 369f.). 1959 traf Ruby sich zumindest neunmal mit einem Agenten des Büros. Einmal erwarb er sogar eine mit einem Mikrophon versehene Armbanduhr, eine verwanzte Krawattennadel, eine Telefonwanze und einen verwanzten Aktenkoffer. Diese Tatsachen deuten darauf hin, daß Ruby wahrscheinlich Informant des örtlichen FBI-Büros war.
Doch Ruby hat möglicherweise auch für die CIA gearbeitet. Personen, die auf der Gehaltsliste eines Geheimdienstes stehen, werden manchmal als Vertragsangestellte von anderen Nachrichtendiensten angeheuert. 1959, im gleichen Jahr, in dem Ruby sich mit dem FBI-Agenten traf, flog er zweimal nach Kuba, einmal für acht Tage und einmal für eine Nacht. Anfang der fünfziger Jahre hatte er mit einem Waffenhändler Gespräche über den Erwerb von hundert Jeeps geführt, einen der wertvollsten Ausrüstungsgegenstände für Rebellen in Kuba, die die CIA damals unterstützte. Bei einer späteren Gelegenheit hatte er mit einem von der CIA unterstützten Waffenschmuggel für die kubanischen Rebellen zu tun.

3 Es gab ein Nachspiel zu Julia Ann Mercers Geschichte. Als ich Ende der siebziger Jahre als Anwalt praktizierte, nahm der Untersuchungsausschuß über Attentate seine Arbeit auf und bat um Mithilfe. Da ich beobachtet hatte, daß viel kritisches Material unter den Händen der Bundesermittler verschwunden war, war ich nicht gerade Feuer und Flamme, dem Ausschuß etwas zu schicken.
Doch die Beobachtungen von Mrs. Mercer – und die Änderungen, die die Regierung an ihnen vorgenommen hatte – waren von großer Bedeutung. Es gab keine schlüssigeren Beweise dafür, daß Kennedy von vorne erschossen worden war und eine Verschwörung stattgefunden hatte, die man vertuschte. Dementsprechend

schickte ich dem Ausschuß Kopien von Julia Ann Mercers Aussage beim FBI und dem Sheriff's Office, die der Warren-Kommission als Beweismittel vorgelegen hatten (12HSCH, S. 16f.), sowie ihres Kommentars zu den Änderungen, die beide Behörden vorgenommen hatten.
Wegen der außergewöhnlich hohen Sterblichkeitsrate unter den wichtigsten Attentatszeugen erwähnte ich sie nur unter ihrem Mädchennamen, mit dem sie auch ihre Aussagen unterschrieben hatte. In einem Begleitbrief erklärte ich dem Ausschuß den Grund dafür und fuhr fort, falls der Ausschuß sie als Zeugin aufrufen wolle und mir versichere, ihr ausreichenden Schutz zu gewähren, würde ich gerne ihren jetzigen Namen und ihre Adresse bekanntgeben.
Darauf erhielt ich nie eine Antwort. Als ich einige Jahre später die veröffentlichten Anhörungsprotokolle des Ausschusses durchblätterte, stieß ich auf einen interessanten Absatz. Dort hieß es, ich hätte dem Ausschuß die *angebliche* Aussage einer Julia Ann Mercer geschickt. Die Ermittler des Ausschusses, so fuhr der Bericht fort, »waren jedoch nicht in der Lage, sie ausfindig zu machen«.

4 Meine Kopie dieser Aussage befand sich unter den gestohlenen Papieren.

5 Als Walter mich später besser kannte, erzählte er mir, das FBI habe während unserer Ermittlungen über das Attentat sämtliche Telefongespräche abgehört, die ich zu Hause geführt hatte. Normalerweise hört das FBI Telefongespräche amerikanischer Bürger ohne weitere Umstände ab. Doch ich war öffentlich gewählter Beamter; deswegen arbeitete das FBI zur Vorsicht über eine Privatdetektei in einer Stadt im Norden von Louisiana.
Nachdem der Freedom of Information Act in Kraft getreten war, verlangte Lane Kopien des gesamten Materials, das das FBI über mich gesammelt hatte. Als es eintraf, war ein Großteil geschwärzt. Es fand sich kein Hinweis auf die Telefonüberwachung darunter, da das ausgeklügelte Telefonüberwachungssystem des FBI und das ebenso ausgeklügelte Informantensystem aufgrund einer Verwaltungsentscheidung des FBI vom Freedom of Information Act ausgeschlossen wurden.
Doch wir fanden ausreichende Beweise dafür, daß mich das FBI auf jeder Reise, die ich während der Kennedy-Ermittlungen unternahm, beschattet hatte.

6 Das Verhalten des Secret Service war auch in anderer Hinsicht alles andere als beispielhaft (siehe Hurt, S. 84; WCR, S. 58; 5WCH, S. 64f.). Obwohl der Secret Service im Parkland Hospital von Beamten des Staates Texas darüber informiert worden war, daß in Texas Aut-

opsien gesetzlich vorgeschrieben sind, entführte der Secret Service Präsident Kennedys Leichnam und schaffte ihn an Bord der Air Force One, um im Militärkrankenhaus Bethesda in Maryland eine Autopsie durchführen zu lassen. Noch am gleichen Tag säuberte der Secret Service die Limousine des Präsidenten und entfernte sämtliche Kugelfragmente. Gouverneur John Connallys Kleidung wurde (mitsamt Einschußlöchern, Einschußspuren etc.) von einer Reinigung gewaschen und gebügelt. Der Secret Service schien keinen Wert auf den Erhalt wichtiger Beweisstücke zu legen.

7 WCR, S. 332f.; Hurt, S. 402.

8 Bei diesen früheren Gelegenheiten hatte Oswald an das Marinesekretariat geschrieben (siehe 19WCH, Folsom Ex., S. 713, S. 695) und gegen die »unehrenhafte Entlassung« protestiert, die an die Stelle seiner »ehrenhaften Entlassung« getreten war, nachdem er in die Sowjetunion übergelaufen war. Als ehemaliger Marine fiel Oswald unter die Rechtsprechung des Marineministeriums.

9 16WCH, CE18, S. 64.

10 Der Hosty-Eintrag fehlte im Kommissionsdokument CD205, das angeblich eine Abschrift von Oswalds Adreßbuch ist. Später wurde CD385 der Warren-Kommission mit dem Eintrag übergeben; siehe Diskussion in HSCH11, S. 424f.

11 Ebd., S. 424. Der Untersuchungsausschuß über Attentate hielt diesen Zwischenfall für »trivial«. HSCR, S. 190.

12 *Washington Post*, 22. Oktober 1975; siehe Hurt, S. 252ff.

13 HSCR, S. 195; HSCH11, S. 424f.

14 19WCH, CE831, S. 780-784.

18. DAS VERFAHREN GEGEN CLAY SHAW

1 *New Orleans Times-Picayune*, 1. März 1969.

2 Ebd., 7. Februar 1969.

3 Zeitschrift *True*, April 1975. Marchetti deutete anscheinend zum erstenmal in einem Gespräch mit dem Zodiac News Service am 21. Dezember 1973 ein Interesse der Agency am Verfahren gegen Clay Shaw an; doch wurde davon kaum Notiz genommen. Nach dem Artikel in *True* befragte Mark Lanes Citizens Committee of Inquiry Marchetti und gab am 22. April 1975 eine Pressemitteilung heraus. Siehe auch Hinckle, S. 269.

4 Bei dem Gespräch fügte Marchetti hinzu: »Zu dieser Zeit oder kurz danach kam dieser Ferrie [...] und gab eine ähnliche Erklärung ab. Er habe mit der Schweinebucht zu tun und sei Vertragsagent oder Kontaktagent oder so. Ich nahm diese Erklärungen für bare Münze und dachte nie darüber nach, bis ich mit dem Ausschuß über Attentate zu tun bekam. Ein Grund, weshalb ich die Erklä-

rungen für bare Münze nahm, liegt darin, daß man immer zu hören bekam: ›He, das ist eine kitzlige Sache; du brauchst es nicht zu wissen!‹, wenn sie einem nichts sagen wollten. Wenn es manchmal wirklich kitzlig war, gaben sie einem eine lächerliche Entschuldigung. Er könnte umfassend beteiligt gewesen sein und umfassende Kontakte gehabt haben, aber man wollte mir einfach nichts sagen.«

5 *New Orleans Times-Picayune,* 8. Februar 1969.

6 Ebd.

7 Hurt, S. 274f.

8 *New Orleans Times-Picayune,* 1. März 1969, S. 2, S. 24.

9 Ebd., S. 20.

10 *New Orleans Times-Picayune,* 20. Februar 1969, S. 24.

11 *New York Times,* 15. Februar 1969, S. 13.

12 *New Orleans Times-Picayune,* 28. Februar 1969, S. 1, S. 6f.

13 Einzelbild 313 zeigt den Augenblick, in dem der Schuß Kennedys Kopf traf. Die von Zapruder aufgenommenen Einzelbilder 314 und 315 zeigen, daß sein Kopf nach hinten fiel, und deuten damit an, der Schuß kam von vorne.
Nach einer Routineüberprüfung der Reihenfolge der Einzelbilder mußte sogar die Warren-Kommission anerkennen, daß die Einzelbilder vertauscht worden waren, und bat das FBI um eine Erklärung. J. Edgar Hoover meinte, es handele sich um einen »unabsichtlichen« Fehler bei der Kopie (HSCH1, S. 100).

14 WCR, S. 115.

15 Ebd., S. 117.

16 Ebd., S. 86-96; Lane, S. 74, S. 76.

17 WCR, S. 95; 6WCH, S. 128-134; 17WCH, CE399, S. 49.

18 Es interessiert vielleicht, daß Ruby kurz vor dem Auffinden der Zauberkugel in der Halle des Parkland Hospital gesehen wurde (vgl. Lane, S. 73). Einige Journalisten vermuten, Ruby könne sie ins Krankenhaus gebracht haben.

19 Lane, S. 76f.

20 *New Orleans Times-Picayune,* 20. Februar 1969, S. 28.

21 Ebd., 1. März 1969, S. 24.

22 Ebd., 20. Februar 1969, S. 1; Shaws Anwälte behaupteten, ihr Klient habe eine Karte mit einem leeren Feld für Angaben von Pseudonymen unterschrieben, und irgend jemand, wahrscheinlich Habighorst, habe später »Clay Bertrand« eingetragen. Der Richter erlaubte den Geschworenen nicht, die Entscheidung selbst zu fällen, wem sie Glauben schenken wollten.

23 *New Orleans Times-Picayune,* 20. Februar 1969, S. 1.

24 Andrews war zuvor, als er unter Eid eine ähnliche Aussage leistete, für schuldig befunden, vor dem Geschworenengericht einen Meineid geleistet zu haben, und zu fünf Monaten Gefängnis verurteilt worden. Doch während des Verfahrens gegen Shaw stand seine Verurteilung

am Obersten Gerichtshof von Louisiana zur Berufung an und durfte nicht erwähnt werden. Nachdem Andrews den Berufungsprozeß später verloren hatte, wandten sich seine Anwälte an mich und äußerten ihre Besorgnis darüber, daß er mit seiner ernsten Herzkrankheit eine sechsmonatige Haftstrafe nie überleben werde. Ich riet ihnen, einen Antrag auf einen neuen Prozeß zu stellen und bei der Eingabe zu erwähnen, der Staatsanwalt heiße den Antrag gut. Damit sei er so gut wie akzeptiert, wie es dann auch geschah. Als der Fall an meine Behörde geschickt wurde, wies ich die Anklage ab. Andrews hat nie eine Haftstrafe verbüßt, erlag aber später seinem Herzleiden.

25 WCR, S. 58.

26 16WCH, CE387, S. 981; Lane, S. 46.

27 16WCH, CE387, S. 982f.

28 2WCH, S. 349.

29 17WCH, S. 48; 12WCH, S. 373; HSCH1, S. 330; HSCH7, S. 257. Siehe allgemein Hurt, Kapitel 3.

30 Jahre später wurden zwei weitere wichtige Entdeckungen in bezug auf die Autopsie gemacht: Die erste bestand darin, daß Commander Humes bei der Autopsie offenbar eine weitere Kugel fand, die er in seinem Bericht nicht erwähnte. Im Gegenteil, er sagte vor der Kommission aus, er habe keine Kugeln entdeckt (2WCH, S. 364). Die Kugel wird in einem Bericht erwähnt, den die FBI-Agenten, die ihn erhielten, dem befehlshabenden Offizier des Marine-Hospitals Bethesda gaben. Die aufgrund des Freedom of Information Act an Mark Lane ausgehändigte Empfangsquittung lautet (siehe *L.A. Free Press*, »Special Report Number One«, 1978, S. 17):
»22. November 1963
Von: Francis X. O'Neill jr., Agent des FBI
James W. Sibert, Agent des FBI
An: Captain J.H. Stover jr., Befehlshabender Offizier, U.S. Naval Medical School, National Naval Medical Center, Bethesda, Maryland
1. Wir bestätigen hiermit den Empfang eines Geschoßes *[sic]*, das unter heutigem Datum von Commander James J. Humes, MC, USN, entfernt wurde.
(gezeichnet)
Francis X. O'Neill jr.
(gezeichnet)
James W. Sibert«.
Daß bei der Autopsie eine vierte Kugel entdeckt wurde, bedeutet zwangsläufig, daß mehr als ein Schütze den Präsidenten getroffen haben muß. Die zweite Entdeckung erfolgte im August 1972, als Dr. Cyril Wecht, ein bekannter Pathologe und Gerichtsmediziner aus Pittsburgh, Pennsylvania, einen Gerichtsbeschluß erwirkte, mit dem er Präsident Kennedys Gehirn in den National Archives untersuchen konnte. Eine Untersuchung des Gehirns, das in

Formalin eingelegt worden war, hätte ergeben können, aus welcher Richtung, wie oft und an welcher Stelle Kugeln den Kopf des Präsidenten getroffen hatten. Leider konnte Dr. Wecht diese Untersuchung nicht durchführen. Man teilte ihm mit, das Gehirn des Präsidenten sei verschwunden. Siehe auch HSCH1, S. 332-373; 17WCH, CE394, S. 26.

31 Thomas T. Noguchi, *Coroner.* New York 1983, S. 95.

32 WCR, S. 88-92; Lane, S. 65; 17WCH, CE394, S. 26.

33 Nach dem Prozeß ließ ich eine Abschrift von Dr. Fincks Aussage erstellen.

34 *New Orleans Times-Picayune*, 1. März 1969, S. 24.

35 Ebd.

36 Prosektor ist der Fachausdruck für eine Person, die eine Sezierung vornimmt. Dr. Finck hat das Wort mehrmals verwendet.

37 Dr. Finck sagte aus, man habe »ihm gesagt, die Familie wolle keine Untersuchung des Halses«. *New York Times*, 25. Februar 1969, S. 18.

38 Ebd., 28. Februar 1969, S. 19.

39 Lane informierte mich unmittelbar danach über seine Gespräche.

40 *Hunt gegen Weberman*, S.D. Fla. 1979.

41 *Hunt gegen Liberty Lobby*, S.D. Fla., Nr. 80-1121-Civ.-JWK, eidliche Aussage von Richard McGarrah Helms, 1. Juni 1984, S. 37.

19. DIE ERHABENHEIT DES GESETZES

1 S.D.La., Nr. 71-542-Cr.

2 Alle Beklagten außer mir und zwei anderen, Aruns Callery und Robert Nims, waren wirklich Besitzer und/oder Geschäftsführer von Spielhallen. Als der Fall vor Gericht kam, hatten sich alle der einen oder anderen Anklage für schuldig erklärt.
Callery war ein prominenter leitender Angestellter der Sugar Bowl, dem ich vielleicht ein-, zweimal in der Stadt begegnet war. Nims hatte ich nie getroffen, und seither habe ich beide auch nie wieder gesehen.

3 Nachdem der Brief als Beweisstück eingeführt worden war, wurde er vorgelesen und zu den Beweisstücken genommen. Ich habe ihn in meinem Schlußplädoyer noch einmal vorgelesen. Die Abschrift befindet sich in meinem Besitz.

4 Es war nicht das letztemal, daß die Bundesregierung mich hereinzulegen versuchte. Man beschuldigte mich, die Einkommensteuer jener Summen nicht gezahlt zu haben, die ich von den Spielhallenbesitzern nie erhalten hatte. Der zweite Prozeß fand Anfang 1974 statt, als meine Amtszeit als Bezirksstaatsanwalt beendet war. Ich verteidigte mich erneut selbst und wurde abermals für unschuldig befunden. Diesmal brach das Verfahren, das die

Regierung gegen mich angestrengt hatte, noch schmählicher zusammen als beim ersten Mal.

20. DIE HEIMLICHEN DRAHTZIEHER

1 Sylvia Meagher führt fünfundzwanzig »geheimnisvolle Todesfälle« von Schlüsselzeugen auf: *Master Index*, S. 323.
2 Summers, S. 499.
3 *Dallas Morning News*, 16. Mai 1975, S. 5D. Craigs Vater fand ihn neben einem Gewehr. Ein in der Nähe liegender Abschiedsbrief besagte, Craig könne die Schmerzen nicht mehr ertragen. Die Schmerzen, erklärte sein Vater, stammten von einem zwei Jahre zurückliegenden Autounfall und einer sechs Monate zurückliegenden Schußwunde. Beide Zwischenfälle schienen ungewöhnlich.
4 Karte in den Akten des Gerichtsmediziners von New Orleans.
5 In einem kürzlich erfolgten Gespräch mit dem Verfasser von Dr. Minyard bestätigt.
6 John Patrick Quirk (Hrsg.), *The Central Intelligence Agency*. Guilford, Ct., 1986, S. 233.
7 *The Star-Spangled Contract*, New York 1976.
8 HSCA, Bericht, S. 1. Dem Ausschuß des Repräsentantenhauses blieb keine andere Wahl, nachdem seine Akustik-Gutachter herausgefunden hatten, daß zusätzlich zu den Schüssen, die von hinten auf Präsident Kennedy abgegeben wurden, auf dem Grashügel vor ihm ein Gewehr abgefeuert worden war. Trotzdem kam der Ausschuß zu dem Schluß, der Schuß von vorne sei fehlgegangen (HSCR, S. 43), so daß Lee Oswald weiterhin als Mörder von Präsident Kennedy bezeichnet werden konnte. Dies war eine weitschweifige Umschreibung dafür, die Warren-Kommission habe, abgesehen von dem einzelnen Schützen vor Präsident Kennedys Limousine, wirklich recht gehabt. Der Ausschuß fügte hinzu, es sei theoretisch möglich (HSCR, S. 97), daß der Schütze auf dem Grashügel und Lee Oswald unabhängig voneinander gehandelt hätten, in welchem Fall es vielleicht doch keine Verschwörung gegeben hätte.
9 HSCR, S. 481.
10 Das Schweigen wurde, fast mit einer Antiklimax, im September 1988 von der Nachricht unterbrochen, daß das Justizministerium ein halbes Jahr zuvor dem Vorsitzenden des House Judiciary Committee mitgeteilt habe, es habe »keine überzeugenden Beweise« einer Verschwörung entdeckt (siehe *New Orleans Times-Picayune*, 4. September 1988; Meldung der Associated Press vom 3. September 1988).
11 *Encyclopaedia Britannica*.
12 Zur Zeit des Römischen Rei-

ches bildete die Prätorianergarde die kaiserliche Leibwache. Die sorgfältig ausgewählten Soldaten, die von hochrangigen Offizieren des Reiches geführt wurden, bildeten die einzige Truppe in Rom. Einige von ihnen befanden sich stets beim Kaiser, ganz gleich, wo er sich aufhielt. Dementsprechend konnten sie bei einer Krise einen Kaiser schützen oder stürzen.

13 Sir John Harington, *Epigrams,* Bd. IV, Nr. 5, »Of Reason« (1613). Im Original:
»Treson doth never prosper:
What's the reason?
For if it prosper, none dare call
it treason.«

14 Siehe Congressional Quarterly Almanac, 1967, S. 360f.; *New York Times,* 26. Februar 1967, 20. Februar 1976, 25.-27. Dezember 1977; *Washington Post,* 18. Februar 1967; *Los Angeles Times,* 26. Februar 1967; Carl Bernstein, »The C.I.A. and the Media«. In: *Rolling Stone,* 20. Oktober 1977.

15 Bericht des Untersuchungsausschusses des Senats über Regierungsoperationen hinsichtlich der Geheimdienstaktivitäten (Church-Komitee), Band I., S. 192f.

16 Richard J. Barnet, »The ›Dirty Tricks‹ Gap«. In: Robert L. Borosage und John Marks (Hrsg.), *The C.I.A. File.* New York 1976, S. 225.

17 Siehe Hinckle und Turner, S. 82 bis 95.

18 General Cabell leitete die CIA; Direktor Dulles hielt Reden in Puerto Rico, »damit nicht der Verdacht entstand, eine große Sache stünde bevor«. Ebd., S. 87.

19 Ich beziehe mich im folgenden auf Hinckle, S. 133ff., 141, 155f.

20 Hurt, S. 123f.

21 Eine genaue Schilderung der wiederholten Versuche der CIA, Fidel Castro zu ermorden, siehe Hinckle. Siehe auch das Church-Komitee, Abschlußbericht, Band IV, *Angebliche Attentatspläne auf ausländische Staatsführer,* Senatsbericht Nr. 94-465, 20. November 1975; auch erschienen bei W.W. Norton, New York 1976.

22 Lane, S. 294-297; Summers, S. 464f.

23 HSCH4, S. 146.

24 Philip Agee, »Introduction: Where Myths Lead to Murder«. In: Philip Agee und Louis Wolf (Hrsg.), *Dirty Work. The C.I.A. in Western Europe.* Secausus, N.J., 1978, S. 18, 23. Siehe auch Ralph McGehee, *Deadly Deceits. My 25 Years in the C.I.A.* New York 1983, S. XI.

25 Church-Komitee, *Angebliche Attentatspläne auf ausländische Staatsführer.* Siehe auch John Ranelagh, *The Agency. The Rise and Decline of the C.I.A.* New York 1986, S. 336-345.

26 William Blum, *The C.I.A. A Forgotten History.* London 1986, S. 67-76. Viele Quellen für diesen und die nachfolgenden Zwischenfälle finden sich in

Blums Buch. Siehe auch Darrell Garwood, *Under Cover. Thirty-Five Years of C.I.A. Deception,* New York 1985, das im Anhang eine Chronologie von Tom Gervasi enthält, in der über achtzig bedeutende verdeckte Operationen der CIA aus den Jahren 1946 bis 1983 aufgeführt werden.

27 Blum, S. 77-89.

28 Ebd., S. 174ff.

29 John Stockwell, *In Search of Enemies.* New York 1978, S. 105.

30 Church-Komitee, *Angebliche Attentatspläne auf ausländische Staatsführer,* sowie Hinckle.

31 Dies schloß nicht die systematische Ermordung von Zehntausenden von Dorfältesten und mutmaßlichen Vietcong ein, die in Vietnam bei der Operation Phönix der CIA begangen wurde. Siehe dazu Ernest Volkman, *Warriors of the Night.* New York 1985, S. 255f.; Zinn, S. 468; Victor Marchetti und John Marks, *The C.I.A. and the Cult of Intelligence.* New York 1974, S. 245f.

32 Church-Komitee, Zwischenbericht, *Instituting Assassinations: The »Executive Action« Capability,* Aussage vom 25. Juni 1975, S. 34.

33 Ebd., Aussage vom 22. Juli 1975, S. 30ff.

34 Nicht einmal primär, will man solchen Kritikern der Agency wie Philip Agee, Ralph McGehee, John Stockwell und anderen glauben. Siehe dazu Philip Agee, *Inside the Company.* New York 1975; John Stockwell, *In Search of Enemies.* New York 1978; Ralph McGehee, *Deadly Deceits. My 25 Years in the C.I.A.* New York 1983.

35 Fred Cook, *What So Proudly We Hail.* Englewood Cliffs, N.J., 1968, S. 73.

36 Ronnie Dugger, *The Politician. The Life and Times of Lyndon Johnson.* New York 1982, S. 392.

37 Tom Wicker, *L.B.J. and J.F.K.* New York 1968, S. 205.

38 Siehe Zinn, S. 467.

39 Ebd., Zinn beschreibt den Tongking-Zwischenfall als »Fälschung« und behauptet, »kein Torpedo wurde je auf die *Maddox* abgeschossen«.

40 Siehe im allgemeinen Joseph C. Goulden, *Truth is the First Casualty. The Gulf of Tonkin Affair – Illusion and Reality.* New York 1969. Zudem siehe Zinn, wie oben; und Carl Oglesby, »Presidential Assassinations and the Closing of the Frontier«. In: Sid Blumenthal und Harvey Yazijian (Hrsg.), *Government by Gunplay.* New York 1976, S. 200f.

41 Zinn, S. 436.

IST DIE MAFIA-THEORIE EINE VERTRETBARE ALTERNATIVE?

1 Carl Oglesby ist der Begründer und Direktor des Assassination Information Bureau (Büro zur Materialsammlung über Attentate), dem weithin das Verdienst zukommt, in den siebziger Jahren das öffentliche Inter-

esse für eine erneute Untersuchung der Ermordung John F. Kennedys durch den Kongreß geweckt zu haben. Er ist Verfasser mehrerer Bücher, darunter auch *The Yankee and Cowboy War* (1976), in dem der Versuch unternommen wird, den unterschwelligen politischen Kontext zwischen der Kennedy-Verschwörung und dem zehn Jahre später erfolgten Sturz Nixons nach Watergate zu erklären.

2 *Report of the Select Committee on Assassination*, U.S. House of Representatives, Ninety-Fifth Congress, second session, March 29, 1979. Siehe vor allem *Findings and Recommendations.*

3 G. Robert Blakey, *The Plot to Kill the President*. New York 1981, S. 47.

4 Ebd., S. 45f.

5 Ebd., S. 178.

6 Ebd., S. 50.

7 Das Buch von David E. Scheim, *Contract on America*, New York 1988, wiederholt im wesentlichen Blakeys Theorie, ohne neue Beweise einzubringen.

8 »On Trail: Lee Harvey Oswald«. London 1986, LWT Productions. Die Sendung wurde im November 1986 und Januar 1987 vom amerikanischen Kabelsender Showtime Cable TV in den Vereinigten Staaten ausgestrahlt.

9 Carl Oglesby und Jeff Goldberg, »Did the Mob Kill Kennedy«. In: *Washington Post*, 25. Februar 1979.

10 Blakey, S. 401.

PERSONENREGISTER